U0942865

中印边界问题与印度对华政策

邓红英◎著

China-India Border Disputes and India's China Policy

世界知识出版社

图书在版编目（CIP）数据

中印边界问题与印度对华政策/邓红英著.—北京：世界知识出版社，2019.7

ISBN 978-7-5012-6059-1

Ⅰ.①中… Ⅱ.①邓… Ⅲ.①中印边界问题—研究 ②对华政策—研究—印度 Ⅳ.①D823 ②D822.335.1

中国版本图书馆CIP数据核字（2019）第162613号

书　　名	中印边界问题与印度对华政策 China-India Border Disputes and India's China Policy
作　　者	邓红英
责任编辑	范景峰
责任出版	王勇刚
责任校对	马莉娜
出版发行	世界知识出版社
地址邮编	北京市东城区干面胡同51号（100010）
网　　址	www.ishizhi.cn
电　　话	010-65233645（市场部）
经　　销	新华书店
印　　刷	艺堂印刷（天津）有限公司
开本印张	165×240毫米　1/16　21印张
字　　数	374千字
版次印次	2019年8月第一版　2024年5月第四次印刷
标准书号	ISBN 978-7-5012-6059-1
定　　价	120.00元

版权所有　侵权必究

目　录

前　言 1

一、现实意义与学术价值 1

二、国内外研究现状 3

三、主要内容、研究方法以及创新意义 42

导论　英国殖民遗产与早期中印边界纷争（1947—1949年） 45

一、印度继承一份丰厚而争议众多的边界殖民遗产 45

二、独立后印度的边界政策及其新趋向 56

三、1947—1949年的中印边界纷争 63

第一章　印度对华和平共处政策与边界问题处理（1949—1958年） 74

一、印度对华和平共处政策的确立 74

二、1949—1958年中印边界问题及其处理 105

三、对尼赫鲁政府对华和平共处政策及边界处理的再思考 113

第二章　中印边界争端与印度对华政策的转变（1958—1962年） 130

一、中印边界争端扩大化和印度对华和平共处政策的艰难维持 130

二、从历史法律方式到军事方式：尼赫鲁政府边界政策强硬化 154

三、1962年边界冲突的爆发与平息 181

第三章　中印边界对峙与印度对华敌视对抗政策（1962—1976年） 197

一、1962年边界冲突后印度的外交政策调整与安全体制变革 197

二、1962年边界冲突后印度的对华敌视对抗政策 201

三、印度的边界谈判立场：从拒绝走向主动试探 216

第四章　印度对华双重政策与中印边界谈判（1976年至今）......233
一、1976年以来的印度对华政策......234
二、中印关系正常化以来的印度对华边界政策......260
三、中印边界谈判的成就与问题......273
结　语......308
参考文献......317
一、档案、文献集及回忆录......319
二、中文书籍......322
三、英文书籍......325
四、报纸期刊......331

前 言

1962年中印边界战争后，中印边界没有出现过大规模的流血冲突，两国达成的诸多信任措施还为边界稳定提供了制度性保障。应该说，1981年开启的中印边界谈判还是取得了不少进展的，2003年谈判级别从副部长级提升到副总理级，2005年两国还签署了《关于解决中印边界问题政治指导原则的协定》。然而，2007年中印边界形势再次趋于紧张，并干扰到两国关系的正常、顺利发展。为何中印边界问题在新世纪会再次发酵并干扰到两国关系的正常发展呢？本书试图以中印边界争端的发展演变为线索，对印度对华政策和边界政策进行系统考察，以透过中印边界纷争分析印度对华政策的问题。

一、现实意义与学术价值

中国与14个国家相邻，是世界上陆地边界线最长、邻国最多的国家，也是边界情况最为复杂的国家之一。建国后，一些重大的边界冲突还影响了国家的安全、发展及对外关系。为了与邻国解决边界问题和建立友好合作关系，建国伊始新中国政府就采取了睦邻友好的方针和政策。改革开放以来，为了营造和平稳定的周边环境，我国将边界从边防前线变为改革开放的前沿窗口，通过边界加强与邻国的经济交往与文化交流。目前，我国的绝大部分陆地边界走向已经确定，但中印边界问题至今悬而未决，这不仅影响到两国关系顺利发展，也不利于我国形成一个稳定的周边环境。印度华裔学者谭中还认为："中印两国不能形成统一战线，不能团结一致对付跨国公司，这也是‘喜马拉雅鸿沟’作祟。”[①] 因而，对中印边界个案进行系统化和具体化研究，总结经验和教训，揭示规律，探讨解决问题的途径，具有重要的理论价值和现实意义。

首先，印度是多极世界中不可忽视的力量，也是中国的重要邻邦，发展中印关系是中国发展大国关系、周边关系和第三世界关系的重要组成部分。由于边界问题没有妥善解决，中印关系的发展长期以来不太顺利。目前，中印两国都面临着发展经济、提高国力的良好机遇，如果妥善解决中印边界问题，将有利于提升两国关系和促进各自的和平发展。而且，新世纪以来，中印边界局势再度紧张，中国与有关国家在海洋上的领土领海纷争更是形势严峻，如何应对挑战和找到妥善的解决办法，我们需要加强对复杂难解、问题众多的中印边界问题的研究，从历史中吸取教训和总结经验。

其次，为何中印边界问题悬而未决并长期困扰两国关系的健康发展呢？国内外学者主要是从中印边界争端历史、地缘政治、均势结构、权力争夺、外交决策、国内政治、国际环境等角度进行解答。然而，1962年的中印边界冲突已经过去了50余年，1981年再度开启的两国边界谈判也进行了30余年，中印之间的边界分歧依旧难以弥合，边界协议迟迟不能签署，2007年两国边界局势还再度紧张化，并严重干扰了两国关系的正常发展。涉及中印边界的旧难题没有解决，新问题又不断涌现，如何成功处理这一历时长久的边界争端，显然我们需要寻找新的出路和设计新的方案。笔者认为，对印度而言，中印边界争端不仅仅是一个领土问题，还涉及印度对华认知、对华政策乃至国家战略。印度前国务部长昆瓦·纳特瓦·辛格（K. Natwar Singh）就坦率指出：“我们与中国的关系并不是一个领土边界的问题，它的核心是我们如何制定与处理我们的外交政策。”[②] 独立以来，印度对华政策缺乏战略性和连贯性，主要是从地缘政治角度看待中国和处

---

① 张敏秋主编《跨越喜马拉雅障碍：中国寻求了解印度》，重庆出版社，2006，第6页。

② 吴永年、赵干城、马嫚：《21世纪印度外交新论》，上海译文出版社，2004，第211页。

理对华关系，导致边界争议长期主导和继续干扰两国关系发展。笔者力图弥补学术界的缺失与不足，着重从印度国家战略和认知角度把握印度的边界政策和对华政策，并进一步探究印度对华政策与中印边界问题的互动关系，以加深对中印边界争端中印度立场和政策的理解，从而促进两国在边界谈判上实现真正的相互理解和相互包容。显而易见，本文也具有较大的学术价值，不仅能拓展、深化目前中印边界问题研究，弥补中国关于中印边界问题研究的某些不足，而且能加深对印度国家战略、对华认知、国内政治结构、民族文化心理等问题的研究，也有利于加深对印度政治、经济、外交和思想文化的认识。

二、国内外研究现状

长期以来，中印边界争端难以解决并影响到两国关系的发展，也成为国内外学术界特别是印度学术界长期关注的重点问题。学者们对中印边界问题，特别是1962年边界冲突和1981年以来的边界谈判进行了广泛的探讨和研究，出版了众多的论文与专著，提出了众多不同的观点。

（一）国外关于中印边界问题的研究综述

1. 关于中印边界争端的研究

中印边界冲突爆发前，印度政府和公众舆论同情西藏叛乱并最终公开支持和收留达赖集团，致使中印关系十分紧张，印方却指责问题源于中国转移国内失败和执行传统扩张主义政策。[①] 在中印边界战争后，印度更是极尽可能地指责中国导致战争，出现了中国转移矛盾论、中国报复论、中国侵略论、中国打击印度以称霸亚洲论、中国意识形态作用论等等说法。

中国转移矛盾论认为，20世纪50年代后期中国内外环境十分不利，“这

① P. C. Chakravarti, *India's China Policy* (Bloomington: Indiana University Press, 1961), pp.139-141.

些发展情况以及中国国内问题和国际孤立，导致了1962年战争”。[①] 中国报复论认为，在内部危机和外部包围孤立形势下，中国对外部世界心怀仇恨和试图报复，印度同情西藏叛乱和给予达赖及其追随者避难权更是招致了中国的仇恨与报复。“可以说，所有这些因素在中国导致了一种‘受害者心理’的产生，在此心理主导下决策者制定了偏离实际的极‘左’政策，充满复仇心理。”[②] 中国称霸亚洲论认为，中国将印度看作是其在亚洲的主要障碍，[③] 为了称霸亚洲竭力打击印度。1963年尼赫鲁还亲自撰文指出：“印度与中国的问题实质是源于领土争端，这不太正确。还有更深刻的原因。亚洲两个最大的国家在漫长边界上彼此冲突，这是检验哪一个在边界或亚洲比对方更有主导地位。”[④] 中国意识形态作用论强调：“中国领导人在外交事务中制造危机的主要目的是巩固国内威信的观点并无依据。一个受控制的宣传机器不需要以此维护地位。中国政策变动看来更依赖于对外部世界评价的变化和利用短期行动服务于长期的共产主义目标。”[⑤]

在指责中国的同时，也有印度学者批评印度政府特别是尼赫鲁。有关批评可以分成两个方面，一是批评尼赫鲁对中国认识不清，一是批评尼赫鲁对华政策和边界政策未能预防或者是导致了双边冲突，前者显然认为尼赫鲁政府主观认识有误，后者则是断定尼赫鲁政府客观反应失当。在1962年边界冲突爆发前，P. C.查克拉瓦尔提（P. C.Chakravarti）就指责尼赫鲁对中国的长期目标认识不清：“印度将近十年的对华政策的主要弱点是更多地立足于痴心妄想，而不是客观条件……印度对华政策的基本弱点源于

---

① B. R Deepak, *India & China 1904-2004: A Century Peace and Conflict* (New Delhi: Manak Publications Pvt. Ltd, 2005), p.443.

② 谭中主编《中印大同：理想与实现》，宁夏出版社，2007，第354页。

③ S. Singh (eds.), *Dynamics of Indian Foreign Policy* (New Delhi: Anmol Publications Pvt. Ltd., 2006), p.8.

④ P. S. Jayaramu, *India's National Security and Foreign Policy* (New Delhi: ABC Publication House, 1987), p.117.

⑤ W. F. Van Eekelen, *Indian Foreign Policy and the Border Dispute with China* (The Hague: Martinus Nijhoff, 1964), p.187.

没有充分认识到北京的长期目标。”[①] 还有学者指出，印度不了解中国决策情况，先是不知道中国最初的意图仅仅是显示武力以反对印度干涉中国内政，后来没有觉察到中国高层人事变化期间没有官员愿意出面处理存在风险的中印边界问题。[②]

在客观应对方面，很多印度学者指责尼赫鲁对华软弱无力或防范不足。如阿贾伊·B.阿戈拉瓦尔（Ajay B. Agrawal）指责尼赫鲁对中国判断错误，不重视防务，为避免威胁刺激中国还不断压制和指责反华派，尼赫鲁的政策类似于绥靖政策并与现实严重脱节。[③] 还有批评者认为，中国开始修筑新藏公路时印度就知道情况，早在1950年11月15日印度的《政治家报》就报道了中国在阿克赛钦侵略印度，消息来源是印度驻噶大克代理人加彭·马尔兰帕的一份包含中国军队在西藏西部出现以及他们从新疆进军的官方急报。[④] 1955年印度驻西藏贸易代表处的一份报告，告之印度政府中国修路情况。[⑤] 尼赫鲁装作不知情，印度政府决定保持谨慎的沉默。[⑥] 对于边界西段，他们指责尼赫鲁忽视了该地的战略价值，将之作为无用的不毛之地，从而导致中国轻易控制了阿克赛钦地区，并将这一地区作为连接巴基斯坦包围印度以及俯视印度的战略要地。对于中段边界，他们指责尼赫鲁政府没有认真对待，只当作地方问题处理。在军事方面，批评者认为，尽管许多议员一再要求政府加强防务，但尼赫鲁强调中国的和平意图

① P. C. Chakravarti, *India's China Policy* (Bloomington: Indiana University Press, 1961), pp.150-151.

② W. F. Van Eekelen, *Indian Foreign Policy and the Border Dispute with China* (The Hague: Martinus Nijhoff, 1964), p.188.

③ Ajay B. Agrawal, *India Tibet and China: the Role Nehru Played* (Mumbai: N A Books International, 2003), p.105.

④ 〔印〕卡·古普塔:《中印边界秘史》，王宏纬、王至亭译，中国藏学出版社，1990，第35页。

⑤ Jagat S. Mehta, *Negotiating for India: Resolving Problem through Diplomacy* (Seven Case Studies 1958-1978) (New Delhi: Manohar Publishers & Distributors, 2006), p.59.

⑥ Ajay B. Agrawal, *India Tibet and China: the Role Nehru Played* (Mumbai: NA Books International, 2003), p.75.

和优先发展印度经济，没有做好充分的边界军事准备，导致了最终的军事失利。昌德拉·列卡·瓦帕蒂亚亚（Chandra Lekha Vpadhyaya）还指出，印度忽视边界原因是："……没有完全理解地缘政治现实，甚至不了解其边界的所有情况并进行防务和安全方面的评估。让人悲哀的是，对于喜马拉雅山地区的认识要么薄弱，要么没有与印度的本土相连，而这对确立一个基础广泛的长期政策十分重要。当时印度可供分配的经济资源十分匮乏也是事实。这使印度未能关注喜马拉雅山地区的发展。"[①]

批评者还指责尼赫鲁对华交涉时失误众多，如：尼赫鲁对中国"将未处理问题留到适当时机提出"的传统政策关注不足；尼赫鲁没有意识到中国的策略是逐步扩大影响力并仔细地巩固每一步成果；尼赫鲁还认为喜马拉雅山是不可逾越的屏障，中国除了执行和平共处五项原则之外别无选择。[②]

还有学者指责印度反应失当，尼赫鲁政府的西藏政策和边界政策导致了中印边界冲突。[③] 基利拉·德什卡尔分析指出，1962年3、4月间，印度在西段修建新检查站导致了中国军队开火，尼赫鲁准备谈判但又强加太多的前提条件。[④]

20世纪80年代以来，国外关于中印边界问题的研究日益深入，呈现多角度、多学科研究的新特点，下文主要从权力政治、地缘政治、国内政治等角度进行介绍。

（1）权力政治角度的研究主要是强调中印之间存在领导地位矛盾和竞

---

① Chandra Lekha Upadhyaya, *India's Foreign Policy: A Study in South Asian perception* (Delhi: Independent Pub., 2003), pp.54-55.

② W. F. Van Eekelen, *Indian Foreign Policy and the Border Dispute with China* (The Hague: Martinus Nijhoff, 1964), p.194.

③ Francine R. Frankel and Harry Harding (eds.), *The India-China Relationship: What the United States Needs to Know* (New York: Columbia University Press, 2004), p.37; Alka Acharga and G. P. Deshpande, "Talking of and with China," *Economic and Political Weekly*, 2003, Vol.38, No.28, p.2942.

④ Giri Deshingkar, "India-China Relations: The Nehru Years," China Report, 1991, Vol.27, No.2, p.98.

争。印方学者指出，中印战争与权力政治有关，如巴杰帕伊指出，在后万隆时代，印度发现其宣称的在不结盟运动中的领导地位不是没有挑战，印度领导人开始高度重视边界利益并对中国边界军事力量的增长作出积极反应，甚至感觉印度不得不争取地区霸权以对付中国。西方宣传中印竞争东方领导权和亚洲权威使形势更加复杂化。[①]

（2）地缘政治角度的研究强调中印之间存在势力范围矛盾与竞争。如康迪·巴杰帕伊认为，中印根本冲突是中国以喜马拉雅山区为缓冲区，印度以西藏为缓冲区。[②] 雅科夫·弗尔兹伯格指出，中印两国在各自地缘政治地位的界定上存在竞争与冲突，印度认为自己是亚洲领导、反帝反殖中心以及第三世界国家的政治和经济模范，中国自认为是地区领导者、未来世界领导、世界革命中心、反帝反修前线国家以及发展中国家的社会、经济和政治模范。[③]

（3）国内政治角度的研究关注国内因素对中印两国边界冲突的影响和作用。克沙伍·米什拉认为，中国没能理解尼赫鲁的国内政治义务，将印度看作国际反华包围圈的一部分，是与西方联合援助和唆使西藏叛乱的对手。[④] 米塔则指出印度也没有仔细关注中国国内政治的变化，如1959年中国政府左派抬头、中国政府内部出现争执，等等。[⑤] 而中国内部变化对中印关系影响很大，苏达尔山·布塔尼（Sudarshan Bhutani）认为中国对外评价由此发生变化，认为到处充斥着帝国主义者及后来的修正主义者的阴谋，指责印度对西藏叛乱的反应是干涉中国内政和以此讨好帝国主义者，

---

① Kanti Bajpai and Siddharth Mallavarapu (eds.), *International Relations in India: Theorizing the Region and Nation* (New Delhi: Orient Longman, 2005), pp.321-322.

② Kanti Bajpai and Amitabh Mattoo (eds.), *The Peacock and the Dragon: India-China Relations in the 21st Century* (New Delhi: Har-Anand Publications Pvt Ltd, 2000), p.292.

③ Yaacov Y. I.Vertzberger, *Misperceptions in Foreign Policymaking: the Sino-Indian Conflict, 1959-1962* (Boulder. Colorado: Westview Press, 1984), pp.220-221.

④ Keshav Mishra, *Rapprochement across The Himalayas: Emerging India-China Relations in Post Cold War Period (1947-2003)* (Delhi: Kalpaz Publications, 2004), p.19.

⑤ Jagat S. Mehta, *Negotiating for India: Resolving Problem through Diplomacy (Seven Case Studies 1958-1978)* (New Delhi: Manohar Publishers & Distributors, 2006), p.118.

西方帝国主义势力及其在印度的代理人试图改变印度和平中立的外交政策，1962年中国还指出尼赫鲁外交政策更明显地倾向于帝国主义。①

(4) 外交政策角度的研究注重探究两国走向冲突过程中的决策情况。在考察了中印边界冲突历程后，斯瓦密指出，1962年战争显而易见是中印总理之间不透明外交政策的合乎逻辑的结果，他们都向对方掩盖各自的真实议程，双方都玩零和游戏，但中国在1962年获胜。② 有的学者还从外交决策角度探析印度政府的问题，指出1947年到1962年的主要缺陷是军队高级指挥官和政治高级领导人存在不一致。③

(5) 民族主义角度的研究认为，民族利益冲突导致中印关系恶化。如巴杰帕伊强调，印度从殖民统治下取得独立以及中国从外国控制下解放以后，民族主义立刻变成中印两国关系的制约。无论印度是否给予达赖避难权，边界问题将不可避免地使中印走向危机。玛妲玉（Madhavi Thampi）还指出："民族主义从两方面使得两国之间环境恶化。第一方面是两国自定的领土概念相互冲突。第二方面是两国的自我国际地位认知和世界角色定位也变得彼此不相容。"④

(6) 认知角度的研究强调中印之间了解和交流不足，存在许多错觉和误解。印度华裔学者谭中指出，中国不了解尼赫鲁的言行差距，"……对印度领导人'察其言、观其行'时，得出的结论是印度想打仗，因此表面不动声色，暗地里积极准备展开'反击战'"。⑤ 莫汉・古鲁斯瓦密等人还指出，中印两国都错估了彼此的战略利益和意图。"在中国方面，印度被看作是敌对国际环境的组成部分。在另一方面，印度将自己当作是邻居事业的

---

① Sudarshan Bhutani, *A Clash of Political Culture: Sino-Indian Relations (1957-1962)* (New Delhi: Lotus Collection/Roli Books, 2004), pp.210-211.

② Subramanian Swamy, *India's China Perspective* (New Delhi: Konark Publishers Pvt Ltd, 2001), pp.88-89.

③ N.S. Sisodia and C Uday Bhaskar (eds.), *Emerging India: Security and Foreign Policy Perspectives* (New Delhi: Institute for Defence Studies and Analysis, 2005), p.21.

④ 谭中主编《中印大同：理想与实现》，宁夏出版社，2007，第310页。

⑤ 张敏秋主编《跨越喜马拉雅障碍：中国寻求了解印度》，重庆出版社，2006，第5页。

'真诚赞助人和捍卫者'并成为这种自我正义宣传的囚徒。中国可能不理解尼赫鲁的国内义务。即使他们理解了，他们关注的是整个印度政府（包括在工作上经常与实用主义的外交部存在分歧的情报局的作用）；尼赫鲁不是他们考虑的中心。"[①] 潘达还认为中印之间存在互信问题，如因印度共产党激进分子亲华和充满革命激情、中国谴责南斯拉夫的不结盟政策，尼赫鲁对中国的潜在担忧上升，而中国将印度1958—1959年的边界问题立场看作是印度被拉入"帝国主义阵营"的标志，印度与西藏叛乱者的联系让中国怀疑印度与"帝国主义者"反华计划相连，印度在苏联优先地位的上升也激怒了中国。[②]

在认知方面，学者们普遍涉及的一个问题是尼赫鲁为何认为中国不会对印开战，基利·德什卡尔指出，尼赫鲁断定中印大战会导致世界战争并为大国阻止，而内外困难使中国处于极端困难期，印度在果阿的军事胜利还加强了他的信心，但他没有意识到中国极其弱小时曾冒险卷入朝鲜战争、金门危机以及牺牲经济与苏联对抗。[③] 基辛格则指出："从某种意义上讲，这次冲突重演了美国在朝鲜战争中的经历：敌方低估了中国的力量，无人质疑情报是否准确，又大大地错误估计了中国对其安全环境的看法以及中国对军事威胁的反应。"[④]

(7) 外部因素视角的研究重视超级大国特别是苏联对中印冲突的影响。不少印度学者认为，中印关系恶化并走向边界冲突与冷战进入南亚有关。[⑤] 还有学者指责苏联助长了中印冲突，在军事上苏联援助印度而不是

---

① Mohan Guruswamy and Zorawar Daulet Singh, *India China Relations: The Border Issue and Beyond* (New Delhi: Viva Books, 2009), p.82.

② Pramoda Kumar Panda, *Making of India's Foreign Policy: Prime Minister and Wars* (Delhi: Raj Publications, 2003), pp.86-87.

③ Giri Deshingkar, "India-China Relations: The Nehru Years," *China Report*, 1991, Vol. 27, No.2, p.96.

④ 〔美〕亨利·基辛格：《论中国》，胡利平等译，中信出版社，2012，第184页。

⑤ 谭中主编《中印大同：理想与实现》，宁夏出版社，2007，第310页；Mohan Guruswamy and Zorawar Daulet Singh, *India China Relations: The Border Issue and Beyond* (New Delhi: Viva Books, 2009), p.3.

中国，这自然刺激印度扩大与中国的边界危机。[①] 也有学者指出，中国是通过攻击印度迫使苏联否认和平共处理念和放弃在中印争端中的中立立场，[②] 南茜还认为，这些年，中印关系很大程度上实质上反映的是中国对其主要敌人美国和苏联的平衡和仇恨。[③]

2．关于中印边界谈判的研究

中印边界谈判自1981年开启至今已有30余年，2012年印度国家安全顾问、中印边界谈判特别代表S.梅农自信地宣称："总之，当我们观察我们的关系和边界，我们事实上已经取得了相当大的成就，我们很好地处理了双边关系。边界保持了和平，我们成功走向最后解决。"[④] 然而，大多数学者对边界谈判进展不满意，古拉姆·达斯（Gautam Das）抱怨："关于争端的实质立场基本上与1959到1960年一样，外交和军事优势仍在中方。"[⑤] 印度外交部长萨尔曼·库尔希德（Salman Khurshid）在议会也不得不承认："在中印边界地区没有共同划分的实际控制线……也没有明确的协定。我们对边界位置的看法与他们不同。"[⑥]

至于边界谈判进展缓慢的责任，印方主要是指责中国没有谈判诚意和积极性，[⑦] 帕纳拉尔·达尔（Pannalal Dhar）甚至认为，从逐段处理原则转变到打包原则和提升文化和商业联系，是中国的拖延策略，也是中国对印

---

① B. R Deepak, *India & China 1904-2004: A Century Peace and Conflict* (New Delhi: Manak Publications Pvt. Ltd, 2005), p.272.

② Shri Ram Sharma, *India-China Relations 1947-1971: Friendship Goes with Power* (New Delhi: Discovery Publishing House, 1999), p.6.

③ Nancy Jetly, "Sino-Indian Relations: Old Legacies and New Vistas," *China Report*, 1994, Vol.30, No.2, p.220.

④ "Border talks: India, China Reach 'understanding'," *Indian Express*, December 5, 2012.

⑤ Gautam Das, *China-Tibet-India: the 1962 War and the Strategic Military Future* (New Delhi: Har-Anand Publications Pvt Ltd, 2009), p.235.

⑥ "Uproar in Lok Sabha over India-China Border Dispute," *The Economic Times*, December 5, 2012.

⑦ B. R Deepak, *India and China 1904-2004: A Century Peace and Conflict* (New Delhi: Manak Publications Pvt. Ltd, 2005), p.398.

度跳棋游戏的部分内容。[①] 美国学者高龙夫（John Garver）还将中国不处理中印边界争端上升为一种中国式威慑，他说，中国认为印度企图在南亚、印度洋及西藏称霸，为了阻止印度危害中国利益，中国有意不处理中印边界以遏制印度。[②] 高龙夫的观点得到印度学者的呼应，他们也认为中国让边界不处理是保持威胁和敌视的选择权。[③] 对于中国谈判态度不积极的具体原因，国外学者看法各不相同，主要有：中印边界问题及其处理在中国并非核心问题；[④] 只有对西藏感到满意中国才会处理边界问题；[⑤] 中国要求印度率先让步；[⑥] 中印之间的力量平衡十分稳定并在可知未来不会改变方向；[⑦] 中国占有根本优势而没有达成最终协议的动力；[⑧] 印度占有优势让中国不再热衷于边界问题处理。[⑨] 在指责中国没有谈判诚意的同时，印度学者还宣扬印度重视并积极推动中印边界谈判，正是由于怀疑和不满中国谈判态度，1999 年中期以来印度政府将边界事务置于中印交往的中心，在两

---

① Pannalal Dhar, *India, Her Neighbours and Foreign Policy* (New Delhi: Deep& Deep Publications, 1991), p.57.

② John Garver, "The Unresolved Sino-Indian Border Dispute: An Interpretation," *China Report*, 2011, Vol.47, No.2, pp.108-109.

③ Francine R. Frankel and Harry Harding (eds.), *The India-China Relationship: What the United States Needs to Know* (New York: Columbia University Press, 2004), p.43.

④ D.V.L.N.Ramakrishna Rao and R.C. Sharma (eds.), *India's Borders, Ecology and Security Perception* (New Delhi: Scholars' Publication Forum, 1991), p.74.

⑤ Bhawna Pokharna, *India-China Relations: Dimensions and Perspectives* (New Delhi: New Century Publications, 2009), p.304.

⑥ Waheguru Pal Singh Sidhu and Jing-dong Yuan, *China and India: Cooperation or Conflict?* (New Delhi: India Research Press, 2003), p.172.

⑦ Parshotan Mehra, *Essays in Frontier History: India, China and the Disputed Border* (New Delhi: Oxford University Press, 2007), p.12.

⑧ Francine R. Frankel and Harry Harding (eds.), *The India-China Relationship: What the United States Needs to Know* (New York: Columbia University Press, 2004), p.123.

⑨ "Pushpita Das, What do Chinese Intrusions across the Line of Actual Control Tell India?" Accessed February 28 2017, http://www.idsa.in/strategiccomments/WhatdoChinese ntrusionsacrosstheLineofActualControlTellIndia_PushpitaDas_100909.

国高层会谈中一再提及需要处理边界问题。[①]

当然，也有一些印度学者认为，中印边界谈判迟迟不能达成协议，印度也有责任。从谈判诚意看，古尔纳姆·辛格（Gurnam Singh）认为印度最初的态度并不积极，“印度政府是一个不情愿的开始者。因为没有一个满意的边界问题协议，任何走向对华友好关系的认真试探都会侵蚀执政党的群众基础。”[②] 有学者认为，印度表现为更急于达成协议，这可能是一个外交姿态。[③] 戈塔姆·达斯还认为是印度不让步使中国认为印度对处理边界争端没有兴趣，“因为作为‘相互让步’内容的‘放弃’任何领土在政治上是让人不快的，从拉吉夫·甘地到2003年瓦杰帕伊访华，印度政府的基本方法是将中印边界协议议题留给遥不可知的未来。中国当然认为印度对处理问题没有兴趣。”[④]

还有学者认为，边界协议至今没有达成，中印双方都有责任。如戈斯瓦米等人指出：“审视正式谈判可以发现，双方没有达成谈判协议的动力。谈判进展有限，双方的兴趣看来是保持现状。”[⑤] 这一观点也得到中国学者的呼应，刘学成就认为，中印对缓解两国间紧张关系有兴趣，但没有处理边界问题的紧迫性，主要原因是各方已经控制想从对方获得的地方，中印看来都对边界现状感到满意，都不期望通过边界谈判获得更多领土。[⑥] 印度学者S.辛格还指出：“中印都有合理的理由和兴趣保持和平并不愿改变现

---

① Keshav Mishra, *Rapprochement across the Himalayas: Emerging India-China Relations in Post Cold War Period (1947-2003)* (Delhi: Kalpaz Publications, 2004), p.220.

② Gurnam Singh, “China’s Normalization Diplomacy towards China,” *China Report*, 1983, Vol.19, No.3, p.17.

③ Waheguru Pal Singh Sidhu and Jing-dong Yuan, *China and India: Cooperation or Conflict?* (New Delhi: India Research Press, 2003), pp.171-172.

④ Gautam Das, *China-Tibet-India: the 1962 War and the Strategic Military Future* (New Delhi: Har-Anand Publications Pvt Ltd, 2009), p.237.

⑤ Namrata Goswami and Jenee Sharon, “Time to Bridge Sino-Indian Border Differences,” *Asia Times*, January 25, 2013.

⑥ Xuecheng Liu, *The Sino-Indian Border Dispute and Sino-Indian Relations* (Lanham: University Press of America, 1994), p.174.

状。但两国政府目前都不愿将现状作为正式边界合法化。"①

然而，美国学者约翰·高龙夫研究指出，达成边界协议对中印双方都有好处，两国实际上都愿意处理边界问题，对印度来说，中国实力及其在印度周边影响的增长让其极为不安，遂将边界处理作为中印和解进程的核心部分；对中国来说，处理边界问题，消除与邻国冲突，可为经济发展营造良好环境，也可减缓印度与美日伙伴关系的发展。②

目前，中印边界谈判进展缓慢，但十分明显的是中印政府都关注国内经济发展和维护和平的外部环境，双方竭力维持边境地区的稳定并致力于通过和平谈判解决边界问题。印度学者也认为不能通过武力解决中印边界问题，"处理问题有三种选择。一是开战；二是无限期搁置问题；三是加速现存的对话机制，让公众准备接受一个边界问题的双赢协议……因让中印没有出路，前两种方式无效。剩下的唯一选择是加速高层对话机制。"③

中印边界最终将如何处理呢？印度学者狄伯杰总结指出，中印边界和平解决有四种可能方案：(1) 从传统和历史中寻找解决方案；(2) 按分水岭的原则解决；(3) 将实际控制线作为边界；(4) 一揽子解决方案。狄伯杰认为，相比较而言，一揽子方案是解决边界问题的最合理方案，因为其他方案问题很多难以实行。第一种历史法律方案的问题是印中双方只埋头于各自所认为的理所当然的传统控制线和只看到自己承认的条约和地图。第二种分水岭方案的问题是目前的实控线在许多地方并不完全符合分水岭的原则以及某些地段地势比较复杂，分水岭原则很难贯彻，而且中国认为分水岭并不是唯一或主要的划定边界的国际原则，其他地貌形势如河流山脉走向均可以用来划定边界。第三种实控线方案的问题是对印度来说并不是一个理想的解决方案，因为目前的实控线是中国单方面改变并强加在印

① S. Singh (eds.), *India and China: Mutual Relations* (New Delhi: Anmol Publications Pvt. Ltd., 2006), p.358.

② John Garver, "The Unresolved Sino-Indian Border Dispute: An Interpretation," *China Report*, 2011, Vol.47, no.2, pp. 100-101.

③ B. R Deepak, *India and China 1904-2004: A Century Peace and Conflict* (New Delhi: Manak Publications Pvt. Ltd, 2005), pp.440-441.

度身上的一条线。狄伯杰也承认，第四种方案也不是毫无问题，由于印度以分段解决方案反击中国的一揽子方案，中国被迫在1986年改变立场不再主张以东换西，他认为，如果中印在某些地区作出相应的让步和妥协，将实控线作为边界是一种可行的让步方案，这就是中国于1960年和1980年提出的一揽子解决方案。[①]

实际上，印度学者在采取何种方案解决中印边界问题上存在较大分歧。对于狄伯杰支持的一揽子方案，有的学者表示赞成，认为确立一个处理边界争端的打包处理框架比较适合于新德里对阿萨姆喜马拉雅山区领土权利采取的回避态度。[②] 但也有学者表示反对，莫汉·古鲁斯瓦密认为印度不会同意以西换东，这会让中国占有阿克赛钦合法化，与印度更合法地统治所谓的“阿鲁纳恰尔邦”不对等，这里不需要中国的法律支持，[③] 帕纳拉尔·达尔还指出，中国在东段制造争端是为了获得一个讨价还价的筹码。[④] 对于狄伯杰不太认同的分水岭方案，有的学者却十分推崇，印度安全专家、前情报官员韦仁达·萨赫·威尔玛（Virendra Sahai Verma）认为，在阿克赛钦的边境划界要沿着将印度河水系和喀拉喀什水系、莎车水系分开的拉克特桑（Laktsang）山脊划分，而且，中印边界地面划界要求将分水岭原则与实地修改或调整相连。[⑤] 还有学者主张从确认实控线走向达成最终协议，并提出将麦克马洪线为东段边界实控线，[⑥] 近年来印度与边界

---

① 谭中主编：《中印大同：理想与实现》，宁夏出版社，2007，第357—360页，

② Sourabh Gupta, “The India–China Border Dispute: Re-Thinking the Past to Claim the Future,” Accessed February 28 2017, http://www.eastasiaforum.org/2012/12/02/the-india-china-border-dispute-re-thinking-the-past-to-claim-the-future/.

③ Mohan Guruswamy and Zorawar Daulet Singh, *India China Relations: The Border Issue and Beyond* (New Delhi: Viva Books, 2009), p.119.

④ Pannalal Dhar, India, *Her Neighbours and Foreign Policy* (New Delhi: Deep& Deep Publications, 1991), p.50.

⑤ Virendra Sahai Verma, “Sino-Indian Border Problem at Aksai Chin and Tawang: A Suggested Peaceful Resolution,” Accessed February 12, 2017, http://virendrasahai.com/sino-indian-border-problem-at-aksai-chin-and-tawang-a-suggested-peaceful-resolution.

⑥ CV Ranganthan, “India and China: ‘Learning to learn’,” *China Report*, 2003, Vol.39, No.4, p.548.

相关的外交行动直接关注的也是维护和确定实控线，印度政府的首要目标是处理某些当前问题和让实控线的位置完全清晰和获得双方同意，接着是更加稳定。①

印度学者对于处理中印边界争端的方案存在严重分歧，这也影响到印度解决中印边界问题的路径选择。概括而言，在印度主要存在要求中国作出更多让步的传统路径以及努力促成边界谈判的建设性路径。

（1）迫使中国让步的传统路径。尼赫鲁时期印度僵化而强硬的边界政策导致中印边界争端从纠纷走向冲突，如今印度在承认边界争端和通过谈判处理方面达成了共识，但承认存在争端与承认印度立场有误不同。②也就是，尽管印度同意谈判和相互妥协，但要求中国作出更多让步。在边界东段，印度普遍不能尊重和认真对待中国对于麦克马洪线以南特别是达旺地区的领土要求，他们或者认为中国强化在东段立场不过是一种谈判策略，③或者认为体现了中国军方的作用，或者强调印度在该地具有历史和现实的统治合法性。所谓的妥协，只限于同意唐古拉无人区可以划为中国领土以及向香客开放所谓的“阿鲁纳恰尔邦”的达旺和错那宗两地。④在中国控制的边界西段，多数印度学者反对实控线处理方式，认为现在的实控线是立足于中国的“侵略”和违背了国际法。有的印度学者还要求中国按照对中巴、中越边界的处理经验，向印度作出让步。印度要求中国按照拉克特桑山脊分水岭划分西段边界，因为这种边界划分可以使印度边界北移到昆仑山和获得绝大部分的阿克赛钦地区，对印度自然十分有利。印度向

---

① Francine R. Frankel and Harry Harding (eds.), *The India-China Relationship: What the United States Needs to Know* (New York: Columbia University Press, 2004), p.38.

② T. S. Murty, *India -China Boundary: India's Options* (New Delhi: ABC Publishing House, 1987), p.20.

③ Mohan Guruswamy and Zorawar Daulet Singh, *India China Relations: The Border Issue and Beyond* (New Delhi: Viva Books, 2009), p.119-120.

④ Virendra Sahai Verma, "Sino-Indian Border Problem at Aksai Chin and Tawang: A Suggested Peaceful Resolution," Accessed March 15, 2017, http://virendrasahai.com/sino-indian-border-problem-at-aksai-chin-and-tawang-a-suggested-peaceful-resolution.

中国作出的所谓让步是将阿克赛钦设为无军队的和平区，或者是保留印度的领土主权的同时给予中国连接新疆和西藏的219国道的使用权。[①]

为了迫使中国在边界谈判中让步，印度学者还提出了众多的措施和建议。阿邦提·巴哈塔恰亚（Abanti Bhattacharya）提出，印度应该采用更加强硬的对华政策，"边界问题是中印关系的核心。只要边界问题没有处理，就不会有和平的中印关系。因此，印度的对华政策不能立足于希望和假设，而是要立足于对中国战略和外交政策动机的真正理解。印度在建设经济和军事实力的同时，还要有一个立足于说'不'的务实稳健的对华政策。"[②] 具体措施是，"一种方法是通过发布关于争议问题的立场文件与白皮书来重申我们的外交政策立场……在有助于我们周边战略的边境地区采用积极的经济政策，是增强我们对外政策手段的另一个重要方式"[③]。还有学者指出："或许通过广泛地缘政治对话进行的一个试图解决中国的西藏困境与中印边界问题的激进方法，可以形成一个绝佳的框架。"[④] 阿贾伊·舒克拉（Ajai Shukla）也说，印度不应该继续按照中国的规则只讨论所谓的"阿鲁纳恰尔"而不讨论西藏，像米利班德一样让步使印度在球赛中处于不利地位，新德里应该开始在特别代表对话中提出西藏问题。只要谈判只涉及边界，就不可能达成协议。但是，通过对中印对话的战略性调整，至少将某些聚光灯转向西藏，新德里能够刺激北京软化其不妥协立场。"印度在西藏拥有合法和不可剥夺的利益"；重设20世纪50年代关闭的印度驻拉萨领

---

① Sheo Nandan Pandey and Hem Kusum, "China's Tryst with Media Tools of Statecraft: A Case Study of Border Dispute Resolution with India," Paper No. 5236, September 30, 2012, accessed February 8, 2017, http://www.southasiaanalysis.org/node/996.

② Abanti Bhattacharya, "Can India Say No?" June 23, 2008, accessed May 12, 2017, http://idsa.in/idsastrategiccomments/CanIndiaSayNo_AbantiBhattacharya_230608.

③ Abanti Bhattacharya, "China's Claims over Arunachal: Reflections on Chinese Foreign Policy and What India Needs to Do," November 21, 2006, accessed Mach 6, 2017, http://www.idsa.in/idsastrategiccomments/ChinasClaimsoverArunachal_ABhattacharya_211106.

④ Zorawar Daulet Singh, "After the Hiatus: India-China Border Diplomacy since the 1970s," *China Report*, Vol.47, No.2, 2011, p.97.

事馆、边界贸易、宗教联系、旅游和人员来往。①

尽管希望并想方设法获得中国在边界问题上的让步，但印度学者对能否达到这一目的并无把握。莫汉·古鲁斯瓦密一方面认为，1989年以来青藏公路的发展和2006年以来青藏铁路的修建使新藏公路的战略重要性下降，这意味着中国可以在西部让步。② 另一方面，他对中国让步的期望不高，最后分析是任何严肃认真的中印谈判将是灵活性有限并放弃极端立场……未来的处理办法与当前现状不会差距甚远。概括而言，中国将放弃对所谓的“阿鲁纳恰尔”的要求，印度则放弃拉达克部分，在某些地方做一些边界调整。因而，虽然相互让步以新条约展现，但只是围绕着现状的一种法律安排。③ S. 辛格也认为中国不会作出领土让步，中国认为与印度改进关系重要，但没有重要到需要牺牲地位、利益或领土的地步。④

（2）达成最终处理的建设性路径。在意识到中印都不会轻易让步后，也有印度学者提出向前看，采取广泛措施实现双方满意的公正合理的全面处理。在一次边界与印度安全的讨论中，印度专家认为：“边界不能只靠枪炮保护。实际上，‘紧张’和‘变动’的边界损害经济和加剧不安全感。印度必须将边界看作友谊和友好的纽带。还要将这一观点运用于与邻国的关系之中。与邻国没有和平边界，印度不能在全球化时代的国际事务中扮演合法角色。”⑤ 狄伯杰建议，为了全面处理边界问题，首先和最重要的是中印都忘记过去，印度不应该提及收回“每一寸印度领土”的议会决议，中国也应该停止重复不承认所谓的“阿鲁纳恰尔”……在边界地区建立信任

① Ajai Shukla, “India Needs to Be Alert about Border Dispute with China,” July 10, 2012, accessed May 6, 2017, http://www.rediff.com/news/column/india-needs-to-be-alert-about-border-dispute-with-china/20120710.htm.

② Mohan Guruswamy and Zorawar Daulet Singh, *India China Relations: The Border Issue and Beyond* (New Delhi: Viva Books, 2009), p.120.

③ *Ibid*, p.135.

④ S. Singh (eds.), *India and China: Mutual Relations* (New Delhi: Anmol Publications Pvt. Ltd., 2006), p.352.

⑤ D.V.L.N.Ramakrishna Rao and R.C. Sharma (eds.), *India's Borders, Ecology and Security Perception* (New Delhi: Scholars' Publication Forum, 1991), p.56.

措施、划分实控线、发展贸易联系以及人员交往，希望这些能够建立信任并最终走向公平合理的边界问题解决办法。[①] 阿肯·韦耐克主张处理边界问题的唯一方法是沿着实控线两国相互让步，剩下的事是以最可行的方式予以装点和划定最终边界以消除其他冲突的潜在可能性，现在是印度决定是不是能够做出关键让步和走出历史的时候。[②]

概括而言，印度学者促成边界谈判的主要建议是：（一）不能搁置边界问题。对于难以处理的边界问题，中国的政策是搁置争议、发展关系，但印度学者普遍表示反对。C. 拉贾·莫汉（C. Raja Mohan）指出，边界问题遗留对印度危害很大，"不愿处理中印边界争端和印巴克什米尔问题使独立以来印度的军事和战略力量元气大伤"。[③] B. 拉姆（B. Raman）甚至认为，没有边界协议并不阻碍发展经济和其他方面的关系是服务于中国利益的中国框架，印度不应该接受。他还主张印度应该以要求中国在交换实控线地图上迈出第一步作为继续谈判的基础，并强调没有关于边界谈判的令人满意的进步，经济和其他领域的关系不能推进。[④]

（二）印度应该采取措施积极推进边界谈判。达斯表示："因为中国对仅让现状正式化的谈判不感兴趣，2009年大选后的印度新政府不得不再度进行谈判，表明对快速达成最后协议是认真的。"[⑤] 在印度学者看来，首先，印度政府需要推动国内就对华政策和边界谈判形成共识，批评印度政党及其领导人没有努力就复杂的对华利益达成共识，印度对华政策的任何

---

① B. R Deepak, *India and China 1904-2004: A Century Peace and Conflict* (New Delhi: Manak Publications Pvt. Ltd, 2005), pp.439-440.

② Achin Vanaik, "Dealing with China," *Hindu*, January 27, 2001.

③ N. S. Sisodia and C. Uday Bhaskar (eds.), *Emerging India: Security and Foreign Policy Perspectives* (New Delhi: Institute for Defence Studies and Analysis, 2005), pp.35-36.

④ B. Raman, "Chinese Premier's Visit to India," Paper No. 5493, May 15, 2013, accessed June 28, 2017, http://www.southasiaanalysis.org/node/1274.

⑤ Gautam Das, *China-Tibet-India: the 1962 War and the Strategic Military Future* (New Delhi: Har-Anand Publications Pvt Ltd, 2009), p.239.

大胆提议可能影响选举命运，对此不恰当的看法抑制了政党的想法。[①] 其次，印度政府和政党需要影响和引导公众观念，“任何中央和地方的政党利用正在进行的谈判谋求政治利益是不必要的和危险的”，[②] 印度政府和政党需要“教育公众和媒体不要将国家主权上升到极其僵化的程度，要接受领土或主权调整以建立友好睦邻关系”。[③] 有的印度学者还提倡印度政府撤回议会的1962年11月决议，[④] 穆库尔·桑瓦尔（Mukul Sanwal）还呼吁印度成立一个两党联合组织，调查北部边界真相并提出关于中印边界协议轮廓的建议。[⑤] 布伦丹·瑞里（Brendan O'Reilly）还相信，如果中印领导人能够认识到他们共同的希望和顾虑，同时探索广阔的共同利益空间，那么1962年幽灵可能在和平中消散。[⑥]

（三）印度应该理解中国的边界心理和利益诉求。尼赫鲁时代印度完全忽视中国的边界心理和诉求，现在的印度关注的也主要是自身的边界心理和诉求，这无助于两国达成边界妥协。戈斯瓦米等呼吁：“中印谈判代表首先必须不仅理解自身利益，还要对对方立场有清晰的感觉。理解对方的观念和文化十分重要，例如社会稳定对中国十分重要；印度应该努力理解这对所谓的阿鲁纳恰尔邦特别是西藏和达旺问题的争端的意义。同样地，中国应该寻求理解印度为何坚持对所谓的阿鲁纳恰尔邦的主张以及从印度角度理解这一问题的重要性。在国际事务上，中国将自身看作是受害者并

---

① S. Singh(eds.), *India and China:Mutual Relations* (New Delhi: Anmol Publications Pvt. Ltd., 2006), p.381.

② Mohan Guruswamy and Zorawar Daulet Singh, *India China Relations: The Border Issue and Beyond* (New Delhi: Viva Books, 2009), p.134.

③ D.V.L.N.Ramakrishna Rao and R.C. Sharma (eds.), *India's Borders, Ecology and Security Perception* (New Delhi: Scholars' Publication Forum, 1991), p.149.

④ Gautam Das, *China-Tibet-India: the 1962 War and the Strategic Military Future* (New Delhi: Har-Anand Publications Pvt Ltd, 2009), p.287.

⑤ Mukul Sanwa, "*Time to Take Up Demarcation of the India-China Border*," June 11, 2012, accessed May 11, 2017, http://idsa.in/idsacomments/TimetoTakeUpDemarcationoftheIndiaChinaBorder_MukulSanwal_110612.

⑥ Brendan O'Reilly, "Ghosts of '62 Can't Rest in Peace," *Asian Times*, October 31, 2012.

提出对边境地区的要求。印度必须理解为何中国从怀疑‘遏制’论的更大视角看待印度支持达赖及西藏流亡政府，近年来美印战略关系的加强，进一步增强了中国这种受害感。”①

（四）印度应该慎用西藏牌。近年来，藏独集团反华运动日益极端化、暴力化和国际化，印度国内也出现要求利用西藏问题迫使中国在边界上让步的声音。但是，有的印度学者理性地认识到：“印度关于西藏的选择也不轻松。可能错误地走向两个相反的方向。一方面中国的压力和对藏人在印不时的过激活动不耐烦，印度政府试图让藏人感觉不受欢迎，另一方面有些人很轻率地认为，既然印度拥有核遏制能力，就能够并应该以某种方式（尽管具体方式很少提及）干预西藏问题，迫使解放军从西藏撤军……印度在这一领域的任何额外行动导致的将不仅是中印关系进一步恶化，还会促使中国快速加强对西藏的控制。印度最好的做法是改善中印关系，以让中国不过度反应和不认为印度在西藏问题上威胁中国安全。同样地，希望在未来某个时候中国感到足够安全并急剧地减少在西藏的民事和军事存在。”②

（五）通过经济合作促进中印边界处理。在1988年印度同意将边界问题与中印关系发展并行后，中印经贸关系发展快捷，2009年中国成为印度第一大贸易国。印度学者认为：“……中印关系有其自身特殊性、经济利益共性和地缘政治观念分歧。现在重要的是中印关系日益受到经济共同利益的影响。”③ 然而，近期中印边界局势紧张局面显示，中印经济关系未能很好地外溢到边界领域，反而是受到中印边界争端的干扰，中国学者张敏秋就曾指出：“……印度对中国交织着复杂的情绪：交往、合作、竞争、不安、不服、猜忌、戒备，‘中国威胁论’挥之不去。这些政治情绪不时地影

① Namrata Goswami and Jenee Sharon, “Time to Bridge Sino-Indian Border Differences,” *Asia Times*, January 25, 2013.

② S. Singh (eds.), *India and China: Mutual Relations* (New Delhi: Anmol Publications Pvt. Ltd., 2006), p.399.

③ V. D.Chopra (eds.), *India's Foreign Policy in the 21 Century* (Delhi: Kalpaz Publications), p.127.

响双边经贸关系。”[①] 戴维德 A. 安德森（David A. Anderson）等人在研究中印经济关系和边界争端后强调，从短期看，中印双边贸易可以冲淡边界争端的重要性，但从长期看，随着中印经济竞争的发展，边界争端可能会外溢并导致地区分裂、政治关系紧张和损害经济合作。[②] 他们建议，中印应该抓住现在经济竞争不太激烈的良好机会解决边界问题。中印要发挥经济关系在促进边界问题解决中的作用，需要将两国经济合作制度化。[③] 印度一些学者还探讨了中印之间签署自由贸易协定FTA的问题，提出可以仿效印度斯里兰卡模式逐步建立中印自贸区。[④]

（二）国内关于中印边界问题的研究综述

印度是中国的重要邻邦，由于边界问题没有妥善解决，中印关系的发展长期以来不太顺利。在1958年中印边界争端公开化并影响两国友好关系后，中国学术界就开始关注这一问题并公开出版了众多的学术专著和论

---

① 谭中主编：《中印大同—理想与实现》，宁夏人民出版社，2007，第429页。

② David A., “Anderson and Isabel Geiger, Sino-Indian Trade Relations and the Ongoing Border Dispute,” *China and Eurasia Forum Quarterly*, 2010, Vol.8, No. 4, p.141.

③ Jeff Grabmeier, “Trade Agreements Help Prevent Military Conflicts,” *Study Shows*, The Ohio State University, 2000, accessed March 6, 2017, http://www.scienceblog.com/community/older/2000/D/200003374.html.

④ Swapan K. Bhattacharya and Biswa N. Bhattacharyay, “Free Trade Agreement between People’s Republic of China and India: Likely Impact and Its Implications to Asian Economic Community,” *ADB Institute*, Discussion Paper No. 59, November 2006, accessed January, 20, 2017, http://aric.adb.org/pdf/ten_years_after/ADBI-Biswa-India-China%20FTAdp59.free.trade.agreement.pdf.

文，本文拟对中国的中印边界争端研究现状进行简要介绍。[①]

1. 1959—1978年的中印边界问题研究

1958年印度媒体报道中国建成新藏公路后，中印边界争端走向公开化和扩大化，中国学术界开始关注这一热点问题，1959年即有学术成果刊出。最初，中印两国政府主要是在边界主张方面进行了激烈的外交交涉，在这一背景下，学者们的学术成果也主要是争辩中印边界的历史、法律以及地图依据。[②]周鲠生认为，印度的中印边界主张依据是地理原则、传统和国际协定，但分水岭原则只是划界方法之一并不能由一国决定，传统的边界也要有事实依据，1842年《拉达克和约》并不是中国中央政府确认的关于边界划分的协定，"西姆拉条约"则是非法条约。韦良专门论述了麦克马洪线的非法性，他的理由是西姆拉会议没有讨论中印边界、中国代表没有在"西姆拉条约"上正式签字、中国政府也没有正式批准"西姆拉条约"、英国代表在会议上采取了欺骗手法、西藏代表不能离开中国中央政府单独与英国代表签约，英国也不认为"西姆拉条约"和关于麦克马洪线的换文两个文件合法、西藏地方政府也对麦克马洪线不满并向印度提出领土要求，

---

① 学术界对国内外关于中印边界问题研究现状已有一些评述。从"尼赫鲁同意中印谈判的原因"、"印度的前进政策"、"中印战争的责任、中国速胜和撤军原因以及战争的可避免性"、"中印交恶原因"等方面，尚劝余对中印学者的观点进行了介绍和比较（《尼赫鲁时代中国和印度的关系(1947—1974)》，中国社会科学出版社，2009年）。黄想平分三个阶段介绍了20世纪80年代到新世纪初中国学者的中印边界争端研究成果，见《中印边界问题研究综述》(《南亚研究季刊》2005年第3期)。邱美荣著《中印边界争端研究综述》(《南亚研究季刊》1999年第2期)，重点论述的是国外学者的中印边界战争研究成果，同时也简要介绍了20世纪80年代和90年代4位中国学者的代表性成果。一些关于中印关系和印度问题的研究综述对国内学者的中印边界争端研究成果也有所涉及，如随新民著《中印关系研究50年：多元化的议程和不对称的支点》(《国际论坛》2005年第6期)、罗辉和刘骞著《当代中国国际关系学印度问题研究：回顾与思考》(《国际论坛》2009年第5期)。还有一些学术综述是专门评述国外的中印边界战争研究成果和看法，如马荣久著《国外关于中印领土争端的研究》(《当代中国史研究》2007年第2期)、方雯著《印度对中印边界冲突的反思》(《国际资料信息》2003年第6期)。本文主要是介绍1959年到2014年中国大陆学者的中印边界争端研究成果。

② 周鲠生：《驳印度对于中印边界的片面主张》，《法学研究》1959年第5期；韦良：《从国际法角度看所谓麦克马洪线》，《国际问题研究》1959年第6期。

等等。

因为中印在地图问题也进行了激烈的争论，1959年中国测绘专家专门座谈了中印边界问题，与会专家一致认为麦克马洪线是非法的，专家们还列举了一系列证据，如：《泰晤士地图集》1922年版本没有麦克马洪线，基本与中国现在的中印边界画法一致；直到1940年英国参谋部和印度测量局出版的地图都没有麦克马洪线；1942年利用中国抗日战争困难英国出版的权威地图才试图改变画法；1939年以前各国地图还没有麦克马洪线；直到1950年印度才划出麦克马洪线实线，等等。①

1962年中印边界战争爆发前后，中国学者主要是探究中印边界纠纷扩大化的原因和责任。② 张奇指出，印度不断在中印边界西段入侵和建立哨所导致两国边界局势十分紧张，中印边界问题长期不能解决的责任在于印度，印度对中国的强大和政治影响恼火，利用虚构的所谓中国侵略煽起狭隘的民族主义情绪，以打击印度进步力量和讨好美国以寻求美"援"。施颜指责印度对邻国推行扩张主义，包括干涉中国内政和侵犯中国领土，印度的"两大后台老板"是美帝国主义和现代修正主义。萧冷是从印度大资产阶级角度分析中印边界冲突，他认为，印度大资产阶级走向全面反动的国内原因是印度国内的经济问题和阶级矛盾，国际原因是日益依赖美帝国主义，其挑起中印边境武装冲突的目的是刺激经济和讨好美帝国主义。孙培均则从经济学角度分析中印边界冲突，他指出，印度挑起中印边界冲突是为了转移国内人民对政府部门的不满情绪、继续搜刮民财、争取外援和把整个经济转到军事轨道上去。

值得一提的是，由于中印舆论战的需要，20世纪60年代中国外交部、世界知识出版社、人民出版社等部门将中国关于中印边界问题的信件、声

---

① 《中国测绘学会座谈中印边界问题》，《测绘通报》1959年第14期。

② 代表性论文是：张奇：《中印边界问题透视》，《世界知识》1962年第14期；施颜：《印度反动派一贯奉行扩张主义》，《世界知识》1965年第19期；张德诚：《铁托集团的无耻的反华帮腔》，《世界知识》1962年第23期；萧冷：《印度大资产阶级剖析》，《世界知识》1962年第24期；孙培均：《印度经济走向军事化》，《世界知识》1962年第Z1期。

明、照会以及重要社论结集出版，湖南人民出版社还出版了《中印边界示意图》，这些第一手文献资料的公开为中印边界争端的进一步研究提供了极大的便利。[①]

在中印边界冲突爆发后不久，中国发生了史无前例的“文化大革命”，国内学术研究遭受到巨大冲击。“文革”十年，国内的中印边界争端研究停滞不前，重要的学术活动是翻译出版了内维尔·马克斯韦尔的《印度对华战争》一书。利用翔实的资料特别是一般学者难以接触到的印度官方秘密资料，马克斯韦尔回顾了中印边界争端的历史演变和印度边界政策的形成过程，着重叙述了中印边界问题如何从纠纷走向冲突，他的结论是印度而不是中国挑起了中印边界战争。[②]

2. 1979—1999年的中印边界问题研究

改革开放后的1979年到1999年，中国的学术研究工作走向正常化，从事中印问题研究的队伍开始恢复和壮大，学术成果也陆续问世，开始有学术专著问世。

第一，历史亲历者的著作陆续问世。[③] 外交官杨公素在离休后转向学

① 主要有：1957—1965年由世界知识出版社陆续出版的《中华人民共和国对外关系文件集》十集和1959—1962年出版的《中印边界问题》三册；天津人民出版社编辑出版的《中印边界问题的真相》(1959)；中共江西省委宣传部编辑、江西人民出版社出版的:《有关中印边界问题的文件材料选编》(1959)；中华人民共和国外交部编辑出版的《中国和印度关于两国在中国西藏地方的关系问题中印边界问题和其他问题的文件汇编》(1960)、《中国和印度关于中印边界问题来往文件选集》(1960)；时事手册社编辑、通俗读物出版社出版的《关于中印边界问题》(1960)；新疆人民出版社出版的《关于中印边界问题:学习文件和参考资料》(1960)；福建人民出版社编辑出版的《我国外交部一九五九年十二月二十六日就中印边界问题给印度政府的照会》(1960) 和《关于中印边界问题》(1962)；人民出版社编辑出版的《中印边界问题》(1962)、《关于中印边界问题》(1962) 和《中国政府就中印边界问题和缔结新的通商交通协定问题致印度政府的照会》(1962) 人民出版社编辑、民族出版社翻译出版的《中印边界问题（维吾尔文)》(1963)；新疆人民出版社翻译出版的《关于中印边界问题（哈萨克文)》(1963)；安徽人民出版社编辑出版的《关于中印边界问题》(1963)；湖南人民出版社出版的《中印边界示意图》(1962)。

② 内维尔·马克斯韦尔:《印度对华战争》，生活·读书·新知三联书店，1971。

③ 主要成果有：杨公素著《中国反对外国侵略干涉西藏地方斗争史》(中国藏学出版社，1992) 和《沧桑九十年——一位外交特使的回忆》(海南出版社，1999)；雷英夫著《在最高统帅部当参谋》(百花文艺出版社，1998)。

术研究，他在专著中系统叙述了英国对西藏的侵略和干涉、中印关于藏印关系的谈判、印度支持西藏叛乱和侵占中国领土的历史过程。1999年，杨公素还出版了自传体回忆录，更详实地介绍了中印边界争端情况，揭示了很多不为人知的秘密，如1954年《中印协定》为何规定有效期为8年、1956年中印曾就乌热问题举行过边界谈判、中国对于早期中印边界争端的政策方针以及朗久事件真相，等等，具有很高的史料价值。从1951年西藏解放到1963年，杨公素一直是西藏外事工作负责人，因工作关系他及其同事收集了众多的资料、查阅档案（包括藏文档案），阅读了各种中外文书刊文章，并到西藏各地包括边境地区进行实地考察。他还参加了1953—1954年的中印谈判，并数次访问过印度、尼泊尔和锡金等地。1963年后，他长期在外交部工作并可以到外交部查阅档案。杨公素从事中印边界研究有着一般学者无法企及的便利条件，他的专著和回忆录填补了中印边界争端研究的很多空白。雷英夫在1962年担任总参谋部作战部副部长，1998年他的回忆录出版，《对印自卫反击战》一章揭示了中国对印作战的决策过程，中国一直避免中印边界冲突，但印度却乘机蚕食中国的领土，将中国的忍让看作是软弱，为了维护边境安定及和平解决边界问题，中国最终决定进行反击。关于中印边界争端的回忆文章陆续刊出，具有十分重要的史料价值，有利于进一步开展研究。

第二，90年代初关于中印边界武装冲突的专著出版。① 其中，流传最广的是师博所著的《1962：中印大战纪实》。以纪实的笔法，师博生动地叙述了中印边界战争的来龙去脉，包括中印地图交涉、尼赫鲁认为中国接受麦克马洪线问题、中印边界主张及分歧、麦克马洪线的由来、朗久事件和空喀山冲突、中印关于边界问题的外交交涉、印度反对派和媒体极力反华和鼓吹战争、中印两国的战争准备情况、1962年边界战争的爆发与平息，等等。师博的专著比较通俗，但也言之有据，引用了包括外交文件在内的

① 主要著作有：师博著《1962中印大战纪实》（大地出版社，1993）；徐焰著《中印边界之战历史真相》（天地图书公司，1993）。

大量中外文文献，也提出了一些较有见地的观点，如他认为殖民主义教育使尼赫鲁性格中有侵略扩张的一面，当时的国际国内环境恰恰又助长了这一面，但他走向对华战争主要源于他对待边界的一贯逻辑。[①]

第三，关于中印边界争端历史事实的较有分量的学术成果陆续问世。[②]1994年，中国学者刘学成将他在美国德克萨斯大学的博士论文在美国修改出版，该书全面介绍了中印边界争端的起源、发展、冲突以及缓和谈判过程，在论述中将史料与理论结合，从地缘政治视角入手，注重影响中印关系及边界争端的国内因素和国际环境，史料丰富、角度新颖、视野开阔，也提出了许多新观点，如他指出1947年到1959年中印“双方都知道对方在自己的边界东段和西段有着领土要求，但深思熟虑后都不准备摊牌”。[③]1997年，王宏纬出版《喜马拉雅山情结：中印关系研究》，这是国内的第一本中印关系学术专著，全书围绕着西藏问题和中印边界问题展开，主要是论述了中印关系的发展演变，中印边界冲突出现的原因、过程及其影响也得到了详细分析。该书很多地方填补了国内在中印边界争端领域的空白，如他首次系统深入分析了中印边界冲突的原因和影响，指出在两个超级大国的作用、对中方国内形势估计错误、国内政局影响、尼赫鲁个性和情报体系方面的问题等因素的影响下，尼赫鲁坚持与中国进行军事对抗。而中印边界冲突不仅使中印关系进入冷战时期，还改变了印度的国际地位、对美苏政策、对南亚邻国的态度乃至是中巴关系，还使印度国内形势发生了变化。此外，他还详细介绍了1981年到1988年中印边界谈判历程并分析指出公共舆论、反对党掣肘、党内分歧、法律程序等内政制约使印度领导人在边界问题上停滞不前。

这一时期国内边疆史地学者还发表了不少学术价值很高的历史考证成

---

① 师博：《1962中印大战纪实》，大地出版社，1993，第151—152页。

② 代表性著作有：Xuecheng Liu, *The Sino-Indian Border Dispute and Sino-Indian Relations* (Lanham: University Press of America, 1994)；王宏纬著《喜马拉雅山情结：中印关系研究》，中国藏学出版社，1997。

③ Xuecheng Liu, *The Sino-Indian Border Dispute and Sino-Indian Relations* (Lanham: University Press of America, 1994), p.18.

果。[①] 利用中外资料，周伟洲探究了19世纪前后西藏与拉达克的关系和划界问题。立足于前人成果并充分利用汉、藏、英三种文字资料，房建昌系统考证了中国西藏、新疆和拉达克之间的边界传统习惯根据，论证了中国边界主张的准确性。根据英国印度事务部档案和中国解放后的划界资料，辅以西方人的游记，房建昌还揭示了英国在中印中段边界上侵略西藏的史实，论证了中国所定边界的历史依据，并指出，独立后的印度完全继承了英国在边界问题上的殖民遗产和立场。在广泛收集汉、藏、英资料和在西藏进行实地考察的基础上，吕昭义出版了《英属印度与中国西南边境（1774—1911年）》一书，通过大量的史实考辨，详细探究了1774年到1911年英属印度对中国西南边境的侵略。他将英国的侵略活动置于两次世界大战和印度民族解放运动的局势下进行分析，提出了许多新的看法，也揭示了中印边界问题的形成。他还对所谓"外线"、"内线"、"麦克马洪线"以及"赵尔丰部属勘画边界"进行了详细的考辨，指出英国兼并阿萨姆后逐渐北上接近中印传统习惯边界，将原传统习惯边境两属地区占为己有，大体上确定了一条沿喜马拉雅山脚的边界线，这与沿山脊而行的非法的麦克马洪线相距甚远，而内线实质上是英印政府的"实际控制线"，大体上与外线有几公里距离，但赵尔丰部属勘画边界与英属印度内线的勘画毫无关系。

第四，关于中印边界争端的研究视角和范围有所扩展。中国学者开始探讨中印边界热点问题，柳文认为，1987年中印边境出现新的紧张形势是印度的责任，印度在中印边界地区加强战备和蚕食中国领土，还将所谓的"阿鲁纳恰尔"从中央直辖区上升为邦，甚至在中印边境地区集结军队和进行以"棋盘"为代号的大规模军事演习，这些活动势必引起中国的

① 代表性成果有：周伟洲著《19世纪前后西藏与拉达克的关系及划界问题》（《中国藏学》1991年第1期）；房建昌著《近代中印西段边界史略》（《历史研究》1997年第5期）、《近代中印中段边界史初探》（《中国边疆史地研究》1998年第1期）、《近代中印东段边界史略》（载于《中国边疆研究通报》，新疆人民出版社，1995年）；吕昭义著《英属印度与中国西南边境（1774—1911年）》（中国社会科学出版社，1996年）、《关于中印边界东段的几个问题》（《历史研究》1997年第4期）。

反应。[①]

宋岳从历史、人文、地理角度，运用中外文献特别是档案资料，论证门隅、洛渝、下察隅地区是中国而不是印度领土，他还以较大篇幅从国际法角度驳斥了印度主张麦克马洪线存在的“西姆拉条约”、分水岭原则、“默认和禁止翻供原则”、地图依据以及“时效原则”等证据，论证和表明中国政府和人民在事实上和法律上都有充足的证据对印度成立所谓的“阿鲁纳恰尔邦”的非法行为提出强烈的抗议并坚决加以反对。[②]

从安全战略角度，宋德星指出，印度继承了英印政府的安全战略，但基于把中国西藏变成中印间“缓冲国”的战略已不现实，转而寻求控制喜马拉雅山分水岭，为此采用军事和外交两手手段大肆侵占中国领土，基本上实现了其战略构想。90年代以来中印关系有了很大的改善和发展，但印度一直将边界问题纳入其安全战略考量，导致中印关系无法摆脱边界问题的干扰。[③]

此外，还有论文专门探讨了中国学界以前很少涉猎的问题，如毛泽东在中印边界争端中的领导作用、周恩来与中印边界谈判、1960年以来的中印谈判情况、中印边界冲突中的苏联因素，甚至出现了比较研究以及研究总结。[④]

3. 新世纪以来的中印边界问题研究

进入新世纪，中国学者出版和发表了众多的中印边界争端学术研究成果，有关研究日益多样和深入，下文将从关于中印边界争端历史真相的研究、中印边界争端的新视角分析、中印边界谈判及其前景三个方面择要评述。

---

① 柳文：《中印边境为何出现新的紧张》，《世界知识》1987年第11期。

② 宋岳：《论印度成立所谓的“阿鲁纳恰尔邦”的非法性》，《中国藏学》1989第2期。

③ 宋德星：《试析印度在中印边界问题上的战略构想》，《世界经济与政治》1999年第6期。

④ 主要论文是：胡哲峰著《毛泽东与中印边界自卫反击战》（《党史文汇》1999年第2期）；张岷著《苏联和中印、中越边境战争》（《历史教学问题》1992第5期）；赵磊著《中印、中缅边界问题比较研究》（《湖南师范大学社会科学学报》1995第2期）；邱美荣著《中印边界争端研究综述》（《南亚研究季刊》1999年第2期）

第一，关于中印边界争端历史真相的研究

进入新世纪，众多的包括中印边界争端的中印关系领域的学术著作和论文陆续问世。与此前两个阶段相比，新时期的中印边界争端研究呈现出许多新特点、新方向。

关于中印边界争端的研究更加全面和深入。新世纪伊始，又一本中印关系研究的著作问世，[①] 作者赵蔚文主要是全面叙述五十年的中印关系，其中设有专章描述中印边界问题从纠纷走向战争的历程。她认为，尼赫鲁与中国交恶并进而发生武装冲突，除了国内右翼集团的压力外，还有“先担心中国的影响，后又利用中国的困难”、“印度需要美援，美国扶印反华”、“利用和扩大中苏分歧，期望一箭多雕”等多重因素。显然，她是将中印边界冲突归因为印度的主观愿望和美苏的支持怂恿。

此后，有众多的关于中印关系特别是冷战后中印关系的学术著作出版。[②] 作为中印关系的重要议题，中印边界争端问题无一例外地都被提及。其中，最有代表性的作品是尚劝余的《尼赫鲁时代中国与印度的关系(1947—1964)》，此书最大的特点是全面介绍和阐释了中印学者对于中印关系重要问题的观点，其中涉及中印边界争端是中印边界战争的责任、中国速战速胜的原因、中国单方面撤军的原因以及战争的可避免性，显得十分全面、公正和客观。康民军还以中印边界问题作为博士论文选题方向，

---

① 赵蔚文：《印中关系风云录（1949—1999)》，时事出版社，2000。

② 主要著作有：张敏秋主编《中印关系研究：1947—2003》(北京大学出版社，2004年）和《跨越喜马拉雅障碍：中国寻求了解印度》(重庆出版社，2006年)；郑瑞祥主编《印度的崛起与中印关系》(当代世界出版社，2006年)；周卫平著《百年中印关系》(世界知识出版社，2006年)；谭中主编《中印大同：理想与现实》(宁夏人民出版社，2007年)；陈宗海著《冷战后中印外交关系研究：1991—2007》(世界知识出版社，2008年)；卫灵著《冷战后中印关系研究》(中国政法大学出版社，2008年)；尚劝余著《尼赫鲁时代中国与印度的关系（1947—1964)》(中国社会科学出版社，2009年)；杨思灵著《中印战略合作伙伴关系研究：兼论中印自由贸易区的建设与发展》(中国社会科学出版社，2013年)；赵干城著《中印关系现状·趋势·应对》(时事出版社，2013年)。

其研究成果陆续在重要刊物上发表。[①] 以历史学方法，他全面阐释了中印边界问题的来龙去脉，重点探讨了印度挑起中印边界冲突的国内外原因、中印对1954年《中印协定》的看法分歧、中印边界西段的“约翰逊线”、中印边界西段东半部分的印方条约依据、地理原则能否证明“麦克马洪线”合法以及中印边界谈判历程等问题，对中印边界问题进行了全面而深入的总结性研究。

中印边界争端的国际因素和外交影响得到充分关注和研究。立足于中外文资料特别是新近解密的档案文献，学者们重点探究了中印边界冲突期间的美国反应、美国南亚安全政策、苏联反应与政策、苏联立场、赫鲁晓夫的态度和作用。[②] 在《肯尼迪政府与1962年的中印边界冲突》一文中，蔡佳禾指出，肯尼迪上台后向印度提供大量援助，并怂恿尼赫鲁政府在中印边界采取军事冒险政策。在1962年中印边界冲突爆发后，美国企图借机改变印度的不结盟政策和在南亚建立针对中国的“联合防御体系”。然而，在各种因素作用下，美国的战略目标没有实现。肯尼迪政府深深卷入中印边界冲突，但未能改变南亚地区战略形势。戴超武研究的苏联与中印边界冲突问题，他认为，苏联在中印边界冲突中的反应和政策是苏联对印度政

① 重要成果有：康民军著《试析“麦克马洪线”问题的来龙去脉》(《首都师范大学学报》2002年第6期)；《试析20世纪五六十年代中印关系恶化的原因——中印边界战争40周年回顾》(《当代中国史研究》2003年第1期)；《1954年中印协定与中印边界争端——和平共处五项原则创立50周年回顾》(《当代中国史研究》，2004年第6期)；《“约翰逊线”及其在中印边界争端中的地位》(《首都师范大学学报》2004年第4期)；《试析中印边界问题的历史与现状》(《南亚研究季刊》，2006年第1期)；中印边界谈判的启动与进展（《当代中国史研究》2008年第2期)；《中印边界西段的东半部分有条约根据吗？——试析20世纪五六十年代中印双方关于边界问题的一个分歧》(《中国边疆史地研究》2008年第2期)；《地理原则能论证“麦克马洪线”的有效性吗？——评析20世纪五六十年代印度政府对“麦克马洪线”的一个观点》(2009年第3期)。

② 代表性论文是：蔡佳禾著《肯尼迪政府与1962年的中印边界冲突》(《中国社会科学》2001年第6期)；王琛著《美国对1962年中印边界冲突的反应》(《史学月刊》2002年第1期)；戴超武著《中印边界冲突与苏联的反应和政策》(《历史研究》2003年第3期）和《关于1962年中印边界冲突和中苏分裂研究的若干问题》(《当代世界与社会主义》2010年第4期)；冯云飞著《1962年古巴导弹危机与苏联对中印边界问题立场的转变》(《党史研究与教学》2009年第2期)；郑华和张振洋著《美苏冷战视角下的中印边界冲突原因探析》(《历史教学问题》2013年第6期)。

策发展变化和赫鲁晓夫推行“和平共处”外交政策的必然结果，也是中苏分歧的突出体现。虽然赫鲁晓夫曾试图改善中苏关系，但经过1962年中印边界冲突和古巴导弹危机，中苏同盟已无可挽回地走向最后的破裂。郑华和张振洋综合分析了美苏冷战大背景下中印关系由蜜月走向冲突的原因，他们指出，20世纪50年代美国出于美苏对抗的战略考量着手改善印美关系。在1959年西藏叛乱后，美国加大了对印度的援助，在中印边界问题上偏袒印度，并进而挑动印度与中国对抗。与此同时，伴随中苏关系逐步恶化，苏联稳步发展同印度的关系，加大对印援助并在中印边界冲突中以“中立”为幌子向印度提供军援。在美、苏的怂恿和偏袒下，印度有恃无恐地发动了对中印边界地区的武装挑衅，并进而升级为边界武装冲突。

此外，不少学者还分析了中印边界冲突与中苏分歧、中巴（巴基斯坦）关系、美巴关系以及中印关系的相互作用。① 如王宏纬认为，印度隐瞒真相将中印边界冲突栽赃到中国头上，产生了两方面的有害后果：一是中国形象从此在印度公众中成了“魔鬼”，二是印度大规模扩军备战导致两国此后长期对抗，并给双方都造成了难以估量的损失。王琛认为，建交初期，中巴关系一波三折、不太顺利，1962年中印边界冲突是两国关系的一个转折点，极大地推动了两国关系的改善和发展。常县宾指出，20世纪60年代美巴关系剧变原因复杂，中印边界冲突是其中的一个重要影响因素。在1962年中印边界冲突前，随着美国南亚政策的调整，美巴的盟友关系出现了潜在的裂缝。中印边界冲突发生后，美国在未同巴基斯坦磋商的情况下向印度提供军事援助，导致美巴关系出现了危机。冲突停止后，美巴关系继续恶化，1965年印巴战争爆发后降到了历史的最低点。

外交档案得到重视和采用。在中外关系研究中，外交档案是揭示决策过程和探究事件真相最为直接和最为重要的史料依据。在中印关系研究领域，学者们也是尽可能地收集和采用档案材料。新世纪以来，随着研究条

① 代表性论文是：王宏纬著《1962年边界战争及其对中印关系的影响》(《南亚研究》2002年第2期)；王琛著《试论1962年中印边界冲突对中巴关系的影响》(《河南大学学报》2005年第5期)；常县宾著《1962年中印边界冲突与美巴关系》(《安徽史学》2009年第1期)。

件的改善，越来越多的中国学者能够走出国门收集外文档案，而中国外交部对外开放部分档案也使普通学者能够接触到文化大革命前的中国外交档案。在《中印边界问题、印巴领土纠纷研究》(人民出版社2013年版）一书中，吕昭义教授就运用了近年来公开的中国外交部开放档案。近年来，戴超武、齐鹏飞等人的中印关系或边界问题研究论文也采用了中国外交部档案乃至俄文档案。利用英文档案的代表性作品是张永攀著《英帝国与中国西藏（1937—1947)》(中国社会科学出版社2007年版)，他从英国印度事务部有关西藏问题的档案入手，重点探讨英国侵占中国门珞察地区的密谋与活动、中英对西藏政治地位的交涉及英国内部西藏政策的争论，以及英国对国民政府改善与西藏地方关系的干涉与破坏，揭示了1937—1947年英印政府侵藏政策的变化过程。除了大量的英国印度事务部档案，张永攀还引用了许多的英国外交部、国民政府以及美国外交部的档案，立足于大量档案的这部专著大大提升了中国的英国侵藏史研究。

第二，新视角下的中印边界争端研究

进入新世纪，中印关系以及两国边界争端发生了较大的变化。经历了1998年印度核试验的冲击后，中印关系正常化继续进行并在经济领域取得了快速发展，两国边界谈判经过多年的努力终于取得进展。然而，中印关系及边界谈判也面临着很多问题和挑战。新时期，中国学者对复杂难解的中印边界争端的研究兴趣大为增长，出现了多学科、多视角研究的新气象。

如从国际法角度，曾皓指出，在国际司法判例的推动下，判断争议领土归属的国际法制度正逐步形成、完善。如果相关国家就争议领土的归属达成了合意或是有单方面的同意，则应当依据相关国家的意思来确定争议领土的归属。如不存在此类法律依据，则应通过综合审查各争端当事国在关键日期以前对争议领土行使主权权力的证据，依据有效占领原则确定争议领土的归属。但如依上述方法确定争议领土的归属还存在不公平、不合理的情况，则应对依法初步划定的边界进行衡平调整。他提出我国解决中印边界争端的新思路是：先证明中国所提的传统习惯边界线具有合法性，再在互谅互让的基础上对该线进行衡平调整，最终妥善合理解决中印边界问题。[①]

随新民是借用心理学的社会认知理论来分析中印关系，他从认知主体的价值信仰（含历史传承）、学习过程、环境因素三个方面，分析了中印双方对中印边界问题、安全问题以及西藏问题的认知，并进行了比较和分析。对于中印边界争端，他得出的结论是："社会认知视野下，中印边界问题的症结在于两国对边界认知的错位和印度方面对中国的错误知觉，在很大程度上，错误知觉是中印边境冲突的前奏。"[②]

邱美荣是用国际危机管理理论分析中印边界危机处理案例。在简单介绍中印边界危机情况后，她分析了影响中印边界争端的地缘政治因素、博弈因素以及国内政治因素，并从历史证据、危机信息交流、大国介入角度反思了中印边界危机管理中的问题，指出中印边界危机管理的失误是：印度对危机处理的目标界定不合理，用原则冲突而不是利益冲突的方式处理边界危机，没有设身处地替对方考虑以及没有向对方传递具体明确的危机处理信号。总体而言，她认为，主要是由于印度方面的原因，导致边界危机处理方向的背离，也酿成了边境战争悲剧。[③]

邱美荣还从边界的机制功能视角来解释中印边界争端产生的根源及其在此后的发展变化，她指出，中印边界具有国家身份的建构与维护、军事与战略、国内政治，以及种族/民族的团结与凝聚等四个主要功能。四个功能在不同时期具有不同的价值。1959—1962年，中印两国对上述边界功能的冲突性要求是中印边界争端产生和升级的主要因素之一。此后几十年间的局势发展使得边界的机制功能在某一或者某些方面得到淡化或者弱化，中印两国边界问题及两国关系也得到缓和与发展。[④]

引入心理学理论中的"受害者心理"，马荣久阐释了1959—1962年中

① 曾皓：《中印东段边界划界的法律依据》，中国政法大学出版社，2013。

② 随新民：《中印关系研究：社会认知视角》，世界知识出版社，2007。

③ 邱美荣：《1959-1962的中印关系：国际危机管理的研究视角》，同济大学出版社，2014。

④ 邱美荣：《边界功能视角的中印边界争端研究》，《世界经济与政治》2009年第12期。

印边界争端中印度领导人的决策过程。他认为，印度领导人的信息解读无视中方的善意信号与和解姿态，形势评估是高估己方立场和主张的合理性，并据此选择行动方案。印度决策者的失误是“受害者心理”影响下的结果，也是中印边界问题从纠纷走向冲突的症结所在。[①]

马荣久还专门从国内政治视角分析了中印边界争端中印度的对华决策，他认为，尼赫鲁政府的边界政策是与印度国内政治的发展相互作用的。一方面，国大党内部的右翼、反对党派以及其他政治势力，一直反对尼赫鲁政府的包括边界政策在内的外交政策，中印边界争端公开化后，他们借机对印度政府施加强大的政治压力以实现政治权力斗争的目标。另一方面，尼赫鲁政府在边界问题上推行公开外交，利用而不是引导舆论。将中印边界争端扩大化有利于印度政府进行国内政治权力斗争、迎合国内舆论，以及满足印度领导人对于权力和威望的诉求。[②]

刘会军是从威慑视角探讨中印边界争端。他认为，在中印边界争端逐步演化为冲突之前，中国通过武力威慑慑止印度没有奏效，主要问题是印度情报局对中国威慑信号产生了错误认知，这种错误认知有两个根源：客观无意识认知偏差和主观有意识认知偏差。他由此指出，中印需要加强军事交流和增进军事互信，从而避免军事误解和误判，实现中印边界的和平与稳定。[③]

马勇和徐娟利用博弈论研究1962年中印边界冲突。全文从博弈理论出发，借鉴风险意愿模型来分析中印边界争端从危机转化为战争的全过程，从而说明中方作出反击的必然性。他们还以中印双方在争端过程中所持策略为例，对决策者在战争爆发前的决策进行了讨论。[④]

---

① 马荣久：《“受害者心理”与外交决策——以领土争端中的印度对华决策为例(1959—1962)》，《国际政治研究》2008年第2期。

② 马荣久：《国内政治与外交决策——以领土争端中的印度对华决策为例(1959 ~ 1962年)》，《世界经济与政治》2009年第12期。

③ 刘会军：《威慑视角下的中印边界争端研究》，《南亚研究》2011第3期。

④ 马勇、许娟：《博弈论视角下的中印边界争端(1949—1962年)》，《青海社会科学》2010年第2期。

亢升是从政治文化角度解读中印边界问题。他认为，中印边界之争表面上是两国领土主权之争，实际上反映了两国民众心灵深处的政治文化认知差异，而这些差异上升到国家认同的层面最终使两国关系受到重大影响。新时期，中印双方应加强沟通和理解，只有解决了“信任赤字”和“理解赤字”问题，才可能在边界问题谈判解决方面有所作为。[①]

吴永年从宗教文化角度分析中印边界冲突问题，他指出，在宗教文化的影响下，印度民族逐渐养成了极强的民族韧性，尼赫鲁及其政治精英在工作中是忘我地为了印度的国家利益而奋斗，不计较个人的利益得失。在中印边界冲突爆发前，尼赫鲁只关注印度的利益并为了实现利益不择手段。在战争失利后，印度不但不接受中国人和平谈判的要求和提议，更是不顾自己的伤痛，不顾一切地继续占领中国军队为实现和平谈判主动后撤的中国领土。中国人对印度教文化、印度民族特点甚至尼赫鲁个人都缺乏深入的研究和了解，在边界冲突爆发前盲目相信印度的友好和尼赫鲁的承诺，在边界争端激化时，只根据中国文化的处世哲学处理问题，没有从更长远和深层次上去研究中印关系的未来发展。[②]

周宏刚是从传媒理论研究中印边界争端。他的论文以《印度教徒报》为研究对象，运用议程设置的相关理论，采用内容分析的方法对其近十年间关于中印关系的报道进行梳理，他认为，《印度教徒报》主要通过子议题的设置和报道角度的选择来体现对中国的友好立场，但有关报道存在缺乏连续性和叙事系统性的问题。《印度教徒报》对中国的友好立场保证了印度舆论界在中国问题上的平衡性，其经验对中国提升国际形象有一定的借鉴意义。[③]

4. 关于中印边界谈判及其前景的论述

新时期，中国学者对如何解决中印边界问题的观察和思考明显增长，

---

① 亢升：《中印边界问题及谈判僵局的政治文化解读》，《当代世界与社会主义》2013年第1期。

② 吴永年：《冷战时期中印关系中的宗教文化思考》，《上海师范大学学报》2014年第1期。

③ 周宏刚：《印度主流英文报纸对中印边界问题的报道》，《今传媒》2014年第4期。

发表了不少的论文和评论。

关于中印边界谈判的进展与成就，康民军回顾了中印边界谈判的启动和发展，他指出，20世纪80年代随着中印关系的缓和，中印双方才逐步迈入了谈判解决中印边界问题的漫长历程。90年代前半期，双方就边界问题达成了一系列重要协定，中印边界谈判也随之顺利进行。此后，双方不仅就加快核实边界实际控制线进程达成共识，还签署了有关谈判解决边界问题政治指导原则的协定，使中印边界谈判取得了突破性的进展。但中印边界问题的彻底解决，还有待于在双方认可的政治指导原则的基础上继续努力，争取达成一项务实的操作方案。[①] 陈宗海梳理了中印边界问题的副部级官员会谈、联合工作小组会谈和副外长级磋商、外交和军事专家小组会议以及特别代表会晤等四个特别对话机制的形成与发展，他指出，中印边界问题的四个对话机制与其他的双边对话机制和各种交往活动，在一定程度上为中印边界问题的最终解决起到某种催化剂、润滑剂的作用。[②] 吴兆礼认为，将建国以来的中印边界辩争可以分为20世纪50年代中期到1962年的双边互动、1962年到1981年的各自国内舆论宣传，以及1981年到2005年的长期谈判，中印争辩的焦点是：中印边界是否划定、中印传统边界的位置及确立依据。他认为，中印边界谈判的主要成就是在1993年、1996年、2005年一季度，和2012年达成了几个协定，两国解决边界问题的总体思路基本形成，即通过和平途径解决问题，明确了以公平、合理和双方都能接受的方式解决分歧的原则，确定了“三步走”路线图，明确了最终一揽子解决而不是逐一解决的目标以及在边界问题解决前确保边境地区和平与安宁。[③]

关于中印边界问题的难题与症结，中国学者普遍认为，中印边界谈判

---

① 康民军：《中印边界谈判的启动与进展》，《当代中国史研究》2008年第2期。

② 陈宗海：《中印边界谈判：从副部级官员会谈到特别代表会晤》，《当代世界》2010年第6期。

③ 吴兆礼：《试析目前中印边界谈判面临的机遇与挑战》，《国际关系研究》2013年第6期，第87—88页。

最大的困难是东段，症结是印度想将麦克马洪线或现在所说的东段实际控制线强加于中国。[①] 中国前驻印大使程瑞声则认为，最终解决中印边界问题对中印双方来说都存在一些需要克服的重大障碍，中国认为麦克马洪线非法，印度同意将西段实控线作为最终的西段边界也会遇到某些困难。[②] 至于谈判陷入僵局的主要原因，中国学者一般是指责印度，认为印度一直通过企图“领有化、行政化、人口化、军事化”，造成印度占领中印边界东段的“既成事实”，迫使中国承认印度在此地的“实际管辖权”，这源于印方固守“承认现状”的解决思路以及与之相伴的不良心态的羁绊。[③] 叶秋和孙力舟还指出，印军不断增强在中印边境地区的军事力量，以此向中国表明一种不妥协的姿态，以期制造强硬的舆论氛围。印媒也热衷炒作敏感话题，但在中印已经就边界谈判问题达成原则性共识的前提下，印度这些做法显然并不合适。[④] 沈开艳认为，印度在中印边境地区加强军事力量的原因是希望借此增加谈判筹码，对中国政府及其外交政策的误读以及愈合不了的历史伤疤作祟，而中国在处理中印关系时，在坚持原则的基础上一直不断地向印度伸出橄榄枝，印度应该悬崖勒马，否则会自取其辱。[⑤]

关于中印边界谈判的机遇和挑战，吴兆礼总结指出，中印边界谈判存在的机遇是：中印有相似的发展诉求并明确了解决分歧的途径、高层交往营造了边界问题解决的良好氛围、两国间的一系列双边关系文件奠定了边界问题未来解决的基础、推进青年交流以为解决边界问题培育民意基础以及中国在印巴之间奉行更加平衡的政策。但是，中印边界谈判也面临着很多挑战，主要是国内公众压力、印度议会关于边界问题的立法、印度有意识地在实际控制的藏南地区执行移民政策、彼此形象构建的消极影响仍然存在、两国间存在军事互信问题、1962年阴影以及舆论对中印竞争的放

---

① 刘朝华：《中印边界问题座谈会纪实》（上、下），《南亚研究》2007年第1—2期。

② 程瑞声：《中印边界谈判及其前景》，《国际问题研究》2004年第3期，第20页。

③ 《中印重启边界谈判内幕》，《共产党员》2009年第9期（下）。

④ 叶秋、孙力舟：《边界谈判：中印承诺和平》，《中国国防报》2009年8月11日，第1版。

⑤ 沈开艳：《中印边界问题须理性解决》，《社会观察》2009年第8期。

大。[①]《南方人物周刊》的一篇文章指出，人们担心为了营造中印友好的气氛，中国会在边界谈判中做出重大让步，也印证了中国做出边界让步在国内公众支持方面也存在困难。[②]

关于中印边界谈判的出路，就印度在中印边界动作频繁并向边界增兵，中国前驻印大使周刚说，在两国和平友好关系发展的大趋势下，印度单方面增兵、开发资源、领导人前往有争议地区进行访问以及在争议地区宣示主权等，都不利于谈判的进行，不利于营造友好的谈判氛围，而且容易被媒体炒作，容易激化双方的民族感情。真正解决问题还是要靠互谅互让，舍此没有别的方法。[③] 中国学者普遍认为，互让需要打破麦克马洪线，印度要将达旺归还中国，中国可以在中段西段作出调整甚至是更大的让步。[④] 赵干城认为，中印边境问题解决的前提条件，就是印度要首先松动，因为在这个问题上，中国一直有理有据。他表示，如果印度政府不作任何妥协，边界问题解决就没有明天。同时，他也不否认，印度政府有可能在适当时机对此问题的态度进行适当调整。[⑤] 对于目前谈判僵局，马军认为，指望中印边界问题一下子和平解决是不现实的，解决边界问题应先从解决一系列基础性问题入手。[⑥] 着眼宏观大局，王一淇提出，中印边界问题的解决要立足于和平共处五项原则和中印合作，考虑包括经济利益和安全利益在内的各方利益，从中印边界问题的具体分歧点出发，探讨解决的方法。[⑦] 秦轩则考察了2004—2005年的中印帕里河水利协商合作，指出这是为中印边界争端解锁，帕里河协商架起了双方建设性解决边界问题的桥梁。[⑧] 吴永年总结指出，中印关于中印边界问题的解决主要有三种看法：

---

① 吴兆礼：《试析目前中印边界谈判面临的机遇与挑战》，《国际关系研究》2013年第6期。

② 赵灵敏：《G2时代的中印边界谈判》，《南方人物周刊》2009年第34期。

③ 董玉洁：《难解中印边界棋局》，《世界知识》2009年第17期。

④ 刘朝华：《中印边界问题座谈会纪实》（上、下），《南亚研究》2007年第1—2期。

⑤ 周晶璐：《中印边界问题要早日达成框架方案》，《东方早报》2008年1月15日，第12版。

⑥ 马军：《谈，是保持中印边界稳定的最佳选择》，《解放军报》2012年12月7日，第7版，

⑦ 王一淇：《浅论新时期中印边界问题的解决》，《法制与社会》2006年第15期。

⑧ 秦轩：《中印边界争端解锁》，《开放潮》2005年第5期。

解决难度较大、以目前中印实控线为最终边界以及找不到新突破口，他提出的新思路是中印在藏南地区建立经济开发区。他还认为目前时机已经成熟，因为中印都有寻找解决问题新思路的想法、中印经济改革和发展都到了寻找经济发展的新突破口的关键阶段以及两国哲学理念和价值观为中印解决边界问题提供了坚实的理论支撑。[①] 左伟尘展望了中印边界问题的解决前景，他认为，中印边界问题解决的两个重要障碍是国家荣誉和国家安全，但是，随着中印两国经济的发展，中印关系具有全球意义和战略意义。现在印度实际已经获得了一条与中国的安全边界，中印边界问题在中印关系中的地位逐渐下降。在中印互利共赢的大背景下，两国政府有效管控中印边界地区、通过和平谈判解决边界问题得到了两国人民的认同和支持。只要双方在和平共处五项原则基础上互谅互让，中印边界问题就能够和平解决。[②] 对于目前谈判僵局，吴兆礼提出的解决建议是：在辨明分歧地区的基础上搁置分歧地区，使之成为双方边防部队的“真空区”；寻求过渡性安排；两国决策层应秉持务实态度。他认为，边界问题的最终解决取决于两国决策层对此问题的成本与收益的评估，如果他们认识到维持边界僵局的成本远远超出问题解决的收益，就会加快实控线地图的交换工作，达成谅解。[③] 程瑞声大使的预测是：“总的来看，人们对于中印边界问题的最终解决，可以持谨慎乐观的态度。如果中印双方领导人能就具体落实互谅互让，能就相互调整的框架做出果断的决策，中印边界问题将能较快地获得最终解决，达到双赢的结果，从而为中印友好关系开辟新的更加广阔的前景。”[④]

（三）简评

总体而言，1978年改革开放前，中国学者的中印边界争端研究成果不

① 吴永年：《解决中印边界争端能否走出一条新路》，《解放日报》2012年10月25日，第3版。

② 左伟尘：《中印边界问题和平解决前景展望》，《印度洋经济体研究》2014年第2期。

③ 吴兆礼：《试析目前中印边界谈判面临的机遇与挑战》，《国际关系研究》2013年第6期。

④ 程瑞声：《中印边界谈判及其前景》，《国际问题研究》，2004年第3期，第20页。

多，一方面是因为1962年中印关系出现挫折，另一方面是由于受“文化大革命”的冲击，国内学术研究停滞不前。而且，随着中印边界冲突日益激烈乃至走向流血冲突，有关学术研究日益带有民族主义情绪和意识形态色彩。

1979年到1999年，中国关于中印边界争端的研究成果较前有所增长，大多数学术成果褪去了浓郁的民族主义情绪和意识形态色彩，力求客观和公正。立足于汉藏英文献特别是档案资料，学者们在中印边界问题的历史考证方面取得相对突出的成就。然而，与国外丰富的中印边界争端学术论文和书籍相比，中国在这一领域的研究十分不足，甚至给外界造成了中国学者在中印关系特别是在边界问题上“噤若寒蝉”的印象。[①]

2000年以来，国内关于中印边界争端的研究领域继续扩大，学术视角不断扩大，研究印度和中印关系学术机构日益增加，学术研究队伍逐渐壮大并建立了学术梯队，具有创新意义的学术成果迭出。立足于丰富的中外文资料特别是档案资料，新时期的中印边界争端研究日益全面深入。随着社会更加开放，各种学术观点百花齐放，学者们还开展了较多的学术争鸣活动，与国外同行的对话与交流也有所增长。可以说，国内中印边界争端研究进入了一个黄金时代。

但是，已有的国内中印边界争端研究也存在明显的不足之处，如存在较多的重复研究，也有一些包括一稿多投的学术不端问题。此外，大多数学者还是比较谨慎，对中国对印外交政策反思不够，对中印边界谈判现实问题的研究成果不多，也不够深入。为了更好地研究中印边界争端和推动中印边界问题的解决，笔者建议：1. 关于中印边界争端的研究需要进一步深入，如很多学者提到国内因素对中印边界争端的影响，但除了关注各种政治机构和利益集团的作用外，还需要更加深入地从政治体制、政党制度、外交决策机制、民族文化、公共舆论、意识形态等方面探讨中印各自国内情况对两国边界争端的影响。我们也要反思中国的外交政策和加

① 王宏纬：《喜马拉雅山情结：中印关系研究》，中国藏学出版社，1997，第3页。

深对印度的了解和认识。2. 国内学者要加强对现实问题特别是中印边界谈判的研究，如要系统研究中印两国的边界政策与立场的演变，要探究两国的外交谈判文化与风格，还要了解双方的边境地区管理政策及理念等。学者们扎实而深入的学术研究，必定能进一步推进中印两国的边界谈判实务工作。

与国内的中印边界问题研究相比，国外相关领域的研究起步更早，20世纪六七十年代，边界纠纷和边境战争是国外学界研究的重点，这一时期的研究存在的共同问题是：视角比较狭窄，注重的是边界纠纷和边境战争本身的历史；价值取向上向印度“一边倒”；研究方法多数是传统的史学方法。[①] 20世纪80年代以来，国外学术界对中印边界问题的研究发生了较大的变化。在内容上不再局限于中印边界争端和边境战争的历史状态，开始研究影响中印边界争端的地缘政治、权力争夺、国际环境、国内政治、民族文化心理等影响因素，并对中印边界谈判的进程、方案以及解决路径进行了认真的探讨。在研究方法上，出现了传统的历史学方法、社会学方法、政治学方法等多角度或综合运用的局面。在价值观上，关于中印边界争端的研究，国外学者不再完全偏向印度，但也未做到完全客观公正。

总之，国内外对于中印边界争端的看法极为不同，立场差距较大，都没有系统探究边界争端与印度对华政策互动关系的研究成果问世。而且，国内的研究主要被纳入了中印关系史的研究框架，成果大多是历史研究，且主要局限于冷战时期，系统研究和深入研究有待发展，本文将在进一步挖掘资料，借鉴国外中印边界问题研究的基础上，在延伸研究时限的同时，深化中印边界问题中有关印度国家战略、对华认知、民族文化心理、国内因素、建立信任措施等问题的研究。

---

① 随新民：《中印关系研究：社会认知视角》，世界知识出版社，2007，第1页。

三、主要内容、研究方法以及创新意义

本文从反思目前国内外中印边界问题研究现状开始，研究了印度对华政策、边界政策的发展演变及其影响因素，在此基础上，从边界问题在印度对华政策中的地位以及如何走出中印边界困境等角度，探究了中国应该如何认识和有效减少边界问题对印度对华政策及中印关系的干扰。

（一）关于中印边界问题的研究现状。从学术史角度简要分析了目前中印边界问题研究所具有的特点和一些缺陷，认为中印边界问题研究兴起于上世界六七十年代，国内的研究主要被纳入了中印关系史的研究框架，成果大多是历史研究，且主要局限于冷战时期，系统研究和深入研究较为缺乏，建议在进一步挖掘资料、借鉴国外中印边界问题研究的基础上，在延伸研究时限的同时，深化中印边界问题中有关印度国家战略、对华认知、民族文化心理、国内因素、建立信任措施等问题的研究。

（二）关于英国殖民遗产和早期中印边界纷争的研究。在梳理中印边界争议区情况的同时，分析了中印边界悬而未决的原因，并据此认为独立后的印度继承了一份丰厚而问题众多的殖民边界遗产。为了更好地让殖民遗产合法化，印度还不顾历史事实制造了“历史边界论”。1947年到1949年，因印度继承、巩固和扩大英国在喜马拉雅山南北的殖民遗产，中国国民党政府与印度政府产生了矛盾，并进行了外交交涉。

（三）关于印度对华和平共处政策与边界问题处理的研究，主要是梳理和分析了印度对华和平共处政策的确立、尼赫鲁政府中印边界政策，及中印边界纠纷的处理。

（四）关于中印边界争端与印度对华政策转变的研究，指出印度对华政策和边界政策同时走向强硬化，源于印度不愿放弃在西藏的利益与影响、尼赫鲁政府面临着巨大的内外压力，同时也与尼赫鲁对华认知发生根本性改变有关。

（五）关于中印边界对峙与印度对华敌视共处政策的研究。1962年战

败后，印度在边境地区继续与中国对峙和冲突，但中印边界纷争没有再次引发大规模的军事冲突，60年代末70年代初，印度政府多次向中国伸出橄榄枝并不再坚持中印谈判前提是中国接受科伦坡建议。然而，中印关系改善有限，基本上还是一种冷战对抗关系。

（六）关于印度对华政策与中印边界谈判的研究。首先梳理了1976年以来印度对华和解与制衡政策以及边界政策的发展历程，并从对华认知角度分析印度政府的中间路线选择。其次是勾勒了中印边界谈判过程，并探究其成就与问题。

（七）关于中印边界问题与印度对华政策的出路问题。中印边界争端对印度对华政策的影响出现了多次变化，从最初的非优先事项一度发展为主导因素，后来又从主要障碍下降为干扰因素。然而，不管边界问题的影响如何变化，起决定性作用的还是印度的国家战略及其决定的外交政策。中国政府要认识到边界问题与印度对华政策及中印关系难以完全分开，要适度关注并谨慎处理边界问题以防止印度对华政策走向右倾极端化，同时要积极探求中印边界处理的新出路。

在研究中，本文主要采取的研究方法是：1. 历史分期方法。以中印边界问题的发展演变为线索，将主要研究内容分为四大部分，研究印度包括边界政策在内的对华政策的变迁及其规律。2. 层次分析法。从全球、地区、国家间以及国家等四个层面研究分析印度对中国地位与作用的认知等问题。3. 比较分析方法。通过比较不同时期的印度对华政策与边界政策，分析印度立场的变与不变。4. 文献分析方法。通过丰富的历史史料梳理中印边界问题、印度对华政策的具体情况和分析印度对华政策决策过程。

本文的创新意义主要体现在：一是视角的创新，从印度国家战略和对华政策入手研究中印边界问题，并注重从认知视角研究印度的边界政策及对华政策；二是观点的创新，主要观点是：1. 尼赫鲁对中国国家身份的认知复杂而多面，从全球和地区角度，他认为中国主要是一个民族主义国家、发展中国家以及亚洲国家。从国家间角度看，尼赫鲁对中国的看法不太确定，有时将中国看作是合作伙伴，有时重视中印竞争，在中国进军西藏时一度将中国看作是对手甚至是敌人。从国家角度看，印度认为中国是经济落后、外交孤立和没有安全感的国家，国内外环境较之于印度更为糟糕，并不是印度的直接威胁。尼赫鲁对华认知走向积极正面，中国积极争取一个友好印度的政策发挥了巨大作用。2. 1959年印度对华政策强硬化与尼赫鲁对华认知发生根本性改变有关，尼赫鲁一方面认为中国对印度的威胁不断增长，另一方面断定中国极其敌视和仇恨印度，于是认定印度政府有必要采取强硬措施来应对中国的挑战和回应国内的压力。3. 中印边界谈判的主要成就是将信任措施从边境地区扩展到军事乃至非军事领域，但信任措施存在众多问题，需要进一步完善并落实好边界安全与信任措施。4. 因权力斗争、国内制约、文化心理以及第三方作用等因素的影响，中印边界谈判停滞不前。印度政治权力分散化、地方化，印度国内难以在中印边界问题上达成共识，以及印度对华政策存在众多问题，进一步削弱了印度政府处理中印边界争端的能力，中印边界问题将会继续影响乃至是干扰印度对华政策和中印关系。5. 中国政府要认识到边界问题与印度对华政策及中印关系难以完全分开，要适度关注并谨慎处理边界问题以防止印度对华政策走向右倾极端化，同时要积极探求中印边界问题处理的新出路。

导论　英国殖民遗产与早期中印边界纷争（1947—1949年）

在英国统治印度后，英印政府致力于按照欧洲民族国家传统划分印度的边界。尽管英国作出了诸多努力，中印之间最终没有出现一条明确而合法的边界线，只有范围模糊的边境地区。独立后，印度继承并企图扩大英国在中印边界的殖民遗产，甚至还提出“历史边界论”，将英国的边界遗产神圣化，这必然导致中印边界纷争。

一、印度继承一份丰厚而争议众多的边界殖民遗产

由于缺乏实力，晚清政府一直倾向于规避与英国划分中印边界，[①] 疲于应付内外危机的中华民国各届政府实际上也延续了这种拖延政策。而且，随着民族主义的兴起，中华民国各届政府主要的外交诉求是修改或者废除不平等条约，而不是签署新的不平等条约，在外国压力下放弃更多的领土和主权。最终，中印之间并没有明确的边界线，只有范围模糊的边境地区。印度学者S.辛格（S.Singh）也认为：“边界线是一条通过外交协商达成一致（划界）、在地面上联合标出界限（勘界），并在地图上显示（制图）的地理界线……迄今为止，这种中印边界线在历史上从未有过。”[②] 中印之间没有明确确定和划分的边界线，印度所谓的边界线是英国单方面确

① 〔英〕内维尔·马克斯维尔：《印度对华战争》，生活·读书·新知三联书店，1971，第10页。

② S. Singhed., *India and China: Mutual Relations* (New Delhi: Anmol Publications Pvt. Ltd., 2006), p.77.

定的，“当英国殖民政权撤出印度时，留下了一份粗心或随意绘制的危险的边界遗产”。[①] 英国的这份模糊而争议众多的边界遗产引发了中印之间众多的纷争乃至军事冲突，直到今天也没有得到和平解决。

（一）中印边界争议区情况

一般认为，中印边境争议区一共包括三段，即中国与印度拉达克接壤的西段、中国与印度喜马偕尔邦和北方邦接壤的中段以及位于不丹和缅甸之间的东段，但在中印边界谈判过程中，印度代表认为，加上西藏锡金边界和中巴在克什米尔的边界，边界争议区是五段而不是三段。[②] 中锡边界争议成为中印问题源于1975年印度吞并锡金，印度所谓的中巴边界问题指其不承认1963年《中巴边界条约》和要求占有全部克什米尔地区。显然，印度独立之初中印边界纠纷主要存在于中印边界西段、中段以及东段。

中印边界西段争议区领土面积大约为3.3万平方公里，主要位于阿克赛钦地区。阿克赛钦位于昆仑山与喀喇昆仑山之间，是半封闭性的山间盆地，海拔平均在4000米以上，属于高寒气候，年降水量不足100毫米，居民稀少。但盆地地势比较平坦，还有几处山口可以通往克什米尔地区，自古以来是新疆到西藏、印度次大陆以及中亚的的重要交通孔道。

印度向阿克赛钦提出领土要求与英国侵占拉达克有关。历史上，拉达克曾是西藏的一部分，大多数居民是藏人，语言、文化、宗教与西藏相同。10世纪，拉达克脱离西藏独立。16世纪，拉达克一度向盛极一时的印度莫卧儿王朝称臣纳贡，但在莫卧儿王朝衰落后，拉达克转而臣属于中国西藏地区。[③] 从1834年到1840年，拉达克四次遭受隶属于锡克王国的查谟

---

① “*Indian, Pakistani and Chinese Border Disputes: Fantasy Frontiers*,” February 8, 2012, accessed May 22, 2017, http://www.economist.com/blogs/dailychart/2011/05/indian_pakistani_and_chinese_border_disputes.

② Xuecheng Liu, *The Sino-Indian Border Dispute and Sino-Indian Relations* (Lanham: University Press of America, 1994), p.1.

③ 拉达克的历史地位情况参见周伟洲：《19世纪前后西藏与拉达克的关系及划界问题》，《中国藏学》1991年第1期，第54—58页。

的多格拉人的侵略，最终被迫附属于查谟。1841年，多格拉军队进一步向东侵略中国西藏的阿里地区，但未能成功，1842年9月，西藏地方政府、克什米尔以及拉达克三方代表签署了停战协定。中国学者周伟洲认为，停战协定似乎存在藏文和波斯文两个差别较大的文本，两者一致的方面有：（1）双方停战，永远保持友好关系，各自承认双方旧有边界，而不用武力改变这条边界；（2）双方按以前的办法进行贸易（即西藏羊毛、盐等商品全部通过拉达克转卖），并彼此为对方官方贸易者提供免费运输及食宿；（3）克什米尔一方不阻止拉达克向拉萨派遣贡使。① 这一条约没有反对克什米尔对拉达克的控制，同时也要求维持拉达克与西藏传统的朝贡与贸易关系，实际上是一个相互妥协的互不侵犯条约，而不是边界条约。对于边界走向，没有具体的规定和详细的描述，而且，停战协议只是地方政府行为，各自中央政府即清政府以及锡克政府既没有派出代表参加签约，也没有正式批准条约，清王朝驻藏大臣孟保并不将停战协议当作正式条约，他向清王朝汇报时将之称作多格拉、克什米尔“同具悔罪、永远不敢滋事切实甘结”。②

“螳螂捕蝉，黄雀在后”，在多格拉人完成对拉达克的控制后，1845年英国发动对锡克王国的攻击，1846年成功地将克什米尔划为英属印度的土邦，拉达克也被纳入囊中。同年，英属印度总督哈定（Henry Hardings）向清朝两广总督耆英和驻藏大臣琦善写信，要求划分英属克什米尔与西藏的边界。道光帝指示琦善维持西藏、拉达克旧界，不与英方划界，并要求将对英交涉交由耆英在广东统一办理。耆英的判断是英国实际意图是通商而不是定界，他表示：“西藏地方，本有一定界址，无庸再行勘定，通商一事，更有原立成约，自愿永远遵守”，以遵守现有条约为由拒绝英国的划

---

① 周伟洲：《19世纪前后西藏与拉达克的关系及划界问题》，《中国藏学》1991年第1期，第62页。

② 《西藏奏疏》卷一，转引自周伟洲：《19世纪前后西藏与拉达克的关系及划界问题》《中国藏学》，1991年第1期，第62页。

界要求。[①] 英国方面再三要求清政府划界，并表示只是准备指明旧界，不是要另划新界。在中英交涉之时，英国已迫不及待地采取确定边界的单边主义行动，1846年组织第一届划界委员会，派遣英国官员勘察边界和在地图上划出界线。1847年，英国官员完成了从班公湖到司丕提河的画线工作。英国一边勘察地形和在地图上划出边界，一边多次要求中国政府派员前往划界。清政府担心英国心怀不轨而不愿划界，但多次拒绝后又怕招致祸端，于是指示驻藏大臣琦善、四川总督斌良等派人前往访查，"如该夷实有夷目来至后藏，即跟同确查加治弥耳向与西藏通商旧界，详慎办理"。[②] 但中国派出的调查人员并没有发现英国划界人员，最后，双方没有开启共同划界行动。

英印政府继续采取单边主义行动，1865年印度测量局官员约翰逊（W.H. Johnson）依据昆仑山分水岭划分了从班公湖到喀喇昆仑山口的边界线，从而把阿克赛钦、摩河谷及喀喇昆仑山以北3万多平方公里的领土划入英属克什米尔版图，这就是所谓的"约翰逊线"。1868年，约翰逊线开始出现于印度地图和克什米尔图册。但是，对于约翰逊勘测工作的公正性和科学性一直是批评不断，如当时就有英国人怀疑约翰逊替克什米尔统治者提出的领土要求的合法性，[③] 印度学者的研究也显示约翰逊的勘测工作存在很多问题，如约翰逊具有双重身份和替克什米尔统治者服务，他在较短时间内完成的勘测工作要么不可能，要么不认真，有关勘测存在不准确问题，等等。[④] 1896年，中国喀什噶尔官员明确反对英国地图按照约翰逊线划分边界，主张阿克赛钦属于中国。由于中印边界西段是荒无人烟的高寒地带，加上从印度方向进入困难，英国认为占有成本高、价值小，在单方面划分边界线后并没有进行人员渗透和实地管理。

---

① 齐思和等整理《筹办夷务始末（道光朝）六》卷七十七，中华书局，1964年，第3058页。

② 同上书，第3125页。

③ 内维尔・马克斯维尔：《印度对华战争》，生活・读书・新知三联书店，1971，第18页。

④ Mohan Guruswamy and Zorawar Daulet Singh, *India China Relations: The Border Issue and Beyond* (New Delhi: Viva Books, 2009), pp.12-14.

其实，英国更注重的是与沙俄争夺中亚影响力与经济利益，这也影响到英国的边界政策。英国的边境政策有两大派，一派是前进派，主张尽力向前推进，在尽可能远离印度平原的地方去直接挡住俄国的威胁，另一派是温和派，反对在遥远而艰险的地区建立边界，主张在英俄之间建立缓冲区。① 边界政策的分歧也体现在英印政府的边界线主张差异方面，1873年英国印度事务部提出了一条从羌摩臣河谷沿喀喇昆仑山脉到喀喇昆仑山口的边界线，1897年英国参谋总部军事情报处处长约翰·阿尔达（John Ardagh）则画出了一条沿着喀喇昆仑山以北一系列山脉的山峰划分的边界。1898年，英国当局则决定沿着拉宗山脉划分边界线，并于1899年由英国驻北京公使窦讷乐（Claude MacDonald）向中国提出该线（该线被称之为马继业—窦讷乐线或麦卡特尼—麦克唐纳线，Macartney-MacDonald Line）。但是，中国政府仍旧规避谈判和签署边界条约，没有答复英国的建议。事实上，中英在中印边界西段仅就喀喇昆仑山口这个点达成了一致，1892年中国在该山口树立界石宣告中国领土自此开始，英国没有提出反对意见。

在中印边界西段，不仅中英两国在边界线划分上没有达成共识，英国内部各机构的边界主张也各不相同，甚至同一部门在不同时期也有着不同的边界主张。如1907年英国政府和英印政府倾向于1899年线，1914年西姆拉会议上英印政府代表也主张将阿克赛钦划归西藏，但1936年后英国政府转而支持阿尔达—约翰逊线。然而，1946年在分析即将独立的印度可能的防务问题后，印度陆军总参谋长对阿尔达—约翰逊线提出异议。结果，在提交给1946年内阁任务小组（伦敦派出的推进印度独立的机构）的地图上，约翰逊—阿尔达线、麦克马洪线以及麦卡特尼—麦克唐纳线都没有显示。② 可见，在1947年退出印度前英国没有确定在西段的边界线。印度专家总结指出，英国关于西段边界提出了11条边界线，这些边界线反映了

① 〔英〕内维尔·马克斯维尔：《印度对华战争》，生活·读书·新知三联书店，1971，第10页。

② Steben A. Hoffmann, *India and the China Crisis* (Berkeley: University of California Press, 1990), pp.15-16.

三种划界方法，即：1873年喀喇昆仑线（英国印度事务部线）、1897年约翰·阿尔达线以及1899年的麦卡特尼—麦克唐纳线。[①]边界线主张分歧还导致印度地图上的边界线也是多种多样，直到1954年尼赫鲁政府才开始在地图上统一按照约翰逊—阿尔达线划界。

中印边界中段争议区位于克什米尔与尼泊尔之间，全长约600多公里，争议区总面积大约2000平方公里，主要涉及巨哇、曲惹、什布奇、桑、葱莎、波林三多、乌热、香扎以及拉不底等地，英国殖民统治时期中英只在桑、葱莎两地存在争议。中印边界中段争议地区长期由中国西藏管辖，有着众多进行事实控制和行政管辖的证据，西藏事实管理还得到英印地图、官方文件、官员信件以及个人游记的证实。[②]19世纪中叶，英国扩张到这一地区，为了进入桑、葱莎，1818年英国派人探查甲扎岗噶河河源，但为葱莎人阻止。1819年3月，英国授意印度真日邦派人侵入中国境内，在桑久拉山口和葱莎私立石堆，在葱莎附近设立真日文字界碑，企图根据分水岭划分中印边界，将重要山口当作中印边界的标志。1820年6月，英属印度真日邦又派人到桑、葱莎两地，非法向百姓派差徭、丈量土地、修筑道路和房屋、砍伐树林，并与西藏政府发生边界纠纷。

中印边界东段争议区与英国在喜马拉雅山区的侵略有关。历史上，喜马拉雅山南麓的尼泊尔、锡金、不丹等国是中国或中国西藏地区的藩属国。通过武力征服，英国东印度公司吞并了阿萨姆王国，控制了尼泊尔、不丹、锡金等国的内政外交。腐败无能的清政府不仅没有针锋相对地反对英国的入侵，还限制藏军行动。1890年，清政府与英国签署《中英会议藏印条约》，按照英国的意愿划分了中锡边界，即“藏哲之界以自布坦交界之支莫挚山起至廓尔喀边界为止分哲属梯斯塔及近山南流诸小河，藏属莫竹及近山北流诸小河分水流之一带山顶为界”。[③]然而，中国西藏地区与锡

---

① Pramoda Kumar Panda, *Making of India's Foreign Policy: Prime Minister and Wars* (Delhi: Raj publications, 2003), p.75.

② 房建昌：《近代中印中段边界史初探》，《中国边疆史地研究》1998年第1期，第81—87页。

③ 杨公素：《中国反对外国侵略干涉西藏地方斗争史》，中国藏学出版社，1992，第97页。

金之间存在传统边界并立有鄂博（作为边界标志的人工堆成的石头堆、木堆或土堆），西藏军民坚决反对英国划界主张，不仅抵制英国勘界，还设兵防守传统边界。而且，中锡交界处山峰林立，分水岭众多，两条分水岭难以全面地确定两国边界。因而，中锡边界也没有完成勘界和明确确定下来。

中印边界东段争议区地形十分复杂，海拔从几十米上升到几千米，山峦起伏，丛林密布，气候温暖潮湿，降雨量充沛，散居着一些人数不多的部落。英国学者阿拉斯泰尔·蓝姆（Alstair Lamb）认为："1910年藏人沿着阿萨姆地区的喜马拉雅山脉也曾确立了一条形式多样的边界线。在达旺，这条边界线从山区扩展到阿萨姆平原边缘。然而，西藏人只有较少的影响力向南扩展到苏班西里、桑（布拉马普特拉河越过喜马拉雅山的上游部分）以及罗西特河，这条边界线几乎是沿着山脊蜿蜒。不管怎样，藏人未能在达旺以外地区施加影响力，更别说将他们的边界线扩展到英国的外线；一个尚武部落居住的极其险峻的山区缓冲地带，将印度和西藏分开。"① 最初，英国划分的中印边界是沿不丹南部边界延伸，顺着喜马拉雅山麓蜿蜒，但对这条边界线与布拉马普特拉河谷之间的山地部落区并没有进行直接管理。美国南亚专家史敦本·霍夫曼（Steben A.Hofman）认为："如果印度政府后来不得不在英国拉达克边界政策中的几个竞争性的边界线间进行选择，将会发现英国在阿萨姆喜马拉雅山地区的政策更为一致，但其演变模式依然模糊。阿萨姆喜马拉雅山区及其山麓居住着一些部落，截至1947年这一地区很大程度上仍然是不受管辖的。"② 在中国清政府加强对边境地区的控制特别是1911年川军入藏后，英印政府深感不满和担忧，决定将中印边界线从喜马拉雅山麓的传统线向北推移至喜马拉雅山脊。此后，英印政府一方面加紧向喜马拉雅山脊推进制造事实边界，另一方面企

---

① Alastair Lamb, *Asian Frontiers: Studies in A Continuing Problem* (Melbourne: F.W. Cheshire, 1968), p.124.

② Steben A. Hoffmann, *India and the China Crisis* (Berkeley: University of California Press, 1990), p.16.

图寻求中国对新边界线的承认。

利用中华民国建立初期的内困外扰，英国先是迫使袁世凯政府放弃武力解决西藏问题，接着是迫使中国同意参加西姆拉中印藏三方会谈。在西姆拉会议上，中国中央政府代表和西藏代表在西藏地位以及范围问题上存在巨大分歧，英国出面调和提出折中方案，并施加强大压力让中国代表陈贻范在条约草案和附图上签字。因国内民众强烈反对，袁世凯政府拒绝正式签署和批准“西姆拉条约”。在此次会议期间，英印政府代表麦克马洪（Henry Macmahon）还与西藏代表夏扎谈判“印藏”边界问题，以支持西藏独立为诱饵，麦克马洪获得夏扎对沿喜马拉雅山脊的新边界的承认，这条边界线也因此被称为“麦克马洪线”。在英印政府和西藏地方政府正式签约后，中国外交部指示陈贻范和中国驻英公使发表否认条约有效的声明。实际上，西藏地方政府也没有认真履行条约，直到1950年印度官员还发现西藏地方政府官员在印度所谓东北边境特区山地部落中征税，甚至阿萨姆政府每年向达旺寺支付的5000卢比中的大部分也被送往拉萨的哲蚌寺。[①]

英国也知道“西姆拉条约”因中国反对而存在合法性问题，1919年、1921年两次试图迫使中国再次参加中印藏三方会谈，但未能成功。1929年英国出版的《艾奇逊条约集》也明确承认中国政府不准其全权代表进行正式签字。至于秘密达成的麦克马洪线，因违背1906年中英条约和1907年英俄协议，英国一直秘而不宣。1935年，在处理英国人金墩·华德（F. Kingdom Ward）擅自入藏问题时，英印政府官员欧拉夫·卡罗（Olaf Caroe）在档案文件中发现了印藏秘密换文和麦克马洪线。1937年，印度测量局开始将麦克马洪线标为“印藏边界线”，并注明“未经标界”。1937年再版《艾奇逊条约集》时，英国发表西姆拉文件，并将1929年出版的书

---

① 〔印〕卡·古普塔：《中印边界秘史》，王宏纬、王至亭译，中国藏学出版社，1990，第18页。

籍全部收回销毁，将新版本冒充1929年版本。[①]（印度的一种说法是，1964年一位英国外交人员在哈佛大学比较两个版本的《艾奇逊条约》后，欧拉夫·卡罗的欺骗才被发现。[②]）但是，这并不能解决“西姆拉条约”与麦克马洪线合法性不足的问题，因为袁世凯政府以及此后的中国历届政府都一再声明拒绝承认英国殖民政府和西藏地方政府签订的“西姆拉条约”以及其他任何条约和协定。英国在地面上的推进也不顺利，西藏地方政府坚决反对英国占有达旺，两次世界大战和印度独立运动又让英国焦头烂额，牵扯了英国的主要精力。最终，英国没有完成对麦克马洪线以南地区的实际控制。

（二）中印边界悬而未决的原因

通过不断的侵略扩张，英国将英印政府的边界大大向前推进，但与中国接壤的两千多公里的漫长边界仅就中锡段签署正式条约，没有解决的问题留给了印度和巴基斯坦两个继承者。印度继承了一份丰厚而问题众多的边界遗产，如就中印边界西段争议区而言，英国内部意见不一，存在众多的边界线主张，英国既没有与中国签署条约或达成共识，也没有进行边界巡逻和实际管理。英国留给印度的中印边界遗产的主要问题是：1.印方边界线主张具有模糊性和合法性不足的问题，没有得到中印两国所签条约的清楚而明确的规定，更别说完成联合勘界并在地图上标出；2.英国提出了单方面要求，但未能完成实际控制；3.英国的边界主张忽视当地民族、文化、语言以及宗教情况。

这些问题的产生首先源于中印边界地区复杂的地形和恶劣的气候。中印边界地区山峰林立，海拔较高，气候严寒，大多数地区人烟稀少，进行详尽准确的勘察比较困难，印度一侧海拔较低，通行尚且困难，进行事实控制更是难以实行。与中国相比，英国占据明显的实力优势，但因自然条

---

① 〔英〕内维尔·马克斯维尔：《印度对华战争》，生活·读书·新知三联书店，1971，第51页。

② “China Was the Aggrieved; India, Aggressor in ‘62 ,” *Outlook*, October 22, 2012.

件恶劣，最终也没有完成对边界主张区的实际控制和事实占有。

其次是与帝国利益主导下的英国边界政策有关。兰姆研究指出，殖民地边界与一般边界不同，[①] 一是殖民地边界形成更多的是满足殖民国家的战略或经济需要，是强权政治的结果，并没有反应殖民地人民的感情和要求，许多亚非殖民地边界没有按照清晰的民族或文化来划分。二是殖民地边界是服从并服务于殖民国家的总体利益。三是因边界具有防御功能，大国虽然知道自己的国家身份以及这种身份的政治范围，但为了自身安全仍会对其边界以外地区显示兴趣，在边界线外扩大影响和建立缓冲区。在印度，英国寻求明确而清晰的边界，并对巩固印度殖民地十分关注和敏感，但英国有强大力量带来的安全自信，也有遍及全球的广泛的帝国利益。19世纪初，英国开始向喜马拉雅山地区渗透，但对山脊以南难以驯服的部落地区并没有进行直接的统治，对中国西藏地区也主要是寻求开放交通和贸易。因西藏地方政府极力抵制英国人的进入，英国还借助中国清政府向达赖集团施加压力，导致达赖集团对中央政府心生不满，力图借助沙皇俄国的力量来抗衡英国。此后，一方面，英国极力拉拢达赖集团并利用西藏地方政府对清政府的离心倾向，另一方面，英国又利用易于控制的衰弱的清政府来抵制俄罗斯向西藏渗透。在英、俄、中博弈的复杂背景下，英国在印度的边界政策主要着眼点是建立安全边境，也就是在外环构建缓冲区，在内环形成控制区，对喜马拉雅山以南部落地区只控制不直接治理，扩大对西藏侵略的同时，将西藏打造为英、俄、中之间的缓冲区，不愿为形成明确的中印边界和获得印度的最大边界利益过多地耗费力量和精力，在划分边界时也不太顾及当地的历史和人文情况。从20世纪30年代中期起，尽管英印政府致力于把印度东北边界从喜马拉雅山麓的丘陵地带推移到喜马拉雅山山脊，但顾及西藏地方政府的强烈反对态度，英国最终未能将麦克马洪线变成印度的东北边界，因为英国政府要与西藏保持良好关系，以

---

① Alastair Lamb, *Asian Frontiers: Studies in A Continuing Problem* (Melbourne: F.W. Cheshire, 1968), pp.7-9.

便利用它作为与中国之间的“缓冲国”。[①] 因而，独立后，印度人不仅否认从英国继承的中印边界是一份丰厚的殖民遗产，还指责英国牺牲了印度的国家利益和民族利益。在印度看来，“就边界问题而言，印度事务部和外交部考虑更多的是地缘政治而不是印度边界线具体变动的是非曲直。他们关注的是任何边界协议对帝国的政治和战略意义，包括印度的邻国特别是中俄两国。在伦敦看来，与中俄的关系是由英俄在欧洲和中东的交易以及英国在中国大陆商业利益考虑来确定的……因而，尽管1840年代以来进行了一系列的地理勘测，英国不能或不愿说服中国人划分与克什米尔北部和东部的边界线。”[②] 但是，不可否认的是，中印边界是英国殖民征服的产物，印方不满的不过是英国没有竭尽所能迫使中国完全接受对印度最为有利的天然边界。

最后，中印边界悬而未决也与中国政府的规避态度或抗拒政策有关。长期以来，对于西藏、新疆等遥远的边疆地区，清政府没有实行直接统治，只是委派大臣进行管理，也没有过多地干预当地的地方事务。第一次鸦片战争后，清政府被迫签署众多的不平等条约，主权独立和领土完整大受损害，此后清政府不敢与英国再起战端而招致灾难，并时时提防英国索求更多的利益和特权。因而，19世纪40年代，尽管英国一再要求勘定或划分中印边界，清政府都竭力回避，英国仅仅采取外交手段并不能让清政府就范。由于国力日衰和自顾不暇，清政府对于西藏、新疆等藩部的松散型管理进一步减弱，对于英国勘测和划定中印边界的单边主义行动，要么没有察觉，要么没有作出严肃认真的反应。20世纪初，英国加强在西藏的侵略和渗透，甚至采取武力方式出兵攻打到拉萨，因不敢对抗英国，清政府不仅没有出兵保卫西藏，还要求西藏地方政府向英国让步，同意英国的开放交通和贸易的要求。当然，对于边界、领土等主权利益，清政府也不

---

① 〔印〕卡·古普塔：《中印边界秘史》，王宏纬、王至亭译，中国藏学出版社，1990，第25页。

② Mohan Guruswamy and Zorawar Daulet Singh, *India China Relations: the Border Issue and Beyond* (New Delhi: Viva Books, 2009), pp.20-21.

愿意轻易放弃，为了应对1894年甲午战争失败引发的新一轮边疆危机，清政府还加强了对西藏、新疆等边陲的管理与控制，这促使英国加强对喜马拉雅山山脊以南地区的控制和试图划分明确的中印边界线。利用中华民国建立后袁世凯对西方的依赖，英国迫使中国政府停止在西藏地区的军事行动和同意参加英印政府出面组织的中、印、藏三方会议。袁世凯同意了英国的要求，但也不敢明目张胆地放弃西藏及中印边界地区的中国领土。此后，随着中国民族主义兴起，中国政府的外交政策还走向寻求平等的国际地位而不是放弃更多利权，无论是北洋军阀政府还是国民党政府都寻求修改甚至是废除不平等条约。在中国外交强硬化的同时，英国的力量和影响江河日下，重新召开中、印、藏三方会议都不能做到，更谈不上让中国接受“麦克马洪线”和“西姆拉条约”。然而，因为内战频仍和日本不断蚕食和侵略中国，中华民国各届政府也无法恢复和加强对西藏地区的控制与管理。在英国的支持和怂恿下，达赖集团的独立倾向和统治权力同步增长。英国制造西藏“缓冲国”的事业搞得有声有色，但其边界方面的单边主义主张却鲜有进展，在法理方面无法让西藏所属的中国政府接受“西姆拉条约”和“麦克马洪线”，在事实控制方面，因需要拉拢西藏地方政府又不得不考虑其立场和利益，直到英国退出印度前西藏仍然牢牢控制位于“麦克马洪线”以南的达旺地区，中印边界线划分最终没有完成。

二、独立后印度的边界政策及其新趋向

（一）独立后印度的国家构建困境及边界问题

1947年独立时，印度尼赫鲁政府接手的是一个烂摊子，首先急切需要完成印度国家政权建设的繁重任务。刚刚独立的印度政府缺乏治国经验和管理人才，不得不承袭英国旧制和继续沿用英国官员，连总督、陆军司令以及海军司令这些最高军政首脑都是由英国人担任。尼赫鲁政府需要快速建立一支管理队伍以接管英国的官僚机构，需要颁布宪法、完善议会民主制和建立印度自己的军队。

印度还存在继续完成和巩固国家独立的问题。独立之初，英国政府和军队陆续撤离印度，但英国资本继续控制着印度重要经济部门和对外贸易，如印度90%以上的外贸货物是由英国船只装运。英国资本在印度经济中占据绝对优势，威胁着印度实现真正独立，这也是印度决定留在英联邦以及斯大林将印度看作英国仆从的重要原因。二战后，国际格局发生变化，美苏两国组建两大冷战阵营，在全球激烈争霸和抢夺势力范围，美国积极进入亚洲并试图插手克什米尔问题，威胁到印度的独立和安全。尼赫鲁政府反对外来势力干涉本国内政，十分担忧战后新殖民势力对印度独立的威胁。

印度的经济形势也不乐观，二战特别是印巴分治使印度经济形势持续恶化。二战期间，印度物价高涨，失业人数众多，粮食生产也存在问题，1943年还出现了大饥荒。1947年的印巴分治进一步打击了印度经济，印度丧失23%的领土、18%的人口、10%的加工工业企业，以及在巴基斯坦的重要工业原料区和产粮区。长期历史形成的经济联系一夜间被切断，如黄麻工业和棉纺织业的企业几乎全部留在印度，但黄麻和棉花的生产地区大部分是属于巴基斯坦。以1937年的工业生产指数为100，1945年上升到120，但二战后的1949年却跌为109，1949年主要工业总产值只相当于二战时期的60%~70%。[①] 经济困难也引发了政治问题，1948年印度发生了1634次经济罢工，罢工人数150余万，1949年发生了926次罢工，损失了660万个劳动日。[②]

印巴分治以及英国快速撤出还给印度带来严重的社会问题。分治并没有解决长期的教派纷争，两国在对如何分配领土、财产、铁路、国营企业、存款、债务等存在分歧与摩擦，1948年还出现了印巴克什米尔战争。在分治过程中，印度次大陆出现了大规模的人员迁徙，巴基斯坦的印度教徒逃往印度，印度的穆斯林逃往巴基斯坦，在混乱局势下出现两大教派之

---

① 培伦主编《印度通史》，黑龙江人民出版社，1990，第683—687页。

② 李文业：《印度史：从莫卧儿帝国到印度独立》，辽宁大学出版社，1998，第328页。

间的相互抢劫和杀戮，社会一片混乱，产生了众多流离失所的难民。

就边界情况而言，印巴分治也极大地改变了印度的边界形势。在英国的扩张和建设下，英印边界推进到十分有利的天然障碍区，在西北、东北，是海拔较高、气候严寒的喀喇昆仑山和喜马拉雅山，以及横断山脉，在南部是广阔的印度洋。英国还企图将中印之间广阔而模糊的边境地区划归英印，只是没有成功。印度学者S.辛格指出："印度与六个国家边界相连，当英国向印度移交权力时，即将自由的印度已与5个国家处理了重大问题。只有与西藏的边界没有正式化。"① 与邻国众多、大多数边界未定的新中国相比，印度划界任务相对较轻，但边界问题也不可谓不严重。首先，印度与中国、巴基斯坦两个最主要的邻国都存在边界争议。印巴分治时，印巴边界线已由拉德克利夫委员会确定，但在两国抢夺克什米尔并发生军事冲突后，印巴边界也成为问题。而且，印巴敌视使印度不得不面对印巴之间几千里的边界防卫问题。因无法同时应对与巴基斯坦和中国的边界冲突，印度政府最初不得不寻求保持和平的中印边界。

其次，印度边界漫长而复杂。独立之初，印度有1.5万公里的漫长边界需要防卫，这些地带大多数是高山、大海、冰川、戈壁，边界地区或为无人区，或是交通不便、经济落后的部落区，地理千差万别、历史人文宗教情况复杂，印度中央政府实施管理并不容易。

再次，印度在边境地区的统治比较脆弱。尽管英国已经确立了印度的大多数边界线，但这些边界线是扩张和强权政治的产物，争议众多，麻烦问题不少，很多边境地区最后成为印度的政治软肋。以中印边界东段争议区为例，印度统治这些部落区是英国武力征服的结果，印度本土与部落区在种族、宗教、语言以及文化等方面存在差异，此前印度人从未控制过这些地区，双方历史联系比较稀少，印度文化对这些部落的影响不大，部落民一直保持着较强的独立性，1947年部落区的那加人就宣布过独立。尽管

---

① S. Singh (eds.), *India and China-Mutual Relations* (New Delhi: Anmol Publications Pvt Ltd., 2006), p.79.

印度成功地利用力量优势合并了边境地区的少数民族部落区，但因经济落后、地理分隔、文化差异等原因，那加人、米佐人、阿萨姆人、克什米尔人、旁遮普人的武装叛乱持续不断，印度边境地区局势比较动荡。[①]

（二）印度的边界政策及“历史边界论”

独立之初，相对其他让人焦头烂额的国内问题，边界问题在印度政府工作任务中并不占据优先地位，尼赫鲁政府基本上延续了英国的政策。

1. 印度政府继续英国在边境地区的推进政策。例如在中印边界东段争议区，印度继续加大对阿萨姆的控制，加快向喜马拉雅山脊推进，对于西藏收回领土的要求，印度置之不理，要求继承英国与西藏的条约关系。1951年，印度侵占达旺地区并将其占领的中国领土与阿萨姆邦的一些部落地区合并，组建“东北边境特区”(North-East Frontier Agency)，归属阿萨姆邦。为了巩固对中国领土的侵占，1954年印度将“东北边境特区”划归外交部管辖。

2. 印度政府延续英国维护边界安全的“缓冲区”政策。印度继续采取各种措施支持西藏的独立企图，如邀请西藏参加1947年亚洲会议，在会议开幕式的发言中尼赫鲁（Jawahalar Nehru）将西藏当作独立国家对待，印度的会议所用地图还将西藏划在中国之外。[②] 为了帮助西藏实现独立图谋，印度继续在军事上援助西藏，向西藏输送军火，帮助藏军训练军队。

3. 印度政府的边界政策依旧存在模糊和不统一的问题。1950年，尼赫鲁多次宣称印度的边界立场是，中印边界线和麦克马洪线都已存在，印度不与中国政府或者其他任何政府讨论边界。[③] 但1947年到1952年期间，印度测绘局出版的地图将不丹以东的印度东北部沿着喜马拉雅山高处山脊线

---

① D.V.L.N.Ramakrishna Rao and R.C. Sharma (eds.), *India's Borders, Ecology and Security Perception* (New Delhi: Scholars' Publication Forum, 1991), pp.52-53.

② B. R Deepak, *India and China 1904-2004: A Century Peace and Conflict* (New Delhi: Manak Publications Pvt. Ltd, 2005), p.95.

③ Nancy Jetly, *India China Relations, 1947-1977: A Study of Parliament's Role in the Making of Foreign Policy* (New Delhi: Radiant Publishers, 1979), p.33.

的边界画成“未标定界”，而将从克什米尔西北端起到尼泊尔、西藏和印度三方结合点为止的北方边境的西段和中段用一抹淡彩表示，并在沿线三处标明“边界未经规定”字样。[①]

印度边界政策与英国也有不同之处。印度一方面继承英国的边界遗产，延续英国的边境推进政策和建立“缓冲区”政策，另一方面又提出“历史边界论”，反对中印边界是英国侵略遗产的说法，竭力寻求印度边界主张的合法性。

历史边界论是印度民族主义运动的产物，也是独立后印度的政治需要。在统治印度时期，英国一直宣扬，历史上不存在统一的印度国家政权，是英国在南亚次大陆建立了统一的印度。英国南亚专家蓝姆就认为：“除了两次例外，在英国时期之前印度从未产生一个统一帝国……无疑印度教国家在次大陆存在了很长时间并对现代印度共和国的边界结构产生了影响。但是，这些国家是影响内部边界而不是外部边界……因而，可以说英国建立的将许多语言团体囊括在内的边界制度超越了印度教文化的共同传统，此前印度没有长期持续的政治统一史。”[②] 他还指出，沿西藏边界的许多山区居民是佛教徒，属于一种源于印度的文化，但他们也与处于中国势力范围的西藏有着漫长的文化和政治联系，一些边境地区的人们还从未受到印度教影响。[③] 印度民族主义者反对英国殖民统治，也拒绝印度国家是由英国建立的观点，主张自古以来就存在着一个由相同文化、共同经历、风俗和地理所明确界定的国家，并努力于重新恢复印度的独立自主地位。尼赫鲁就认为，文明诞生以来印度人思想中就有某种统一梦想，印度统一存在于文化而不是宗教之中。他还相信很久就存在一个名为“印度”的精神和文明实体，并描述了这个国家的天然边界，还将国家衰落归于多

---

① 〔印〕卡·古普塔：《中印边界秘史》，王宏纬、王至亭译，中国藏学出版社，1990，第15页。

② Alastair Lamb, *Asian Frontiers: Studies in A Continuing Problem* (Melbourne: F.W. Cheshire, 1968), pp.111-114.

③ *Ibid.* p.115.

孔边界、不统一和分裂。[①]

实际上，独立之初印度存在严重的国家身份问题。印度前外交秘书K.P.S.梅农（K.P.S.Menon）说："在英国离开印度时，已经分裂的印度的统一还存在危险。大约560个土邦没有处理。他们可以加入印度、巴基斯坦或者是保持独立……印度看起来将巴尔干化。"[②] 印度当代学者阿斯霍克·卡普尔（Ashok Kapur）还指出，历史上主要存在四种"印度观"，第一种印度观认为印度是行政管理产物，源于1899年英国议会法所指的"印度"。第二种印度观指印度的文化多元主义传统、宽容以及有时寻求将多种文化统一为综合文化的趋向。第三种印度观将印度看作是与神话和传说有关的哲学，并与寻求永久真理和立足于种姓制度的社会秩序相连。第四种印度观认为印度是以村中长老达成一致方式进行决策的自治村社。[③]

为了维护国家的统一，印度采取胡萝卜加大棒政策，将土邦整合到统一国家当中，坚决打击东北部、旁遮普等地的分离主义运动。在塑造统一的国家身份过程中，印度世俗民族主义者将领土与历史文化相连，印度教民族主义者则将领土与宗教相连，两者都是以领土来界定国家身份，都将印度的领土和边界"神圣化"，1947年分治后还将来自于内部或外来的任何领土挑战看作是对神圣领土的亵渎。[④] 霍夫曼也指出，在中印边界西段印度采纳了阿尔达—约翰逊线，除了印度克什米尔政治家游说及尼赫鲁与其他克什米尔籍高官密切关系的作用之外，还与印巴分治创伤及其留下的一个碎片化的印度国家意识和民族意识以及印巴克什米尔之争等有关。[⑤]

---

① Kanti Bajpai and Siddharth Mallavarapu (eds.), *International Relations in India: Theorizing the Region and Nation* (New Delhi: Orient Longman, 2005), pp.258-259.

② B. Krishna, *Sardar Vallabhbhai Patel: India's Iron Man* (New Delhi: Indus, 1995), p.433.

③ Ashok Kapur, *India: from Regional to World Power* (London and New York: Routledge, 2006), pp.109-110.

④ Kanti Bajpai and Siddharth Mallavarapu (eds.), *International Relations in India: Theorizing the Region and Nation* (New Delhi: Orient Longman, 2005), pp.256-258.

⑤ Steben A. Hoffmann, *India and the China Crisis* (Berkeley: University of California Press, 1990), p.23.

总之，在民族主义作用下，印度精英将领土和边界神圣化，并提出了“历史边界论”，也就是印度的边界是长期历史形成的，并不是英国统治印度后制造的。印度政府官员和知识精英大力宣扬历史边界论，尼赫鲁就指出，传统、习惯以及数百年行政管理证明中印边界早已确定，英国做得更多的是开发、发现、争论和确认边界划分，而不是制造边界。而且，英国在边界发展领域的政策与选择并不总是恰当的，印度在独立后需要作出某些决定。[①]

在制造“历史边界论”之时，印度人还宣扬中印边界是线性的。但是，英国专家阿拉斯泰尔·蓝姆认为，处于人口稀少的山区已知的传统边界经常不是线而仅仅是一系列的据点，如中印边界已经确定的地方，这些地方一般位于山口或河流交叉处。[②] 边境人民或国家没有将这些据点连接并达成一致的需要，因为亚洲的传统是将边界看作地区而不是线，线性边界观念是在欧洲产生并输入亚洲的。

在印度不再存在重大分裂之忧的今天，印度官员和学者都坦率地承认，印度边界是英国的遗产，历史上印度没有领土核心和领土意识，在边境地区也没有实际控制，英国统治印度后英印殖民政府才试图划分边界。[③] 帕苏塔姆·米赫拉（Parshotam Mehra）还指出，“尼赫鲁的众多著作没有传达一种清晰的政治印度或一个现代国家印度的观念。反而显示的是一种文明、文化和地理整体的模糊印象，但绝不是一种确定的空间实体。印度作为一个独立国家出现时，其领土组成仍在构建之中。”[④] 印度人不再

① Francine R. Frankel and Harry Harding (eds.), *The India-China Relationship: What the United States Needs to Know* (New York: Columbia University Press, 2004), p. 37.

② Alastair Lamb, *The China-Indian Border: the Origins of the Disputed Boundaries* (London: Oxford University Press, 1964), pp.67-68.

③ Pramoda Kumar Panda, *Making of India's Foreign Policy: Prime Minister and Wars* (Delhi: Raj Publications, 2003), p.75; Jaswani Singh, *Defending India* (New Delhi: Macmillian, 1999), pp.16-19; Shruti Pandalai, “Enduring Legacy of 1962: Cementing the Conflict of Perceptions in Sino-Indian Ties,” *Journal of Defence Studies*, 2012, Vol.6, No.4, pp.207-228.

④ Parshotam Mehra, “India's Border Dispute with China: Revisiting Nehru's Approach,” *International Studies*, 2005, Vol.42, No.3&4, p.358.

否认中印边界是英国的遗产，这并不意味着承认印度的边界立场是错误的或者愿意作出修正和让步。印度学者反过来是指责英印政府当局缺乏行动或决心，因担心让中国和西藏不满，不是吞并达旺，而是以之为条件要求西藏接受1914年曾同意的其他边界，[①] 从而牺牲了印度的国家利益和民族利益。这意味着，通过“国家利益”、“民族利益”的新话语，印度继续将其边界立场神圣化、合法化。

三、1947—1949年的中印边界纷争

中印两国是文明古国，也是有着两千年友谊的邻国。在反对殖民统治、争取国家独立过程中，两国政府和民众彼此同情和相互支持，结下了深厚的友谊。1927年在受压迫民族大会上，尼赫鲁提倡中印联合反帝。1936年，他提议建立包括中印在内的亚洲联盟。1939年，尼赫鲁冒着战火访问重庆，对中国抗日战争表示声援，并再次提出建立东方联盟。在《印度的发现》等著作中，尼赫鲁对中国的文化、民族精神和发展前途赞誉有加，一再提倡中印等国建立亚洲联盟。国民党政府对甘地领导的印度独立运动也极为同情，甚至还不顾英国的不满，多次声援印度独立事业，力促英国给予印度独立地位。蒋介石十分注重中印合作，在印度独立前夕就特意委派著名学者罗家伦出任首任驻印度大使，这也是前往印度最早的外国大使之一。罗家伦到达新德里后，积极联络印度各界，了解当地情况，参加印度政权移交典礼和各项庆祝活动，积极推动中印间文化教育交流，与印度商谈签订通商条约。因陷入内战，蒋介石政府难以给予印度直接经济援助，只是在联合国等国际舞台竭力支持印度，如支持印度代表担任联合国韩国委员会主席、远东经济委员会秘书长，等等。

然而，对于在国共内战中日益处于劣势的国民党政府，独立后的印度

---

① Parshotan Mehra, *Essays in Frontier History: India, China and the Disputed Border* (New Delhi: Oxford University Press, 2007), pp.35-36.

政府采取实用主义政策，拒绝国民党政府的中、印、缅等国建立反共联盟的建议。1947年12月，印度国大党议员布拉耶苏拉·普拉沙德（Brajeshuar Prasad）在议会中提出中印结盟的主张，尼赫鲁的态度是：中国形势没有完全确定，印度卷入中国内部事务或者表达将来会带来尴尬的观点是不明智的。①

事实上，1947年到1949年期间，中印友好关系中还存在着许多不和谐之处，如印度不满中国的克什米尔立场和亲近西方，在涉及主权与领土边界问题和西藏问题方面，中印之间的矛盾和纷争尤为突出。

（一）关于印度在西藏殖民特权的矛盾与交涉

印度独立后，在英国的西藏特权继承问题上，中国中央政府以及西藏地方政府与印度政府出现了矛盾与交涉。国民党政府十分关注英国在西藏特权以及印度的西藏政策，1947年11月5日，国民党政府驻印大使馆发给印度外交部的一封电文，询问在印巴分治之后英国在西藏的权利义务归谁继承。印度政府不仅坚持继承在西藏的殖民特权，还把国民党政府撇在一边，只与西藏噶厦政府交涉继承问题。早在1947年7月26日，在向印巴移交权力前夕，英国政府、英印政府就分别写信通知西藏噶厦政府，印度继承英国在西藏的现存条约下的权利和义务。英印政府还表示，继承时间是直到双方当中的任何一方希望签订新的条约为止，同时保证继续发展彼此间的友好关系并对维护西藏自治给予关心。② 关于印度继承英国特权问题，西藏噶厦政府内部存在意见分歧，没有马上答复英印政府，对于英印在拉萨代表改换旗帜后变成印度代表也一声不吭。直到9月，西藏噶厦政府才回复英印政府，表示不同意遵守现存条约，也不承认印度作为英国的继承

---

① Nancy Jetly, *India China Relations, 1947-1977: A Study of Parliament's Role in the Making of Foreign Policy* (New Delhi: Radiant Publishers, 1979), pp.10-11.

② 转引自〔美〕梅·戈尔斯坦：《喇嘛王国的覆亡》，杜永彬译，中国藏学出版社，2005，第480页。

者，并要求印度归还诸如锡金、大吉岭这样的藏族集聚区。[1] 印度政府对西藏的答复十分不满，1959年尼赫鲁在给周恩来的信中说出了他对西藏要求归还领土的看法："可以看出，西藏所要求的地区并没有明确范围。如果按字面理解这些地区，西藏边界就会一直伸到恒河一线。印度政府是不可能设想这样一个荒诞的要求的。"[2] 然而，忙于处理内部事务的印度政府没有马上与西藏地方政府发生冲突，敷衍西藏说在达成新的协议以前继续维持现有条约基础上的关系。[3] 利用西藏商务代表团访问印度的机会，尼赫鲁政府再次要求在讨论贸易和货币问题前先由印度继承英国在西藏的权利。因在经济、政治等方面十分依赖印度，权衡利弊后西藏噶厦政府于1948年6月同意与印度延续以前的英藏关系。

（二）关于中国在西藏主权地位的矛盾与交涉

关于中国在西藏的主权地位，中印之间的矛盾和纠纷更为激烈和频繁。1947年4月，印度以"世界事务委员会"的名义组织召开亚洲会议。尽管国民党政府抗议印度自行邀请西藏地方政府代表团参加会议，但印度方面没有撤销决定。西藏地方政府代表团不知道会议性质，携带关于印藏边界争端的有关原始文件与会，并拒绝国民党政府代表提出的由其协商处理边界问题的要求。但是，与英国优先维持西藏缓冲区地位不同，尼赫鲁政府倾向于把中印密切合作、领导亚洲各国的发展进程视为其外交政策的核心。[4] 尼赫鲁只想通过会议建立与发展与世界各国特别是亚洲国家的关系，他告诉西藏地方政府代表团，不要提与边界或政治地位有关的任何问题。[5] 但是，印度方面并不尊重中国在西藏的主权地位，在会议上西藏被

---

① 〔美〕梅·戈尔斯坦：《喇嘛王国的覆亡》，杜永彬译，中国藏学出版社，2005，第482页。

② 《印度总理尼赫鲁1959年9月26日就中印边界问题给周恩来总理的信》，《关于中印边界问题》（学习文件和参考资料），时事手册社，1960，第33页。

③ B. R Deepak, *India and China 1904-2004: A Century Peace and Conflict* (New Delhi: Manak Publications Pvt. Ltd, 2005), p.96.

④ 〔美〕梅·戈尔斯坦：《喇嘛王国的覆亡》，杜永彬译，中国藏学出版社，2005，第479页。

⑤ 同上书，第477页。

当作国家对待，西藏地方政府代表单独打出旗帜，与国民党政府代表平起平坐，尼赫鲁发言将西藏与不丹、尼泊尔相提并论，西藏地方政府代表发言自称为国家。更为出格的是，会议所挂的一幅亚洲地图将西藏划在中国之外，中国代表叶公超向尼赫鲁提出交涉，尼赫鲁的答复是“这张挂图可以修改，只是我希望以后不要把这件事来麻烦我了”，[①] 不耐烦的语气显露出他对中国在西藏领土主权的不尊重或者不情愿的态度。

1947年10月14日，1908年中英间缔结的《中英修订藏印通商章程》即将到期，国民党政府外交部常务次长叶公超向印度驻华大使梅农提出中国政府愿意讨论和修改这一章程，他还将中国的草案交给梅农并多次催促印度作出回应，但印方避而不谈、催而不复。1948年4月，中华民国驻印大使罗家伦又分别照会英、印、巴政府，表示1908年《中英修订藏印通商章程》届满后应另订新约。英、巴政府先后复文表示态度，但印度迟迟不作答复，直到1949年3月才照会中华民国外交部，表示印度政府不承认1908年条约，只承认1914年的“西姆拉条约”，[②] 婉拒了国民党政府开展中印通商条约谈判的要求。在内战中溃败的国民党政府一片混乱，12月18日，在罗家伦的督促下国民党政府才照会印度外交部，否认没有合法性的损害中国领土主权的所谓“西姆拉条约”。

中国国民党政府十分警惕印度破坏中国在西藏的主权与领土完整。1948年12月，西藏噶厦政府派遣贸易代表团到达印度。这个代表团的任务是考察处理外汇外贸、购买金条以及与外国建立正式关系以表示西藏的独立和享有主权的地位。也就是打着处理商务问题的旗帜，企图争取国际社会对西藏独立地位的承认。罗家伦致信尼赫鲁，表示对西藏地方政府贸易考察团任何商谈结果概不予承认，要求印度断然拒绝讨论西藏地方政府贸易代表团提出的有损中国领土主权完整的要求，并强硬指出“任何此种结果，不仅中国政府不予承认，所有中国人民亦将深致痛恨”。1949年1月3

① 罗家伦：《揭开中印间有关西藏的幕》，《罗家伦先生文存》（第二册），国史馆、中国国民党中央委员会党史委员会，1989，第819页。

② 同上书，第834页。

日，印度驻华大使梅农复函保证印度“绝无意图欲与该团讨论任何足以损及中国主权领土完整的问题”。[①] 然而，让罗家伦不满的是，这个考察团在印度得到国宾礼节的接待，印度还协助其访问欧美各国。

因印度竭力排斥国民党政府在西藏和喜马拉雅山地区的影响力，两国在噶伦堡设置领事馆问题上也出现了不愉快。1948年5月，印度驻华大使馆致电国民党政府外交部，以保护印侨及商务为由，要求在疏附（维吾尔语称喀什噶尔）建立总领馆。国民党政府外交部和行政院同意印度设领，但依据互惠原则要求在印度噶伦堡设立领事馆。然而，印度不断寻找理由与借口，企图拒绝或拖延在噶伦堡设领事务，梅农还列出了三大理由，一是西孟加拉省政府不赞成在其边境设领；二是美国现正与印度商订条约，其中有“任何国设领，美均可设”条款，恐美援例；三是不丹、锡金正欲回归印度，印恐中国设领横生枝节。但罗家伦认为，这三大理由都站不住脚，他怀疑印度真正不可告人的原因是因为西藏。

在国民党政府摇摇欲坠之时，印度政府还积极支持西藏独立。美国著名藏学家戈尔斯坦认为，印度对藏政策存在两个思想派别，一个是以1906年《中英条约》为基础的潘尼迦派，主张中国对西藏享有一定程度的主权，另一派坚持以1914年“西姆拉条约”为印度对藏政策的基础，主张西藏在一种不确定的中国主权的形式下实行真正的自治。[②] 在国民党政府覆亡之际，印度政府采取的西藏政策显然属于后者，如在西藏地方政府的要求下，印度同意提供武器装备若干。[③] 中方要求印度停止向西藏销售武器，尼赫鲁的答复是，藏人入印不需要护照，在权力移交时期藏人购买军火十分容易，他不知道他们是否已经买到武器，他将关注此事。[④] 1949年7月，

---

① 罗家伦：《致尼赫鲁函 对西藏贸易考察团任何商谈结果概不承认》，《罗家伦先生文存》（第七册），国史馆、中国国民党中央委员会党史委员会，1989，第252页。

② 〔美〕梅·戈尔斯坦：《喇嘛王国的覆亡》，杜永彬译，中国藏学出版社，2005，第543页。

③ 具体数目见〔美〕梅·戈尔斯坦：《喇嘛王国的覆亡》，杜永彬译，中国藏学出版社，2005，第529页。

④ B. R Deepak, *India and China 1904-2004: A Century Peace and Conflict* (New Delhi: Manak Publications Pvt. Ltd, 2005), p.102.

西藏噶厦政府以反共为由，阴谋制造了“驱汉事件”。印度政府知情却封锁消息，在汉人官员离开拉萨前往印度后，罗家伦才知道此事，他多次找印度外交次长梅农询问和讨论此事，梅农含糊其辞，只咬定是因为清除共产党势力，罗加伦指责印度是“要在这样的高原上钓大海红鱼的办法”。

（三）关于麦克马洪线以南领土的矛盾与交涉

利用中国的混乱，印度还加快对非法的麦克马洪线以南中国领土的侵占。1947年，印度政府派军队侵入中国西藏色拉地区，不准中国当地居民在原来属于他们的草场上放牧，并将草场划入不丹境内，还单方面划界和树立界碑。在印度独立前夕的1946年7月、9月、11月以及1947年1月，中国的国民党政府四次向英国驻华大使馆提交照会，抗议英印政府蚕食所谓麦克马洪线以南的中国领土。因英国将责任推到英印政府身上，1947年2月，国民党政府照会英印驻华大使馆，对英印侵占中国领土提出抗议。独立后，印度政府没有停止侵略行动，1948年继续使用武力将色拉以南西藏地方官员驱赶到色拉以北。对于印度新的领土侵占行为，国民党政府也向印度驻华大使馆提出了抗议。

除了实地侵占，印度还有地图侵占行为。1949年秋，印度总督邀请驻印度外交官观看新制的《克什米尔》宣传电影，中国驻印大使罗家伦发现电影中的地图将西藏画在中国领土之外，他向印度政府提出抗议，指出印度地图错误。然而，印度政府有意拖延，经多次催促后才复信表示将注意此事，但此后情况是该影片在印度各地放映时依旧没有修改错误的地图。[①]

小结：印度继承并将英国边界遗产合法化和“神圣化”

独立前，中印两国在反对殖民统治方面彼此同情互相援助，尼赫鲁多次提出建立包括中印两国在内的亚洲联盟。然而，独立后印度面临国家统

① 罗家伦：《揭开中印间有关西藏的幕》，《罗家伦先生文存》（第二册），国史馆、中国国民党中央委员会党史委员会，1989，第821页。

一和经济发展的繁重任务，中国国民党政府陷入内战泥潭并走向覆亡，中印两国之间的历史情谊并没有变成现实合作。在国民党政权灭亡前，在印度继承英国殖民遗产和西藏政策方面，中印两国已经出现了众多的纠纷与不快。在国民党政府败局已定后，尼赫鲁政府还采取实用主义政策，暗中与共产党政权联络，走向承认中国共产党政府。

其实，采取何种对华政策，印度政府都处于两难境地，尼赫鲁既想中印友好合作，又接受在西藏和其他喜马拉雅山国的殖民特权，而中国主张这些地区是其领土的一部分。[①] 从印度在中印边境地区的行动看，印度政府选择的是继承、巩固并扩大英国在喜马拉雅山南北的殖民遗产。"……尼赫鲁在原则上固然痛恨帝国主义和殖民主义，但绝不会排斥给印度带来的利益，即使这是帝国主义的产物。"[②] 实际上，为了寻求最大地缘政治利益，印度政府在次大陆推行大国沙文主义政策，继续控制尼泊尔内政外交并企图吞并锡金和不丹，与英国相比是有过之而无不及。

除了国家利益至上，印度对待英国边界殖民遗产的态度还与其反殖民主义立场问题有关。独立后，为了处理最为急迫的主权安全和经济发展问题，印度总理兼外交部长尼赫鲁选择了和平、不结盟的独立自主外交政策，但印度的不结盟政策并不是毫无原则的中立政策，具有明显的反殖倾向，"印度对国际问题的反应经常是由其将世界分为前殖民集团和反殖民集团的事实所决定"。[③] 但是，反殖主义只是印度外交政策的一面旗帜，而不是基本原则。首先，印度的反殖立场并不彻底。在反殖主义者看来，印度在国际社会大力倡导和积极支持反殖斗争，并不满新旧殖民国家占据主导地位的国际秩序，但独立后却选择继续留在英联邦，并一直积极争取和十分依赖西方的经济援助。其次，在支持亚非拉国家反殖斗争中，印度带有

---

① B. R Deepak, *India and China 1904-2004: A Century Peace and Conflict* (New Delhi: Manak Publications Pvt. Ltd, 2005), p.96.

② 赵干城：《印度：大国地位与大国外交》，上海人民出版社，2009，第75—76页。

③ Richard M. Fontera, "Anti-Colonialism as A Basic Indian Foreign Policy," *The Political Research Quarterly*, Vol.13, No.2, June. 1960, p.427.

明显的利己主义色彩。如第一次印支战争时期胡志明向印度寻求援助，尼赫鲁口头上表示支持印支人民的自由事业，实际行动却是拒绝为援助越南的印度“志愿军”民间组织提供护照和交通便利，其时印度正在积极争取与法国谈判收复本地治理、开利开尔、亚纳昂等五个法属殖民据点，不愿意因支持越南反法斗争得罪法国。最后，在涉及印度利益特别是安全利益方面，印度政府不仅不反对而且还继续扩大英国的殖民遗产。1947年，印度政府拒绝西藏噶厦政府谈判收回利权的要求。1949年和1950年，通过一系列双边条约，印度将对不丹、锡金以及尼泊尔等国内政外交的控制合法化。总之，在外交政策上，印度反殖主义取向比较复杂，在国际社会是积极支持反殖斗争，但又十分注重维护本国利益，在南亚地区是坚持甚至是扩大英国的殖民遗产。

印度的反殖主义取向和利己主义政策也决定了印度是继承并不遗余力地扩大英国的边界殖民遗产。印度民族主义运动是通过和平移交权力的方式完成，印度既是反殖主义斗争的胜利者，也是英印殖民政府的合法继承者，印度还在国内外积极与巴基斯坦争夺英国遗产。印度学者S.辛格也认为，尼赫鲁政府并不完全拒绝帝国遗产，在领土、印度在邻国和地区的作用以及安全考虑和观念方面尤其如此。①

然而，作为世界反殖民统治斗争的代言人，尼赫鲁政府在继承英国的殖民遗产与殖民政策的同时，不愿承认印度是英国殖民扩张政策的受益者。为了反击中国的印度继承英国殖民遗产的说法，印度还不顾历史事实宣传“历史边界论”，将英国殖民遗产称作是印度文明的历史遗产，并反指责中国的边界是侵略扩张的结果。

从印度独立后的现实情况看，印度坚持英国殖民遗产符合印度的地缘政治利益，反映印度反殖斗争不彻底，也与独立之初印度国家身份危机和

---

① S. Singh (eds.), *India and China-Mutual Relations* (New Delhi: Anmol Publications Pvt Ltd, 2006), p.190.

民族主义情绪有关。从国际法角度看，边界是主权国家界限的标志，[①] 一个政体如果没有合理、清晰地界定的边界，在技术层面不能称之为国家。可见，边界与国家身份息息相关，“完全自主的民族国家的边界线是国家身份基本单位的细胞壁。它标记了祖国神圣领土的界限。在边界线之外是外国和外国公民。在此情况下边界线是一个感情、心理的分界线以及地理线。”[②] 印度共和国的建立是通过印巴分治实现的，巴基斯坦以印度教和伊斯兰教之间的宗教差异作为立国理论依据，加剧了印度的教派矛盾和教派仇杀，也给秉持世俗主义的印度带来国家身份危机，当时甚至出现了印度将会巴尔干化的说法。为了维护国家统一，印度政府在国内合并大大小小的土邦，在边境地区也是积极推进，“印度独立后，原来隐藏在深处的中印矛盾开始凸显，其作为独立国家的主权意识空前膨胀，在外交上刻意继承英帝国侵略所得的利益及边界。”[③] 而且，印度民族主义者反对国家分裂，坚持印度国家不是英国殖民统治的结果，印度民族在英国人来到之前就已形成，标志之一是印度有由传统和习惯确定的边界线。在印度眼中，边界成为祖国神圣领土完整相关的问题，有着高度感情化的内容。[④]

如今，反殖民主义不再成为印度政府政治合法性和国际声望的主要来源，印度学者直接宣扬印度继承的英帝国边界合法和神圣不可侵犯，反过来指责中国的边界立场主要由权力考虑和历史悲情塑造。[⑤] 有的学者还以“民族利益”“国家利益”的新话语为英国殖民遗产制造合法性，将印度装扮为殖民地边界的受害者，“……英国的边界处理方式是为了帝国，而不是

① A.O. Cukwurah, *the Settlement of Boundary, Disputes in International Law* (NY: Manchester and Dobbs Ferry, 1967), pp.29-30.

② Alastair Lamb, *Asian Frontiers: Studies in A Continuing Problem* (Melbourne: F.W. Cheshire, 1968), p.7.

③ 侯中军：《试论1948年中印设领交涉》，《南亚研究》2010年第4期，第47页。

④ Alastair Lamb, *Asian Frontiers: Studies in A Continuing Problem* (Melbourne: F.W. Cheshire, 1968), p.130.

⑤ Mohan Guruswamy and Zorawar Daulet Singh, *India China Relations: the Border Issue and Beyond* (New Delhi: Viva Books, 2009), p.3.

保卫印度民族国家。实际上，英国从来没有把印度看作一个国家。”[①] 也就是，在印度看来，英国更关注的是俄罗斯向南扩张，为此有意保持中国在西藏的宗主权，甚至同意从荣赫鹏（Francis Younghusband）并入印度并由印度控制75年的具有战略重要性的春丕河谷撤出，“如果愿意，实际上英国政府能够轻而易举地把西藏变成印度帝国的附庸，但这样的情况没有出现。”[②] 显然，当前的印度学者是“国家利益至上”和“最大国家利益”来对待和宣传英国边界遗产的合法性。

印度继承的中印边界毫无疑问是英国殖民侵略和强权政治的结果。印度学者在研究南亚地区边界问题时就指出：“大多数情况下，英印政府与邻国的边界安排是强加的，这些边界划分本质上是应急手段，结果是分裂了民族、社会以及家庭。”[③] 然而，印方只是指责巴基斯坦继承的英国边界遗产杜兰线，并不能公正地对待印度自己继承的同属于英国殖民遗产的麦克马洪线。印度将英国殖民侵略没有完全实现的边界遗产合法化自然遭到中国的抵制和反对，中国历届政府都拒绝承认“麦克马洪线”的合法性。美国学者也认为，尼赫鲁的中印有共同反帝历史的判断，与其行动上对中国采用“帝国主义”战略存在基本矛盾，难以理解为什么尼赫鲁没有意识到。[④]

新中国成立后，中印在边界殖民遗产方面的矛盾更为突出。不同的反殖经历与立场使中印反殖观念存在差异，在英国边界遗产方面，中印差异与矛盾更为明显。作为英国在次大陆统治的主要继承者，印度热情地坚持殖民边界遗产，尼赫鲁还认为英印边界只是给予长期存在于当地人民集体历史想象中的印度观以物质形式。然而，中国共产党的世界观是反殖民民

---

① S. Singh (eds.), *India and China: Mutual Relations* (New Delhi: Anmol Publications Pvt Ltd., 2006), pp.79-80.

② Girilal Jain, “The border Dispute in Perspective,” *China Report*, 1970, Vol.6, No.6, p.57.

③ Suba Chandran and P.G. Rajamohan, “Soft, Porous or Rigid? Towards Stable Borders in South Asia,” *South Asian Survey*, 2007, Vol.14, No.1, p.120.

④ Yaacov Y. I.Vertzberger, *Misperceptions in Foreign Policy Making: the Sino-Indian Conflict, 1959-1962*, (Boulder. Colorado: Westview Press, 1984), p.109.

族主义和马克思—列宁观点的统一，是将自身看作是西方不平等条约的受害者，因而，在英国从次大陆离开后，中国革命领袖寻求从西方殖民者手中收复“失去的”领土。[①] 中印在延续殖民边界与反对殖民边界方面存在尖锐矛盾，这注定两国终将迎面而上、发生冲突。

① Francine R. Frankel and Harry Harding (eds.), *The India-China Relationship: What the United States Needs to Know* (New York: Columbia University Press, 2004), p.105.

第一章　印度对华和平共处政策与边界问题处理（1949—1958年）

独立之初，尼赫鲁政府选择了独立自主的外交政策，对两年后建立的新中国实行的是和平共处政策。米拉·辛哈（Mira Sinha）认为，尼赫鲁政策框架的主要内容是民族主义、不结盟与和平共处，他急于将中国纳入其中，这在很大程度上影响了他的对华政策和中印问题处理。[①] 为了与中国确立和平共处关系，印度有意不激化边界矛盾，刘学成指出："从1947年印度独立到1959年西藏叛乱，中印关系议程中的首要事务是西藏的法律地位。……尽管双方都知道对方在自己的边界东段和西段有着领土要求，但深思熟虑后都不准备摊牌。"[②] 总之，在和平共处五项原则的基础上，中印边界最初总体上保持了和平与安宁，中印关系的基本面是友好与合作。

一、印度对华和平共处政策的确立

（一）承认新中国：印度的共识与分歧

1947年印度获得国家独立，在1949年10月新中国成立前，尼赫鲁政府已经确立了不结盟、和平以及反帝反殖的外交政策，并与国民党统治的中华民国建立了还算友好的外交关系。然而，在国民党政府败局显现后，印度开始采取实用主义政策，试图与中国共产党建立联系。如1948年10

---

① Mira Sinha, "China: Making and Unmaking of Nehru's Foreign Policy," *China Report*, 1979, Vol.15, No.2, p.51.

② Xuecheng Liu, *The Sino-Indian Border Dispute and Sino-Indian Relations* (Lanham: University Press of America, 1994), p.18.

月，印度大使馆一等参赞伊思迈尔托人打听中国共产党对印度方面派人到解放区的态度，他希望能够进入解放区，以为将来印度与解放区建立外交关系打下基础。[①] 1949年初，国民党失败已成定局，尼赫鲁准备承认即将诞生的新中国，在1949年4月中共产党解放南京后，他指示印度驻中华民国大使潘尼迦（K. M. Panikkar）留在南京，而不是跟随国民党政府撤到广州。

对于承认新中国，印度国内分歧不大，克里希纳·梅农认为，除了外交部门，每个人都赞成承认新中国。[②] 近代以来，在印度人眼中，中国或是一个与殖民地印度同样值得同情的弱者，或是一个具有强大生命力的文明并一定会再度展现昔日辉煌的国度。[③] 对于获得大多数中国人支持的新中国，《印度时报》《印度教徒报》等主要媒体刊文呼吁承认。印度公众态度也很明显，赞成早日承认中国。[④] 在印度政府部门，尼赫鲁在1958年前主导外交决策，他认为承认中国不是赞成不赞成的问题，是承认历史重大事件并予以接受和处理。[⑤] 尼赫鲁还相信印度公众观点是反对国民党的，支持中国的腐败政府在印度将被指责，他表示印度不能仅因过去与国民党结盟，就无视现实。[⑥] 在议会，印度大多数议员支持政府立场，并认为国际社会迟早不得不承认中国的变化，只有少数议员不信任所有的共产党国家，指出印度对内镇压共产党与对外与共产党国家友好互相矛盾。[⑦]

---

① 《关于前印度驻南京大使馆参赞伊思迈尔希望来解放区事》，中华人民共和国外交部解密档案：105-00007-01（1）。

② Karunakar Gupta, *Sino-Indian Relations 1948-1952: Role of K. M. Panikkar* (Calcutta: Minerva Associates Pvt.Ltd, 1987), p.52.

③ 尹锡南：《印度的中国形象》，人民出版社，2010，第106页。

④ Nancy Jetly, *India China Relations, 1947-1977: A Study of Parliament's Role in the Making of Foreign Policy* (New Delhi: Radiant Publishers, 1979), p.11.

⑤ *Ibid.* p.12.

⑥ B. R Deepak, *India and China 1904-2004: A Century Peace and Conflict* (New Delhi: Manak Publications Pvt. Ltd, 2005), pp.118-119.

⑦ Nancy Jetly, *India China Relations, 1947-1977: A Study of Parliament's Role in the Making of Foreign Policy* (New Delhi: Radiant Publishers, 1979), p.13.

印度在承认新中国方面存在共识，但对于承认的时机则存在意见分歧，如以临时政府总督拉贾戈帕拉查里（C.Rajgopalachari）和副总理兼内政部长萨达特·帕特尔（Sardar V.Patel）为代表的一批国大党要员主张暂缓承认中华人民共和国。1949年12月，帕特尔致信尼赫鲁，他同意印度承认中国是迟早的事，但又认为印度带头行动得不到什么实质性的好处，作为英联邦和联合国的成员，印度应该与之一起相互协同行动。①

在英联邦内部，以英国为首的大多数国家支持承认中国，只是对成员国承认中国的次序和具体时间难以达成一致。英联邦国家协商的结果是，在承认新中国问题上有关国家保持协商。印度曾希望英国先承认中国，但英国一再拖延时间，导致印度延迟了对中国的承认。②

印度还就承认新中国问题与美国进行了协商。1949年10月，尼赫鲁对美国进行国事访问，他专门与美国总统杜鲁门和国务卿艾奇逊就承认新中国问题进行了交流，他主张尽早承认中国，艾奇逊在回忆录中写道：“他认为，现在除了中国共产党人别无其他选择，因为国民党在处理农业革命方面已经完全失败。但是，共产主义作为一种学说是同中国人的思想格格不入的，而且莫斯科在共产党国家中那种固有的外国统治作用，将在中国引起强烈的不满。印度同中国近在咫尺，‘表明有早日承认的倾向’。”③ 但是，刚刚被迫撤出中国的美国不仅拒绝无条件承认中国，还一再要求其他国家延迟对新中国的外交承认。尼赫鲁没能说服美国承认新中国，但他让美国认识到印度延迟承认中国的地缘政治困难，从而减轻了承认中国的外部压力。

印度对英国一再拖延承认中国失去耐心，1949年12月30日，尼赫鲁以印度外交部长的身份致电周恩来，表示：“本人因此感到愉快传达印度

---

① Sardar Patel, *Sardar Patel's Correspondence, 1945-1950*, Vol.8 (Ahmedabad: Navajivan Press, 1974), p.86.

② Karunakar Gupta, *Sino-Indian Relations 1948-1952: Role of K. M. Panikkar* (Calcutta: Minerva Associates Pvt.Ltd, 1987), p.52.

③ 〔美〕迪安·艾奇逊：《艾奇逊回忆录》，上海译文出版社，1978，第211页。

政府对贵国政府的承认，同时表示印度政府与贵国政府进入外交关系的希望。”[①] 1950年1月4日，周恩来复电，表示中国愿意与印度建交，希望印度派代表前往北京就两国建交进行谈判。按照中国“先谈判，后建交”方针，在印度澄清与国民党政府的遗留问题后，1950年4月1日中印两国正式建交。

尼赫鲁承认新中国遭遇的国内压力不大，但不是没有反对意见。最初主要有两种反对意见，一是主张印度应该与以美国为首的西方阵营结盟，反对承认共产党政权，一是主张印度应该与英联邦或联合国的国家一致行动，反对带头承认新中国。在1962年中印冲突发生后，主要批评意见是尼赫鲁轻易承认新中国，失去了处理中印边界问题的一次有利机会。如何看待这些批评呢？其实，印度内部对于如何与新中国打交道主要有三种政策主张，亲西方右翼要求与西方阵营联合和敌视中国，以印度共产党为首的左翼主张中印结盟，以尼赫鲁为代表的中间派则主张对华采取不结盟与和平共处政策。独立后，尼赫鲁长期主导印度外交政策，他选择不结盟路线，既不加入东方也不加入西方。因为，对于西方阵营，尽管印度与之政治体制相同，但刚刚脱离英国殖民统治的印度政府和人民对西方殖民势力犹存厌恶和不信任感。对于共产主义阵营，印度政府并不看作是意识形态威胁，有的学者还指出，在20世纪50年代的国际社会，没有共产主义的某种合法性，不结盟或民族主义呼吁都不可能成功。[②] 新中国成立后，尼赫鲁致力于将中国纳入印度的外交政策框架，而不是调整既定政策。首先，他不认为中国是意识形态威胁。在印度看来，共产党在中国的胜利是“民族主义”多于“共产主义”，因为亚洲任何运动的成败取决于与民族主义呼吁相连的程度……今天中国注定成为世界大国，但难说其共产主义模

---

① 《中华人民共和国对外关系文件集（1949—1950）第一集》，世界知识出版社，1957，第18页。

② Mira Sinha, “China: Making and Unmaking of Nehru’s Foreign Policy,” *China Report*, 1979, Vol.15, No.2, p.53.

式与苏联的相同……[1] 可见，在意识形态方面尼赫鲁认为中国是民族主义多于共产主义的国家。其次，中印和平共处符合印度的国家利益。从现实政治角度看，尼赫鲁的判断是，强大、稳定、持久的中国必将崛起为世界大国，印度需要承认现实，“从印度观点看，愤怒地拒绝是一个外交错误。中国与印度一样期望和平、经济重建和发展；不管哪个中国政府执政，与中国保持友好极其重要”。[2] 早点承认中国有利于印度的安全与发展，如承认中国可以获得中国对印度的好感，可以让中国相信非共产党国家友好，可以使中国在国际社会保持正常化，可以软化中国对世界革命尤其是亚洲革命的立场，可以让中印边界处于休眠，可以使印度获得经济发展所需要的和平环境。可见，尼赫鲁对华承认政策实际上是想通过对华接触来影响和改变中国，至少获得一个对印度友好的邻国。

至于中印结盟，在反对英国殖民统治过程中，尼赫鲁多次提议建立包括中印在内的亚洲联盟，1947年印度独立前夕还积极组织召开了泛亚会议。他以亚洲代言人的姿态在发言中宣布：“我们亚洲曾是西方法院和大使官邸的请愿者。现在这必定成为历史。我们提议自立并与所有准备与我们合作的国家合作。我们不愿意成为别国的工具。”[3] 但是，执掌印度政府后尼赫鲁的泛亚主义快速消逝。[4] 在走上不结盟道路后，印度更加不可能与中国结盟，更何况中国是共产党国家并公开批评印度的政治制度和领导人。印度还对中国的革命渗透保持警惕，1949年尼赫鲁指出亚洲问题不是在共产主义和资本主义之间进行选择，而是生产足够的粮食和获得快速的经济

① A.N. Misra, *The Diplomatic Triangle: China India America* (Patna: Janaki Prakashan, 1980), p.24.

② Shri Ram Sharma, *India-China Relations 1947-1971: Friendship Goes with Power* (New Delhi: Discovery Publication House, 1999), p.14.

③ Mira Sinha, “China: Making and Unmaking of Nehru’s Foreign Policy,” *China Report*, 1979, Vol.15, No.2, p.52.

④ Giri Deshingkar, “India-China Relations: the Nehru Years,” *China Report*, 1991, Vol.27, No.2, p.91.

发展。[①]

至于1962年后印度对尼赫鲁轻易承认新中国的指责，是高估了印度影响而低估了中国的意志。在建交过程中，新中国政府重视但并不急于获得外国承认，鉴于不少国家一边宣布承认新中国，一边继续支持蒋介石政府在联合国的代表权，中国共产党政府要求“先谈判，后建交”，也就是中国与外国建交的前提条件是这些国家必须彻底放弃与蒋介石政府的外交联系。最初，尼赫鲁也提出按照国际惯例相互发出承认电报就表示已经建交，有关谈判应该是互派大使后再进行，但在中国的坚持下，印度不得不同意先派代表到北京谈判建交事宜。在印度澄清与国民党政府的关系后，中国才与印度正式建交。对于不愿与蒋介石政府彻底断绝关系的英国，中国坚持自身的建交原则，以致于两国很长时间没有建立正式的大使级外交关系。中国对强大的英国都是宁可拖延建交也不愿让步，印度指望在建交交涉过程中增加前提条件，要求中国在西藏或者中印边界问题上让步无疑是一种奢望。实际上，在印度独立之初西藏并不在尼赫鲁政府议事日程靠前位置，从外交大框架考量，尼赫鲁政府首先致力于获得一个友好的中国，而不是一开始就因西藏问题或边界问题与中国陷入纠纷或者冷战。

（二）1950年西藏问题：印度的激辩与抉择

西藏问题以及与之相连的边界问题一直是印度对华政策的重大干扰因素，最初印度采取了中国优先和将中国纳入其和平共处外交框架的政策，但也不愿轻易舍弃在西藏的特权，1950年中国解放西藏行动使印度对华政策面临巨大考验。

1949年9月2日，新华社提出反对外国侵略西藏，并将矛头直指英、美、印三国。[②] 1950年1月1日，中国宣布将解放西藏作为政府的主要任

① A.N. Mishra, *The Diplomatic Triangle-China India America* (Chauhatta: Janaki Prakashan, 1980), pp.22-23.

② 西藏自治区党史资料征集委员会等编：《和平解放西藏》，西藏人民出版社，1995，第147页。

务之一。对于西藏问题，印度政府最初反应谨慎，只向西藏地方政府提供少量武器，拒绝与美国联合对西藏地方政府进行武器援助。[①] 1950年3月，尼赫鲁在一次新闻发布会上还公开表示不想干预西藏。[②] 但是，印度并没有做到置身事外，尼赫鲁政府继续援助西藏地方政府，印度外交部长K.P.S.梅农一度表示："假如共产党真的决定占领西藏而又没有什么办法能够阻止他们这样做的话，印度无疑将向西藏提供各方面的直接军事援助。"[③]

印度主要努力方向是通过外交途径影响中国的政策，促成一种对印度有利的和平处理西藏问题的方法。1950年8月，印度驻华大使潘尼迦与周恩来及中国外交官员多次信件来往，试图影响中国的对藏政策。如8月12日，印度驻华大使馆向中国外交部递交备忘录，表示：依照1906年以来所订立的条约所赋予的权利，印度政府在西藏有若干商业的和贸易的利益。除此以外，印度政府对西藏从未有过、现在也没有任何政治的或领土的野心。他们的唯一愿望是能看到汉藏关系通过友好和和平的方式获得解决。[④]

为了安抚印度，8月21日周恩来交给潘尼迦一份备忘录，表示解放中国领土西藏是中国的神圣职责，中国政府赞成并主张以和平友好方式解决西藏问题，要求西藏代表到北京进行谈判。中国政府欢迎印度政府关于对西藏从来没有、现在也没有任何政治或领土野心的声明，相信经过两国的保证和努力，中印之间可以和平共处，印度与中国在西藏的商业贸易关系

---

① 〔美〕梅·戈尔斯坦：《喇嘛王国的覆亡》，杜永彬译，中国藏学出版社，2005，第570—571页。

② Dorothy Woodman, *Himalayan Frontiers: A Political Review of British, Chinese, Indian and Russian Rivalries* (London: The Cresset Press, 1969), p.217.

③ 〔美〕梅·戈尔斯坦：《喇嘛王国的覆亡》，杜永彬译，中国藏学出版社，2005，第544页。

④ 西藏自治区党史资料征集委员会等编：《和平解放西藏》，西藏人民出版社，1995，第154页。

在平等互利原则下完全可以保持和发展。[①]

印度如愿得到中国和平解决西藏问题的表态，但对周恩来所说的平等互利原则下保持和发展印藏商业贸易关系不太满意。8月26日，潘尼迦再次向中国递交备忘录，表示希望西藏关于在中国主权范围内自治的合法要求得到和谐的调整，强调印度政府关心的是在西藏从惯例和协定中产生出来的“自然的权利”应当继续下去，以及印度和西藏之间已经被承认的边界应当继续不受侵犯。[②] 在这份备忘录中，印度一方面承认中国在西藏的主权，一方面坚持继承在西藏的特权地位和所谓“已经被承认”的“印藏边界”。

其实，对于中国中央政府和西藏地方政府的和平谈判，印度并不放心，一直试图施加影响，先是让西藏地方政府谈判代表长期滞留印度，接着企图将谈判地点设在新德里。但印度也拒绝公开支持西藏独立，尼赫鲁向求援的西藏地方政府官员表示：“印度政府将沿袭英国人统治时的对藏政策，即表面上把西藏视为中国的一部分而内部却认为西藏是独立的……至于由印度充当各项协议的见证人和调停人，那是30年前的事了，目前不能够接受此种请求。”[③]

鉴于西藏地方政府对前往北京谈判采取拖延政策，中国政府决定以打促谈。在得到中国采取军事行动的消息后，1950年10月21日，印度驻华大使馆递交备忘录，指出中国在西藏采取军事行动不利于其加入联合国，还会引起边境的不安和扰乱，劝说中国采取和平措施。[④] 10月25日，中国广播电台正式宣布开始解放西藏。28日，潘尼迦向中国外交部递交一份措辞更为强烈的备忘录，对中国在西藏使用武力表示深深的遗憾。对于如何

---

① 西藏自治区党史资料征集委员会等编：《和平解放西藏》，西藏人民出版社，1995，第155页。

② 同上书，第156页。

③ 转引自〔美〕梅·戈尔斯坦：《喇嘛王国的覆亡》，杜永彬译，中国藏学出版社，2005，第581页。

④ 西藏自治区党史资料征集委员会等编：《和平解放西藏》，西藏人民出版社，1995，第162—163页。

答复印度照会，毛泽东指示周恩来和外交部，中国的态度还应强硬一点，应说中国军队是必须到达西藏一切应到的地方，无论西藏地方政府愿意谈判与否及谈判结果如何，任何外国对此无置喙的余地。[①] 因而，在10月30日给印度的备忘录中，中国强硬表示，反对外国干涉中国的西藏内政，反对以中国加入联合国组织来进行要挟，对印度在反华外国势力影响下把中国进军西藏视为不幸观点深表遗憾。[②] 印度对中国的答复极其不满，11月1日，潘尼迦向周恩来转交印度政府的一份照会，继续施加压力要求中国采取和平方式解决西藏问题，反对中国对印度干涉内政的指责，辩驳这是“一个友好政府的善意忠告，这一友好政府自然地关怀与其邻居的一些问题能以和平方法解决”，[③] 并再次要求继续维持印度在西藏的权益。

在与中国进行外交交涉的同时，印度准备在联合国支持甚至是直接提出西藏的呼吁书。[④] 印度还召开了外交、军队以及情报机构等部门负责人参加的高级会议，以帕特尔为首的官员主张采取武力干涉西藏的强硬政策，但陆军参谋长指出只能派出一个营的兵力对付中国。[⑤] 兵力不足的印度无法进行军事干预，只有眼睁睁看着中国控制西藏，还担心中国可能会要求印度撤出在西藏机构。

但是，11月16日印度却接到中国的一份语气放缓的照会。在照会中，中国一方面继续强硬指责印度政府企图影响和阻挠中国政府在西藏行使主权，反对印度将中国在西藏行使主权视为加剧世界紧张局势的一场国际争端，另一方面又极力安抚印度，表示：“只要彼此严格遵守互相尊重领土主权及平等、互利的原则，我们相信，中印两国的友谊应该得到正常的发展，中印在西藏的外交、商业和文化关系，也可以循着正常的外交途径获

---

① 中华人民共和国外交部、中共中央文献研究室编：《毛泽东外交文选》，中央文献出版社、世界知识出版社，1994，第145页。

② 西藏自治区党史资料征集委员会等编：《和平解放西藏》，西藏人民出版社，1995，第167—168页。

③ 同上书，第170页。

④ 〔美〕梅·戈尔斯坦：《喇嘛王国的覆亡》，杜永彬译，中国藏学出版社，2005，第632页。

⑤ 王宏纬：《喜马拉雅山情结：中印关系研究》，中国藏学出版社，1997，第82—83页。

得适当的互利的解决。”[①] 中国没有强硬地反对印度在西藏的权益，并愿意以外交方式妥善解决，印度对中国的忧惧稍得纾解，尼赫鲁立即指示印度驻联合国代表不支持西藏在联合国的呼吁，如果联合国讨论西藏的诉求，印度代表应尽量温和地陈述要求和平解决和尊重与维护西藏自治的看法。

中国解放西藏还在印度国内引起轩然大波，媒体大量报道西藏军事进展，纷纷指责中国“侵略”西藏和威胁印度在西藏利益及边界安全。印度议会也数次出现关于尼赫鲁政府处理措施乃至对华政策的激烈争论。在西藏问题上，反华议员强调印度在西藏有着广泛利益，西藏是印度的“邻国”，印度西藏有着密切的历史、文化、宗教以及贸易联系，西藏还是印度边界的天然屏障，要求政府对中国“侵略”以强硬政策代替现行的“投降”政策，竭尽全力确保西藏的自治与自由。[②] 印度真正关注的是在西藏特权能否维持，以及更为重要的印度安全。[③] 在边界和防务问题上，印度议会内部出现了更为激烈的争论。反华议员的主要观点是：中国是侵略者和共产主义国家；在亚洲，中印之间不存在友好、一致以及伙伴关系；中国共产党是印度的真正威胁；麦克马洪线是想象之线，离加尔各答很近，将来会出现边界问题，政府应该确定与西藏边界；政府安全措施不足，应该调整防务战略，加速完成对锡金、不丹以及尼泊尔的控制；反对因喜马拉雅山而对安全自满，要求从意识形态、军事等方面保护边界，等等。[④] 国大党内部关于印度对华政策也存在分歧，绝大多数国大党议员支持政府立场，少数议员十分关注印度边界安全并对政府处理西藏问题不满。

在议会争论中，尼赫鲁进一步阐明他对中国以及西藏边界等问题的立

---

① 西藏自治区党史资料征集委员会等编：《和平解放西藏》，西藏人民出版社，1995，第178页。

② Nancy Jetly, *India China Relations, 1947-1977: A Study of Parliament's Role in the Making of Foreign Policy* (New Delhi: Radiant Publishers, 1979), p.18.

③ P. C. Chakravarti, *India's China Policy* (Bloomington: Indiana University Press, 1961), pp.26-27.

④ Nancy Jetly, *India China Relations, 1947-1977: A Study of Parliament's Role in the Making of Foreign Policy* (New Delhi: Radiant Publishers, 1979), pp.20-22.

场。在边界方面，针对议员提出的中国地图侵犯问题，他强硬宣示："我们的地图显示麦克马洪线是我们的边界，不管有无地图，那是我们的边界。这是事实，我们坚守着边界并不让任何人穿过。"① 在防务方面，他表示任何政府都会优先于防务，但防务需求要与国家资源平衡，印度不向来自山区、海洋以及任何地方的任何敌人弯腰。对于西藏，他澄清印度承认中国在西藏宗主权导致的误解："请注意我使用的词是宗主权，而不是主权。这有小的差异，尽管并不大。我告诉议会的是一个历史事实；我不是在讨论未来。这是历史事实，在这一背景下我们不断承认中国在西藏的宗主权，同时也强调西藏的自治，这十分正确……对任何国家来说谈论其统治范围外地区的宗主权或主权是不恰当的……是西藏人而非其他声音最终决定西藏。"② 他对中国以反帝名义解放西藏的政策不满，表示将致力于让中国停止前进并与西藏代表和平处理问题。③ 他还为他努力建立中印友好关系辩护，强调整个亚洲依赖于中印关系，他对中国有时的行为方式深深遗憾，但认为应该考虑其背景是长期斗争、挫折以及帝国主义国家的武力对待。④ 从议会争论可以看出，反华议员认为中印边界未定，中国控制西藏后将威胁印度边界安全，要求印度采取强硬政策支持西藏。但尼赫鲁主张边界已定，印度接受中国在西藏的"宗主权"，同时进行一定的边界防务准备。

在政府内部，副总理兼内政部长帕特尔的反对意见最具代表性。1950年11月7日，帕特尔致信尼赫鲁，他首先谈到在研读中印来往照会后他感觉中国以所谓的和平方式解决西藏蒙蔽了潘尼迦，中国对印度存在怀疑主

---

① Nancy Jetly, *India China Relations, 1947-1977: A Study of Parliament's Role in the Making of Foreign Policy* (New Delhi: Radiant Publishers, 1979), p.19.

② J. Nehru, *India's Foreign Policy-Selected Speeches: 1946-1961* (New Delhi: The Publication Division, 1961), pp.302-303.

③ Nancy Jetly, *India China Relations, 1947-1977: A Study of Parliament's Role in the Making of Foreign Policy* (New Delhi: Radiant Publishers, 1979), p.20.

④ W. F. Van Eekelen, *Indian Foreign Policy and the Border Dispute with China* (Hague: Martinus Nijhoff, 1964), p.35.

义和可能掺杂了一些敌意。接着他大谈中国控制西藏后中印之间将会有许多麻烦，如中国将来到印度家门口，中国不同意1914年条约，中印对宗主权的解释似乎也不相同，中国是统一和强大的，中印边界没有确定，印度东北边疆人口与西藏或中国存在联系。他认为，通过在喜马拉雅山地区扩张和支持印度共产党，中国将威胁着印度的内外安全，而且，中国的民族统一主义和共产主义是有一整套意识形态的、更危险的扩张主义或帝国主义。印度的防御措施应该从基于压倒巴基斯坦的考虑转变为同时考虑两条战线，针对中国需要尽早解决一些问题，包括对中国威胁的军事和情报评估、重新进行军事部署、重新考虑军队缩减计划、从长期来考虑防务、印度对中国加入联合国政策、在北部和东北部边境地区加强政治和行政管理、在边境以及邻近地区加强安全措施、改善交通通讯条件、边境点的警察和情报工作、印度在西藏权益以及有关麦克马洪线的政策。[①] 11月18日，尼赫鲁在一份备忘录中间接回答了帕特尔的问题。与帕特尔不同，他从中国照会看到了一些积极因素，如中国没有像印度预料的要求撤销印度在西藏的驻外机构，而是间接提出这些问题可以妥善解决；中国调子降低；中国一再提到愿意与印度友好。尼赫鲁还认为中国对印度的短期威胁不大，首先因为地理、地形和气候使西藏高度自治不可避免，其次是世界因素和中国内部情况使其不可能向印度发动任何重大攻击，再次是中国的共产主义意味着不可避免地向印度扩张的想法有点天真。尼赫鲁判断，中国有可能对印度边界进行渗透，并有可能进入并占有争议领土，印度必须采取一切必要的措施，但不是采取面对一场真正攻击所采取的措施，这将给印度带来无法承受的负担，印度的主要可能敌人仍然是巴基斯坦，印度不能一直在两边同时有两个可能的敌人，印度应该以最大能力应对一切事件，但印度应寻求的真正保护是中国的某种理解。如果中印关系不好，对两国和整个亚洲都有严重影响，而中印和平相处对世界格局和平衡将会产生巨大

---

① “Appendix I: Home Minister Vallabhbhai Patel’s note to the Prime Minister, Subramaninan Swammy,” in *India’s China Perspectives* (New Delhi: Konark Publishers Pvt Ltd, 2001), pp.165-169.

影响，这是英美苏都不愿意看到的。[①] 可见，尼赫鲁并不认为中国是印度的眼前威胁，主张印度对华政策应该着眼长远，实现与中国和平相处，同时采取措施防止中国在边界进行渗透和侵占。

鉴于印度无法进行军事干预，力量薄弱的西藏必然为中国控制，而且，周恩来在1951年2月6日接见印度代办高尔时警告，如果任何国家允许帝国主义势力侵入，容许帝国主义利用那个国家作为封锁中国及对中国不友好的基地，又依靠帝国主义的势力来压迫本国人民，我们就不能采取容忍的态度。[②] 最后，尼赫鲁政府理智地决定接受中国宗主权下的西藏自治，多次拒绝美国联合印度干预西藏的试探与请求，也拒绝达赖前往印度政治避难。印度采取优先中国而不是西藏的政策，原因众多，[③] 关键因素是尼赫鲁并不认为控制西藏的中国是印度的直接威胁，印度的主要任务是对内从事巩固与建设，对外对付巴基斯坦。此外，同一时期，亚洲还出现了众多国家卷入的朝鲜战争，尼赫鲁的判断是国际事务的实质是“战争与和平”，没有只发生在世界特定一角的战争，只有席卷全球的战争。[④] 他十分担心朝鲜战争引发在亚洲的世界大战，急于在中国的合作下寻求和平解决之道，而1951年5月西藏问题按照印度期望的方式和平解决，也为中印在朝鲜问题上的合作扫除了障碍。

对于尼赫鲁政府没有对西藏进行军事干涉，印度内部争议至今未息，争论的焦点是印度有没有进行干涉的实力和合法性。反对者并不认为印度没有干涉西藏的实力：“如果说印度相对弱小，中国则是在全力进行朝鲜战争。如果说印度与巴基斯坦关系不友好，印度却可以从其他国家获得友好

---

① “Appendix I: Home Minister Vallabhbhai Patel’s note to the Prime Minister, Subramaninan Swammy,” in *India's China Perspectives* (New Delhi: Konark Publishers Pvt Ltd, 2001), pp.170-174.

② 中共中央文献研究室编：《周恩来年谱（1949—1976）》（上卷），中央文献出版社，1997，第127页。

③ 参见尚劝余：《尼赫鲁时代中国和印度的关系（1947—1964）》，中国社会科学出版社，2009，第25—28页。

④ Ajay B. Agrawal, *India Tibet and China: the Role Nehru Played* (Mumbai: NA Books International, 2003), p.26.

支持……在进出西藏核心地区方面，与中国已建的交通设施相比，印度有着最容易和最便利的道路。”[①] 反华议员还指责尼赫鲁拒绝接受美英对印度进军西藏的援助许诺。在军事实力方面，毫无疑问掌握更多信息的高层特别是军队指挥官对中印军事力量对比的情况更为清晰。印度放弃军事干涉是高层协商的结果，主要是因为印度军事力量不足，军方指出印度的问题是没有军队可派、没有高纬度装备训练、战斗经验不丰富。在印方看来，中印之间有着漫长的的边界，中国可以在边界沿线造成各种各样的损害，实力不足的印度政府不得不采取对华友好政策，“即使印度支持西藏事业，只会极大地激怒中国，而不能有所收获”。[②] 还有学者认为，尼赫鲁的考虑是，印度缺乏保卫喜马拉雅山地区的资金或政策，最好的安全保障是建立一种心理缓冲区代替失去的西藏缓冲区。[③]

对于英美的友好与支持，尼赫鲁并不信任，他认为英美都没有公开反对中国对西藏的主权要求，他们的首要意图是让中国丢脸，其次是让中国的注意力从朝鲜转向西藏，此外还想让印度违背不结盟政策加入西方阵营。[④] 因而，对于美国联合支持西藏地方政府的要求，尼赫鲁的反应是：“……他认为美国在目前不作为好，少说为佳。因为美国政府发表一系列谴责中国或支持西藏的声明，都可能为北京当局指责列强一直在图谋西藏并且一直在对印度的西藏政策施加影响提供某种凭证或借口。”[⑤]

关于干涉的合法性问题，主张干涉者一是强调印度在西藏的利益，如长期以来印度与西藏的历史文化联系比中国与西藏之间的联系更为密切，西藏属于印度文明圈；印度在西藏享有条约和习惯带来的特权利益；西

---

① P. C. Chakravarti, *India's China Policy* (Bloomington: Indiana University Press, 1961), pp.36-37.

② Shri Ram Sharma, *India-China Relations 1947-1971: Friendship Goes with Power* (New Delhi: Discovery Publishing House, 1999), p.24.

③ S.Kumar, *India's International Relations* (New Delhi: Max ford Books, 2006), p.168.

④ R.C. Hingorani, *Nehru's Foreign Policy* (New Delhi: Oxford & IBH Publishing Cooperation Pvt. Ltd., 1989), p.64.

⑤ 〔美〕梅·戈尔斯坦:《喇嘛王国的覆亡》，杜永彬译，中国藏学出版社，2005，第612页。

藏关系到印度的安全利益。二是强调1914年“西姆拉条约”合法有效，“……印度可以坚持‘西姆拉条约’立场并坦率地告诉中国不同意中国通过单边行动改变西藏现状。如果要审查或改变现状，应该如同西姆拉会议通过中、藏、印三边会谈确定。”[①] 尼赫鲁没有直接否认印度在西藏的利益和“西姆拉条约”，在西藏叛乱爆发后的1959年3月30日，他还在印度议会明确肯定印度在西藏的利益，说印度与西藏有着悠久的地理、商业以及更多的文化和宗教联系，这使印度对西藏发生的事情的反应注定十分激烈。[②] 但是，从中印和平共处和反对殖民特权的立场出发，尼赫鲁现实地接受中国恢复与西藏的传统关系和反对保持英国在西藏的殖民特权。他指出，殖民时代的英国在西藏的特权是错误的、非正义的，独立后印度放弃这些权利。他还认为，印度无权干预西藏问题，“很显然，从严格的实际观点来看，除了感情，从法律、宪法以及实际来说我们在西藏不能做任何事情”。[③]

（三）1954年《中印协定》：印度的争议与解读

印度接受中国对西藏的控制并没有彻底解决两国之间的西藏问题。首先，印度只承认中国在西藏的宗主权而不是主权，印度更强调的是西藏自治，而这种自治是高度自治，如同不丹处于印度的军事保护和外交指导之下的特殊地位，这与中国的自治概念不同，中印关于西藏地位的分歧继续存在。其次，印度在西藏的特权继续存在，但新中国管辖西藏外交事务使印度特权成为悬案。印度继承的英印政府在西藏的特权众多，包括在亚东和江孜派驻军队，设立军营仓库，享有邮政、电报及驿站等特殊设施，在亚东、江孜、噶大克派有商务代表和在拉萨派驻的是具有外交代表身份的

---

① P. C. Chakravarti, *India's China Policy* (Bloomington: Indiana University Press, 1961), pp.37-38.

② J. Nehru, *India's Foreign Policy-Selected Speeches: 1946-1961* (New Delhi: The Publication Division, 1961), p.313.

③ Nancy Jetly, *India China Relations, 1947-1977: A Study of Parliament's Role in the Making of Foreign Policy* (New Delhi: Radiant Publishers, 1979), p.60.

官员，就连印度商人也享有免税、货物不受检查，等等特权。新中国成立后，西藏地方政府继续与印度、尼泊尔、锡金、不丹直接交往，印度在西藏的特权依旧保持，但这些利益和特权并没有得到中国中央政府的条约承认。

中印谈判印度在藏外交特权问题是印度主动提出的。印度重视在西藏的贸易利益，担心中国加快在西藏道路建设后西藏贸易的变化会损害印度利益，与此同时，巴基斯坦与美国结盟和接受美国的军事援助也迫使印度采取对华友好政策。[①] 此外，中印还在中国人去印护照、印度人携带无线电收发报机、印度武装卫队换防等问题上发生了摩擦。在这种情况下，1951年10月，印度驻华大使萨达尔·潘尼迦提出，在现代两个独立国家的关系中是不容许治外法权存在的，如果印度坚持继续享有英国人过去在西藏强行取得的权利，将把自己完全置于理亏的地位，无论如何中国不会同意继续给予这些权利。印度则除了使用武力之外，别无他法实施这些权利，而在武力方面印度无能为力。所以，上策是大方地放弃所有无法得到的东西，而坚持更带有根本性且不必一定有条约作依据的经济和文化方面的权利。[②] 尼赫鲁基本上接受了潘尼迦的意见。

1952年2月，印度政府交给中国政府一份备忘录，详细列举了印度在西藏的特权，要求中国政府解决。中国的答复是，阐明中国的基本立场是不承认基于不平等条约产生的特权，中印在西藏的关系通过协商重新建立，谈判前印度朝圣者继续来藏，并建议将原印度驻拉萨代表处改为印度驻拉萨总领事馆。印度政府很快同意以印度驻拉萨总领事馆取代政治代表处，向中方移交在西藏的电报局和军事据点，并再次要求与中国谈判解决悬而未决的问题。

1953年9月，尼赫鲁亲自致信周恩来，指出中国对印度驻藏机构进行

---

① B. R Deepak, *India and China 1904-2004: A Century Peace and Conflict* (New Delhi: Manak Publications Pvt. Ltd, 2005), p.149.

② B. N. Mulik, *The Year with Nehru: The Chinese Betrayal* (Bombay: Allied Publishers Pvt Ltd, 1971), p.147.

了众多限制，要求全盘解决遗留问题，以避免再次出现摩擦。1953年12月31日，中印关于外交特权问题的谈判正式开始。

1954年4月29日，经过几个月的商谈，中印两国达成《中华人民共和国和印度共和国关于中国西藏地方和印度之间的通商和交通协定》(后文简称为《中印协定》)，协定有效期8年，两国同时交换照会一份。协定主要内容分为两大部分，一是取消印度在西藏特权和规定印藏正常的交通通商来往办法，二是提出以和平共处五项原则为两国关系的指导原则。

在《中印协定》签署后，印度内部出现了激烈的反对意见，一是反对印度放弃在西藏的权力，主要理由是中国在西藏的宗主权是理论上的，缓冲国对印度重要；中国在西藏是进行殖民侵略；中国威胁印度边界；印度接受中国在西藏主权是软弱政策；中印是联合干预西藏内政；1954年条约就西藏而言只是中国的圈套；印度承认中国在西藏主权没有得到回报，等等。[①] 二是反对印度对中国盲目友好，主要理由是中国和平共处观念与尼赫鲁的集体和平观念不同，签约时中国不提和平共处原则，等等。

尼赫鲁极力为《中印协定》及其对华政策辩护，强调印度放弃在藏特权合理合法。尼赫鲁说，印度应该放弃在西藏的特权，一是印度不能延续英国在西藏保持治外法权的政策，因为印度无权在其他独立国家驻军，英国帝国主义传统之下的印藏昔日联系是不合法的。二是印度不主动放弃在西藏特权的话，迟早也会被迫放弃，因为“……事实是如果我们不愿放弃这些，我们将被迫放弃。我们必须接受这一现实”。[②] 尼赫鲁极力宣扬《中印协定》的成就，他说：“这对我们十分重要，当然我相信对中国一样重要。两国现在差不多有1800英里的边界，现在根据和平友好、相互尊重主权与领土完整、互不干涉内政和互不侵略等原则相处。通过这一协议，我们很大程度上保证了亚洲某些地区的和平。我迫切希望这一地区的和平能

① Nancy Jetly, *India China Relations, 1947-1977: A Study of Parliament's Role in the Making of Foreign Policy* (New Delhi: Radiant Publishers, 1979), pp.37-38.

② P. C. Chakravarti, *India's China Policy* (Bloomington: Indiana University Press, 1961), p.55.

够扩大到亚洲乃至世界其他地区。”[①] 面对反华议员对其对华政策的指责，尼赫鲁反驳说：“在国际事务中，我们永远不能确定任何事情，今天的朋友可能是明天的敌人。那么，是否从一开始就以敌人相待，满腹狐疑，而不去尝试其他做法呢?”[②]

印度还按照自己的意愿解读和平共处五项原则，将其说成一种政治保证，“潘查希拉成为对华保证不干涉西藏或不加入反华同盟与北京许诺不干涉邻国内部事务之间的微妙平衡”。[③] 在会谈中，中印都没有提及边界问题，但印方却单方面认为，“相互尊重领土完整与主权”是间接对中国暗示它不应该鼓励或激起印度边界地区的颠覆或分离主义行动，印度也试图让中国尊重目前的边界安排。[④] 大部分印度政治评论者兴高采烈地欢迎条约，将之看作是印度外交的一个胜利，中国接受“相互尊重彼此领土完整”被解释为北京毫无疑问地接受现存印藏边界并对印度没有邪恶意图。[⑤] 总体上，印度媒体对条约的反应一般是赞成，大多数评论员将协定当作互不侵犯条约，并为中国“默认”现存印度边界欢欣鼓舞。[⑥]

对于这次谈判，尼赫鲁被诟病最多的是他没有在1954年中印谈判中寻求中国的交换和让步。其实，当时中国中央政府忙于稳定西藏局势，并不愿意操之过急地开启谈判，是在印度多次督促下才同意开启谈判。但谈判前以及谈判开启时，中国多次向印方表示不谈边界问题，只解决成熟的悬而未决问题。中方拒绝谈判边界是避免影响稳定西藏局势的更为紧急之

---

① J. Nehru, *India's Foreign Policy-Selected Speeches: 1946-1961* (New Delhi: The Publication Division, 1961), p.304.

② B. R Deepak, *India and China 1904-2004: A Century Peace and Conflict* (New Delhi: Manak Publications Pvt. Ltd, 2005), p.155.

③ Taya Zinkin, “Indian Foreign Policy: An Interpretation of Attitudes,” *World Politics*, 1955, Vol.7, No.2, pp.203-204.

④ R.C. Hingorani, *Nehru's Foreign Policy* (New Delhi: Oxford & IBH Publishing Cooperation Pvt. Ltd., 1989), p.51.

⑤ P. C. Chakravarti, *India's China Policy* (Bloomington: Indiana University Press, 1961), p.54.

⑥ Nancy Jetly, *India China Relations, 1947-1977: A Study of Parliament's Role in the Making of Foreign Policy* (New Delhi: Radiant Publishers, 1979), pp.38-39.

事，印方并没有提出反对意见。

至于尼赫鲁为什么没有提出边界谈判要求，有各种分析和猜测，如：印度公开主张没有边界争议立场说、印度避免将整个边界问题公开化说，等等。[①] 从印度决策过程看，对于提不提边界问题，印度政府内部存在分歧，尼赫鲁也曾左右为难。以曾任外交秘书的G.S.巴杰帕伊（G.S.Bajpai）为首的官员主张进行边界谈判，1952年在孟买任职的巴杰帕伊专门给外交部写信，督促印度主动向中国政府提出麦克马洪线。尼赫鲁和潘尼迦商量后认为，提出麦克马洪线不符合印度的利益。潘尼迦向巴杰帕伊解释，尼赫鲁已经公开地和毫不含糊地声明将麦克马洪线看作边界，后面应该由中国提出问题。如果印度主动提出，中国要么是接受"西姆拉条约"，要么是拒绝并要求与印度进行谈判，第一种态度很难设想，第二种态度对印度不利。如果是中国提出边界问题，印度可以拒绝重新讨论，坚持尼赫鲁公开宣示的立场，即麦克马洪线这边的领土属于印度，关于它没有什么可以讨论的。[②] 巴杰帕伊不接受这一解释，他认为在适合其利益前中国无意提出边界问题，印度应该提出边界问题。[③] 1953年中印谈判前夕，印度外交部就是否提及边界问题进行讨论，最终决定不提边界问题。"中国无论如何不会接受麦克马洪线，而我们以为麦克马洪线是我们的北部边界。因此，不能就此举行任何谈判。"[④] 显而易见，印度政府也是有意不提边界问题，其考虑是提出来得不到好处，因为中国肯定不会同意麦克马洪线，反而会提出很多印度不能同意的要求，而继续坚持麦克马洪线不会失去任何领土，更为保险。中国在会前极力抵制谈判边界就是不想对印度让步，如

---

① B. N. Mulik, *The Years with Nehru: The Chinese Betrayal* (Bombay: Allied Publishers, 1971), p.151.

② 〔印〕卡·古普塔：《中印边界秘史》，王宏纬、王至亭译，中国藏学出版社，1990，第28—29页。

③ Subramanian Swamy, *India's China Perspective* (New Delhi: Konark Publishers PVT LTD, 2001), p.67.

④ B. N. Mulik, *The Years with Nehru: The Chinese Betrayal* (Bombay: Allied Publishers, 1971), pp.155-156.

果印度坚持要提出边界问题，恐怕中方会再次拖延谈判，这是印度不愿看到的。印度不想放弃已经占有的任何领土，又不想与中国发生冲突，尼赫鲁的策略是通过其他方式促使中国接受麦克马洪线，如采取对华友好政策来软化中国和以和平共处五项原则来束缚中国。因为，在尼赫鲁看来，“中印两个大国第一次在漫长的、变动的边界相遇，即使我们是朋友也有变动的、危险的边界；我们不是朋友情况更糟”。[①]

在某种程度上，印度对华政策实现了尼赫鲁的边界目标，中国为了团结和争取印度，在边界问题上采取了谨慎政策，印度成功地控制了麦克马洪线以南地区。在1954年6月访印期间，周恩来还向尼赫鲁表示：麦克马洪线不仅中印边界有，而且在中缅边界也有，这是英国殖民主义者造成的，他们用铅笔从喜马拉雅山画过来，就像瓜分非洲一样。因此，这条线中国政府不能承认，但是目前维持现状，双方都不要越过这条线。[②] 尽管尼赫鲁将周恩来的说法解释为中国准备接受麦克马洪线为这一地区的中印疆界，[③] 但他后来也承认对边界问题长期拿不准，但希望“时间和情况的发展可以确定边界，在挑战来临之时，我们可能处于更加强大的地位”。[④]

（四）对华认知与尼赫鲁政府的对华政策选择

从1949年承认中国到1954年《中印协定》签署，印度对华政策在激

---

① Yaacov Y. I.Vertzberger, *Misperceptions in Foreign Policymaking: the Sino-Indian Conflict, 1959-1962* (Boulder. Colorado: Westview Press, 1984), p.66.

② 中共中央文献研究室：《周恩来年谱（1949—1976）》(上卷)，中央文献出版社，1997，第393页。

③ 在1958年12月和1959年3月写给周恩来的两封信件中，尼赫鲁都提到以前两国总理讨论时周恩来多次表示准备将麦克马洪线作为中印边界线。1959年9月8日，周恩来在回信中专门提到中国绝不承认所谓的麦克马洪线，尼赫鲁显然误解了他的说法。今天，印度还有不少人认为周恩来是许诺接受麦克马洪线，内维尔·马克斯韦尔在《印度对华战争》一书中也认为中国默认麦克马洪线。实际上，中国坚持在西藏的主权地位，不可能接受非法的麦克马洪线和“西姆拉条约”，事实上接受麦克马洪线作为中印边界东段实控线或边界线与承认麦克马洪线有着本质的差异。

④ W. F. Van Eekelen, *Indian Foreign Policy and the Border Dispute with China* (The Hague: Martinus Nijhoff, 1964), p.193.

烈的争论中确定下来。综观各种反对意见，主要是从地缘利益竞争、权力争夺、意识形态对抗以及利益算计等角度出发。尼赫鲁力排众议确立了对华和平共处政策，中外关于中印友好原因的分析众多，[①] 本文着重从尼赫鲁对华认知角度进行分析。

从全球层面看，印度对外实行不结盟政策和避免卷入冷战，积极通过和平与发展道路来寻求大国地位，将中国看作反帝反殖和争取新世界秩序的伙伴。印度走向独立之时，美苏开始为抢夺势力范围进行冷战角逐，尼赫鲁很早就拒绝卷入冷战，1946年9月7日，刚刚担任印度过渡政府副总理的尼赫鲁在施政演说中指出："我们将尽可能地远离不同集团相互对立的强权政治，不与其中的任何一方结盟。因为这种对立的集团过去曾引起世界大战，甚至今天仍可能给世界造成巨大的灾难。"[②] 在尼赫鲁看来，独立后印度当务之急是维护主权安全和发展经济，"我们或世界各国的未来主要依赖于避免战争及确保和平与安全……与其他地区相比，亚洲的和平更为关键和必要，因为我们必须建设我们的国家，我们想将所有能量用于建设任务而不是浪费。"[③] 为了印度的和平与发展，印度选择不结盟政策，尼赫鲁认为，不结盟能使对立的任何一方找不到攻击印度的理由，对立的双方为争取中立的印度相互竞争，这是使印度免于遭受进攻的最有效保证。[④]

尼赫鲁对华政策是印度不结盟、和平、反帝反殖对外政策框架的一个组成部分。首先，对华友好有利于反对冷战和维护印度国家安全。二战后，为了在亚洲争夺势力范围，美国在亚洲增加军事存在，大规模介入朝鲜战争，积极支持巴基斯坦，在东南亚和中东地区组建军事集团。美国将

---

① 参见尚劝余：《尼赫鲁时代中国和印度的关系（1947—1964）》，中国社会科学出版社，2009，第89—112页。

② A.Appadorai, *Select Documents on India's Foreign Policy and Relations, 1947-1972*, Vol.1 (Delhi, New York: Oxford University Press, 1982), p.3.

③ J. Nehru, *India's Foreign Policy-Selected Speeches: 1946-1961* (New Delhi: The Publication Division, 1961), p.307.

④ J. Nehru, *India's Foreign Policy-Selected Speeches: 1946-1961* (New Delhi: The Publication Division, 1961), p.78.

冷战触角伸到亚洲特别是南亚，让印度十分不满，印度的反应是将中印联合提出的和平共处五项原则扩大化，积极争取亚非国家加入。1954年6月，尼赫鲁对周恩来说：和平共处五项原则的扩大，就是对东南亚条约组织的最好答复。[①] 巴基斯坦长期敌视印度，美国支持巴基斯坦极大地损害印度的利益，印度学者认为，正是在美巴结盟的压力下，印度才以重要利益为代价急切地与中国达成协议，[②] 印度对中国友好是为了避免两线作战和让中国保持中立。[③]

其次，对华友好有利于显示印度独立自主和不结盟的外交立场。作为资本主义国家，印度最初并没有得到中国、苏联等社会主义国家的信任，不结盟政策被毛泽东称为骑墙政策。1949年，特别是中国参加朝鲜战争后，美国把中国当作亚洲危险的最仇视美国的敌人，尼赫鲁则致力于通过与中国建立友好关系来证明他独立于西方和献身于亚洲团结。[④] 正是通过对社会主义中国采取友好政策，印度充分展现了其外交独立性，获得了中国的友好和信任。而且，在苏联斯大林政府不信任印度的情况下，可以通过与中国友好来接近苏联，“在朝鲜战争期间中国的作用是为印度的莫斯科外交政策铺平了道路”。[⑤]

最后，对华友好也符合尼赫鲁的反帝反殖价值取向。独立后，尼赫鲁政府选择了不结盟对外政策，但不结盟政策并不是毫无原则的中立政策，而是具有明显的反殖倾向，“印度对国际问题的反应经常是由其将世界分为前殖民集团和反殖民集团的事实所决定”。[⑥] 尼赫鲁不认同冷战后国际共

---

① 翁明等著:《大使的风采》，江苏人民出版社，1996，第129页。

② P. C. Chakravarti, *India's China Policy* (Bloomington: Indiana University Press, 1961), p.57.

③ C. Raja Mohan, "*Cracking India's Two-front Problem*," Hindu, 2004.

④ Yaacov Y. I.Vertzberger, *Misperceptions in Foreign Policymaking: the Sino-Indian Conflict, 1959-1962* (Boulder. Colorado: Westview Press, 1984), p.67.

⑤ Ashok Kopur, "India's Bargaining Problems An Overview," *China Report*, 1973, Vol.9, no.3, p.26.

⑥ Richard M. Fontera, "*Anti-Colonialism as a Basic Indian Foreign Policy*," The Political Research Quarterly, 1960, Vol. 13, No. 2, p.427.

产主义比殖民主义威胁更大的西方观念，他认为亚洲的真正问题是殖民主义与反殖民主义，他还说殖民主义是亚洲与非洲的最大威胁，并引发了共产主义。西方国家不愿放弃殖民统治，包括印度在内的大多数亚非国家面临着“新殖民主义”威胁，印度反对以寻求经济利用并最终达成政治控制为目标的新殖民主义。[①] 尼赫鲁将建立中印新关系作为他对中印在后殖民世界作用的更广阔视野的一部分，[②] 为了实现中印联合，尼赫鲁拒绝包围中国、避免公开反对中国“占有”西藏、支持中国重返联合国，在朝鲜战争期间印度还极力调和矛盾，甚至反对美国在联合国提出的谴责中国侵略提案。

从地区层面看，印度寻求建立亚洲新秩序，将中国看作是印度在亚洲的重要合作伙伴。独立后，印度亚洲政策的主要影响因素是反帝反殖、亚洲联盟主义、支持世界进步力量、寻求印度作为一个强大民主国家的自尊和寻求亚洲在世界政治中的地位。[③] 为此，印度极力反对亚洲卷入冷战秩序，美国西藏专家梅·戈尔斯坦还认为：“尼赫鲁把印中友谊视为建立新的亚洲格局的关键一环，认为对在非西方世界建立一种新型的道德秩序具有至关重要的意义，而且，他还把西藏看成是对这种友好关系的一种威胁。印度政府还强烈反对美国卷入西藏事务。”[④] 印度学者S.辛格也认为，印度对华政策形成背景不是冷战，而是一个国际权力和资源分配有利于欧美并对亚洲极其不利的国际环境，尼赫鲁想改变这一形势，“如果‘重新调整’亚欧关系是主要目标，没有大量的中印合作这一目标是不可能实现的”。[⑤] 尼赫鲁十分看重中国在反对新旧殖民势力和建立亚洲新格局方面的支持，

---

① V. N.Khanna, *Foreign Policy of India* (New Delhi: Vikas Pub. House, 2007), pp.34-35.

② Bhawna Pokharna, *India-China Relations: Dimensions and Perspectives* (New Delhi: New Century Publications, 2009), p.14.

③ A.N. Mishra, *The Diplomatic Triangle-China India America* (Chauhatta: Janaki Prakashan, 1980), p.11.

④ 〔美〕梅·戈尔斯坦：《喇嘛王国的覆亡》，杜永彬译，中国藏学出版社，2005，第720页。

⑤ S. Singh (eds.), *India and China: Mutual Relations* (New Delhi: Anmol Publications Pvt. Ltd., 2006), p.2.

“尼赫鲁把中国视为印度在亚洲的天然伙伴，他希望两国联合起来向把印度沦为殖民地、把中国沦为半殖民地的以欧洲为中心的西方世界挑战，并打败他们，自己来把握亚洲的命运。”[①] 在蒋介石失败后，尼赫鲁也没有改变中印团结是亚洲和世界和平的唯一保证的坚定信念，在1949年中国内战结束后，将建立与巩固印度与共产党中国间的团结作为印度第一位和主要的任务。[②] 在印度看来，如果中印这两个亚洲最大的国家能建立友好关系，他们的力量和资源也有利于其他亚洲国家进行国家重建和保持国家统一与独立。[③]

很多学者认识到尼赫鲁十分看重中国在构建亚洲新秩序方面的作用，但对其意图的看法不同。有的学者认为亚洲新秩序的问题是美国威胁亚洲和平，“在这种背景下，尼赫鲁希望通过中印合作以确保亚洲的和平与稳定”。[④] 有的学者则指出，在尼赫鲁眼中，唯一可以干扰亚洲和平的国家是有着领土收复主义野心的中国，一旦这些野心得到满足，相信中国将着力于内部发展。不友好政策只会激怒中国共产党并使其好斗。友好政策则将使他们走向和平、稳定与进步，甚至让他们放弃对苏联的依赖。[⑤]

从国家间层面看，印度对中国认知比较复杂。一方面，两国是有着两千年的友好传统的邻国，近代在反对殖民统治时相互同情和支持，独立建国后两国还存在相似的国情和建设任务，这些使印度对中国有着亲近感，容易相互理解和进行合作。另一方面，地缘竞争、意识形态以及政治体制差异又使印度对中国有着不信任感和竞争心理，在中国直接管辖西藏

---

① 〔美〕斯蒂芬·科亨：《大象与孔雀——解读印度大战略》，刘满贵等译，新华出版社，2002，第19页。

② Mira Sinha, “China: Making and Unmaking of Nehru’s Foreign Policy,” *China Report*, 1979, Vol. 15, No.2, p.55.

③ A.N. Mishra, *The Diplomatic Triangle-China India America* (Chauhatta: Janaki Prakashan, 1980), p.12.

④ 〔印〕卡·古普塔：《中印边界秘史》，王宏纬、王至亭译，中国藏学出版社，1990，第2页。

⑤ P. C. Chakravarti, *India’s China Policy* (Bloomington: Indiana University Press, 1961), p.59.

后，印度对中国的疑惧心理进一步增长。最初，尼赫鲁对华认知比较积极正面，他对中印传统友谊、中国文明十分看重，在他的《印度的发现》一书中多次提及中国。在反对殖民统治过程中，中印相互同情与支持，尼赫鲁还相信，近代同时进行的反对欧洲国家控制、掠夺和侮辱的斗争将克服两国的国家特性差异。① 对于共产党新中国，印度的看法是，中国是摆脱帝国主义奴役的发展中国家，尽管在意识形态上亲近其西边的共产主义国家，但寻求融入亚洲主流。② 尼赫鲁还认为，像中国这样的新民族主义将超越来自亚洲之外的共产主义意识形态，如同印度将超越资本主义。③ 他忽略中国信奉的意识形态和对于印度及他本人的意识形态化的批评言论。他还相信，中国的极端源于中国民族主义被误解和中国被世界其他地区孤立，通过对华友好和协调中国与其意识形态对手的关系，他可以减少这种孤立感。④ 尼赫鲁很早就认识到中国不是苏联的卫星国，中国共产主义革命是亚洲民族主义复兴的一部分，对北京的友好方式有助于中国增加对苏联的独立性和使之不因害怕西方包围而沉溺于任何冒险主义。⑤ 总之，尼赫鲁十分相信中国的民族性，认为一个社会主义中国有不同于苏联的民族身份和亚洲身份。因而，1951年后尼赫鲁大胆地走向与中国达成谅解。⑥ 1954年协议签署后，尼赫鲁认为忙于内部建设的中国更加民族主义化，对印度不是威胁，中印两国可以和平共处。

建国后，中印相似的国情和建设任务也有利于两国的相互理解与合作。尼赫鲁十分重视中印相互学习建设经验，在1954年访华后，他对中印

---

① Jagat S. Mehta, *Negotiating for India: Resolving Problem through Diplomacy (Seven Case Studies 1958-1978)* (New Delhi: Manohar Publishers & Distributors, 2006), p.56.

② Sudarshan Bhutani, *A Clash of Political Culture: Sino-Indian Relations (1957-1962)* (New Delhi:Lotus Collection/Roli Books, 2004), p.xii.

③ Giri Deshingkar, "India-China Relations: The Nehru Years," *China Report*, 1991, Vol.27, No.2, p.92.

④ *Ibid.*

⑤ Girilal Jain, "The Border Dispute in Perspective," *China Report*, 1970, Vol.6, No.6, p.56.

⑥ Mira Sinha, "China: Making and Unmaking of Nehru's Foreign Policy," *China Report*, 1979, Vol.15, No.2, p.53.

友好与合作更加热情，他指出，中印友好现在立足于相似的问题和利益，即保卫刚刚从共同的殖民主义敌人手中获得解放的两国的独立；两国需要避免将资源浪费于军队和集中精力于国内经济发展；联合争取仍然处于殖民奴役下的国家独立；将国际体系从暴力转向如同中印的潘查希拉条约所言的团结与共处。[①] 印度驻华大使潘尼迦也十分强调中印两国的相似性和共同目标，他认为由于获得独立的历史进程相似，中印处理亚洲问题的方法有着相同之处，两国的政治目标都是脱离外国控制、国家统一以及在国土上建立唯一不受挑战的政府等，因为历史条件，印度选择自由民主方式而中国倾向于共产主义制度，但意识形态差异不会改变两国代表亚洲复兴精神的基本现实。[②]

然而，印度在包容和亲近中国的同时，对中国也有着强烈的担忧和不信任感。据穆立克的说法，尼赫鲁并不信任中国，私下里向他说中国和巴基斯坦是印度要面对的两个敌人，告诫他不要被印度政府公开的表态误导，要根据印度的利益来判断所有事情，凡遇到矛盾都须征求他的意见。[③] 随着中印之间的矛盾与分歧日益增加，印度对华防范心理不断增长，但表面上仍是对华友好。印度对华两面政策体现其建国初期发展经济与扩展军力的两难处境。如何对付中国，印度有两种基本选择，一是尽力反对中国占领西藏，但印度没有进行干预的必要的军事力量，包括美英在内的国际社会不愿加大支持和公开承认西藏的独立；二是尼赫鲁采用的对华友好方式，劝告中国温和化并将中国引入国际社会以使处于危险边缘的中国民族主义人性化、温和化。[④] 实际上，印度政府是在将有限资金优先用于经济和工业发展还是防务开支方面进行选择，最后尼赫鲁选择的是优先经

---

① Yaacov Y. I.Vertzberger, *Misperceptions in Foreign Policymaking: the Sino-Indian Conflict, 1959-1962* (Boulder. Colorado: Westview Press, 1984), p.160.

② K. M. Panikkar, "Sino-Indian Accord," *The Nation*, November 1954, p.44.

③ B. N. Mulik, *The Years with Nehru: The Chinese Betrayal* (Bombay: Allied Publishers, 1971), p.85.

④ D.V.L.N.Ramakrishna Rao and R.C. Sharma (eds.), *India's Borders, Ecology and Security Perception* (New Delhi: Scholars' Publication Forum, 1991), p.70.

济和工业发展，为此采取对华友好态度，极力避免两国从矛盾对立走向冲突。潘尼迦指出："像其他任何人一样，我知道与一个共产党中国保持亲密一致的关系有问题，但我对通过消除误解和竞争等来开展合作十分乐观。我们唯一的利益重叠处是在西藏，包括国民党在内的历届中国政府都知道西藏的重要性并坚持中国在该地的排他性统治，我在出发去北京前就认为，（我们被认为已经继承的）将西藏看作我们有特殊利益地区的英国政策不能保持。总体上总理也同意这一观点。"[①] 尼赫鲁还希望，中国对印度的最后怀疑残留消除，中国可以采取一种理性态度，西藏自治也在事实上保留，印度自身利益得到维护。[②] 也就是，尼赫鲁认为将中国在西藏军事存在最小化的最好方式是避免对华采取敌视行动，通过不刺激中国和不给其镇压西藏的理由，印度可以保持西藏很大一部分的自治，通过接受北京的西藏主张和避免中印冲突并对华友好，印度在西藏缓冲区的核心利益将得到保护。"有理由认为，印度不是没有意识到共产党中国在印度边境出现的某些即使不是全部的意义……但是，印度希望耐心友好地对待中国可以引导中国与印度一起在亚洲国家中营造和谐和进步。"[③]

从国家层面看，印度自认为是经济落后国家，优先发展国内经济利益，将中国看作长远威胁而不是直接威胁，是以和平外交处理对华关系，积极争取时间发展实力。印度学者认为，安全、国家发展以及世界秩序是国家利益的基本内容，[④] 印度如何处理安全、发展以及大国地位等三大利益呢？在安全方面，独立后尼赫鲁对印度安全状况比较乐观，相信外部攻击印度的可能性较小，理由是印度没有作为主要角色进入国际舞台、印度贫穷使侵略者获得更多的是问题而不是好处、阻止中印间任何冲突是超级

---

① K. M. Panikkar, *In Two China: Memoirs of A Diplomat* (Allen &Unwin, 1955), p.102.

② Mohan Guruswamy and Zorawar Daulet Singh, *India China Relations: the Border Issue and Beyond* (New Delhi: Viva Books, 2009), pp.68-69.

③ A.N. Mishra, *The Diplomatic Triangle-China India America* (Chauhatta: Janaki Prakashan, 1980), p.13.

④ Pramoda Kumar Panda, *Making of India's Foreign Policy: Prime Minister and Wars* (Delhi: Raj Publications, 2003), p.29.

大国的重大利益。[①] 当然，尼赫鲁也不是完全没有意识到中国的威胁，穆立克说，1952年尼赫鲁认为印度的主要敌人是巴基斯坦和中国，K.S.蒂玛雅也认为尼赫鲁认识到中国的威胁，但认为中国采取军事行动的可能性小并寻求以外交手段处理。[②]

尼赫鲁是将中国看作长远威胁，而不是直接威胁，因为：1. 从地理情况看，中印两国之间存在喜马拉雅山天然屏障，连绵的山脉使调动大规模的军队不切实际，尼赫鲁认为中国对印度的威胁很小："从军事观点看，这对印度没有大的影响和特别的危险。西藏是一个平均海拔12000英尺的十分险要的'国家'，并有一个巨大的喜马拉雅山屏障。大量人口越过这个屏障进入印度是极其困难的事情。"[③] 当然，印度外交秘书巴杰帕伊曾指出中国有小股出兵的可能，但尼赫鲁坚持目前不需要任何大的军费开支，这将损害国家发展和社会进步，更有可能的是危害稳定，而不是缺少保卫边境的军队。[④]

2. 从实力对比看，尼赫鲁认为实力不足的中国不是印度的近期威胁。不少学者认为，尼赫鲁交好中国是因为他意识到印度没有挑战中国的军事力量。[⑤] 实际上，尼赫鲁并不认为印度力量不如中国，1954年9月30日，他在议会否认印度应该害怕或者是屈服于强大的中国，他说："现在中国拥有巨大的潜在力量，但不是实际力量。记住，中国现在远远不是发达工业国家，甚至不如印度。……印度的工业比中国更为发达。印度有更好的通

---

① P. S. Jayaramu, *India's National Security and Foreign Policy* (New Delhi: ABC Publication House, 1987), p.13.

② K. Subrahmanyam, "Nehru and the India-China Conflict of 1962," in B. R. Nanda (eds.), *Indian Foreign Policy: The Nehru Years* (New Delhi: Sangam Books, 1990), p.117.

③ Ajay B. Agrawal, *India Tibet and China: the Role Nehru Played* (Mumbai: NA Books International, 2003), p.32.

④ *Ibid.* p.59.

⑤ Parshotam Mehra, "India's Border Dispute with China: Revisiting Nehru's Approach," *International Studies*, 2005, Vol.42, No.3&4, p.358.

讯设施、交通等。”[①] 尼赫鲁还断定：“印度没有中国及其共产主义直接影响印度的担忧……在最好的环境下中国也要一代人时间来完成恢复……我们掌握的所有信息是他们全神贯注于他们自己的问题。”[②]

3. 从安全战略看，印度认为中国是竭力避免中印冲突。中国战略重心一直位于东部地区，而且美国和蒋介石政府在东南沿海给中国造成了巨大的安全压力，中国不得不将主要军事力量部署在东部，并不愿因与印度冲突而进行两线作战。从印度的安全战略看，尼赫鲁政府也是极力避免中印冲突，避免印度陷入两线作战的不利境地。

在安全方面，20世纪50年代印度关注的是巴基斯坦威胁，巴基斯坦对印度的威胁体现在领土、意识形态以及政治战略等众多方面，这使巴基斯坦在印度外交政策中占据首要地位。[③] 在这种情况下，印度积极争取中国的合作与支持，竭力避免因激怒中国而被迫两线作战。印度学者S. 辛格分析指出，印度对华政策内容包含合作、竞争以及共存，在20世纪50年代印度强调的是合作和和平共处，但1955年万隆会议和印度第二个五年计划中，中印竞争显而易见。因合作利益攸关，尼赫鲁的政策是低调处理竞争。[④]

在发展方面，独立后尼赫鲁政府最为紧迫的任务是解决发展问题。二战期间英国的政策给印度经济造成了巨大困难，印巴分治进一步重创印度，经济分裂、民族迁徙以及随后的印巴战争导致众多的经济问题。为了解决众多的国内外问题，尼赫鲁高瞻远瞩地将民族主义、议会民主、社会主义、世俗主义确立为国家发展战略的指导原则，优先发展经济。“尼赫鲁

---

① J. Nehru, *India's Foreign Policy-Selected Speeches: 1946-1961* (New Delhi: The Publication Division, 1961), p.305.

② Sarvepalli Gopal (eds.), *The Selected Works of Jawaharlal Nehru*, Vol.14, part2 (Orient Longman, 1982), p.365.

③ P. S. Jayaramu, *India's National Security and Foreign Policy* (New Delhi: ABC Publication House, 1987), p.19.

④ S. Singh (eds.), *India and China: Mutual Relations* (New Delhi: Anmol Publications Pvt. Ltd., 2006), pp.2-6.

将国家经济发展置于第一优先地位——所有可获得的资源要用于完成社会经济目标，特别是国家的工业化。在尼赫鲁看来，这是实现包括国家防务和安全在内的全面发展的最有把握的途径。对尼赫鲁而言，包含防务政策在内的外交政策在最后看来还是经济政策的结果。"① 为了促进发展，印度采取了不结盟政策，远离权力政治，欢迎各方援助。

由上可见，尼赫鲁对中国的国家身份认知是复杂和多面的。从全球和地区角度，印度寻求世界大国地位和建立亚洲新秩序，十分重视中国的支持与合作。从国家间角度看，印度对中国看法的不太确定，有时将中国看作是合作伙伴，有时重视中印竞争，在中国解放西藏时一度将中国看作是对手甚至是敌人。从国家角度看，印度认为中国是一个经济落后、外交孤立和没有安全感的国家，国内外环境较之于印度更为糟糕，并不是印度的直接威胁。

尼赫鲁对华认知走向积极正面，中国积极争取一个友好印度的政策发挥了巨大作用。在中国看来，印度是民族资产阶级执政的民族民主国家，与中国一样都遭受了殖民主义的压迫，需要维护国家独立和发展国民经济，相似的历史背景和东方文化的共同点也有利于两国相互理解，中印两国是可以和平共处的。而且，中国还将印度作为建立反帝统一战线的联合对象。1951年9月28日，周恩来指示张经武："为争取亚洲国家反对战争，主张和平，以打击美帝及其帮凶的战争政策和侵略政策，我们努力促进中国与印度、缅甸、印尼等国的友好关系是应该的和可能的。"② 为了争取友好的印度，中国通过许多途径向印度示好。1951年毛泽东亲自参加印度驻华大使馆举办的印度国庆招待会，高度评价印度与印度人民，中国媒体也开始赞扬印度及尼赫鲁，中国政府还注重发展中印之间的文化交流和经贸来往来增进中印关系。对于中印间敏感的西藏问题，中国对印度在西藏

---

① Alka Acharya, "Prelude to the Sino-Indian War: Aspects of the Decision-making Processes during 1959-1962," *China Report*, November 1996, Vol.32, No.4, p.379.

② 中共中央文献研究室编：《周恩来年谱（1949—1976）》（上卷），中央文献出版社，1997，第182页。

的特权没有采取过激措施和进行快速而全面的处理，而是采取逐步处理方针，先是将印度驻拉萨代表处改为总领事馆，接着是研究逐步解决印度继承的在西藏驻兵、通邮、通电和入境等特权问题。对于复杂的中印边界问题，中国采取谨慎政策，淡化边界争端，极力维持边境现状与稳定，等待时机成熟后通过外交途径处理。对于印度控制喜马拉雅山小国，中国没有公开反对，在经济援助尼泊尔时都是尽量避免招致印度的不满。在国际问题上，中国注重增进两国在反帝反殖方面的友好与合作，肯定印度在停止朝鲜战争、印度支那战争和维护亚洲和平中的作用与贡献。对于印巴克什米尔之争，中国采取中立立场，希望两国和平处理。

中国的对印团结和争取政策让尼赫鲁政府将中国看作是印度的合作伙伴，最终确定了对华和平共处政策，这既符合印度的既定外交政策框架，也有利于为印度经济发展获得一个和平稳定的环境，同时还符合印度的边界利益。1951年3月28日，印度外交部副部长B.V.凯斯卡尔在议会阐明印度的中印边界政策时说："政府认为保卫这段边界的最好办法是有一个友好的西藏和一个友好的中国。显然，如果我们的邻国对我们抱敌对态度，如此错综复杂和漫长的边界是不可能得到很好保卫的。因此，我们觉得在处理西藏和中国问题时，我们应时刻记住一个友好的中国和一个友好的西藏是我国国防的最好保证。"①

中印之间共同利益特别是印度的利益需求推动印度走向与华和平共处，但我们也要看到中国军事力量强大并与苏联结盟无疑也是印度作出对华政策选择的重要影响因素。尼赫鲁希望通过中印交往引导中国走向印度期望的方向，削弱中国与苏联的联系，限制中国对印度乃至亚洲造成不利影响，这无疑是一种遏制中国的想法，这也影响到印度对中印边界问题的处理。

---

① 〔印〕卡·古普塔:《中印边界秘史》，王宏纬、王至亭译，中国藏学出版社，1990，第26页。

二、1949—1958年中印边界问题及其处理

新中国建立后，尼赫鲁力排众议确立了对华和平共处政策，但作为一位现实主义政治家，他也不能不正视中国解放西藏后给印度带来的危险和挑战。利用西藏力量薄弱和中国忙于控制西藏局势的有利机会，尼赫鲁政府加快在中印边境地区抢占领土的步伐，并采取迂回政策设法得到中国的正式承认。在特殊历史条件下，尼赫鲁的抢占政策进行还算顺利，因为中国的边界政策是尽力保持边界稳定和等到恰当时机通过外交渠道解决。但是，维持领土主权的完整是中国的基本原则，尼赫鲁政府的抢占计划及其目标终究难以实现。在1953年中国人民解放军接管西藏边防后，中印边界冲突日益增长。

（一）尼赫鲁政府边界政策及印度国内反应

1947年印度独立后，其主要精力用于巩固政权，对于中印边界只是延续英印政府的政策，即在边境地区推进到其主张的边界线，重点是控制麦克马洪线以南地区。1949年9月25日，中国和平解放新疆，印度立即作出反应，加强对西北边境地区的控制，如印度情报局开始在列城建立检查站，1950年又建议建立21个检查站以保护中印边界地区的山口。[①] 1950年初，西藏和平解放前夕，印度各界更加担心边界安全，媒体极力渲染中国的“威胁”，国会议员强烈要求印度政府采取更为强硬的对华政策和提升边界防务。尼赫鲁不认为中国是直接威胁，但也担心中国可能在边界地区进行渗透，[②] 印度政府开始全面加强对边界地区的控制。印度学者将尼赫

---

① Gautam Das, *China-Tibet-India: the 1962 War and the Strategic Military Future* (New Delhi: Har-Anand Publications Pvt Ltd, 2009), p.108.

② Nancy Jetly, *India China Relations, 1947-1977: A Study of Parliament's Role in the Making of Foreign Policy* (New Delhi: Radiant Publishers, 1979), p.17.

鲁政府的应对政策总结为：一是与尼泊尔、不丹以及锡金[①]签署新条约，以保证印度在这些战略地位十分重要的邻国的特殊地位不受损害，并使这些国家对印度保持友好；二是采取措施将印度在“东北边境特区”[②]的管理范围扩展到麦克马洪线；三是尼赫鲁断定将边界看作是悬而未决的问题比较危险，因为这将使印度任凭中国摆布；四是尼赫鲁选择对华总体友好路线，希望他将处于一个有利地位，以劝说中国尊重印度的边界和西藏的自治。[③]

具体而言，尼赫鲁政府的边界政策主要有以下几点：第一，印度加紧控制位于中印之间的尼泊尔、锡金以及不丹。1949—1950年期间，印度控制了尼泊尔、锡金以及不丹的内政外交，将其纳入印度的势力范围。1949年8月，印度通过条约迫使不丹同意在外交事务上接受印度政府的指导。1950年7月，印度与尼泊尔也签署了一个友好条约。1950年12月，印度又以双边条约的方式获得对锡金外交和国防的控制权。通过这些双边条约，印度的地区主导地位得到法律保障，同时也构建了一条稳固的安全防线。

第二，印度加快对中印边界地区的渗透和控制。独立后，印度延续英印政府的边界蚕食政策，主要是在中印边界东段和中段侵占中国领土。为此，1950年11月，印度决定成立一个临时性的“北部和东北部边境防务委员会”，该机构隶属于印度国防部，成员来自于印度国防部、交通部、内政部、外交部等部门。1953年初，该委员会递交一份报告给国防部，主

---

① 锡金王国于17世纪建立，1887年被英国侵占并由英印政府派驻的专员掌控，1890年正式沦为英国的“保护国”。1947年，英国退出南亚，印度继续往锡金派驻专员。1950年，通过《印度和锡金和平条约》，印度控制锡金的国防、外交和交通等。1973年，印度对锡金实行军事占领并最终于1975年将锡金合并为印度的一个邦。2003年，在印度承认西藏自治区是中国领土的一部分后，中国开始默认印度在锡金的统治。

② 1951年，印度将其侵占的中国领土与阿萨姆邦的一些部落地区合并，组建“东北边境特区”(North-East Frontier Agency)，归属阿萨姆邦。为了巩固对中国领土的侵占，1954年印度将“东北边境特区”划归外交部管辖，1965年又将该地划到内政部，1972年将该地升级为所谓的“阿鲁纳恰尔中央直辖区”，1987年正式建立所谓的“阿鲁纳恰尔邦”。中国反对印度侵占中国领土，拒绝承认所谓的“东北边境特区”和所谓的“阿鲁纳恰尔邦”。

③ Girilal Jain, “The Border Dispute in Perspective,” *China Report*, 1970, Vol.6, No.6, pp.57-58.

要内容是建议“重组和扩充阿萨姆步枪部队”，扩大“东北边境特区”的行政机构，发展边界沿线的情报网，发展民事武装警察，发展通讯和检查哨所。[①] 这些建议陆续得到实施，如印度政府开始侵占麦克马洪线以南的达旺和其他地区，扩大在“东北边境特区”的管理，增加边界交通检查站，扩大阿萨姆步枪部队，推行一项建筑公路、机场和医院的发展计划，等等。

第三，印度公开宣称中印边界已经确定并不容谈判。1950年10月，中国人民解放军开始解放西藏，这在印度议会引起了关于西藏政策和边界防卫的激烈争论，尼赫鲁借机在议会公开宣称：“我们的地图显示麦克马洪线是我们的边界线，不管有无地图，那就是我们的边界线。事实已经存在，我们坚持那条边界线，我们将不允许任何人跨过它。”[②] 但是，印度国内反华议员对尼赫鲁的边界立场和政策并不满意，以新中国不承认麦克马洪线等为由，不断向尼赫鲁施加压力。尼赫鲁的应对措施是在议会中再次宣示，印度不与中国政府或者其他任何政府讨论边界。[③]

第四，印度企图通过和平方式迫使中国接受印度的侵占事实。由于中国历届政府都拒绝承认“西姆拉条约”和麦克马洪线，印度政府想方设法地迫使新中国接受印度一手炮制的“既成事实”。例如，1951年印度侵占达旺，西藏地方政府提出了抗议，由于中国刚刚开始抗美援朝战争，为了顾全大局中国中央政府没有立即提出外交交涉，[④] 甚至在1953年开启的中印谈判中也提议不要涉及边界问题，这导致印度学者卡·古普塔认为，“中国对于印度于1951年2月接管达旺的默认和它未曾在北京谈判桌上就印度在东北边境特区的活动提出问题，使得尼赫鲁相信，共产党中国对印度企图扩展到喜马拉雅山山脊，即麦克马洪线，并将它作为事实上的边界的愿

① 〔印〕卡·古普塔：《中印边界秘史》，王宏纬、王至亭译，中国藏学出版社，1990，第23页。

② Nancy Jetly, *India China Relations, 1947-1977: A Study of Parliament's Role in the Making of Foreign Policy* (New Delhi: Radiant Publishers, 1979), p.19.

③ *Ibid.* p.33.

④ 刘朝华：《中印边界问题座谈会纪实》（下），《南亚研究》2007年第2期。

望会采取调和态度”。[①] 1954年4月，中印两国签订了《中印协定》，因双方存在分歧，条约对两国边界中段六个山口的归属采取了回避态度。然而，印度官员和媒体却有意无意地宣传，《中印协定》解决了双方边界问题，因为中国接受“相互尊重领土完整”意味着中国承认中印边界现状。[②] 1954年7月1日，尼赫鲁还分发一份备忘录，指示官员要按照印度的边界主张出版新地图和检查回收旧地图，并在全部边界线特别是中印争议地区修建检查站。[③] 按照尼赫鲁的指示，新出版的印度地图将麦克马洪线以及中印之间的西段、中段边界都标记为已经确定，并将锡金和不丹划在印度国境之内。此后，印度继续加强对中印边界地区的控制，如改进交通设施，加强部落管理，在关键地点安置军队，增加边界地区检查站，限制边界地区旅行，将“东北边境特区”划归印度外交部直接管辖，等等。

（二）中国的应对及早期中印边界纠纷处理

在印度加强控制边界地区之时，新中国正致力于稳定西藏局势。时任西藏外事处处长的杨公素说，直到1953年底，他陪同中央代表张经武、西藏军区司令张国华等同西藏噶厦政府商量中印谈判有关西藏问题时，噶厦才拿出来两份地图，一份就是在西姆拉私下签字的“印藏边界图”，也就是“麦克马洪线”图。[④] 1954年后，西藏军区的边防部队已陆续向边界地区进驻，他们迫切需要了解中印、中尼以及中国和不丹的边界情况。经过阿里分工委、骑兵支队及阿里外事分处的调查，了解到的情况是：“英印政府过去占领及巡逻的我国领土地方，在阿里方面（我们称为中印边界西、中段）有什普奇、普兰江巴、香扎、拉不底、巨哇、曲惹、沙则，还占领了桑、葱沙。1954年后新占领了楚鲁普、波林三多，还强占桑格藏布河西

---

① 〔印〕卡·古普塔：《中印边界秘史》，王宏纬、王至亭译，中国藏学出版社，1990，第2页。

② P. C. Chakravalti, *India's China Policy* (Bloomington: Indiana University Press, 1962), p.54.

③ S. Singh (eds.), *India and China: Mutual Relations* (New Delhi: Anmol Publications Pvt. Ltd., 2006), pp.105-106.

④ 杨公素：《沧桑九十年——一位外交特使的回忆》，海南出版社，1999，第236—237页。

岸属西藏的碟穆绰克，印边防军妄称阿里与拉达克在这条河上以河为界。中印边界东段（即‘麦线’一段）印度越‘线’占领朗久、马其顿。在中段，印度1956年后又派边防部队占领乌热。在同新疆接近的地方，印度逐渐派军前来‘巡逻’到阿里新疆公路控制的国境线，即企图巡逻阿克赛钦地区。”[①] 西藏地方政府将这些情况报告外交部，外交部随即发出对中印边界问题的指示，指出中国对中印边界的基本方针：“既要维护我国领土主权的完整，在外交交涉中坚持立场和原则，在边防工作中，采取积极措施制止印军侵入；又要从团结争取印度的目的出发，不使中印两国在边界问题上的矛盾尖锐化。目前彻底解决中印边界问题的条件还不具备，但我内部加强各种准备工作，争取在将来的适当时机，同印方通过外交途径求得这一问题的合理解决。”[②] 中国对中印边界的基本方针是新中国成立后的外交环境决定的。新中国成立初，主要任务是维护国家独立和进行社会主义建设。“因此，新中国成立后，坚定地站在社会主义阵营一边，对第三世界国家的战略是强调共同反对美帝国主义的侵略政策和战争政策，支持它们争取民族解放和维护民族独立的正义斗争事业。”[③]

不过，中国外交部的这一指示难以执行，因为当中国边防部队陆续进驻西藏各地与印度交界处后，印度并没有停止推进活动，中印军队在一条没有确定的边界线上形成对峙态势，边界局势十分紧张。中国外交部再次发出指示：中印边界以稳定为主，确保我已控制线，避免武装冲突，印方过去占领的地方要收集证据视情况时提出交涉，新占领的通过交涉撤退。[④] 根据外交部及中央的指示，西藏地方部门研究的具体执行办法是：“1. 派边防部队进驻我应控制的重要据点，除米及墩（马其顿，印方称为塔马顿）、桑噶尔桑坡、勒、龙等地，扎西岗、什普奇等暂维现状；对楚

① 杨公素：《沧桑九十年——一位外交特使的回忆》，海南出版社，1999，第243页。

② 同上书，第244页。

③ 李峰主编：《当代中国对外关系概论：1949—1999》，中国社会科学出版社，2004，第249页。

④ 杨公素：《沧桑九十年——一位外交特使的回忆》，海南出版社，1999，第244页。

鲁普、什普奇、乌热等地派出巡逻队。所谓暂维现状就是我边防部队不前进，不发生武装冲突，也不让印军前来占领。2. 提出交涉，在印军占领的地方由地方宗本就地提出交涉，或由我边防军提出警告，再就由外交部通过外交途径交涉。3. 规定重点工作地区为①新（疆）藏（阿里）公路西侧靠拉达克接壤部分，即班公湖（班公湖跨越中印两地，边界线习惯以湖靠西边库尔克堡为界，但印军时常越过界线）。②马其顿及则拉宗一带（则拉宗管辖的有英国曾提出让步划给西藏的圣山、杂日山圣湖等地），所谓重点工作就是作好军事边防工作，派人进驻把守，因为这些地方很明显是中国领土，或者派人巡逻到印军后方调查。同时收集资料、证据，准备外交交涉。"[①]

由于印度不断侵占中国西藏的传统控制区，1951年中印边界纠纷即已出现，在1953年西藏军区接管边防后，两军直面相对，边界纷争日益增长。1953年12月，中印政府代表团就两国在中国西藏地方的关系问题在北京举行谈判，但谈判前以及谈判开启时中方多次向印方代表表示不谈边界问题，只解决成熟的悬而未决问题，印度没有公开提出反对意见。1954年4月的《中印协定》主要解决的是两国在中国西藏地区的交通和贸易问题，没有涉及边界划分，对于边界中段六个山口的主权归属也采取了回避态度。显而易见，《中印协定》没有涉及更没有解决双方的边界纠纷。然而，尼赫鲁却认为，根据《中印协定》的隐含意义和提及的六个具体山口，中国是直接承认了印度的此段边界，印度的边界线已经确定。[②] 尼赫鲁还指示印度边防部队在众多边界争议地区修建检查站，以用于控制交通、阻止非法渗透和作为印度边界的象征。与此同时，中国人民解放军开始接管西藏边防和调查边界地区情况。在两国都加强边界管理的情况下，边界地区冲突势必增加。

1954—1958年，中印边界纠纷主要发生在中段地区。1954年6月，印

---

① 杨公素：《沧桑九十年——一位外交特使的回忆》，海南出版社，1999，第245页。

② Subramanian Swamy, *India's China Perspective* (New Delhi: Konark Publishers PVT LTD, 2001), p.72.

度占领乌热（印度称之为巴拉霍提），接着又侵占了附近的香扎、拉不底。1955年，印度进一步占领波林三多，此后继续侵占了什普奇山口、巨哇以及曲惹。[①]

在乌热地区，中印两国的争夺和交涉尤为激烈。乌热位于中国西藏阿里与印度北方邦交界处的峡谷中，是天然夏季牧场和藏民季节性放牧区。1926年，一个进行物物交换的季节性边民小市场形成，西藏地方官员进行了收税管理。1936年，印度北方邦边地官员与西藏达巴宗官员将乌热划归西藏，但1941年英印政府不遵守划界派人前来收税，西藏地方政府提出交涉，英国人不理。[②] 1954年6月29日，印度派遣30多名士兵侵占乌热，7月17日和8月13日中国驻印度大使馆两次照会印度外交部，抗议印度士兵侵入中国领土，8月27日印度外交部的答复是指责中国没有遵守和平共处五项原则和未能阻止藏人侵入印度边界地区。[③] 此后，因冬季气候严寒，物资补给困难，印方武装人员被迫撤出乌热。

1955年和1956年的夏季，中国边防部队进驻乌热，印军也再次侵入乌热，中印军队形成紧张对峙之势。尼赫鲁政府声称乌热属于印度，不断向中国提出外交抗议。如1955年11月印度外交部照会中国驻印大使馆，指责20名中国士兵越过尼提山口侵入印度领土。1956年5月2日，印度再次发出外交照会，指责包括1名官员在内的12名中国军人携带武器于4月29日侵入印度边界地区。9月，印度再三指责大约10名中国士兵多次越过什普奇山口侵入印度，遭遇正在巡逻的印度边防警察后，中国士兵还向印度警察扔石头，并威胁使用武器。[④]

尽管中印边界纠纷不断，但两国都愿意遵守和平共处五项原则，通过和平协商处理边界纠纷。为了解决乌热问题，1955年中国提出乌热地区中

---

① 杨公素：《中国反对外国侵略干涉西藏地方斗争史》，中国藏学出版社，2001，第298页。

② 杨公素：《沧桑九十年——一位外交特使的回忆》，海南出版社，1999，第245—246页。

③ B. R Deepak, *India and China 1904-2004: A Century Peace and Conflict* (New Delhi: Manak Publications Pvt. Ltd, 2005), p.161.

④ P.C.Chakravarti, *India's China Policy* (Bloomington: Indiana University Press, 1962), pp.69-70.

立化建议，1956年又提议开展联合调查，最终印度同意两国政府都不向乌热派兵以免破坏和平局面。1957年，中印两国都严格遵守限制派兵协议，乌热地区紧张局势趋缓，印度官员还提议在边界争端解决前两国都不在该地实施司法管辖。[①] 中印都按照和平共处五项原则处理边界纠纷，双方在边界中段的纠纷没有继续扩大，并从边防部队对峙走向外交谈判处理。1958年，中印外交官员在新德里举行关于乌热问题的会谈。在会上，中方提出只解决乌热问题，印方却对乌热、然冲、香扎等大片土地提出领土要求。最后，双方只是友好地申述各自主张与理由，会议无果而终。[②]

早期中印边界纠纷与摩擦主要出现在中段，但两国在东段的争议历时更为长久，并引起了两国总理的谈论与交涉。1951年印度派兵进驻达旺地区，1953年前后又进一步侵占了麦克马洪线以南其他地区，西藏地方政府提出交涉，但印方置之不理。1954年，在下令修改印度地图和在边界争议地区扩大侵占的同时，尼赫鲁还向周恩来指出，中国地图所划的边界不正确。在1959年9月8日写给尼赫鲁的回信中，周恩来表示他当时以中国政府没有勘察边界和与各国商量为由，向尼赫鲁说明，中国政府在目前修订旧的地图，是不适宜的。[③] 周恩来的答复表明，中国的边界立场是通过和平协商来处理中印边界及其地图问题。面对印度的抢占政策，为了团结和争取印度，中国不得不奉行谨慎而克制的边界政策，致力于维护边界现状和等待恰当时机来进行和平处理。由于中国实行克制的边界政策，尽管中印边界摩擦时有出现，但两国边界地区基本上维持了和平局面。

1949年到1958年中印边界冲突及其处理显示，中印边界争议既是英国侵略政策的遗产，也与印度的抢占政策有关。这一时期，中国中央政府在西藏立足未稳，从统一战线角度又需要争取和团结印度，不得不延续传统的拖延政策，对中印边界的基本方针是中印边界问题通过外交渠道解决，

---

① Dorothy Woodman, *Himalayan Frontiers: A Political Review of British, Chinese, Indian and Russian Rivalries* (London: The Cresset Press, 1969), p.232.

② 杨公素：《沧桑九十年——一位外交特使的回忆》，海南出版社，1999，第247页。

③ 《中华人民共和国对外关系文件集（1959）第六集》，世界知识出版社，1961，第106页。

但要等到恰当时机。在谈判前中国坚持领土主权完整原则，但不能导致中印边界矛盾尖锐化。所谓恰当时机，自然是情况对中国有利之时，50年代初，印度对西藏经济和贸易影响巨大，而中国在西藏立足未稳，内地到西藏交通不便，中国此时开启谈判自然处于劣势地位。而利用有利时机，尼赫鲁政府加快步伐抢占中印边境领土，实现了对中印边界东段和中段的大部分领土要求。中国因要处理更为重要和紧急之事拖延处理中印边界问题，力图在谈判前保持边界稳定和避免武装冲突，中印边界得以保持基本和平态势，中印关系还进入了蜜月时期。然而，印度造成既成事实并迫使中国承认并非易事，尽管中国刻意避免中印边界纠纷扩大化，但维护领土主权是新中国的基本立场和原则，立国不久的中印两国内部都是民族主义情绪高涨，都不会轻易放弃领土主权，随着世界局势逐渐稳定和两国政权建设任务基本完成，边界事务在中印关系中的地位越来越重要，中印冲突难以遏制地走向扩大化和公开化，尼赫鲁通过和平方式攫取领土的计划破产。

三、对尼赫鲁政府对华和平共处政策及边界处理的再思考

独立初期，印度内部对于如何认识中国地位与作用以及怎样处理中印之间的西藏问题和边界问题一直争议不断，尼赫鲁力排众议确立对华和平共处政策并据此和平处理中印边界纠纷。1949到1958年期间，尼赫鲁的对华政策实现了中印两国的和平共处，避免了两国边界矛盾与纠纷的扩大化，两国共同提出的和平共处五项原则还成为国际社会处理国与国之间关系的新规范。然而，冷战初期整个国际社会都笼罩在矛盾与斗争的氛围之下，中印两国最终未能独善其身。中印走向冲突和冷战对峙，以美苏为首的两大阵营在全球的冷战争夺进入南亚是国际大气候，尼赫鲁政府对华政策存在共识不足、根基不牢等问题则是内部障碍。

（一）尼赫鲁政府对华政策保障和促进了中印友好与合作

1958年前，尼赫鲁在印度外交决策中占据主导地位，他选择了不结盟外交政策并力图将中国纳入其外交框架，通过1954年《中印协定》特别是其中的和平共处五项原则，中印和平共处关系得以稳定下来。在1949年到1958年尼赫鲁主导印度外交和推行对华和平共处政策时期，中印关系的基本面是和平、友好以及合作，中印边界维持了和平与安宁局面。中印友好关系首先体现在高层会晤和互访频繁。1954年6月25日到29日，中国国务院总理周恩来应邀第一次访问印度，他与尼赫鲁进行了6次会谈，就双方关心的国内外问题充分交换了意见。在会后的联合声明中，两国重申了指导两国关系和国际关系的和平共处五项原则。周恩来还向尼赫鲁建议：中印两国应该以五项原则给世界树立一个范例，证明各国是可以和平共处的。[①] 1954年10月18日到30日，尼赫鲁在中国进行了长达12天的访问。毛泽东四次会见尼赫鲁，双方交谈的内容涉及范围十分广泛，毛泽东支持和赞同和平共处五项原则及尼赫鲁的建立和扩大和平区域主张，他还提出凡是足以引起怀疑、妨碍合作的问题都要解决。[②] 尼赫鲁也指出，“中国和印度都是大国，面对着类似的问题，并且都已经坚决地走上了前进的道路。这两个国家彼此了解愈深，那么，不但亚洲的福利，而且全世界的福利就愈有保证。今天世界上存在的紧张局势，要求我们共同为和平而努力。”[③] 此后，中印高层会晤和互访不断，1955年4月，周恩来总理和尼赫鲁总理在万隆会议期间多次会晤并亲密合作，保障了会议的圆满成功。1956年到1957年周恩来总理三次访问印度，印度举行了热烈的欢迎仪式，并喊出了“印地—秦尼巴依巴依”（中印兄弟）的口号。其他重要的高层互

---

① 王宏纬：《喜马拉雅山情结：中印关系研究》，中国藏学出版社，1997，第97页。

② 中华人民共和国外交部、中共中央文献研究室编《毛泽东外交文选》，中央文献出版社、世界知识出版社，1994，第174—176页。

③ 转引自王宏纬：《喜马拉雅山情结：中印关系研究》，中国藏学出版社，1997，第99—100页。

访有：1956年印度国防部长梅农访华和中国全国人大常委会副委员长宋庆龄访印；1957年印度副总统萨瓦帕利·拉达克里希南访华；1958年叶剑英元帅率团访印。

中印友好的第二个表现是两国在国际事务上相互支持和友好合作。印度不结盟政策的实质是对国际事务进行独立自主的判断，按照事情的曲直确立立场，不与一个国家或国家集团结盟。[①] 在涉及中国问题的国际场合，印度敢于顶住美国压力，表达对中国的理解与支持。如印度不顾美国的阻挠，主张尽早承认中国并成为承认中国的第二个非社会主义国家。在承认中国后，印度坚持一个中国政策，积极支持中国重返联合国并在此问题上多次与美国正面交锋。在朝鲜战争时期，印度反对战争扩大化，积极化解矛盾和寻求和平解决之道，1951年印度还在联合国投票反对美国提出的指责中国在朝鲜是侵略者的草案。[②] 印度因秉持中立、公正立场得到了中国的信任，1950年10月3日周恩来通过印度传话西方，表示中国不会坐视不管美国越过“三八线”扩大战争，1953年9月9日，中国还要求让印度参加中立国遣返委员会。1955年4月，在印度的支持下，中国应邀参加印度尼西亚万隆举行的亚非会议，在中印等国的联合努力下，会议圆满闭幕，通过的十项原则实质是和平共处五项原则的延伸。同年，因中国遭到排斥，印度拒绝参加美国一手操办的旧金山和会。印度还试图调和中美紧张对峙关系，促成中美达成中国释放4名美国飞行员和美国让中国留学生回国的协议。在国际场合，中国也力所能及地支持和帮助印度，如在1954年日内瓦会议上，周恩来总理对印度被会议排斥在外表示不满，会后多次与印度派往日内瓦的梅农会晤，会议间隔期间访问印度，以示对印度的支持。1955年8月，占据印度果阿的葡萄牙殖民当局采取暴力手段压制果阿独立诉求，中国人民保卫世界和平委员会致电支持印度人民反对殖民统治

① M. S. Rajan, “Chinese Aggression and the Future of India’s Non-Alignment Policy,” *International Studies*, 1963, Vol.5, No.1-2, p.117.

② B. R Deepak, *India and China 1904-2004: A Century Peace and Conflict* (New Delhi: Manak Publications Pvt. Ltd, 2005), p.156.

的斗争，中印友好协会在北京发起了支持印度人民收复果阿大会。

中印友好的第三个表现是经济文化交流和民间交往蓬勃开展。1950—1951年印度发生饥荒，中国热情地向印度伸出援助之手，通过以货换货的平等方式，先后向印度输送71万吨大米，印度媒体称赞中国供印大米“是一种非常伟大的友谊的表示”，它也“具有精神上的营养价值”。[①] 中印经贸关系也逐步发展，1953年仅有440万美元，1954年达到690万美元，1955年攀升到1970万美元，1956年进一步增长到2550万美元。[②] 中印贸易关系还走向机制化，1954年8月17日签署为期8年的第一个贸易协定，同年10月14日为期2年的第二个贸易协定签订，该协定快到期后又于1957年5月25日续签，有效期到1958年12月31日。印度一直指责中国解放西藏后排斥印度的政治影响和损害印度的经济利益，但根据杨公素的统计数据，西藏和平解放前印藏每年平均进出口额约为300万银元，和平解放后藏印贸易大增，仅亚东下司马市场，自印度进口额1952年为800万银元，1953年为1705万银元，1954年为2828万银元，1955年为3107万银元，1956年为4674万银元，1957年高达7187万银元。杨公素认为整个印藏贸易额非常巨大，直到1959年西藏发生叛乱时，印度每年仍由西藏获得银元4000万元左右。[③]

建国后，经济落后的中印两国都致力于经济建设，国内环境和任务十分相似。1954年11月13日访华后，尼赫鲁指出，除了政府体制外，较之于欧洲和美国的问题，中国面临的问题与印度的更为相似。中印都是有大量人口、工业与技术落后的农业社会，希望提高福利，拥有更高的生活水平，工业化，处理土地问题及其他事务。[④] 中印相互学习经济建设经验，两国众多行业互派代表团进行参观和学习。以印度为例，印度派出过医学

① 赵蔚文：《印中关系风云录1949—1999》，时事出版社，2000，第35页。

② Paul Smoker, “Sino-Indian Relations: A Study of Trade, Communication and Defence,” *Journal of Peace Research*, 1964, Vol.1, No.2, p.67.

③ 杨公素：《沧桑九十年——一位外交特使的回忆》，海南出版社，1999，第227页。

④ J. Nehru, *India's Foreign Policy-Selected Speeches: 1946-1961* (New Delhi: The Publication Division, 1961), p.310.

代表团、政府计划考察团、铁路代表团、水利电力代表团、农业考察代表团等代表团。此外，还有众多的单个印度专家访问中国。

1949年到1958年，中印文化交流也比较频繁。1951年3月中国派团前往印度观摩第一届亚洲运动会，同年9月底10月初，印度著名和平斗士潘迪特·森德拉尔率团访华，10月到12月，中国文化部副部长丁西林率团访印。1952年4月到6月印度第一个官方文化代表团访华，此后的1953年到1956年中印每年都互相派团进行文化艺术交流。1957年1月，中国还组织一个大学代表团访问印度，进行教育方面的合作与交流。为了增进中印文化交流，1954年和1956年中国分别举办了阿旃陀壁画和迦梨陀娑纪念大会。

然而，中印友好合作中也存在一些缺憾。如，尽管高层互访频繁，但印度没有邀请中国最高领导人毛泽东访问印度，尼赫鲁的女儿英迪拉·甘地后来对此十分遗憾，她认为如果印度邀请毛泽东进行访问，许多事情也许完全不一样了。[①] 在国际合作方面，由于建国初期中国在国际社会处于孤立地位，不是联合国成员，主要是得到社会主义国家的外交承认，在国际舞台更多的是印度支持和帮助中国，在某些印度人士看来这是得不偿失的“单向”友好，印度内部存在对华友好动力不足的问题。在经贸交流方面，中印都是人口众多的大国，但两国贸易总额不到3000万美元，中印友好存在基础薄弱问题。当然，中印友好关系的更大问题不是合作程度不高和范围不广，而是印度对华和平共处政策存在众多问题和不确定因素，并不稳定。

（二）尼赫鲁政府对华政策存在脆弱性与不稳定性问题

冷战初期，尼赫鲁选择了对华和平共处政策和维持中印边界和平局面，这很大程度上体现的是尼赫鲁世界观、对华认知以及政策选择，在印度国内并没有形成广泛共识，中印之间还缺乏互信，没有快速地为两国和

---

① 〔印〕伊曼纽尔·波奇帕达斯笔录：《甘地夫人自述》，亚南译，时事出版社，1985，第72页。

平共处奠定牢固基础，涉及西藏和中印边界的主权与领土争端也没有得到妥善解决。在这种情况下，印度对华政策具有两面性，甚至可以说是在力量不足之时以“外交手段和蚕食政策”对付中国。

第一，尼赫鲁政府对华政策在国内没有形成广泛共识。独立之初，印度推行不结盟政策在国际上得不到美苏支持，在国内也招致较多争议，尼赫鲁极力希望以对华和平共处来证明其对外政策的合理性和可行性。尽管在尼赫鲁的主导下，印度对华政策在和平共处五项原则基础上制度化，但尼赫鲁对华政策没有得到文职高层和军队高官的普遍接受。[①] 在印度社会内部，对华认知和政策存在较大差距，中印友好关系的支持者赞扬中印文化、政治和经济联系，并宣扬中印是“兄弟”。但反对者认为中国会损害印度的亚洲领导地位和国家威望。[②] 在印度政府内部，不少民族主义者和反共主义者不满尼赫鲁的对华政策，如高层决策者中内政部长、副总理帕特尔和情报局局长穆立克就认为中国是印度的威胁，要求采取维护印度安全和防范中国的行动。[③] 一旦中印关系出现问题，印度反华势力就加大声调，这成为尼赫鲁保持对华和平共处政策的巨大阻力。在边界处理问题上，印度议会、政府以及公共舆论方面，都出现了不少反对意见，如要求尼赫鲁加强边界防务，主张尼赫鲁在1953年中印谈判时主动提出中印边界问题，怀疑和指责尼赫鲁在中印边界问题上推行姑息政策，等等。

第二，印度对华选择没有牢固的基础。首先，印度对华友好政策的历史基础薄弱，中印之间有着两千年友好历史传统，在近代在反对殖民统治时友谊进一步加深，但我们要看到由于地理障碍的阻隔，两国历史交往比较少，印度学者认为：“从实际意义看，历史和近来的中印关系没有真实内容……在印度独立和中国解放后，在发生争吵前双方之间的联系稀少，也

① Yaacov Vertzberger, “India’s Conflict with China: A Perceptual Analysis,” *Journal of Contemporary History*, 1982, Vol.17, No.4, p.614.

② Yaacov Y. I.Vertzberger, *Misperceptions in Foreign Policymaking: the Sino-Indian Conflict, 1959-1962* (Boulder. Colorado: Westview Press, 1984), p.67.

③ Giri Deshingkar, “India-China Relations: The Nehru Years,” *China Report*, 1991, Vol.27, No.2, p.86.

不成熟。”[①] 在印度内部，一直存在强大的反华势力，在承认中国、和平处理西藏问题、1954年《中印协定》等问题上，他们一直进行阻挠，但未能改变尼赫鲁政府的政策走向。中印边界问题是英国殖民扩张的历史产物，在特殊历史情况下也成为中印民族感情问题，十分敏感，处理稍有不慎会影响到整个中印关系，反华势力却极力利用这个敏感话题反对尼赫鲁的对华政策乃至不结盟政策。如1950年反华议员大力渲染中国控制西藏后会威胁印度边界安全，在议会提出中国威胁拉达克、西藏、不丹、锡金等地，中国进行地图侵占、中国士兵侵边，等等问题，逼迫尼赫鲁公开宣布坚持麦克马洪线和拒绝边界谈判。在反华势力看来，只有与美国结盟和支持西藏独立才能维护印度的安全利益和边界利益，中国是印度的威胁和敌人，中印友好与和平共处是他们极力抵制之物，为此大力煽动民族主义极端情绪，以逼迫尼赫鲁在边界问题乃至对华政策方面采取强硬立场。

其次，中印在联合反帝反殖方面也存在矛盾和分歧。毛泽东十分强调中印联合反帝的共同性，“……尽管我们在思想上、社会制度上有不同，但是我们有一个很大的共同点，那就是我都要对付帝国主义。”[②] 中印联合主要是针对新殖民主义势力首领美国，但两国与美国的矛盾和敌对程度并不相同。美国十分敌视中国的共产党政府，采取的是经济封锁、军事包围和外交孤立等政策和手段。美国对印度的中立政策也有所不满，但为了反对共产主义世界，对印度实行的是争取和支持政策，在印度不愿加入西方阵营后，美国才选择巴基斯坦作为反共盟友，美国为反共而援助巴基斯坦在一定程度上增强了巴基斯坦对付印度的力量，导致印度的不满。总的来说，中美矛盾是结构性矛盾，美印矛盾只是美国建立反共同盟的一个副产品，一旦美国加强对印度的安抚和支持，两国矛盾可以得到快速缓解。在20世纪50年代中后期美国向印度伸出橄榄枝和加大援助后，印美关系很快

---

① Shri Ram Sharma, *India-China Relations 1947-1971: Friendship Goes with Power* (New Delhi: Discovery Publishing House, 1999), p.1.

② 中华人民共和国外交部、中共中央文献研究室编：《毛泽东外交文选》，中央文献出版社、世界知识出版社，1994，第164页。

走向缓和。

在对待旧殖民主义势力特别是英国及其殖民遗产方面，中印两国也存在很大差别，这是导致两国分道扬镳的主要原因。在争取独立的过程中，中印两国反殖方式和独立道路差异较大，印度主要是采取和平方式反对英国统治，没有发展到反英武装斗争阶段，也没有导致印英仇恨，印度还成为英印政府的合法继承者，如继承了英国制造的中印边界和在西藏的特权，印度还延续了英国的建立缓冲区势力范围的政策，甚至有过之而无不及。罗家伦指责印度政府："要把印度的边境推进到喜马拉雅山以北，这是当年英国经营印度时代既定的国策，印度虽然痛骂英国帝国主义对印度的侵略，却是认为英国帝国主义处心积虑之所得，是印度不可分割的遗产。印度是大英帝国这一切权利的继承人。"① 独立后，印度一方面反对殖民统治和前殖民国家主导的国际秩序，另一方面又与这些国家在意识形态、政治制度、经济利益等方面有着千丝万缕的联系，依赖并积极争取其经济援助。中国共产党则是以武装斗争方式反对和赶走控制中国的帝国主义势力，建国后采取了"打扫干净屋子再请客"的比较彻底的反帝政策，中国还将新殖民势力的主要力量美国看作首要敌人。对于中印边界、西藏地位等英国殖民遗产，中印两国更是立场对立，矛盾难以调和。

尽管中印曾经携手通过万隆会议等平台推进亚非国家在反殖斗争和维护独立方面进行合作，但两国在反殖方式及各自作用等问题上存在严重分歧。"通过引入潘查希拉和不结盟运动中的一系列原则，尼赫鲁饶有兴趣地寻求印度在世界事务中发挥更大的领导作用。与此同时，毛泽东及其同志急切地通过促进东方乃至世界的中国式革命来恢复中国在世界上的核心地位"。② 实际上，中印两国更为关注的是内部巩固和建设，为了解决国内问题，印度一直留在英联邦并竭力争取英美等国的经济援助，中国则是向社

① 罗家伦：《揭开中印间有关西藏的幕》，《罗家伦先生文存》（第二册），"国史馆"、中国国民党中央委员会党史委员会，1989，第823页。

② Chen Jian, "The Tibet Rebellion of 1959 and China's Changing Relations with India and Soviet Union," *Journal of Cold War Studies*, 2006, Vol.8, No. 3, p.84.

会主义阵营一边倒，中印无力、无意也无法在打击新旧殖民势力方面进一步开展密切合作。

由于缺乏共同敌人和牢固的合作基础，在中印关系恶化后，印度选择对华友好更多地被看作是一种权宜之计，至于其原因有各种说法，如：印度军事力量有限、主流政治文化是以身作则进行示范而不是使用武力；[①] 20世纪50年代中印友好是基于各方对战略安全的估算和考量，而不是立足于两国公开声称的兄弟之情或睦邻友好关系，[②] 等等。

在1954年确立和平共处关系后，中印都试图通过高层交往、国际合作等夯实两国关系，但是随着两国在边界和西藏的矛盾日益突出，两国关系日益恶化，尼赫鲁在国内外环境变化后也逐渐调整和改变对华和平共处政策。

第三，中印之间存在涉及主权和领土的核心利益冲突。1954年在会见尼赫鲁时，毛泽东强调在中印合作中要解决“凡是足以引起怀疑、妨碍合作的问题”。陈健（音译）认为，随着交往的增多，中印差异实际上是日益增加，即使是在中印友好合作的高峰时刻，两国间的几个关键分歧没有解决，这些分歧主要是：1. 中（藏）印间复杂的边界问题继续存在；2. 北京和新德里的西藏观存在基本差异；3. 北京和新德里关于各自在世界上特别是非西方世界地位的看法不同。[③]

对于西藏的地位，印度内部看法并不一致，一些人强调，西藏一直是中国的一部分，没有法律或道德权利脱离母体和过上自己的独立生活。另一些人坚持不管1912年前两百年间中藏关系特征如何，此后这个隐士王国为了各种实际目的保持独立，中国重新“占领”西藏只是在原则上是正当

---

① Parshotan Mehra, *Essays in Frontier History: India, China and the Disputed Border* (New Delhi: Oxford University Press, 2007), p.173.

② Xuecheng Liu, *The Sino-Indian Border Dispute and Sino-Indian Relations* (Lanham: University Press of America, 1994), p.98.

③ Chen Jian, “The Tibet Rebellion of 1959 and China’s Changing Relations with India and Soviet Union,” *Journal of Cold War Studies*, 2006, Vol.8, No. 3, pp.83-84.

的。[①] 还有人将西藏看成印度的安全屏障，强烈反对中国统治西藏，他们强调："西藏可能是也可能不是'世界屋顶'，但它确定是印度的屋顶。任何侵犯西藏的强大扩张者是拿着装满子弹的枪指向印度的心脏。"[②] 从1951年尼赫鲁和达赖的谈话来看，尼赫鲁对西藏地位认知比较模糊，一方面他曾指出西藏享有签约权并在西姆拉会议上与中国平等会晤，另一方面他又在声明中怀疑西藏的独立地位，甚至对达赖所说的否定"西藏独立"会引发"西姆拉条约"和麦克马洪线的合法性问题十分恼怒。[③] 在处理西藏问题时，尼赫鲁政府采取的也是模糊政策，承认西藏是中国一部分，但有意区分中国在西藏的宗主权和主权，拒绝接受中国在西藏的主权，只承认中国在西藏拥有"宗主权"，尼赫鲁更强调西藏的自治，实际上是将西藏自治作为承认中国在西藏宗主权的前提。也就是，尼赫鲁放弃英国在西藏特权和"大博弈"，但接受英国的帝国主义观念，即印度的安全始于喜马拉雅山北部高山山顶。[④] 总之，印度十分关注自身安全，极力排斥、消除或至少减少中国在西藏的军事存在，想以自治减少中国在西藏军事存在。中国坚持在西藏的主权和反对外国干涉西藏事务，中印在西藏问题上存在明显的分歧和矛盾。

第四，中印之间一直存在互信缺失问题。尼赫鲁在不同的场合对中国的说法不同，有相互矛盾之处，但许多证据显示尼赫鲁对中国意图与能力保持保留态度。1952年，他对穆立克谈到中国的历史扩张性、中印两种文化战争没有结束以及中国的威胁。[⑤] 1954年《中印协定》签署后，他对中国还是不太放心，担心中国违背和平共处五项原则，中国之行后他相信，

---

① P. C. Chakravarti, *India's China Policy* (Bloomington: Indiana University Press, 1961), p.13.

② *Ibid.* pp.vii-viii.

③ Shri Ram Sharma, *India-China Relations 1947-1971: Friendship Goes with Power* (New Delhi: Discovery Publishing House, 1999), p.28.

④ Giri Deshingkar, "India-China Relations: The Nehru Years," *China Report*, 1991, Vol.27, No.2, p.87.

⑤ B. N. Mulik, *The Years with Nehru: The Chinese Betrayal* (Bombay: Allied Publishers, 1971), p.178.

需要营造一个环境让中国反对潘查希拉原则变得困难或者至少尴尬。[①] 在1954年写给外交部官员的《关于西藏和中国的备忘录》中，尼赫鲁表示："没有国家能够完全依赖别国的长期善意或真诚，即使他们可能彼此十分友好。中苏不能维持目前的友谊不是不可想象的。我们与中国的关系可能恶化当然是可能的，尽管这种情况不会马上出现……必须保持足够的警惕。如果我们与中国就西藏达成协定，那也不是永久的保证。当然中国和苏联都是扩张性的。他们扩张是源于邪恶而不是共产主义，尽管共产主义可以充当扩张工具。在一千年左右的亚洲历史的各个时期，中国的扩张主义十分明显。我们可能面临着这种扩张主义的一个新阶段……"[②] 印度还对中国与巴基斯坦的关系十分敏感，1954年6月周恩来访印时，尼赫鲁发现他并不仇恨巴基斯坦，同年10月访华时尼赫鲁没有得到毛泽东反对巴基斯坦的保证，P. K. 潘达（Pramoda Kumar Panda）指出，尼赫鲁对此十分不满。[③] 1960年，在中印关系恶化后，尼赫鲁开始公开谈及中国的威胁。

中国不把印度当作安全威胁，但从本质上对资产阶级执政的印度也不信任。独立后，印度决定留在英联邦，要求继承英国在喜马拉雅山地区的特权，这让中国更加怀疑印度是帝国主义国家代理人。1950年，最早在印度开展外交工作的中国外交官将在资本主义印度的工作视为外交斗争，因在印度外交部长梅农提议为即将前往拉萨的辛哈送行时喝下了酒，事后发现并无此事，中国外交人员还检讨："在外交活动中，警惕性不高，没有经验，吃了敌人的亏。"[④] 此后，因印度在朝鲜战争、联合国会议等场合抵制美国和推行不结盟政策，中国开始相信印度实行中立政策，对印信任感有

① W. F. Van Eekelen, *Indian Foreign Policy and the Border Dispute with China* (The Hague: Martinus Nijhoff, 1964), p.56.

② Subramanian Swamy, *India's China Perspective* (New Delhi: Konark Publishers PVT LTD, 2001), pp.71-72.

③ Pramoda Kumar Panda, *Making of India's Foreign Policy: Prime Minister and Wars* (Delhi: Raj Publications, 2003), p.81.

④ 《驻印度使馆先遣人员工作报告及总结》，中华人民共和国外交部档案，档号117-00038-01（1）。

所增长。但印度不愿意放弃在西藏特权、暗地里支持西藏独立活动，让中国对印度充满疑忌。中国一直怀疑印度对西藏心存野心，印度自称在1954年《中印协定》不求回报地放弃了殖民特权，但留给中国的印象是印度对西藏抱有野心，因为在谈判开启时印度代表团团长发言是详细解释印度在西藏的旧有的、新增加的特权要求。“他的发言充分地暴露了印度对西藏的野心，名义上承认西藏是中国的一部分，实际上按照他的要求，西藏将成为印度的殖民地”。[①] 事实上，尼赫鲁放弃在西藏的殖民特权后，并不愿意放弃在西藏的影响力，印度对西藏难民采取宽松政策，并拒绝向中国遣返要求西藏独立的反华头目，甚至1953年尼赫鲁还允许情报局与在噶伦堡流亡的达赖之兄嘉乐顿珠建立联系。1956年后，西藏形势日益紧张，中外反华分子以印度噶伦堡作为基地，办起所谓西藏协会，印刷报纸、刊物鼓吹独立，还向西藏派遣特务、运输军火、袭击人民解放军。周恩来亲自向尼赫鲁提及噶伦堡反华特务活动问题，尼赫鲁却装作不知道，并以调查后没有发现反华活动来答复中国，自然让中国怀疑印度偏袒甚至是参与反华活动。建国初，中国对外政策深受意识形态的影响，尼赫鲁政府对内压制印度共产党自然增长了中国政府对印度政府的不信任感。

由于互信缺失，中印在很多问题上存在猜疑和误解。例如在1954年《中印协定》的草稿中，中方最初没有写上和平共处五项原则，在印度提出后才加入协议。杨公素解释的原因是，“当时考虑这些原则是我方提出的，不便写在协定上强加于人”。[②] 此外，中国要求将条约有效期从25年改为8年，考虑的是8年后中央可以对西藏地方进行自主的经济帮助和建设，但印度却认为是中国不愿接受和平共处五项原则，也不想长期坚持条约。总之，“……因为尼赫鲁的印度和毛泽东的中国都将对方的扩张特征视为理所当然，都对他们的权力关系的任何变化极其敏感”。[③]

---

① 杨公素：《沧桑九十年——一位外交特使的回忆》，海南出版社，1999，第218页。

② 杨公素：《沧桑九十年——一位外交特使的回忆》，海南出版社，1999，第215页。

③ Li Li, *Security Perception and China-India Relations* (New Delhi: KW Publishers Pvt Ltd, 2009), p.60.

在核心矛盾存在和互信缺失的情况下，从长期相邻和自身战略利益考虑，印度政府决定采取对华和平共处政策，但也采取了诸多防备措施，如在边界蚕食领土、加强防务以及支持西藏反华势力等，印度对华政策实质是接触和遏制并行的双重政策。“印度对华政策看来有公开和暗中两个渠道。如果说在公开场合印度有着明确的目标，表现为以极大的热情和耐心对共产党中国示好，在暗中印度根据内外需要又经常重检、重估和重组对华战略。”① 尼赫鲁意识到一个强大的军事化的中国可能成为亚洲自由的威胁，但独立之初印度力量不足，需要争取时间发展壮大自身，以能自信地面对任何可能的中印冲突。② 他应对中国威胁的策略是和平共处五项原则，即以和平友好关系来遏制中国威胁，“毫无疑问，在许多方面印度表现为讨好中国。但严格考察20世纪50年代印度的军事能力，包括巴基斯坦在成为西方联盟体系成员后的军事化使印度的安全环境恶化，除了潘查希拉，印度没有别的可靠选择。作为一项外交政策战略，潘查希拉实质是防御性政策。”③ R.C.亨戈拉尼（R.C. Hingorani）认为，印度在《中印协定》中加入和平共处五项原则的目的，是限制中国的行动并使中国尊重所有国家的领土完整、主权，以及不干预包括印度在内的其他国家的内部事务，希望中国承认印度现有边界并不打算向包括印度在内的邻国输出共产主义意识形态和革命。④

总之，尽管尼赫鲁确立了对华友好政策，但两国一直没有建立牢固的基础，双边交往与合作十分有限。而且，两国对待新旧殖民势力及其殖民遗产的态度和立场也不完全一致。在国际场合，印度反对殖民主义并不彻

① A.N. Mishra, *The Diplomatic Triangle-China India America* (Chauhatta: Janaki Prakashan, 1980), p.21.

② S. Singh (eds.), *Dynamics of Indian Foreign Policy* (New Delhi: Anmol Publications Pvt. Ltd., 2006), pp.6-7.

③ P. S. Jayaramu, *India's National Security and Foreign Policy* (New Delhi: ABC Publication House, 1987), p.26.

④ R.C. Hingorani, *Nehru's Foreign Policy* (New Delhi: Oxford & IBH Publishing Cooperation Pvt. Ltd., 1989), p.61.

底，奉行实用主义，中印两国的反殖合作难以推进。在南亚地区，印度还成为殖民统治的继承者和受益者，不能很好地与殖民主义切割，反而将殖民遗产认定为“神圣的”国家利益。印度社会内部对华认知和主张依然存在较大分歧，不少民族主义者和反共主义者不满尼赫鲁的对华政策，他们认为中国是印度的威胁和敌人，极力抵制中印友好与和平共处，积极利用中印在边界和西藏问题等英国殖民遗产方面的矛盾与分歧煽动印度民族主义情绪，逼迫尼赫鲁在边界问题乃至对华政策方面采取强硬立场。

小结：1958年前中印边界和平与安宁局面的维持

新中国成立后，印度采取承认中国的温和政策，但这一政策在印度国内引起激烈争论。从印度战略利益、国家力量等现实情况出发，通过签署1954年《中印协定》，尼赫鲁政府在和平共处五项原则基础上确立了对华政策。然而，随着1953年中国人民解放军开始接管西藏边防，印度逐渐加快对边界地区的渗透和控制，中印关系遇到新的挑战。但总体上讲，在1958年印度公开边界争议前，中印边界地区基本上保持了和平与安宁。

究其原因，首先是中印边界纠纷在1949—1958年期间并不是双方优先处理的问题，“这一时期是异常欣快和热诚的，因两国专注于与各自安全相连的全球和地区问题，领土要求很大程度上被忽略了”。[①] 对中国而言，建国初主要的安全压力来自于以美国为首的反华势力，为了突破西方阵营的军事包围和经济封锁，1950年毛泽东号召：“全国和全世界的人民团结起来，进行充分的准备，打败美帝国主义的任何挑衅”。[②] 刘学成认为：“在一个广泛反美统一战线的背景下，印度成中国的战略伙伴。就中印关系而言，中国政策是处理紧急的西藏地位问题并将边界问题延迟到时机成熟。”[③] 因此，在1953年西藏噶厦政府第一次拿出“麦克马洪线”图并要求中央收

① Waheguru Pal Singh Sidhu and Jing-dong Yuan, *China and India: Cooperation or Conflict?* (New Delhi: India Research Press, 2003), p.12.

② 中华人民共和国外交部、中共中央文献研究室编：《毛泽东外交文选》，中央文献出版社、世界知识出版社，1994，第138页。

③ Xuecheng Liu, *The Sino-Indian Border Dispute and Sino-Indian Relations* (Lanham: University Press of America, 1994), p.96.

回印度已经占领的土地时，周恩来总理在中印谈判委员会第一次会议上表示，这次谈判是解决业已成熟又悬而未决的问题，边界问题留待将来选择时机解决。[①] 实际上，中国政府是1954年才着手进行对中印边界地区的调查研究工作。

尽管印度自独立后就一直在边界地区推行蚕食政策，但边界问题也不是印度首先要处理的问题。印度独立后，面临的主要任务是保卫国家安全和发展经济。为了避免卷入冷战，尼赫鲁采取的是不结盟的对外政策，积极通过和平与发展道路来寻求大国地位。在尼赫鲁政府的外交框架中，中国占据十分重要的地位，“冷战冲突以来，尼赫鲁的不结盟外交政策、反殖斗争以及强调亚洲团结，使他积极寻求与中国（和苏联）的友好关系……”。[②] 也就是说，尼赫鲁认为中国是反帝反殖和争取世界新秩序的伙伴，对新中国采取和平共处政策是印度不结盟、和平、反帝反殖对外政策框架的组成部分。而且，从获得经济发展的和平环境以及对付主要威胁巴基斯坦的角度考虑，印度也需要与中国和平共处。在这种情况下，尼赫鲁的考虑是：与中国友好最为重要，边界问题次之。因此，尼赫鲁政府对反对派要求在中印边界地区实行强硬政策的要求予以抵制，也没有将中印边界问题公之于众。

其次，尼赫鲁企图通过对华友好政策来迫使中国接受麦克马洪线，而中印和平共处事实上是有效地维护了两国边界地区的稳定。由于中国历届政府都拒绝接受“西姆拉条约”及麦克马洪线，为了获得印度在麦克马洪线以南地区的统治合法性，尼赫鲁的策略是通过对华友好的迂回方式促使中国接受麦克马洪线。为了实现边界利益与目标，印度积极地与中国共同倡导和平共处五项原则，并通过条约将之确立为处理两国关系的基本准则，企图以此限制中国采用武力方式和迫使中国接受印度在中印边界地区的侵占成果。立足于本国的战略诉求和现实需要，中国与印度一起提出和

① 杨公素：《沧桑九十年——一位外交特使的回忆》，海南出版社，1999，第216页。

② S. Singh (eds.), *India and China: Mutual Relations* (New Delhi: Anmol Publications Pvt. Ltd., 2006), p.349.

提倡和平共处五项原则。事实上，正是立足于和平共处五项原则的精神，中印两国以外交谈判与和平协商的方式，妥善处理了1954—1958年间的边界纠纷，边界地区的和平与安宁得以维持。

最后，中印边界地区和平局面的保持还与中印政府处理边界问题的方式比较灵活有关。印度学者吉利·戴什卡尔指出，印度政府很早就知道中国在阿克赛钦修路，但最初并没有提出外交抗议和采取反制措施："事实上1958年前中印是在东段和西段巩固各自的控制地区，都没有反对对方的行为。这些年间中国坚持与印度没有领土争端……可能因为尼赫鲁也认为采取法律方法处理全部问题的时机没有'成熟'，他也没有施加压力寻求中国的任何保证。"[①] 印度学者普拉摩达·库马尔·潘达还认为，50年代初期中印两国在边界问题上采取了一种宽容与和解的方式，"彼此允许对方获得其想要的而双方还没有占领的某些领土"。[②] 1958年前，尼赫鲁政府的边界政策是在侵占的同时寻求中国的外交承认，除了高层商议边界问题外，两国官员还就乌热问题举行了边界谈判。可见，尼赫鲁是以外交方式处理中印边界纠纷的。米拉·辛哈认为，尼赫鲁对华看法受到他的更重要政治考量的影响，同时，他处理双边问题的方法是政治的和非法律的，这给他最大程度的灵活性。[③]

1949—1958年间，面对日益激烈的中印边界纠纷，中国的政策是致力于保持边界现状和维护和平局面。即"……在边界未经两国政府商谈确定前，力求使边界现状能够稳定下来，既要坚决阻止印度新的侵占阴谋，也要严守中央业已批准的控制线，不越过印方控制线。对印度新的侵占，必须及时向印方提出交涉要求其撤出。对印方几年前侵占地方（指我进军西藏前后期间）我须采取不承认态度，至于是否提出交涉看情况而定。对

① Giri Deshingkar, "India-China Relations: The Nehru Years," *China Report*, 1991, Vol.27, No.2, p.93.

② Pramoda Kumar Panda, *Making of India's Foreign Policy: Prime Minister and Wars* (Delhi: Raj Publications, 2003), p.78.

③ Mira Sinha, "China: Making and Unmaking of Nehru's Foreign Policy," *China Report*, 1979, Vol.15, No.2, p.51.

‘麦克马洪线’事实上我不越过，但应逐步将‘麦线’以北重要地点控制起来，发现印度军队侵入麦线以北地区，由外交部提出交涉，我当地部队应避免武装冲突。难以判明‘麦线’南北的地方、习惯上虽属西藏而在线南的地方我暂不进驻。阿里方面发现印方新的占领，我通过外交部向印方提出交涉，同时应尽量避免发生武装冲突。新藏公路地区，印方越界人员令其撤退，不撤出可以逮捕，按照越界处理。”[①] 这说明，在很大程度上，由于中国避免武装冲突和等待外交谈判解决的政策使中印边界纠纷没有迅速扩大化。对于中国的处理方式，印方经常指责中国采取带有欺骗性的拖延政策，但吉利·戴什卡尔分析指出：“中国没有一个欺骗印度和误导尼赫鲁的边界政策”，“中国完全没有针对任何邻国的边界政策”。他认为，在共产党执政之初，外蒙古、朝鲜以及越南已经成为独立国家，中苏边界争议区在苏联手中，中国领导人不太确定怎样处理中国的历史领土主张，他们采取的处理办法是政治的而不是法律的。“在这种情况下，他们看来决定接受历史既成事实，但仅作实际控制，而不是合法要求……所有这些与中国传统立场极为不同，但尼赫鲁似乎没有意识到。”[②]

总之，1958年前中印两国都有意不让边界争议公开化、激烈化，这给双方留下了处理问题的空间，中印边界地区和平局面得以暂时保持。然而，这是两国刻意回避矛盾和冲突的结果，并不能从根本上解决问题，也难以长期维持。

---

① 杨公素：《沧桑九十年——一位外交特使的回忆》，海南出版社，1999，第247页。

② Giri Deshingkar, “India-China Relations: The Nehru Years,” *China Report*, 1991, Vol.27, No.2, p.94.

第二章　中印边界争端与印度对华政策的转变（1958—1962年）

20世纪50年代初期，中印在和平共处五项原则基础上确定了两国关系，并依据这一原则处理了两国之间的许多问题与纷争，确保了中印边界的和平与稳定。然而，中印两国和平共处问题众多，从印度方面看，对华政策在国内没有广泛共识，中印两国友好基础并不深厚，印度还在边境地区侵占中国领土，并竭力保持在西藏的利益和影响力。随着国际环境和双边情况的变化，中印两国渐行渐远。1958年中国修路事件后，边界争端在印度公开化。1959年西藏叛乱及印度处理方式导致中印关系进一步恶化。在中印友好关系走向终结的情况下，印度对中印边界争议的处理日益僵化，从政治方式转向历史法律方式再转向军事方式，中印两国最终走向边界冲突。1958年到1962年，边界争议日益主导中印关系，坎蒂·巴杰帕伊等人分析指出，中印关系没有制造边界问题，而是阿克赛钦和麦克马洪线等构建了两国关系。[①] 在边界冲突后，印度对华政策乃至对外政策都出现了较大调整。

一、中印边界争端扩大化和印度对华和平共处政策的艰难维持

1953年底，中国人民解放军接管西藏地区边防，中印军队开始在边界

① Kanti Bajpai and Siddharth Mallavarapu (eds.), *International Relations in India: Theorizing the Region and Nation* (New Delhi: Orient Longman, 2005), p.328.

地区正面相对，印度在中印边境地区的蚕食政策第一次遭遇强大阻力。在中国完成新藏公路的修建后，中印边界问题在印度公开化和扩大化，尽管尼赫鲁政府坚持对华和平共处政策和尽量稳定对华关系，但1959年西藏危机及其后的印度处理措施还是使中印友好走向终结，在国内外压力下，尼赫鲁政府对华政策包括边界政策最终走向强硬化。

（一）中国修路事件：印度的处理与中印边界争端公开化

中印边界争端公开化乃至走向冲突的导火线是中国修建新藏公路。长期以来，西藏孤悬于青藏高原，与内地交通十分不便。1950年在决定进军西藏之时，毛泽东十分关注进藏部队的后勤补给问题，提出了“不吃地方”、“一面进军，一面筑路”、“生产与筑路并重”等方针，决定从四川、青海、新疆等省修筑进入西藏的公路。1950年5月1日，新疆军区解放军第2军独立骑兵师进军西藏阿里地区，并负责修筑从新疆和田至西藏阿里首府噶大克的公路。1951年，新疆进藏部队完成了途经新疆于田县、翻越桑株达坂最终到达阿里的简易公路。但是，这条简易公路每年只有三个月可供骡马通行，其余时间冰封雪裹难以使用，导致驻阿里的解放军部队后勤补给经常不足，多次发生断粮断炊问题。因而，1955年6月，交通部批准新藏公路立项开工，次年4月公路修筑正式开始，施工人员将近6000人。1957年7月，公路经过昆仑山的崇山峻岭进入阿克赛钦高原无人区。9月，新藏公路修到原定的终点噶大克。10月，全长1210公里的新藏公路通过验收并于10月6日在噶大克举行通车典礼。新藏公路是继川藏公路、青藏公路之后，进入西藏的第三条公路，阿里地区到内地的运输摆脱了损耗极大的牲畜驮载，这条公路对建设阿里和巩固国防具有重大意义。

1958年7月，印度才对中国修建新藏公路作出反应，派出两支巡逻队调查情况并与中国进行外交交涉。尼赫鲁的说法是，印度不知道中国修路的具体位置。杨公素也认为印度直到我国修通了新藏公路才知道有此行动，因为印度在拉达克最前沿的哨所设在距阿克赛钦比较遥远的楚舒勒，1952年和1954年两次派出的巡逻队也只到达离阿克赛钦很远的拉那山口，所以印度根本不知道中国在阿克赛钦的人员交通情况。[①] 至于印度如何知道中国修建新藏公路的消息，主要有两种说法，一是1957年9月《中国画报》报道了新藏公路竣工消息，印度大使馆了解情况后向国内报告，印度政府派出两个巡逻队前往调查情况。另一种说法是，1957年9月，在《人民日报》报道了中国在阿克赛钦修路一事后，印度国内媒体也报道了此事，这使印度公众一片喧哗，议会出现爆炸性反应，要求政府作出解释并进一步反对尼赫鲁政府的对华友好政策，尼赫鲁政府不得不采取对策。总而言之，两种说法都是1957年印度政府才得知中国在阿克赛钦修路的消息，而且是中国对外界宣布修路使得尼赫鲁不得不采取措施。[②] 但是，因冬季大雪封山后交通不便，迟至1958年7月夏季印度政府派出的两支巡逻队才得以成行。1958年10月，一支巡逻队从公路南段打回报告说，中国修建的公路穿过印度所主张的领土，另外一支巡逻队却没有信息。

然而，尼赫鲁政府在1957年9月前对中国修路不知情的说法，没有得到印度国内的普遍接受。有观点认为，中国开始修筑新藏公路时印度就知道情况，1950年11月印度《政治家报》报道中国在阿克赛钦侵略印度，1952年到1955年印度情报部门和外交机构人员多次报告中国修路情况，但尼赫鲁政府保持秘密和沉默。[③]

总而言之，1958年7月印度才作出反应，在中印边界西段派出两支巡逻队调查情况，随后就巡逻队失踪和中国公路通过印度领土之事与中国外交部进行外交交涉。10月18日，印度政府向中国提交备忘录，对中国没有经过印度准许修建公路表示惊讶和遗憾，并询问印度失踪巡逻队的消息。11月3日，中国外交部复照印度驻华大使馆，告之印度士兵因非法入境中国已被扣留和递解出境，并指责印方入侵违背和平共处五项原则，要求印度保证今后不要发生类似事件。11月8日，印度驻华大使馆复照中国外交

---

① 杨公素：《沧桑九十年——一位外交特使的回忆》，海南出版社，1999，第255—256页。

② Ajay B. Agrawal, *India Tibet and China: the Role Nehru Played* (Mumbai: NA Books International, 2003), p.103.

③ *Ibid*. pp.74-75.

部，承认有一支15人的印度小分队在上述地区正常巡逻，并声称这一地区是在印度境内还是在中国境内是一个争执中的问题。

在媒体大肆渲染后，中国修路事件在印度引起轩然大波，尼赫鲁不得不亲自过问。1958年12月14日，他致信周恩来提出中印之间不存在边界问题，因为1954年《中印协定》已经处理了两国之间的突出问题。在信中，尼赫鲁还提醒周恩来他在1954年对沿用旧地图的说法以及1956年准备接受麦克马洪线作为中印边界线的承诺，并敦促中国修改其地图。①

中印边界地区纠纷不断，特别是尼赫鲁亲自过问，促使中国高层开始高度重视此事。1959年1月22日，周恩来回复尼赫鲁，阐明中国对中印边界问题的基本立场：中印边界从未经过正式划定，建议通过友好协商，全面解决中印边界问题；在全面解决之前，双方维持边界久已存在的状况；对于已经发生的局部争执，可以商谈临时性的解决办法。② 他还就中印地图差异及尼赫鲁说他准备接受麦克马洪线问题作出说明，他说中印边界是从未经过正式划定的，因而中印两国出版的地图就有了出入，因没有进行实地勘察，也没有同有关邻国商量，中国进行更改是不适当的。他还强调麦克马洪线不合法并从未为中国中央政府承认，但中国政府感到有必要对这条线采取比较现实的态度，他相信基于中印友好关系总可以找到友好解决的办法。③

尼赫鲁很快于3月22日回复周恩来，他首先说他对中印疆界在任何时候都未曾为中国政府所接受的说法“有点惊异”。接着，他大谈特谈印度地图关于中印边界线的画法如何合理合法，“……我们疆界的画法不仅是根据天然的和地理的特点，而且也符合传统，并且一大部分是为国际协定所肯定的”。他还提醒周恩来，1957年1月访问印度时他准备接受麦克马洪线。

---

① Nancy Jetly, *India China Relations, 1947-1977: A Study of Parliament's Role in the Making of Foreign Policy* (New Delhi: Radiant Publishers, 1979), pp.86-87.

② 中共中央文献研究室编：《周恩来年谱（1949—1976）》（中卷），中央文献出版社，1997，第201—202页。

③ 王宏纬：《喜马拉雅山情结：中印关系研究》，中国藏学出版社，1997，第121—122页。

他表示同意周恩来所说的维持现状和反对片面行动，同时反而指责中国采取片面行动在巴拉霍蒂扎营和建立永久性建筑物，希望中印早日就边界问题达成谅解。[①] 这封信件的新变化是，尼赫鲁明确指出拉达克地区是印度的领土，印度政府开始改变以前不太确定的态度，向中国提出对中印边界西段的领土要求。尼赫鲁回信显示，所谓现状就是印度地图要求的领土范围，他拒绝接受中国的边界立场，努力说服中国接受印度的边界主张，并希望中印边界问题不要影响两国友好关系。

从上可见，随着边界纠纷的日益增长，中印边界问题日益公开化，不仅引起印度议会与公众的关注，也引起中印高层的重视。然而，正当中印高层致力于外交交涉之时，又一场西藏危机出现，中印关系、印度对华政策以及边界处理再次遭受更为严重的挑战。

（二）1959年西藏叛乱：印度的反应与中印边界争端扩大化

长期以来，西藏问题是中印关系的一大障碍，1950年中国解放西藏，以及1954年《中印协定》签署在印度国内都导致了激烈的争论与斗争。尽管在尼赫鲁的主导下，印度接受西藏是中国的一部分和同意放弃印度继承的在西藏的殖民特权，但印度学者认为："目前新德里在西藏问题上看上去没有兴趣，不应被误解为对西藏没有战略性理解；面对中国的军事力量，接受中国在西藏的事实更多是一种外交姿态。事实上，印度对中国接管西藏的态度某种程度上有点无助。"[②] 1953年谈判印度与中国西藏间的贸易和交通问题时，印度最初不是主动放弃殖民特权，而是提出更多更广泛的利益要求。虽然印度最终接受了中国在西藏的统治，但更强调西藏的高度自治，只承认中国在西藏拥有"宗主权"，不接受中国在西藏的主权，甚至宣扬"西藏自由是印度的深刻感情和核心利益"。对于尼赫鲁的西藏政

① 《中华人民共和国对外关系文件集（1959）第六集》，世界知识出版社，1961，第149—151页。

② Kanti Bajpai and Amitabh Mattoo (eds.), *The Peacock and the Dragon: India-China Relations in the 21st Century* (New Delhi: Har-Anand Publications Pvt Ltd, 2000), p.275.

策，印度内部一直存在反对意见，这些反华议员念念不忘西藏，强调印度与西藏在地理、经济、宗教、圣地、生活方式、文化、历史，等等方面的联系。[①] 实际上，印度的西藏情结主要是源于对自身安全的关注。在从地缘政治角度看待中印关系的印度精英看来，西藏对印度具有十分重要的战略意义，尼赫鲁只是温和地批评中国“占领”西藏，没有认识到中国将西藏“并入”其广大领土后真正的地缘政治和战略重要性。[②] 中国在西藏影响力增强特别是接管边防后，印度在中印边界第一次面临强大对手的挑战，这些印度精英对政府放弃西藏十分不满，竭力寻找机会在西藏扩大影响和排挤中国中央势力，而西藏与中国中央政府的矛盾与冲突给其提供了大好机会。

1951年5月23日，中国中央政府与西藏噶厦政府签署“十七条协议”，主要内容是中国中央政府负责西藏的国防与外交，西藏的其他事务基本上由西藏噶厦政府管理。按照协议，1952年中国人民解放军西藏军区成立，西藏地方部队逐渐被改编为人民解放军。中央军委在西藏主要地区建立军分区，并逐渐进驻边防重镇。在外交方面，1952年中央人民政府驻西藏外事帮办办公室撤离，由外交部负责领导和管理西藏的一切涉外事宜。1956年，西藏自治区筹备委员会成立，西藏工委开始宣传和准备民主改革工作。但是，西藏上层统治集团中的大多数人对《协议》的接受还比较勉强，少数顽固的分裂主义分子总想寻机赶走进藏人民解放军。[③] 西藏分裂主义势力最初是破坏社会治安和扰乱市场，对人民解放军进行骚扰攻击和拒绝出售粮食，企图迫使解放军离开西藏。在未能实现赶走解放军的目的后，分裂主义势力开始制造骚乱活动甚至是发动武装叛乱。1952年，西藏非法组织“人民会议”在拉萨闹事，企图制造驱汉事件。随着四川藏区民主改

① Pannalal Dhar, *India, Her Neighbours and Foreign Policy* (New Delhi: Deep& Deep Publications, 1991), pp.15-19.

② Parshotam Mehra, “India’s Border Dispute with China: Revisiting Nehru’s Approach,” *International Studies*, 2005, Vol.42, No.3&4, p.358.

③ 《解放西藏史》编委会编《解放西藏史》，中共党史出版社，2008，第208页。

革的展开和西藏地区改革的酝酿，西藏上层统治集团更加惶恐不安，策划和发动了反对西藏民主改革的众多叛乱。如1955年到1956年，西藏噶厦政府噶伦索康·旺清格勒等在西康省藏区秘密策划和发动武装叛乱。为了维护西藏的稳定，1956年9月，中央政府作出西藏六年内不实行民主改革的指示，一定程度上缓解了西藏上层人士对改革的疑虑和恐惧，西藏局势得以缓和。但是，为了保持西藏旧体制和自身利益，西藏上层反动势力抓紧时间策划更大规模的叛乱，1957年“四水六岗”叛乱组织和“卫教军”叛乱武装成立，提出“西藏独立”及反对改革的口号。在内外势力的支持和策划下，叛乱活动愈演愈烈，波及昌都、丁青、黑河、山南等广大地区。1959年，包括拉萨在内的广大藏区出现了全面的、规模较大的武装叛乱，叛乱分子公开撕毁“十七条协议”，宣布“西藏独立”，并挟持了十四世达赖喇嘛。人民解放军很快平息了在拉萨以及西藏各地的武装叛乱，叛乱头目挟持达赖从拉萨逃到山南，最后又逃往印度。

印度卷入西藏问题并不偶然。1950年以来，印度表面上接受中国在西藏的统治，暗地里是积极利用政治和经济力量保持甚至是扩大在西藏的影响力。经济方面，西藏解放之初，内地进入西藏交通不便，印度在西藏的经济利益和影响不降反升。1959年前，利用中国中央政府在西藏的管理机构没有完全设立和管理办法没有全面实施的机会，印度尽可能地保持和扩大在西藏的经济影响力。政治方面，印度继续与西藏噶厦政府直接来往，企图保持和扩大在西藏上层统治集团中的影响。对于中国中央政府按照协议加强对西藏的管理，印度十分不满。如在经济贸易方面，印度提出众多的不合理要求，中国为了维护西藏主权予以拒绝，印度却认为中国是限制印度在西藏的影响。1956年西藏自治区筹委会成立后，印度加紧在西藏活动，印度驻锡金政治专员潘特以“旅游”为名，在西藏大肆活动，积极拉拢西藏上层人士，并以参加释迦牟尼涅槃2500周年纪念活动为名，邀请达赖和班禅访问印度。印度在欢迎达赖一行时，在机场只挂雪山狮子旗而不挂中国国旗，尼赫鲁两次接见达赖，暗示印度支持西藏保持“自治”。周恩来三次飞赴印度劝说达赖回国，尼赫鲁在自认为获得周恩来尊重西藏自治的保证后，鼓励达赖返回西藏，并敦促他进行斗争以保持西藏自治。[①]

1957年4月，达赖等人返回西藏，但西藏形势还是越来越紧张。印度政府也日益卷入西藏动乱，如收容藏独分子和支持藏独势力、台湾特务以及美国特务在印度的反华活动。在尼赫鲁首肯下，印度政府向西藏难民保证，即使北京要求印度也不会将他们遣返中国。藏人可以自由携带黄金、白银以及货币进入印度，并免除关税、货币税以及收入税。对于在印藏民对其在西藏同族的支持，印度不予关注，也不考虑中国的抗议，除非藏民行动过于公开而危害印度。[②] 利用印度噶伦堡等基地，流亡印度的叛乱分子向西藏派遣特务和运输军火，他们还在印度领土上成立西藏协会等政治组织，出版鼓吹西藏独立的各种报刊。鉴于西藏流亡者敌对活动日益猖獗，1958年7月，中国照会印度，对反华势力利用噶伦堡作为反华活动基地表示不满，要求印度政府让藏独头目、达赖之兄嘉乐顿珠离开印度。印度政府拒绝中国停止嘉乐顿珠居留证的要求，以调查发现大量指责没有根据为由否认噶伦堡是反华中心的说法。但是，印度政府的说法并不可信，据印度《闪电》报报道，以嘉乐顿珠为首的西藏叛乱头目或长期居住或曾前往噶伦堡，印度警察制止过他们组织当地藏民为反华活动捐献物资和几次阻止藏人秘密偷运武器。[③] 印度华裔学者谭中指出："当然，尼赫鲁从心底里是同情西藏独立自主的，只是没有公开说出而已。正因为他心底的同情，又加上印度标榜'不结盟'，所以他对美蒋特务利用印度领土支持西藏叛乱的活动也只能睁一只眼闭一只眼。"[④]

1958年，达赖未经中央同意就决定邀请尼赫鲁访问拉萨，时任西藏外事处处长的杨公素认为，这是尼赫鲁煽动达赖发出邀请的。"如果尼赫鲁成行，那不只对达赖是一个重大的诱惑，鼓励他更倾向于印度，表示西藏是

---

① S. Singh (eds.), *India and China: Mutual Relations* (New Delhi: Anmol Publications Pvt. Ltd., 2006), p.42.

② *Ibid*. p.41.

③ 《噶伦堡的真象 印度"闪电"周报刊登的一篇报道》，《人民日报》1959年4月7日，第5版。

④ 张敏秋主编：《跨越喜马拉雅障碍：中国寻求了解印度》，重庆出版社，2006，第139页。

含有某些‘独立’意义的地位，而且给那些正闹着叛乱的‘独立’分子以极大的鼓舞。”[①] 有鉴于此，杨公素坚持上报中央政府，中国政府考虑到西藏形势后拒绝发出邀请。面对中国对印度在西藏作用的怀疑，尼赫鲁不是致力于化解误解、增加互信，而是在拉萨之行未成后想方设法踏上西藏的土地，特意在访问不丹时借道西藏，这进一步加深了中国政府对他的怀疑并采取措施严加防范，最终尼赫鲁未能与达赖和其他西藏高官直接接触。杨公素还指出，尼赫鲁借道亚东的不丹之行意图深远，1959年西藏叛乱后，达赖正是在山南受到印方暗藏特务的支持，并从不丹与西藏交界处逃亡印度的。[②]

1959年3月西藏全面叛乱后，印度国内反应激烈。印度媒体长篇累牍地报道西藏叛乱，普遍担心中国使用武力会导致更严重的冲突和流血事件，一些媒体还发表反华言论，否认中国对西藏的主权，指责中国侵入、占领西藏并使之变成殖民地，宣扬中国军队进入西藏是对印度安全的直接威胁，要求印度政府对中国政府镇压西藏叛匪的行动进行抗议，甚至是“重新估计”印度对华外交政策的基础。除了印共外，印度所有团体都发表声明指责中国在西藏的高压政策。在印度议会，反华势力激烈反对政府的对华政策和西藏政策，对中国加强对西藏的控制和印度的不干预政策十分愤怒。如瓦杰帕伊支持西藏独立，要求政府帮助达赖和警惕新的黄色帝国主义，指责签署1954年协议错误并要求予以修正，他还认为，中印友好不能牺牲西藏的自由，中国已经破坏了潘查希拉，在西藏与中国不能和平共处的情况下，一个民主国家与一个共产主义国家之间的关系更没有意义。[③] 反华势力还发动民众在印度许多城市举行游行，并到中国大使馆前抗议，印度一些团体召开支持西藏的会议，甚至在1960年4月的亚非会议上动员世界各国支持西藏独立。

---

① 杨公素：《沧桑九十年——一位外交特使的回忆》，海南出版社，1999，第251—252页。

② 同上书，第255页。

③ Nancy Jetly, *India China Relations, 1947-1977: A Study of Parliament's Role in the Making of Foreign Policy* (New Delhi: Radiant Publishers, 1979), p.69.

在西藏叛乱发生初期，印度政府反应相对克制。对于反华势力对政府放弃西藏权力的指责和干涉西藏的要求，尼赫鲁强调，印度以前的各届政府都承认中国在西藏的宗主权或主权，印度在西藏的特权是英国帝国主义的遗产，印度不能在西藏或世界上任何国家寻求特权，还警告说："议会将认识到形势是困难和微妙的，我们应当避免做可能恶化形势的任何事情。"[①] 因中国指责西藏叛乱是以噶伦堡为基地的帝国主义与外国反动势力支持的上层叛乱，尼赫鲁拒绝国内讨论西藏事务，以免恶化中印关系。

然而，印度公共舆论是压倒性地同情在拉萨的叛乱和严厉批评中国的压制，尼赫鲁在国内压力下调整了不干涉中国内政政策。1959年3月30日，尼赫鲁在人民院就中国西藏地区局势发表声明，他一方面表态印度无意干预中国的内政，印度同中国有友好的关系，另一方面又反驳中国的噶伦堡是反华中心的说法，指出印度议会有讨论任何问题的自由。[②] 4月14日，在马德拉斯的一次集会上他公开对西藏事件说三道四，强调他希望西藏人民能够保持并且能够享有他们的自治，并说："我希望他们不会受到别人的压迫和镇压。"[③]

总体来说，尼赫鲁是努力在印度公众、中国政府、西藏叛乱集团之间保持平衡，他希望稳定局势，在维护印度利益的同时保持中印友好关系。尼赫鲁指出，"我们希望同西藏人民建立友好的关系，我们希望他们在自由中取得进步。同时，同中国这个伟大的国家保持友好关系对我们来说是非常重要的。……我们在困难的局面中应该有一定程度的自制和采取明智态度，不应该在激动之下做出任何事情让我们的国家遭遇困难"。[④] 4月27日，尼赫鲁在人民院系统阐述了他的西藏政策，他先介绍了以达赖为首的叛乱

---

① Nancy Jetly, *India China Relations, 1947-1977: A Study of Parliament's Role in the Making of Foreign Policy* (New Delhi: Radiant Publishers, 1979), p.59.

② J. Nehru, *India's Foreign Policy-Selected Speeches: 1946-1961* (New Delhi: The Publication Division, 1961), p.317.

③ 《在印度马德拉斯等地 尼赫鲁再谈西藏叛乱事件》，《人民日报》1959年4月19日，第6版。

④ J. Nehru, *India's Foreign Policy-Selected Speeches: 1946-1961* (New Delhi: The Publication Division, 1961), p.315.

分子进入印度的情况，极力说明印度官员与达赖喇嘛在印度发表的两个声明的草拟或者准备没有关系，达赖进入印度完全是出于他自己的意愿。他在要求印度应当有节制、运用智慧和使用温和确切的语言后，指责中国不顾事实真相和礼节对印度使用冷战语言，如指责印度劫持达赖、“印度扩张主义分子”以及噶伦堡是西藏叛乱中心等。尼赫鲁再次强调，印度的广泛政策是受三个因素支配：第一，维护印度的安全和统一；第二，与中国保持友好关系的愿望；第三，对西藏人民的深切同情。他不反对西藏改革，但认为中国西藏之间的距离很大，看来很难有任何会合点。他认为西藏暴乱规模巨大，其基础一定是强烈的民族主义情绪。印度的反应主要是一种基于情感和人道原因的同情，也还基于同西藏人民久远的宗教和文化联系所造成的亲密感情，这是本能的反应。最后，他希望：“中国当局会采取明智的态度，不使用他们巨大的力量来对付西藏人，而根据他们自己就西藏地区的自治作出的保证通过友好合作来争取他们。首先，我们希望，目前的战斗和杀戮将会终止。”① 可见，尼赫鲁的平衡政策也不是绝对的，其中最为优先的是印度自身利益，为此，尼赫鲁日益重视和强调支持印度国内所谓同情西藏反对中国的舆论，反对中国使用武力平息西藏叛乱。

尼赫鲁也竭力安抚国内激动情绪以维护中印友好关系。在1959年3月到9月的议会会议上，反华议员渲染中国威胁印度安全与统一，指责政府应对存在问题。尼赫鲁竭力为政府进行辩护，同时也试图为边界争端降温，他说中印正在讨论一两个小的边界争端，否认大量中国军队驻扎在印度边境。他还说，最近两三年发生了小的越界事件，这没有什么特别的，因为完全没有进行勘界，士兵们可能有时穿过边界。在印度的抗议下，中国撤兵，事情已经结束。②

然而，在国内因素作用下，尼赫鲁的天平开始偏向国内，对西藏问题

---

① J. Nehru, *India's Foreign Policy-Selected Speeches: 1946-1961* (New Delhi: The Publication Division, 1961), p.325.

② Nancy Jetly, *India China Relations, 1947-1977: A Study of Parliament's Role in the Making of Foreign Policy* (New Delhi: Radiant Publishers, 1979), pp.80-82.

的界定从“意愿冲突”上升为“民族起义”，即：“西藏一些上层反动派要对叛乱出现担负全部责任的说法，是过于将复杂形势简单化。即使根据来自于中国的报道，西藏叛乱的规模也是相当大的，必定是以影响上层和其他人的强烈的民族主义情绪为基础的。”[①] 尼赫鲁竭力为印度国内反华行动辩护，强调印度的反应是强烈、广泛和非政治性的。“很大程度上是一种立足于感情与人道主义原因的同情；也是立足于某种来源于长期宗教和文化联系的与藏人的亲近感。这是一种自发反应。”[②] 以人道主义为由，印度政府还收留了以达赖为首的叛乱集团，尼赫鲁亲自前往穆索里会见达赖。潘达认为，尼赫鲁偏向国内是迎合和争取已经疏远的公共舆论，并试图刺激之以让中国领导人相信印度人对边界问题的感情力量。[③]

当然，尼赫鲁也十分注重避免激怒中国。尼赫鲁政府同意达赖等到印度寻求政治避难，让达赖在印度进行政治演说，但没有参加联合国的西藏问题讨论，并在表决时投下弃权票，尼赫鲁还拒绝印度总统的谴责中国新殖民主义的建议，也拒绝承认西藏流亡政府。对于收留达赖的后果和影响，印度政府的判断是，给予避难权是印度的主权，印度北部边界安全与达赖命运相连，如果不给达赖等避难权会引起国内民众的不满。如果让中国相信达赖在印度不是充当一个政府首脑而是以个人身份生活，其他流亡藏人和平地生活在印度并不沉迷政治活动，中印友好将不会恶化到超出预料的地步。而且，印度明确保证不卷入西藏政治问题也有助于中国区分自然反应和政治野心。[④] 尼赫鲁还乐观地认为，西藏在中国思想中占据至高

---

① J. Nehru, *India's Foreign Policy-Selected Speeches: 1946-1961* (New Delhi: The Publication Division, 1961), p.324.

② *Ibid.* p.325.

③ Pramoda Kumar Panda, *Making of India's Foreign Policy: Prime Minister and Wars* (Delhi: Raj Publications, 2003), p.101.

④ A.N. Mishra, *The Diplomatic Triangle-China India America* (Chauhatta: Janaki Prakashan, 1980), pp.282-283.

地位，中国政府的“激动”将最终平息。[①] 尼赫鲁还刻意将中国侵略与共产主义分开，以免分歧冲突扩大并成为与共产主义阵营对立，他还不允许他所认为的所有处理国家关系的道德典范——“潘查希拉”在中印关系方面失败。[②]

在西藏叛乱引起武力冲突的情况下，印度同情西藏与对华友好自相矛盾，尼赫鲁政府的平衡政策并不为中国接受和认可。陈毅在全国人大常委会扩大会议上直接指出：“尼赫鲁总理说，印度政府一直设法走中间道路。其实说得坦率一点，印度政府一直在采取两面手法。”[③] 一直以来，中国对印度在西藏的意图与行动充满不信任与不满，怀疑1950年以来印度只是表面上接受中国在西藏的统治，暗地里是积极利用政治和经济力量保持甚至是扩大在西藏的影响力，企图将西藏变成印度的半殖民地。在1959年西藏叛乱期间，印度媒体和议会谈论西藏的独立、印度政治家主张只承认中国宗主权以及印度公众反华言论与游行，更加剧了中国对印度的不满与怀疑。中国最为敏感和警惕的是印度政府在西藏问题上的言论与行为。1959年3月10日，西藏叛乱分子去印度驻拉萨总领事馆要求印度保护西藏独立，印度总领事居然接见叛乱代表，收下“独立”声明并应允报告印度政府。西藏外事处处长杨公素指责，这是印度官方公开、无理的支持叛乱、干涉中国内政的非法行为。[④] 西藏外事处奉命正式通知驻拉萨的印度总领事馆不要干涉中国内政，但印度总领馆继续直接、间接地支持叛乱，容许叛乱分子在领馆内躲避和逃脱解放军搜查，私藏叛乱分子枪支、弹药，印度医院为叛乱分子提供医疗、救护以及衣食住行，等等。在西藏叛乱发生后，印度政府还对西藏实行禁运，从1959年4月到1960年4月，印度驻锡金的政治专员处发出六次禁运通知，逐渐禁止向西藏出口粮食、钢铁制成

---

① Steben A. Hoffmann, *India and the China Crisis* (Berkeley: University of California Press, 1990), p.61.

② Yaacov Vertzberger, “India’s Conflict with China: A Perceptual Analysis,” *Journal of Contemporary History*, 1982, Vol.17, No.4, p.618.

③ 《中华人民共和国对外关系文件集（1959）第六集》，世界知识出版社，1961，第113页。

④ 杨公素：《沧桑九十年——一位外交特使的回忆》，海南出版社，1999，第230页。

品、煤油、汽车零件、木料，等等。

更让中国恼火的是，在以达赖为首的叛乱分子逃亡印度后，印度官员热情地予以接待，尼赫鲁还不顾年老体衰亲自前往会晤年轻的达赖。就达赖逃亡及其在印度发表的外交声明等问题，中印进行了激烈的指责与反指责。为了平息中国的不满，尼赫鲁曾强调达赖只是作为宗教领袖留在印度，不允许达赖等在印度领土上从事政治活动，但1960年初达赖在穆索里组建了"流亡政府"及其下属机构。同年9月，达赖流亡集团在达兰萨拉召开第一届"西藏人民代表大会"，公布"西藏宪法"，宣告成立所谓的"西藏流亡政府"，同时宣布达赖为"国家首脑"。显而易见，达赖集团在印度的政治活动已经超出政治避难范围。中国对印度收留达赖特别是纵容其分裂活动十分愤怒，1959年5月6日，周恩来对苏联东欧国家访华代表和驻华使节说，"他们的目的是要使西藏停滞不前，不改革，作为'缓冲国'，置于印度势力之下，成为它的保护国"。在阻止西藏改革和保持"缓冲国"失败后，印度想用冷战和政治压力搞一个"印度、中国、西藏三边会议"，来干预中国的内政"。[①] 格瑞拉尔·简（Girilal Jain）也认为，尽管尼赫鲁在"中印藏"之间实行平衡政策，力图保持与华友好关系，但1959年3月西藏叛乱后，达赖和几千藏人逃到印度，印度反华情绪高涨并得到尼赫鲁的认同，尼赫鲁此前的对华政策明显破产。[②]

印度对西藏问题的处理很快导致中印交恶公开化、激烈化。在印度外交部批准散发攻击中国政府的所谓"达赖的声明"后，中国政府开始进行政治反击，成立由周恩来、邓小平直接领导的国际问题宣传小组，研究和起草有关西藏叛乱和印度当局态度的报道和评论。针对印度内部的多次出现的反华运动，中国官方和民间掀起讨伐印度政府甚至是尼赫鲁本人的浪潮。在中印舆论战中，中国最引人注目的行动是1959年5月6日《人民日报》头版刊载的《西藏的革命与尼赫鲁的哲学》一文。这篇社论直接点名

---

① 中华人民共和国外交部中共中央文献研究室编：《周恩来外交文选》，中央文献出版社，1990，第270页。

② Girilal Jain, "The Border Dispute in Perspective," *China Report*, 1970, Vol.6, No.6, pp.59-60.

批评尼赫鲁，指责很多所谓“同情者”只是假冒西藏人民、西藏自治以及人道之名，同情的实际上是“西藏的吃人制度的首脑”；尼赫鲁不反对西藏改革，但断言叛乱是民族性的“革命”，把中国人民平定叛乱的正义行动说成是“悲剧”，对叛乱表示同情。该文还列举了包括尼赫鲁在内的印度干涉中国内政的种种事实，指责印度阻挠中国在自己的领土西藏行使完全的主权，反对印度以悠久联系和对西藏人民的深切同情为干涉理由，并指出印度政界人士干涉中国内政根源是大资产阶级某种向外扩张的阶级本性。最后，评论也认可尼赫鲁与许多对中国显然怀有恶意的人们不同，他跟中方在西藏问题上有某些分歧，但在总的方面，他是主张中印友好的，希望中印争论从本质上能够有益于两国人民的相互了解，有益于两国人民和两国政府的友好。[①]

对于中国公开指责尼赫鲁的原因，印方主要有四种看法：一是中国将印度作为西藏问题的替罪羊。[②] 二是中国对印度采取敌视报复政策，1959年西藏叛乱、严重的经济问题、中苏分歧以及极其担忧美台军事包围等，使中国对印度采取强硬立场并突然发动1962年战争。[③] 三是中国深深误解印度的民族敏感性和尼赫鲁本人。四是中国直接批评尼赫鲁是知道他不能控制印度政局，“中国可能不懂尼赫鲁的国内义务。即使他们知道，关注的也是整个印度政府；尼赫鲁不是他们考虑的核心”。[④] 印度学者认为，如果中国不点名批评，尼赫鲁可以设法阻止中印关系的进一步恶化，[⑤] 他其实还是努力在印度公众和中国政府之间保持平衡，拒绝损害对华关系和修改

---

① 《西藏革命与尼赫鲁的哲学》，《人民日报》1959年5月6日，第1版。

② Jagat S. Mehta, *Negotiating for India: Resolving Problem through Diplomacy (Seven Case Studies 1958-1978)* (New Delhi: Manohar Publishers & Distributors, 2006), p.67.

③ S. Singh (eds.), *India and China: Mutual Relations* (New Delhi: Anmol Publications Pvt. Ltd., 2006), pp.349-350.

④ Giri Deshingkar, “India-China Relations: The Nehru Years,” *China Report*, 1991, Vol.27, No.2, p.98.

⑤ Jagat S. Mehta, *Negotiating for India: Resolving Problem through Diplomacy* (Seven Case Studies 1958-1978) (New Delhi: Manohar Publishers & Distributors, 2006), p.69.

不结盟政策，拒绝巴基斯坦的次大陆联合防务提议，他也试图安抚公众，接受达赖在印度避难，同时不许达赖在印度反华。在印度决策者和公众看来，中国媒体公开指责尼赫鲁，导致了对尼赫鲁深深的个人伤害，并削弱了1954年以来精心建立尼赫鲁和周恩来之间的个人互信。[①] 在印方看来，中国以冷战语言攻击印度是将中印分歧意识形态化，对印度议会制和民主缺乏政治理解，故意歪曲印度的民族主义，完全忽视尼赫鲁对华友好信念下的努力，尼赫鲁由此对中国也产生了不满和不信任感。

其实，中国点名批评尼赫鲁的主要原因是对尼赫鲁及其政府的看法发生变化。冷战时期，中国对印度的看法充满浓厚的意识形态色彩，在中印和平共处时期，中国认为印度是中立的民族民主国家，是可以争取的对象。随着1959年印度对内镇压喀拉拉共产党政府和对外卷入中国西藏叛乱，中国认为尼赫鲁及印度政府日益反动。1959年3月17日，在西藏叛乱发生不久的一次中共中央政治局会议上，周恩来指出，这次事件同印度当局有关，英国和美国政府在幕后很积极，支持印度当局，把印度推到第一线。叛乱的指挥中心在印度的噶伦堡。[②] 1960年5月11日，周恩来在与越南劳动党代表团会谈时指出：尼赫鲁是想利用中印边界问题打击国内进步力量，控制国大党内部，同时向美国要求援助，也向苏联要援助，左右逢源。[③] 在中国认为尼赫鲁政府走向反华的情况下，对尼赫鲁采取以斗争求团结的政策，以点名批评的方式对尼赫鲁施加压力，使之返回和坚持中印和平共处。1960年1月18日，在接见民主德国政府代表团时，周恩来说：中印边界问题的争吵是印度挑起来的，假若我们对尼赫鲁采取让步的办法，不仅他会更反动，会让他觉得他对了，我们错了，粉饰了他反动的一面，并且也会使他更得势，我们不能采取这种方针。我们采取的是批评

---

① S. Singh (eds.), *India and China: Mutual Relations* (New Delhi: Anmol Publications Pvt. Ltd., 2006), p.191.

② 中共中央文献研究室编：《周恩来年谱（1949—1976）》（中卷），中央文献出版社，1997，第212页。

③ 同上书，第317页。

他，然后求团结；揭露他的错误和反动的一面，使广大人民能看清楚。另一种可能是他和缓一下，收缩一下，继续同社会主义国家和好。[①] 然而，舆论战的结果是中印从民间到高层之间的敌意和不信任感加深，有学者认为，“实际上，西藏叛乱是中印友好道路的终点”。[②]

在西藏叛乱期间，中国在西藏东南部加强防务力量，阻止叛乱分子出入边境和进行骚扰，印度也扩充在中印边界的军事力量，中印边界现状急剧改变，形势骤然紧张。让情况更为糟糕的是，印度在中印边界东段不断推进，在某些地方还越过所谓的麦克马洪线，按照印度战略利益需要占领朗久、沙则、兼则马尼、塔马顿等中国领土，印度飞机也一再侵犯中国领空，中印边界纠纷扩大化。在紧张局势下，中印边界摩擦频繁发生，士兵边界交火事件多次出现，双方不断进行外交抗议与反抗议。在一系列边界摩擦中，影响最大的是朗久事件和空喀山事件。

1959年8月，西藏外事处会同西藏军区组成考察团以弄清麦克马洪线的实际位置，在郎久附近被值勤的印军发现并遭到射击，中方进行开枪还击，结果打死打伤印军各一人，其余印军十余人逃走。考察团动身前，西藏工委、军区领导一再指示不要引起冲突与纠纷，事件后严厉批评调查团不应盲目回击。[③] 可见，朗久事件只是一次意外冲突，并不是中国故意挑起的，又因考察结果是朗久确实位于麦克马洪线以北，中国的公开反应是抗议印度士兵挑衅引发了中国的自卫行动，指责印度侵占中国领土。朗久事件是中印边界的第一次武装冲突，印度政府、媒体以及公众都作出了十分激烈的反应，印度国内出现了1959年的第二次反华高潮。利用中国“侵犯”印度边界领土事件，反华势力还在议会向尼赫鲁发动猛烈攻击，指责政府采取“优柔寡断和模糊”政策并对议会隐瞒信息，要求政府公布中印

---

① 中共中央文献研究室编：《周恩来年谱（1949—1976）》（中卷），中央文献出版社，1997，第279页。

② Dorothy Woodman, *Himalayan Frontiers: A Political Review of British, Chinese, Indian and Russian Rivalries* (London: The Cresset Press, 1969), p.239.

③ 杨公素：《沧桑九十年——一位外交特使的回忆》，海南出版社，1999，第248页。

边界纠纷细节。印度政府的反应是向中国提出抗议并采取强硬措施，下令由陆军接管东北边境的防务，原来负责保卫边界的警察部队阿萨姆步枪队也归陆军指挥。1959年9月7日，印度政府还向议会提交一份关于中印关系的白皮书，公布了1954年4月到1959年4月中印政府之间的照会、备忘录、信件交换以及条约，中印之间的边界冲突、双方分歧以及相互指责遂公之于众。朗久事件后，中国主要精力转向准备建国十周年庆祝活动，有意缓和中印关系，如不再冷淡对待印度驻华大使和驻拉萨总领事。公开场合尼赫鲁政府采取了许多对华强硬措施，但1959年9月13日尼赫鲁作出的指示是：除非冲突确实强加到我们头上，我们必须避免实际冲突；只有在中国开枪时，我方才可还击；在阿克赛钦地区应当大致维持现状。[①] 中印两国政府都有意阻止边界冲突再次发生，中印边界的紧张局势暂时缓解。

然而，印度内政部情报局在中印边界西段没有遵守尼赫鲁的指示，在中国边防哨所驻守的空喀山口地区建立新的哨所，直接的军事对峙很快上升为再次的武装冲突。1959年10月20日和21日，印度武装人员多人在空喀山口地区非法进入中国领土并进行武装挑衅，中国边防军进行还击，双方各有伤亡，印军数人被打死打伤，7人被俘。印度学者认为，空喀山事件是穆立克操纵的，这还成为中印关系的转折点。[②] 冲突事件发生后，印度政府召开高层会议，陆军总部和外交部攻击内政部情报局进行扩张和制造边界挑衅。[③] 然而，在公开场合，印度政府却强烈谴责中国侵略印度领土和挑起流血冲突，不明真相的印度议会和媒体再次掀起歇斯底里式的反华高潮。在反华势力和公共舆论的压力下，尼赫鲁政府在中印边界采取更为强硬的政策，军队不断在边界争议地区渗透，飞机频繁越境侦察，两国外交部之间抗议与反抗议的照会来往不绝，两国总理也通过信件进行争

① 内维尔·马克斯维尔：《印度对华战争》，生活·读书·新知三联书店，1971，第138页。

② Mohan Guruswamy and Zorawar Daulet Singh, *India China Relations: the Border Issue and Beyond* (New Delhi: Viva Books, 2009), p.70.

③ B. N. Mulik, *The Years with Nehru: The Chinese Betrayal* (Bombay: Allied Publishers, 1971), p.234.

辩，中印关系十分紧张。

如何看待西藏叛乱与中印边界争端之间的联系呢？大多数印度学者认为西藏问题与中印边界争端息息相关，S.辛格就认为，对中国来说问题不是边界或大片领土，而是印度在西藏的目标。[①] 斯瓦密也认为："未稳定的、周期性动荡的中印关系的核心不是中印边界争端，而是印度关于西藏地位的未明确说明的并往往不清晰的立场以及中国对印度模糊、不透明的目标的错觉，加剧了中国对印度意图的误解。"[②] 约翰·高龙夫（John Garver）也说："中国统治在西藏遭遇困难，这实际上是中国自身导致的，但印度却成为中国转移责任的主要对象。"[③] 但是，也有少数人否认西藏问题和边界争端之间存在直接因果关系，如印度国防部长克里希纳·梅农曾否认西藏是边界争端的原因。还有印度学者认为，边界事件与西藏自治消失没有直接联系，边界事件日益频繁部分原因是中国对叛乱者的军事打击行动，既要求更好的边界检查站系统，又导致此后无意识越界的机会增加。[④] 中国学者刘学成也反对中国报复印度说，他认为中印战争的首要及直接原因是边界争端，西藏叛乱只是催化剂。[⑤]

从实际情况看，西藏叛乱和中印边界冲突显然不能截然分开。为了镇压西藏叛乱和控制西藏局势，中国在西藏建立军事力量并加强对喜马拉雅山口的控制，印度担忧自身安全也加强在边界的力量，这使两国边界冲突的可能性急剧增长。在某种程度上，中印边界争议与两国对西藏地位看法存在分歧有关，印度坚持西藏拥有签约权，印藏条约已经确定了中印边

---

① S. Singh (eds.), *India and China: Mutual Relations* (New Delhi: Anmol Publications Pvt. Ltd., 2006), p.110.

② Subramanian Swamy, *India's China Perspective* (New Delhi: Konark Publishers PVT LTD, 2001), pp.50-51.

③ Robert S. Ross and Alastair Iain Johnston (eds.), *New Directions in the Study of China's Foreign Policy* (Stanford California: Stanford University Press, 2006), p.88.

④ W. F. Van Eekelen, *Indian Foreign Policy and the Border Dispute with China* (The Hague: Martinus Nijhoff, 1964), p.92.

⑤ Xuecheng Liu, *The Sino-Indian Border Dispute and Sino-Indian Relations* (Lanham: University Press of America, 1994), pp.18-19.

界，中国则否认西藏具有签约权和反对“西姆拉条约”合法。在1954年的《中印协定》中，印度承认西藏是中国的一部分，但没有完全承认中国在西藏的主权，也没有解决中印边界争议。在《中印协定》签署后，两国加强对边界地区的控制，边界摩擦日益频繁起来。1959年，印度同情和支持西藏叛乱集团使中印矛盾进一步加深。在中国平定叛乱牢牢控制西藏后，中印关系走向全面恶化，边界与领土问题成为各自向对方表达不满的途径，也成为施加压力的手段和进行斗争的工具。领土争端与政治斗争同时演变和相互作用，最终导致两国走向边界冲突。

（三）印度对华政策和边界政策的调整及其原因

1959年西藏问题不仅导致了中印关系恶化和边界争端扩大化，还对印度对华和平共处政策形成巨大挑战。1958年10月到1959年8月，尼赫鲁政府对华是坚持和平共处政策，对西藏问题的反应相对克制，力图稳定对华关系。在西藏叛乱发生之初，尼赫鲁批评印度媒体夸大其词，反对议会讨论西藏问题。然而，随着印度国内支持西藏叛乱和反对中国的情绪高涨，尼赫鲁也逐渐顺应和支持印度国内的激烈反应。[①] 4月10日，在议会外交咨询委员会的讲话中，尼赫鲁对西藏问题感到忧虑，不希望让中印关系恶化，强调迫切需要避免冷战气氛紧随着西藏发生的事件之后来到印度。但他又认为，西藏叛乱的基础根子深深地扎在民族情绪中。

对于尼赫鲁的西藏问题立场与政策，印度反华势力并不满意，认为印度政府没有采取更为强硬的实际措施支持西藏和反对中国，因而加大了对尼赫鲁的批评和指责，尼赫鲁政府面临的国内政治压力进一步增长。1959年9月7日，正是在反对舆论的压力下，印度政府发布中印关系白皮书，将中印两国关于边界争议的外交交涉文件公之于众。然而，印度政府公布白皮书反而招致反华势力潮水般的批评，指责尼赫鲁政府放弃领土和隐瞒

① J. Nehru, *India's Foreign Policy-Selected Speeches: 1946-1961* (New Delhi: The Publication Division, 1961), p.317.

信息，要求印度改变对华政策和对外不结盟政策。在巨大的压力下，尼赫鲁采取将中印外交交涉文件快速公开的政策，从而丧失了对华外交政策主导权。此后，印度对华政策为强硬声音主导，可以说，印度公开白皮书使中印敌视共存公开化。①

在公众舆论主导印度对华政策后，印度对华政策和边界政策日益强硬化和僵化。在空喀山事件前，尼赫鲁还曾致力于对中印紧张关系降温，试图控制事态发展，如以阿克赛钦不重要安抚公众、控制媒体议会轰炸式反华、降温对边界冲突事件的反应、否认中国对印度的边界压力和中印冲突即将出现、同意在边界不使用武力和维持现状，等等。1959年9月12日，尼赫鲁在印度人民院回答议员质询时还说，中印西段边界并不清楚，阿克赛钦归属是一件可以争论的事。但在外交部研究人员戈帕尔主张阿克赛钦属于印度后，尼赫鲁改变阿克赛钦可以谈判的立场，在对华交涉中的立场也强硬化。② 在9月26日写给周恩来的信中，尼赫鲁说："除非中国军队先从他们目前在传统边界的印度这边据有的哨所撤出，并且立刻停止进一步的威胁和恐吓，谈判是不会有成效的。"③ 尼赫鲁还将边界问题与印度国家尊严相连，指责中国相当随便地对待甚至企图欺侮印度。

在空喀山事件后，尼赫鲁对华态度进一步变化，他说："谈判的大背景是我们在与中国人的条约中处理了藏印之间的所有遗留问题。在他们的脑中他们想改变整个印藏边界并在后来提出，但似乎不是很直接或公正地提出。"他还说，中国变成大国是依靠人民的能力或士兵的征服，换句话说就是依靠中国帝国主义，中国以帝国主义方式成长和进入西藏，中国只在很小程度上重视印度友谊。"然而，事情十分严峻，因为我不知道中国人的大脑如何工作，我对近来发展感到奇怪。""很可能西藏的发展让中国

---

① B. R Deepak, *India and China 1904-2004: A Century Peace and Conflict* (New Delhi: Manak Publications Pvt. Ltd, 2005), p.195.

② Jagat S. Mehta, *Negotiating for India: Resolving Problem through Diplomacy (Seven Case Studies 1958-1978)* (New Delhi: Manohar Publishers & Distributors, 2006), p.74.

③ 《关于中印边界问题》(学习文件和参考资料)，时事手册社，1960，第36页。

政府愤怒和失望。可能他们是对我们所做的作出强烈反应，如我们给达赖避难权。我们尽力走中间路线。我们尊重达赖喇嘛。这不意味着我们在每件事上与他们一致……但是，毫无疑问这些已经并继续影响着中国人的想法。可能因为这个原因他们采取了强硬态度。但我们不得不坚持我们的立场。”① 面对所谓的“中国威胁”，印度政府采取了新措施，指示驻外大使宣传中国侵略，命令军队接管西北边界防务。

印度政府对华政策强硬化的原因，坎蒂·巴杰帕伊认为，1950年代尼赫鲁对华政策面临着三大基本问题，一是整个1950年代公众和右翼政党反对他的对华政策，二是1950年代末边界局势日益紧张，三是印度日益卷入西藏问题和1959年3月达赖在印度避难，这些问题成为印度对华政策的对抗性矛盾并必然导致1962年边界战争。② 中国方面则认为，印度对华政策是和平共处与防范戒备并行的双轨政策，但印度并没有处理好这两者的关系。③

实际上，印度对华强硬化首先是因为尼赫鲁政府不愿放弃在西藏的利益与影响所致。长期以来，印度国内精英有着西藏情结，将西藏看作印度文明圈的组成部分，强调印藏在历史、文化、宗教、文字、语言、经济等方面的联系，认为“西藏从来不是中国的一部分”。S.辛格认为这种西藏观是印度对华政策转变的原因：“无论如何，1959年一旦中国发动一次反对西藏传统文化的全面运动，在印度迸发出将所有人卷入的对西藏的强烈而广泛的同情，迫使尼赫鲁转变政策路线。”④ 最初，尼赫鲁政府对藏政策刻意模糊，接受中国控制西藏的同时又强调西藏自治，优先改善与发展与中国关系的同时，又努力保持与西藏的关系。印度的实质目的是保持在西藏的

① J. Nehru, *India's Foreign Policy-Selected Speeches: 1946-1961* (New Delhi: The Publication Division, 1961), pp.352-353.

② Kanti Bajpai and Amitabh Mattoo (eds.), *The Peacock and the Dragon: India-China Relations in the 21st Century* (New Delhi: Har-Anand Publications Pvt Ltd, 2000), p.277.

③ 吴永年、赵干城、马孆：《21世纪印度外交新论》，上海译文出版社，2004，第236页。

④ S. Singh (eds.), *India and China: Mutual Relations* (New Delhi: Anmol Publications Pvt. Ltd., 2006), p.22.

利益与影响，至少是将西藏保持为中印之间的缓冲区。由于无法阻止中国直接管理西藏，印度主要是致力于维持西藏的高度自治。但是，中国的民族区域自治与印度期待的西藏“自治”差异较大，印度对中国政府在西藏加强管理十分不满，认为这会损害印度在西藏的经济利益和政治影响。中国则对印度继续保持在西藏的联系与影响十分警惕和敏感，西藏高层借助外来势力特别是印度来抗衡中央政府更加剧了中国的担忧，1958年中国政府为此否决了达赖集团对尼赫鲁访问拉萨的邀请。1959年初，西藏上层与中国中央政府走向公开对立。尼赫鲁政府希望保持西藏高度自治地位，只是迫于现实不得不再次理性地拒绝直接干预西藏问题，但印度国内舆论是毫无顾忌地发表激烈的反华言论和要求印度政府采取强硬政策支持西藏独立。随着西藏叛乱快速走向溃败，印度政府日益卷入西藏问题，对国内反华舆论不作为乃至有意利用，热情地收留达赖及其追随者，纵容达赖集团在印度从事反华分裂活动，甚至对西藏实施经济制裁，对华和平共处政策发生转折性变化。S.斯瓦密的理解是，1959年尼赫鲁才意识到麦克马洪线合法性与西藏主权地位相连，此后他成为事件的囚徒，并使印度毫无准备地进入1962年战争。[①]

其次，尼赫鲁对华政策面临巨大的内外压力。独立后，尼赫鲁对内采取社会主义计划经济和对外实行不结盟政策，一直不为反对派接受，利用中印在西藏和边界问题上的分歧和矛盾，反对派对尼赫鲁施加压力，指责他出卖印度和讨好中国，甚至国大党右翼也对尼赫鲁十分不满。在国内压力下，尼赫鲁尽力在国内反华舆论和中印友好间维持平衡，但他经常面对的是两难境地。如面对印度媒体破坏中印关系，尼赫鲁呼吁媒体帮助阻止民众情绪化，但因担心失去与公众的联系，他不仅不敢限制媒体，还被迫保护这一破坏他调和中印争端努力的压力团体。[②] 尼赫鲁采取平衡政策的

---

① Subramanian Swamy, *India's China Perspective* (New Delhi: Konark Publishers PVT LTD, 2001), p.50.

② Yaacov Y. I.Vertzberger, *Misperceptions in Foreign Policymaking: the Sino-Indian Conflict, 1959-1962* (Boulder. Colorado: Westview Press, 1984), p.146.

结果是招致各方的攻击与不满，如中国对印度的不信任与敌视日益增长，杨公素指责印度一直抱有广泛的称霸野心，1959年西藏叛乱后尼赫鲁失去了控制西藏的可能，他就在边界问题上压制中国，想把他记录的两国总理的谈话公开出来，逼中国承认“麦克马洪线”，在中国作出澄清后，他大为恼火，声称他受了中国的欺骗。[①] 中国政府认为尼赫鲁政府是大资产阶级政府，于是采取以斗争求团结的留有余地政策，“又争取，又批评，又团结，又斗争，有理有利有节”。[②] 最终，“来自议会反对党派以及媒体的巨大压力和中国的嘲讽与责骂迫使尼赫鲁对华采取强硬态度”。[③] 印度华裔学者谭中也指出，尼赫鲁在中印边界谈判中饱受国内外压力，在中国方面他不是周恩来的对手，在印度这一边，他受右派、亲美派与民族主义政客的严厉指责，说他出卖印度、过于迁就中国，甚至他身边的国大党领袖也警告说：“你让步我们就揪你下台！”最后，“脾气大、性子急、主观强、面子重的尼赫鲁因为被两面夹攻而渐失理智，来了个180度的转弯”。[④]

最后，最为重要的原因是在西藏叛乱特别是空喀山事件后，印度对华认知发生根本性改变。1954年后，印度对“中国威胁”的感知日益增长，认为位于亚洲中央并占领亚洲四分之一领土的中国占有地理优势，快速增长的人口、军队力量、经济基础、军事意识、自信信念、统治体制等使中国具有潜在优越性。印度还认为中国共产党对印度抱有深深的怀疑和仇恨是十分明显的，主要原因是：(1）印度倾向于继续作为一个民主国家并不愿加入共产主义阵营；(2）印度与锡金、不丹的关系；(3）印度对西藏及其人民的善意同情；(4）印度经常试图领导亚洲事务。[⑤] 印方认为，中国反印倾向还逐渐明显，提出解放不丹和锡金、限制印度西藏贸易、侵略印度

---

① 杨公素：《沧桑九十年——一位外交特使的回忆》，海南出版社，1999，第262页。

② 中华人民共和国外交部、中共中央文献研究室编：《周恩来外交文选》，中央文献出版社，1990，第276页。

③ 谭中主编：《中印大同：理想与实现》，宁夏出版社，2007，第353页。

④ 谭中：《中印关系的回顾与展望——欢迎“中印友好年”》，2007年8月24日，http://www.caogen.com/blog/Infor_detail.aspx?ID=79&articleId=2160

⑤ P. C. Chakravarti, *India's China Policy* (Bloomington: Indiana University Press, 1961), p.147.

边界等。1959年西藏叛乱后，中国反印立场更为明显，在国内掀起反印浪潮，通过修筑公路和检查站来加大边界控制行动，中国驻印大使馆发行指责尼赫鲁的文件，等等。随着对华不满和不信任感的增长，尼赫鲁对华看法改变，史敦本·霍夫曼将尼赫鲁的新中国观总结为：中国自高自大并充满优越感；中国是有着好斗心理的一个革命的、不满的政权；历史上，中国国力强大后倾向于对外扩张；目前中国对印政策的基本特点是中国中心主义和民族主义的，并得到中国的共产主义意识形态支持；中国对达成某种印度能够接受的边界协议没有兴趣。[①] 总之，尼赫鲁认为中国敌视并开始威胁印度，印度政府需要采取更为强硬的措施和手段应对中国的挑战。

二、从历史法律方式到军事方式：尼赫鲁政府边界政策强硬化

1947年独立后，印度延续英国的边界推进政策，利用中国的混乱和西藏的衰弱，按照己方主张在中印边界地区控制和侵占领土。随着1953年中国人民解放军进入西藏和接管边防，中印边界形势复杂化、紧张化，但1958年中国修路事件在印度发酵前，中印主要是按照和平共处五项原则处理边界争端，从而保持了边界地区的和平与安宁。尼赫鲁和克里希那·梅农等都认为中印边界应该以和平方式处理，解决办法是沿着喜马拉雅山创造一条如同加拿大和美国边界那样的和平和友谊的边界。[②] 然而，1959年中印关系日益恶化后，中印边界争端扩大化，1954年以来两国避免边界冲突的默契消失，尼赫鲁政府改用新措施加强其领土要求和限制“扩张主义的中国”，一方面致力于和平处理，与中国进行外交交涉和举行两国总理会晤，另一方面以前进政策显示维护印度利益的决心与行动。然而，印

① Steben A. Hoffmann, *India and the China Crisis* (Berkeley: University of California Press, 1990), p.55.

② 〔印〕卡·古普塔：《中印边界秘史》，王宏纬、王至亭译，中国藏学出版社，1990，第9页。

度学者指出，印度采取明确的“法律立场”使中国也提出法律方面的反要求，[①] 尼赫鲁政府放弃早期灵活的政治处理手段，代之以“法律处理”，边界争端实际上成为零和游戏。[②] 印度在边界地区的前进政策最终激起中国的防卫行动乃至自卫战争。

（一）中印关于边界问题的外交交涉与立场分歧

在中印边界争议因中国修路事件公开化后，两国总理开始就边界问题进行信件交流。1959年3月西藏叛乱发生后，中印总理关于边界的交涉一度中断，但因两国边界争端走向扩大化，两国总理交流再度开启。1959年9月8日，周恩来致信尼赫鲁，第一次全面阐述了中国的边界立场，即：1. 中印边界从未正式划定，中国绝对不会承认麦克马洪线；2. 中国积极寻求对双方公平合理的解决办法，在边界问题解决之前绝不片面改变两国边界久已存在的状况；3. 西藏叛乱后是印度越过边界线侵占中国领土导致中印边界局势日益紧张；4. 希望印度按照和平共处五项原则处理边界问题，撤回越境的印度军队和行政人员，恢复两国边界久已存在的状况。[③] 在全国人民代表大会常务委员会扩大的第六次会议上，周恩来还做了关于中印边界问题的报告，全国人大常委会批准该报告并通过关于中印边境问题的决议。人大决议对印度军队侵略中国领土和印度国内右派煽动反华运动表示遗憾，希望能够通过谈判，根据和平共处五项原则来解决中印边界问题。决议还指出，一部分反华势力利用西藏叛乱和边界争议破坏中印关系，印度政府也利用机会从军事、外交以及舆论对中国施加压力，迫使中国接受

---

① Giri Deshingkar, “India-China Relations: The Nehru Years,” *China Report*, 1991, Vol.27, No.2, p.94.

② Mira Sinha, “China: Making and Unmaking of Nehru’s Foreign Policy,” *China Report*, 1979, Vol.15, No.2, p.51.

③ 《中华人民共和国对外关系文件集（1959）第六集》，世界知识出版社，1961，第102—108页。

印度在两国边界问题上的片面主张。[①] 通过总理通信、人大决议以及报刊文章，中国试图通过争论说服印度接受中国立场，至少是让印度回到和平协商的轨道上来。此后，中国政府忙于组织国庆十周年庆祝活动，主要媒体停止发表中印双方有关中印边界问题的言论、行动、消息和文章。

然而，中印边界辩论不仅没有解决分歧，还招致印度更为强硬的回应。1959年9月12日，印度议会激烈争辩印度白皮书和周恩来9月8日信件，反华议员对印度对华政策和边界政策展开了猛烈攻击，主要是指责政府隐瞒信息、对华妥协、忽视侵略并丧失领土，要求政府采取对华强硬政策反对中国侵略边界。在议员攻击的压力下，尼赫鲁表态印度不会屈服于武力以及以后会在议会公开讨论中印边界问题，他还攻击中国的领土要求及其理由，重申印度的边界立场是可以依据事实进行小的领土调整和反对中国的领土要求。[②] 9月26日，尼赫鲁写给周恩来一封长信，他首先说他对周恩来9月8日信件感到非常惊异和伤心，然后对周恩来的来信内容进行逐条批驳，反对印度边界是英国侵略产物，否认印度对中国施加种种压力，指责是中国而不是印度破坏边界现状，接着从国际条约、分水岭、行政管理等方面论证印度边界主张的合法性和合理性，反对所谓的英国和印度地图片面改变中印边界、印度军队在西藏叛乱后节节逼近、印度人员侵越中国领土、印度包庇西藏武装分子、印度飞机侵犯中国领空、印度地图划走中国领土、印度导致中印边界紧张局势等说法，最后尼赫鲁再次对中国向印度提出大片领土要求表示遗憾和惊奇，表示“没有一个政府可能就这些构成它们领土组成部分的这样大块的地区的前途进行讨论”。[③]

如何看待中印关于边界的辩论及其后果呢？长期以来，尼赫鲁政府以迂回政策处理中印边界问题，一边利用新中国立足未稳之机加紧抢占以制

① 《中华人民共和国对外关系文件集（1959）第六集》，世界知识出版社，1961，第116—117页。

② Nancy Jetly, *India China Relations, 1947-1977: A Study of Parliament's Role in the Making of Foreign Policy* (New Delhi: Radiant Publishers, 1979), pp.90-98.

③ 《中华人民共和国对外关系文件集（1959）第六集》，世界知识出版社，1961，第151—162页。

造既成事实，一边通过对华友好和在国际场合支持中国来获得中国对边界现状的承认。尽管印度利用有利时机在中段和东段侵占了中国大片领土，但未能得到中国的承认。中国修路事件特别是西藏叛乱后，中印友好关系终结，中印边界争议走向公开化和扩大化，在两国民族主义情绪高涨的情况下，边界问题成为两国关系中的首要问题，十分敏感和难以掌控，也无法回避。中印公开辩论使两国边界立场分歧暴露无遗，双方在法律和历史事实方面争执不下，外交和政治处理变得非常艰难。面对国内对印度政策软弱、丧失机会等指责，尼赫鲁的做法是将责任转嫁到中国身上，有意误解或过度解读1954年周恩来关于地图的说法、1954年《中印协定》关于六个山口的处理，以及1956年周恩来对麦克马洪线的表态，试图形成中国背信弃义、刻意蒙骗的印象。然而，中印边界的事实是印度的立场与主张存在较多问题，无法在辩论中说服中国，反而在印度国内形成了不尊重中国边界立场和利益诉求的错误认识。时至今日，印度对50年代中国边界政策的看法依旧是：中国有意拖延边界处理，中国的立场是边界争端存在，中国在西藏地位不稳时中国人就中印边界给予印度模糊的答复，在地位稳定后就采取强硬立场。[①]

在中印高层就边界争议进行交涉之时，规模更大的边界冲突于10月21在空喀山口附近出现，中印外交部门照旧进行了一番抗议与反抗议，印度国内又出现反华情绪高涨的群情激奋局面。

如何处理中印边界冲突呢？1959年11月3日，毛泽东在杭州工作会议上建议：为避免纠纷，我建议考虑在整个边境线双方各退20公里，搞一个无枪地带，只许不带武装的民政人员照旧管理，以待谈判解决。你尼赫鲁说撤出朗久，我就扩大成整个边界线，我们爱好和平就达到极点了。周恩来说：中间有个无枪地带，是很主动的，他来了，仅仅接触，你说你的，我说我的，吵一顿，没有枪，总打不起来。毛泽东又说：我看两国总理可

---

① Ajay B. Agrawal, *India Tibet and China: the Role Nehru Played* (Mumbai: NA Books International, 2003), p.105.

以见面，在北京或新德里，我有一个盘子，就是要和平。由两国总理通信的办法，恐怕比较好。[①] 根据毛泽东的指示，周恩来在11月7日写给尼赫鲁的回信中，不再纠缠于两国边界立场问题，只简单提及尼赫鲁9月26日来信中包含着许多为中国政府所不能同意的观点。他着重的是采取有效措施维持中印边界现状，为此提出中印武装部队从双方实际控制线各自后撤20公里以及双方在中立区只保留民政人员和非武装警察的建议，并提议两国总理在最近期间就边界问题和两国关系中的其他问题举行会谈。[②] 此后，中印主要交涉的是举行边界会谈问题。

在1959年11月16日给周恩来的回信中，尼赫鲁欢迎中印总理会谈，但以讨论要有成果为名要求先达成一项缓解紧张局势并防止局势恶化的过渡性谅解，然后再确定会晤的合适时间和地点。他的处理局势建议是：在中印边界中段和东段，双方前沿哨所都不派出巡逻队，中方撤出朗久，印方也不再重新占有，兼则马尼属于印度；在中印边界西段，他反对陷入关于现状的争议泥潭，采取防止冲突的过渡措施，即印方撤退到中国1956年地图所标明的国际边界以西，中方人员则撤退到印度政府以前的照会和信件中所描述的和官方地图所标明的国际边界以东。[③] 尼赫鲁的建议实质是在印度控制的边界争议区东段、中段维持现状，在主要由中国控制的西段建立中立区，这种不公平的谈判前提自然为中国拒绝。12月17日，周恩来对尼赫鲁的来信作出答复，他欢迎印度政府的双方边界哨所停止派出巡逻队的建议，但要求双方在所有争议地点都不派驻武装人员和全线停止巡逻，反对将边界西段特殊化。周恩来还强调中印边界从未划定，否认中国实施侵略和挑起争端，他提议12月26日在中国或者仰光举行中印总理会谈，以便首先达成一些原则性的协议，作为双方具体讨论和解决边界问题

---

① 中共中央文献研究室编《周恩来年谱（1949—1976）》（中卷），中央文献出版社，1997，第265—266页。

② 《中华人民共和国对外关系文件集（1959）第六集》，世界知识出版社，1961，第117—119页。

③ 同上书，第175—179页。

的指导。[①]

对于是否开展中印边界会谈，印度国内进行了激烈的争辩与斗争，国内压力还使尼赫鲁对中印会谈的态度出现了多次反复。在空喀山事件后，印度反对党就开始要求尼赫鲁政府对华采取强硬政策，要求将中国接受印度边界主张和退出印度领土作为谈判前提。在12月17日周恩来再次提出中印总理会谈建议后，印度反华势力激烈反对开启中印谈判，主要理由是：中国是争取时间在印度的喜马拉雅山边界组织行动和威吓喜马拉雅山地区小国，中国的答复没有留下谈判余地，不应该在没有结果的通信上再浪费时间，继续进行没有结果的谈判会使人民对政府抵抗侵略的能力丧失信心，印度的政治气氛不利于谈判，等等。[②] 迫于国内压力，在12月21日给周恩来的回信中，尼赫鲁以等待中国答复和继续讨论为由委婉拒绝了周恩来的会晤建议，当然，他也没有关上谈判大门，在信中又说“我始终准备同阁下会晤讨论我们两国之间悬而未决的分歧并且探讨解决的途径”。[③] 与此同时，尼赫鲁也拒绝了反华势力提出的诸如经济制裁、警察行动、地方战争、重建西藏缓冲区等对华强硬手段。A.N. 米什拉（A.N. Mishra）认为：“在此阶段，指导印度在边界问题上的对华政策的是警惕、警觉以及关注，而不是消极、领土收复主义或失败主义。”[④] 然而，在国内压力下，尼赫鲁又多次强调中印边界立场存在基本差异，没有谈判的基础和桥梁，他还以谈判失败会导致更为糟糕的结果为由拒绝中国的谈判提议。对于尼赫鲁这种反复无常的表态，印度学者格瑞拉尔·简的看法是，尼赫鲁对谈判不是不感兴趣，在巨大的国内压力下，他不得不讲两种语言，一是安抚国

---

① 《中华人民共和国对外关系文件集（1959）第六集》，世界知识出版社，1961，第119—124页。

② Nancy Jetly, *India China Relations, 1947-1977: A Study of Parliament's Role in the Making of Foreign Policy* (New Delhi: Radiant Publishers, 1979), pp. 113-117.

③ 《中华人民共和国对外关系文件集（1959）第六集》，世界知识出版社，1961，第179—180页。

④ A.N. Mishra, *The Diplomatic Triangle-China India America* (Chauhatta: Janaki Prakashan, 1980), p.289.

内舆论，一是暗示中国谈判处理仍有可能。[1]

鉴于印度政府要求在中国作答复后再讨论下一步行动，为了开启中印谈判，中国外交部在12月26日复照印度驻华大使馆，就有关边界事实的几个主要问题作出进一步的申述。中国照会首先强调因中印边界十分复杂应该举行两国总理会晤，然后详细论证了中国的边界立场与主张，即中印边界从未正式划定；中印边界传统习惯线中方主张更为合理；中国的维持现状、避免使用武力和依据和平共处五项原则谈判是全面解决中印边界争端的正确途径。在反驳印方的中国曾经同意印度边界主张、中国破坏边界现状以及中国采用武力实施侵略扩张的说法后，中国指出中印边界问题当务之急是双方就中印边界未定和通过谈判解决达成共识以及采取有效措施维护两国边界的现状与安宁。[2]

收到中国复照后，尼赫鲁在1960年2月5日作出答复，他邀请周恩来作为"尊敬的客人"在3月前往印度。他强调指出："我想我们应该作一切努力来探索可能导致和平解决的各个途径。虽然在你们所建议的基础上不可能举行任何谈判，我仍然认为我们进行会晤可能是有帮助的。"[3] 此前尼赫鲁一直明确拒绝进行无条件谈判，他的会晤邀请让很多人感觉意外，在印度议会和媒体也引起了激烈的争论与反对。如《印度时报》发文指责，在没有进行低级预备性谈判的情况下中国总理邀请尼赫鲁举行最高级会谈，不过是无耻的宣传阴谋，目前同中国进行谈判意味着印度丧失自尊心和自我利益，意味着印度承认中国关于同西藏的整个边界没有划定的说法，这等于一种直截了当的姑息，印度将被迫对这种姑息付出高昂代价。在议会，人民社会党和自由党的议员们联合提出一项临时动议，要求讨论政府对华政策发生突然的、不应有的根本改变而造成的局势。在议会

① Girilal Jain, "The Border Dispute in Perspective," *China Report*, 1970, Vol.6, No.6, p.62.

② 《中华人民共和国对外关系文件集（1959）第六集》，世界知识出版社，1961，第125—148页。

③ 《印度新闻处发表：尼赫鲁5日给周恩来总理的信件》，《参考消息》1960年2月11日，第1版。

讨论中，许多反华议员要求在中国撤军和接受麦克马洪线后才可以进行谈判，少数议员还完全反对中印谈判。尼赫鲁极力为中印会谈辩护，表示会晤和谈判之间有区别，否认中印会谈与苏联有关，他还区分坚持政策和拒绝与对手谈判，警告中印冲突将在长期化下不得不保持交流渠道。[①]印度为何突然接受中印边界会谈呢？首先是中国为了促成会谈做了很多缓和中印关系的工作。中印两国都主张和平解决边界争端，但谈判迟迟不能开启，除了基本立场差距较大外，还与两国互不信任和双边关系紧张有关。为了让印度坐到谈判桌上，中国外交部门通过签署中缅边界协定向世界特别是印度显示，中国愿意也可能通过和平方法解决边界争端。为了缓解中印紧张关系，1960年1月26日，周恩来总理和陈毅外长参加了印度大使馆举行的庆祝印度独立的招待会，并发表了非常富有和解精神的谈话。与此同时，冬季大雪封山冻结了喜马拉雅山的边界，中印边界局势趋于缓和。北京的友好姿态也得到印度的回应，印度政府决定让奉召回国述职的印度驻华大使返回北京任所，在班加罗尔国大党会议上尼赫鲁一直避而不谈中印边界问题。

其次，尼赫鲁接受中印会谈与国际舆论压力有关。尽管同意中印总理会晤，印度态度显得十分勉强，不断给中印会谈泼冷水，强调中印没有谈判基础、会谈不会解决中印争端。尼赫鲁接受中国谈判建议实际上是迫不得已而为之，因为中国与缅甸、印度尼西亚和平解决双边争端给印度造成巨大的舆论压力，如果印度一味拒绝举行谈判就会处于理亏的地位，就会沦为和平破坏者。

再次，尼赫鲁接受谈判还与苏联因素有关。1960年2月，赫鲁晓夫成功访问印度，印度希望中国在苏联压力和劝说下作出让步，尼赫鲁还感觉继续拒绝峰会将会削弱未来苏联在中印冲突中的对印支持。[②]

---

① Nancy Jetly, *India China Relations, 1947-1977: A Study of Parliament's Role in the Making of Foreign Policy* (New Delhi: Radiant Publishers, 1979), pp.120-124.

② S. Singh (eds.), *India and China: Mutual Relations* (New Delhi: Anmol Publications Pvt. Ltd., 2006), p.253.

最后，中印会谈也符合印度国家利益和尼赫鲁的谈判处理立场。尼赫鲁一直强调通过和平方式解决中印争端，开展中印会谈有很多的压力和风险，但也有不少好处，如可以缓和两国紧张关系和非正式地探讨将来解决的前景，尼赫鲁还希望亲自了解中国的行动意图以及是否有说服中国的希望。

1960年4月19日到25日，周恩来总理一行为解决边界问题赴新德里与尼赫鲁会谈。印度政府十分冷淡地接待了中国代表团，在六天时间里尼赫鲁安排主张对华强硬的总统、副总统以及几位内阁官员与周恩来等会谈，宣扬印度立场和对中国施加压力。尽管尼赫鲁主张和平处理并顶住国内压力开启中印总理会晤，但他坚持中印边界已经划定和反对中国的互谅互让主张，拒绝成立中印边界问题联合委员会，中印会谈自然难以取得成果。在对外发表的会议联合公报中，两国承认会谈没有取得解决现存分歧的结果，决定6月到9月两国官员进一步对双方所占有的事实材料进行审查、核对和研究，最终拟出报告，在此期间双方应该作出一切努力来避免在边境地区发生摩擦和冲突。①

周恩来对印度起草的联合公报感到不满，因尼赫鲁坚持他也只有接受。在回国前的最后一天（4月26日），周恩来决定在新德里单方面召开记者招待会，以让外界知道中国致力于和平处理边界问题。在招待会上，周恩来再次重申中国政府和平协商、互谅互让的一贯主张，并提出六个中印可以找到的共同点或接近点，即：一、双方边界存在争议。二、在两国之间存在着一条各自行政管辖所及的实际控制线。三、在确定边界时，某些地理原则，如分水岭、水谷、山口等应该同样适用于边界各段。四、两国边界问题的解决应该照顾到两国人民对喜马拉雅山和喀喇昆仑山的民族感情。五、在两国边界问题经过商谈得到解决之前，双方应该各守实际控制线，不提出领土要求作为先决条件，但可进行个别调整。六、为了保证

① 《中华人民共和国对外关系文件集（1960）第七集》，世界知识出版社，1962，第80—81页。

边界安宁、便于商谈的进行，双方在边界各段应该继续停止巡逻。[①] 然而，在送走中国代表团后，尼赫鲁就在机场对记者说中国进入印度的领土就是侵略，他接着前往人民院报告中印会谈经过，对周恩来提出的六个共同点或相近点进行逐条否定。[②] 尼赫鲁的做法让中国十分恼火，陈毅外长在尼泊尔举行的记者招待会上愤怒地强调中国是一个受损害的国家。[③]

按照中印总理会谈约定，1960年6月到9月中印双方官员会晤对两国政府所占有的事实材料进行审查、核对和研究。6月15日到7月25日，第一次会晤在北京举行，主要是讨论会晤议程，最后确立议程大纲是：1. 边界的位置和地形；2. 条约和协定、传统和习惯；3. 行政管辖；4. 其他。确立议程后，中印官员讨论了边界的位置和地形，双方交换了地图并叙述了各自主张的边界线位置。涉及第二、第三项议程的第二次会谈在德里举行，由于会晤时双方官员需要宣读自己的发言稿，并要经过澄清问题与评论环节，会谈进展缓慢，直到1960年9月底才结束审查双方所占有的事实材料的全部工作，不得不延长原定会晤结束时间。11月7日，中印官员第三次会议在仰光进行，主要是完成写出报告的任务。因双方分歧很大找不到共同点，中印官员不得不将各自对边界的主张、阐述、关于对方要求的评论等发言汇集，最后通过一段两千字左右叙述会晤过程的文字将两个报告合成一个报告。

从中印会谈过程以及共同报告来看，两国会谈没有达成一致，双方在谈判目的、边界观念、边界立场以及处理方式等方面都存在难以弥合的分歧。

首先，从谈判目的看，双方都希望达成最终协定，并同意首先要维持边界现状和避免冲突，但印度认为的边界现状是1959年9月8日前的中印边界情况，中国界定的边界现状是谈判之时的边界情况，实际上，印度关

---

① 《中华人民共和国对外关系文件集（1960）第七集》，世界知识出版社，1962，第83页。

② Ajay B. Agrawal, *India Tibet and China: the Role Nehru Played* (Mumbai: NA Books International, 2003), p.144.

③ 《中华人民共和国对外关系文件集（1960）第七集》，世界知识出版社，1962，第102页。

注的是中国从所谓占领区撤走的方式和时间表，此后可以在历史证据的基础上考虑边界要求，中国则急于以谈判阻止印度的前进政策，接着通过和平协商安排产生新的中印边界，并要求考虑中国在当地的军事实际。中国无法阻止印度进一步前进，印度也无法强迫中国撤出印度要求区，中印边界局势没有安定下来，双方就维持何种现状争执不下，更不可能达成最后的边界协议。

其次，从边界观念和处理方式看，中印之间也存在明显的差异。印度边界主要形成于英国殖民统治时期，按照欧洲以条约划分边界的惯例，英印政府与大多数邻国签约并划分了边界，但由于地理、气候等方面的障碍以及中国的规避政策，中印边界并没有通过签署条约的方式正式划定。独立后，印度继承英国边界遗产和推进政策的同时，提出自己的历史边界观念，主张印度边界线不仅仅是殖民时期英国官员的制造物，印度前殖民历史、自然地理和其他非英国影响应当进入现代边界的决定。在印度看来，中国的谈判立场是试图诋毁印度国家的历史真实性，一个真正的国家不会被要求谈判其历史形成的边界。[①] 印度历史边界观将中印边界与印度国家身份相连，与独立后印度国家身份危机有关。而一旦保护领土与国家的存在相连，印度人关注的是国家统一、发展以及清晰而有说服力的国家身份所需的“安全”或“不可侵犯”的边界，并忽略了边界制造过程中的暴力。[②] 然而，历史事实是印度在历史上分裂多统一少，即使有少数几个大的封建王朝，存续时间也不长，统治疆域有限，印度成为一个涵盖次大陆大多数地区的国家是英国殖民征服和统治的结果，中印边界也是英国侵略蚕食周边国家和地区的结果，印度将自己控制区以及从未管理的要求区称作历史边界，自然不被中国政府接受。

中国边界的形成情况与印度完全不同，在封建时代的亚洲地区，国家

---

① Steben A. Hoffmann, *India and the China Crisis* (Berkeley: University of California Press, 1990), p.114.

② Kanti Bajpai and Siddharth Mallavarapu (eds.), *International Relations in India: Theorizing the Region and Nation* (New Delhi: Orient Longman, 2005), p.264.

之间没有明确的边界划分，只有模糊的边疆区域，通过签署条约划分明确的边界线是西方殖民侵略者到来后才出现的情况。近代以来，力量薄弱而疆域广阔的中国成为欧美国家侵凌的对象，不平等条约使中国失去了广袤的领土，废除不平等条约收回权利成为中国民族主义诉求的主要目标和任务。新中国成立后，革命政府反对帝国主义和殖民主义，坚决要求废除不平等条约，但鉴于中国与众多邻国之间的大多数边界没有明确划定，中国政府采取务实态度，许诺保持边界现状，然后通过谈判形成新的边界，与此同时坚决不承认过去的帝国主义侵略结果。

因边界观念不同，中印边界处理方式存在差异。在中国看来，双方协商同意的最终边界要有确切地点、地图详细标记、界碑以及协议，中印边界没有划定，需要通过谈判方式解决。印度主张传统线、条约以及有效管理划界，并认为如被有关各方在一段时间内实际承认，边界可以看作正式确定。高塔姆·夏尔马将中印边界处理方式总结为：中国提出的边界处理方式是正式划界，印度采用的方法被看作是历史划界。①

再次，从边界立场看，中印在历史和法律观念方面都存在巨大分歧，这也是两国争论不休的问题。国际法关于陆地边界争端处理方式先看有无有效条约，如无再看占领原则，如再无就看分水岭等地理特征，但中印在有关边界争议区的条约合法性、有效管理、天然边界等方面都存在巨大的认知分歧。在条约合法性方面，印度认为印度地图上所标明的中印边界，大部分是有国际条约依据的，中国则认为中印边界大部分为国际条约划定的说法并不符合历史事实，双方主要争论的1842年条约、1954年《中印协定》以及1914年“西姆拉条约”等的合法性或是否解决边界划分问题。对于1842年西藏与克什米尔、拉达克等地方政府签署的条约，中国的看法是中国中央政府没有签约，事后也没有批准该条约；该条约只是停战协定不是边界条约，条约只是泛泛提到拉达克和西藏将恪守各自的疆界，没有具

① Gautam Sharma and K. S. Nagar (eds.), *India's Northern Security: Including China, Nepal & Bhutan* (New Delhi: Reliance Publishing House, 1986), p.89.

体规定和说明这段边界的位置；1847年中国官员对英国代表提及这段边界，不能证明已经划界；正是中印边界西段没有确定，1899年英国提议同中国政府正式划定这段边界，1921年到1927年英属印度政府要求中国西藏地方政府划定西藏与拉达克之间的边界；1959年8月28日尼赫鲁在印度议会说没有划定过这段边界。印度政府则认为，中国并不是没有参加1842年条约的签署，拥有中国中央官衔的藏人索康喀伦参加了签约，条约的藏文文本清楚表明中国是参加的一方；1847年驻藏大臣信件显示，中国接受和承认1842年条约，没有任何提示说中国政府认为这个条约无效；条约中关于交换货物和礼物的其他条款直到1946年还一直在执行，并没有遭到中国政府的任何阻挠；条约没有明确规定边界线，因为这是众所周知的传统习惯线，条约不是确定而是确认边界；英国1899年建议是指拉达克以北与新疆的边界，而不是东部与西藏的边界。

对于1954年《中印协定》，印方认为，众所周知，1954年没有谈判边界是因为中印没有边界问题存在，在条约中，中国向印方让步列举六个山口作为双方商人和香客的通道，就是表明中国同意印度政府关于这一边界的意见。中方则反驳说，中国的让步只是采纳不涉及这些山口归属的措辞；谈判之前以及开启时中国向印度明确提出谈判不涉及边界问题，印度也表示同意，1954年条约只涉及贸易、文化和交通，不是边界条约；中国不提边界是不想谈判失败；和平共处五项原则并不意味着边界处理，中国与缅甸、尼泊尔都是再划界，印度提出与巴基斯坦签署和平共处五项原则，也不是签署边界条约。

对于“西姆拉条约”，中国的立场是该条约本身没有法律效力，中国中央政府没有正式签约并多次正式声明英国和西藏签署的条约或类似文件中国一概不能承认；西姆拉会议只讨论了内外藏边界，从来没有讨论中印边界，所谓麦克马洪线是英国代表和西藏地方代表以秘密换文的方式产生的；西藏代表并没有进行外交谈判和签约的权利；按照1907年《英俄协定》的规定，英国也不能不通过中国单独与西藏进行任何谈判；秘密换文后很长时间内，英国不敢公布有关文件，也不敢改变地图上关于这段边界历来的画法；中国并没有默认麦克马洪线，国民党政府多次抗议印度侵占麦克马洪线以南的中国领土和否认“西姆拉条约”，西藏地方政府还要求印度归还线南被印度侵占的领土，新中国从未承认麦克马洪线，中国军队没有越过这条线是为了维持边境的和睦，丝毫不意味着中国政府已经承认了这条线。印度方面则认为，西姆拉会议的安排是中国政府充分知悉并同意的，中国政府并没有在任何时候反对在会上讨论印藏边界；西藏地方政府具有签约权，也不是第一次与别的国家缔结条约，如1904年英国与西藏签约并得到中国驻藏大臣的协助；中国代表知道麦克马洪线并在“西姆拉条约”和附图上签字，中国外交部对印藏边界没有提出任何反对；英国没有公布“西姆拉条约”是希望中国接受整个条约。

关于有效管理，在边界西段，印度认为印度地图显示对西段地区有长期有效的占领，1854年印度地图显示这一地区归中国因印度不知道拉达克地形，1865年了解后才有准确地图。新疆西藏很多名词起源于印度的梵文或帕拉文；印度所说的边界未定指的是没有在地面上标界，而不是没有划定边界；中国说印度只进行了三次巡逻是不对的。中方则认为，中国与拉达克之间确实存在一条习惯线，中国出版的地图历来都是据此划定边界，英国人约翰·瓦克所画地图与中国出版的地图接近，后来英国和印度地图非法把中国大片领土划入英印境内；一个世纪以来英国和印度的地图前后矛盾和混乱，1943年印度测量局出版的官方地图还没有在中印西段划出任何边界，1950年印度官方地图仍然用文字标明是未定界，从1954年起，印度才将未定界变成已定界；西段争议区历来是中国居民放牧和采盐的场所，是连接新疆和西藏东部的唯一交通命脉，这里很多地区是以维吾尔语命名；中国很多年已经管理西段地区，从18世纪中叶起，中国的清朝政府就设立边卡，对这里行驶管辖，进行巡逻；中华民国也经常有部队在这一地区设防；1949年中国人民解放军接管这一地区的边防，1950年解放军通过这里进入西藏，此后解放军长期使用该路线并在1956—1957年修筑公路，解放军设营并进行管理；印度在这一地区没有任何前哨据点，只在1958—1959年进行过三次侵入式侦察，但被中国边防部队扣押并递解出境，此外再没有到过这个地区；印度说没有注意到中国行动，说明印度没有对该地进行密切管理。

在边界中段，中方认为中国长久以来控制这一地区，除了桑、葱莎较早为英国占领外，其他各块争议地区是1954年后才被印度占领；中国西藏地方政府保存着几个世纪以来有关这些地方的封地文书或土地契约；长期生活在这些地方的居民几乎全部是中国藏族。印度代表反驳印度在中段争议山口进行了有效管理，还举出各种证据；印度没有占领波林三多，中国是将之与印度的波林松多混淆；种族考量从来不是决定边界的唯一因素。

在边界东段，印度认为，麦克马洪线以南的部落和阿萨姆山区各部落属于同样的种源，和西藏人没有亲属关系，没有受到西藏文化、政治或其他方面的影响；印度行政管理是逐渐移入这些地区，直到1914年左右还一般是或多或少让这些部落自己照顾自己，在详细地理情况调查的基础上，最终在1914年确定了印藏边界；1906年在伦敦出版的大清帝国舆图与西姆拉会议划界情况几乎一致。中方认为，从17世纪中叶起，中国西藏地方政府就对这一地区行使管辖权，不久以前还由中国行使管辖；当地民族在宗教、经济、文化生活等方面，深受藏族影响；许多资料表明这些部落地区不在英国的领土之列，这些民族也不是英国的臣民；印度出版的地图通常把这一地区画在中国领土之内，1938年以后印度测量局才改变画法，按照所谓麦克马洪线标明边界，但还用未定界符号，1954年印度才改成已定界，印度的画法在国际上没有得到接受，印度援引的英国教会组织、中国内地教会的画法在权威性事实面前是微不足道的。

关于划分边界的分水岭、山脊等自然特征，印度认为，山区的传统边界线总是倾向于沿着主要的分水岭，因为在所有可能的天然边界线中最好的是不会改变、易于辨认的分水岭。在边界西段，印度认为其主张的传统习惯线依据的是印度河水系和中国的和田水系之间的分水岭，具有明显的地理特征；在边界东段，喜马拉雅山山顶形成的分水岭是自然的界线；在边界中段，印度也是主张按照分水岭划分边界。但中方认为，分水岭原则在国际上并不是划界的唯一或主要的原则，尤其不允许借口分水岭到别国境内去寻找边界线；在边界西段，印度主张的传统习惯线切断了印度河水系和和田河水系，中国所画的传统习惯线符合这个地区中方容易进入印度难以进入的地理情况；在边界中段，印度政府提出的分水岭原则不符合双方实际管辖情况，在这段不能适用；在边界东段，中国认为，中印之间的边界未划未勘，大多数沿喜马拉雅山的中印边界是边境，不是边界线，喜马拉雅山有许多分水岭，并没有特别明显的自然线，难以选择其一；印度对中国要求分水岭，但对尼泊尔、锡金以及不丹要求的是沿喜马拉雅山山脚；印度不能以分水岭为由占领中国9万平方公里的领土。

从上可见，中印在条约合法性、有效管理以及地理原则方面存在分歧，这不仅体现两国对于基本历史事实的认识不同，也体现了两国法律观念的差异。如印度主张西藏拥有签约权，中国则反对作为地方政府的西藏能够签署外交条约；印度认为中国没有抗议印度在麦克马洪线以南的管理就是默认印度拥有主权，中国反对默认说法，认为沉默不是默认，中国对主权拥有发言权并在时机成熟时提出；印度认为分水岭是划分边界的天然依据，中国认为分水岭原则在国际上并不是划界的唯一或主要的原则，尤其不允许借口分水岭到别国境内去寻找边界线；印度坚持国际条约合法性不因历史条件或政府变化而取消，中国认为不平等条约违背国际法基本原则，是不合法的，中国有权在任何时间废除和要求谈判签订新约。由于历史、法律认知的不同，中印在两国边界是否已经划定的基本问题上存在不可调和的立场差异。

从1954年提出外交抗议到1960年两国总理会晤，中印关于边界的争议从秘密争端走向公开摊牌，历时六年而毫无结果。对于争辩结果，印度自认为历史法律证据更为充足，指责中国的证据不足并自相矛盾。印度外交部在中印官员会晤后不久发表了一份白皮书，[①] 公布了两国官员会晤情况和详细文件，印方还在白皮书中加上一篇序言性质的文章，说明印度立

---

① Minister of External Affairs, *Government of India, Concluding Chapter of the Report of the Indian Officials on the Boundary Question*, pp.1-51.

场准确合法，证据资料更为充分翔实，以论证印度的边界主张合法和无可争议。印度学者S.P.沙尔马（Surya P. Sharma）还认为，新中国承认关于国家边界确立和保持的国际法规则，但在具体问题上对这些规则的运用采取高度选择性和歧视性的方法，中国在解释和运用这些规则时优先于政治考虑。① 尼赫鲁还相信，中国迟早承认印度要求的正义性，② 为此竭力采取各种手段迫使中国让步，如向来访者分发报告复印件以获得国际支持和迫使中国承认错误和自动改变政策。

然而，许多学者认为，印度边界立场并不是其自认为的那样更为正确。首先，印度使用的历史证据存在问题。如印度学者古普塔就指出："印度外交部历史司在与我们西段边界要求有关的英国统治时期的真正遗产问题上，向我们的政府提供了错误的材料。就东段来说，他们也没有做准备工作，因而没有发现与西藏有关的1929年《艾奇逊条约集》(第14卷）的欺骗性，而此书是奥拉夫·卡罗（爵士）为了谎称'西姆拉条约'既对中藏边界有效也对中印边界有效，并进一步证实麦克马洪线是合法边界而于1938年伪造。"③ 霍夫曼认为，印度以日常活动为证据并自认为证据更为充足，但1962年边界战争以前中国官方对印度边界主张的批评使印度证据的准确性或解释存在问题，1962年后独立学术批评做了同样的工作并产生了更明显的效果，大部分说法成功显示，证据的许多内容可以以其他方式解释。④ 雅科夫·弗尔兹伯格（Yaacovy Vertzberger）还认为，立足历史的双边对话注定失败，对于历史的解释是多面的、模糊的，取决于解释者的

---

① Surya P. Sharma, "China's Attitude to International Law with Special Reference to India-China Border," *China Report*, 1970, Vol.6, No.6, p.73.

② Yaacov Vertzberger, "India's Conflict with China: A Perceptual Analysis," *Journal of Contemporary History*, 1982, Vol.17, No.4, p.619.

③ 〔印〕卡·古普塔:《中印边界秘史》，王宏纬、王至亭译，中国藏学出版社，1990，第52—53页。

④ Steben A. Hoffmann, *India and the China Crisis* (Berkeley: University of California Press, 1990), p.28.

观点。[①]

其次，印度坚持的法律处理原则也存在问题。在边界处理方面，印度自认为法律依据充足，要求以法律方式进行处理。印度划分边界的法律依据主要是1842年条约、1914年“西姆拉条约”以及1954年《中印协定》，但这些条约要么没有明确指出中印边界，要么根本就不是由中印签署的合法条约，不能作为确定中印边界的依据。而且，中印边界问题不是单纯的法律问题，而是包含政治、经济、历史和地理因素在内的综合性问题。雅科夫·弗尔兹伯格认为，在法律方面及按照西方法律标准判断尼赫鲁是否公正，没有实际意义并对中印关系不利。而且，尼赫鲁顽固地坚持其法律主张并忽视中国的政治法律观念，摧毁了两国间最小的意识形态共同点，而中国将之看作是和平共处的基本条件。[②] 印度以法律方式处理国际争端，反对政治处理，实际上堵塞了外交途径，最终导致中印走向武力冲突。

再次，印方还以片面地、违背事实的方式来论证己方观点的合法性。如在默认原则方面，印度常常以中国默认来坚持麦克马洪线，而历史情况是尼赫鲁及其高官很清楚中国反对麦克马洪线的态度，正是担心中国否认该线，尼赫鲁才决定在中印1954年谈判中不提边界问题，并一直采用对中印边界争议“不承认、不谈判”的政策。在以默认原则为由要求中国接受麦克马洪线的同时，印度对在西段缺乏管理和反应寻找各种冠冕堂皇的借口，拒绝适用默认原则。

尼赫鲁僵硬的边界立场及其处理方式，很大程度上源于他无视中国的边界心理，“……他对中国维护自身领土主权完整的决心却怀有偏见，错误地认为中国的共产主义意识形态强化了中国传统的扩张主义”。[③] 尼赫鲁至死都没有意识到他是自以为正确，他认为印度的实力政治行为完全合乎道

---

① Yaacov Y. I.Vertzberger, *Misperceptions in Foreign Policymaking: the Sino-Indian Conflict, 1959-1962* (Boulder. Colorado: Westview Press, 1984), p.219.

② Yaacov Vertzberger, “India’s Conflict with China: A Perceptual Analysis,” *Journal of Contemporary History*, 1982, Vol.17, No.4, pp.613-614.

③ 张力：《印度总理尼赫鲁》，四川人民出版社，1997，第427页。

德，中国同样的行为则完全不道德。[①] 他不尊重或不理解中国拒绝不平等条约的感情和意识形态重要性。为了与印度妥善处理边界争端，中国根据和平共处五项原则与尼泊尔、缅甸达成边界条约，努力显示中国愿意并能够以和平协商方式处理边界争端。但印度政府拒绝与中国重新划分全部的边界，甚至认为中国与缅甸和尼泊尔达成边界协议的目的，是试图孤立印度和准备将一个以中国大量要求为基础的边界协议强加于印度。[②] 印度学者阿肯·韦耐克（Achin Vanaik）指出："尽管关键问题是中国最后采用了武力，但印度也应给予大量指责，因为印度政治妥协不足、拒绝承认中国有着真诚合法的反要求并寻求超越帝国主义所划边界的殖民主义遗产的合理解决方案。"[③] 在尼赫鲁不懂或无视中国边界感情的情况下，中印自然无法在边界问题上建立互信和进行对话。

为了迫使中国向印度边界立场让步，印度还利用中苏矛盾，大力发展与苏联关系以争取苏联对其政策的支持。中国对尼赫鲁公开边界谈判，利用印度国内公共舆论和苏联向中国施压十分不满，1959年开始点名批评尼赫鲁，指责他以不合理要求和众多前提条件让中印边界问题存在。

中印辩论特别是公开外交交涉信息使中印会谈难有进展。在印度外交部公布会晤情况后，中国外交部也于1961年发表了一个"红皮书"，如实地将中印官员会晤中对各项议程的发言及提供的证据都公开发表出来。在双边公共舆论的干扰甚至主导下，中印边界会谈达成妥协更不具有可能性。

（二）印度对中印边界争端的军事反应及前进政策

尼赫鲁时期，印度对华政策实质上具有两面性，在对华友好的同时，

---

① Giri Deshingkar, "India-China Relations: The Nehru Years," *China Report*, 1991, Vol.27, No.2, p.99.

② Steben A. Hoffmann, *India and the China Crisis* (Berkeley: University of California Press, 1990), pp.85-86.

③ Achin Vanaik, "Dealing with China," *Hindu*, January 27, 2001.

也采取防范措施。印度的中印边界政策也有着明显的两面性，一方面采取和平方式避免中印边界冲突，另一方面积极进行军事准备。斯瓦密还认为，1949年后的中印边界争端史显示尼赫鲁公开立场与被当作印度政府政策的个人信念相互矛盾。① 在1949年中国解放新疆后，印度情报局就着手防范中国，开始在列城建站，1951年计划沿边界建立21个检查站，印度军事专家会议还建议阿萨姆步枪队沿东段边界设防。

然而，独立初期印度军事发展限制较多，首先是印度国家资源有限，尼赫鲁政府采取优先经济发展的政策，主张将印度国防费用缩减到最低水平，以全力发展经济；其次印度采取文官控制军队的体制，军人在印度政府中的地位不高、影响力有限。在中国出兵西藏后，印度国内要求加强边界防务呼声高涨，尼赫鲁坚持国民经济优先于国防经济的政策，也表示正常政策是避免战争并同时准备战争，他强调印度政府正在采取在边境地区修建公路和检查站等防务政策。② 但是，整个50年代，印度国防开支平均每年占其国民生产总值的比例仅为1.8%左右，兵力由印巴分治时的30万增至41万。③ 在中印关系因西藏叛乱和边界争端趋于紧张后，印度开始加强防务建设，1960年尼赫鲁任命亲信梅农担任国防部长。上台后，梅农关注军工生产，致力于建立防务工业，大力引入现代制造技术、增加新项目、建立新厂，他还认为自立不是意味着生产一切。然而，印度1961年至1962年度的军费开支也只有32.7亿卢比。因资金不足，梅农的发展雄心受到限制，他不得不下调目标并尽量利用现有工厂和民用企业进行军事生产。④

1960年5月，在中印总理会晤失败后，梅农决定在接近喀喇昆仑山口

---

① Subramanian Swamy, *India's China Perspective* (New Delhi: Konark Publishers PVT LTD, 2001), p.52.

② Nancy Jetly, *India China Relations, 1947-1977: A Study of Parliament's Role in the Making of Foreign Policy* (New Delhi: Radiant Publishers, 1979), p.141.

③ 蒋一国、杨会春、于秀清：《印度国防经济研究》，解放军出版社，2002，第41页。

④ K. T. Varkey, *V.K.Krishna Menon and India's Foreign Policy* (New Delhi: Indian Publishers Distributors, 2002), p.209.

的沿线建立军事存在，对未占区进行巡逻，同时避免中印军事冲突。最初，这一命令遭到军方抵制，因在西线存在后勤补给、人数、武器等方面的劣势，军队只巡逻到中国主张线。随着中印加强对争议边界地区的控制，边界局势日益紧张，印度情报局不断报告中国侵犯印度领土和领空，外交部门经常向中国发出外交抗议，指责中国侵犯印度的领土领空和建立新据点。1960年11月，在接到情报局的中国越过1960年边界线的报告后，尼赫鲁和梅农、穆立克等人会晤并决定："1. 就拉达克而言，我们将从目前位置尽量巡逻到国际边界。这一做法要考虑建立阻止中国人前进的我方检查站以及他们在我们领土上已建的任何检查站。这一行动不能引起与中国人的冲突，除非自卫十分必要。2. 在北方邦也就是中段和其他没有在拉达克那样困难的北部地区，我们应该尽量向前和有效占领整个边界。任何空隙地带必须通过巡逻或检查站覆盖。3. 考虑到各种行动和管理方面的困难，边界沿线主要力量的努力应该集中于前沿检查站之后形势更为便利的地区，这里能保持后勤供应和立刻恢复边界形势。"① 梅农提议军队沿之字形前进，在中国控制的西段建立印度的军事存在。为了实行前进计划，他对军队司令部进行大换班，在陆军建立更为听话的新班子。

在中国因国内困难力图维持现状之时，印度利用中国因国内问题而停止的巡逻机会，大力破坏现状向前推进，加紧抢占自认为属于印度的领土。1961年11月，不顾交通落后、军队分散孤立、人员武器不足等劣势，印度在西段快速建立检查站，1962年印度在东段也开始实行前进政策，甚至按照战略需要越过所谓的麦克马洪线侵占多拉。1962年7月，印度控制区域增加了5000平方公里，媒体为此欢呼，尼赫鲁声称印度建立新哨所后地位改进，未来将会更好。1962年9月以前，印度前进政策的战果是：在西段修建36个新据点，有的距离中国哨所只有几米；在东段修建34个新据点，有的还越过麦克马洪线。印度的前进政策毫不顾忌中国的反应，中

---

① Steben A. Hoffmann, *India and the China Crisis* (Berkeley: University of California Press, 1990), pp.97-98.

国政府多次照会印度要求互谅互让、和平解决中印边界问题，都被拒绝。

关于印度前进政策的性质，国内外学者观点各不相同，主要有进攻论、防御论以及中印双边责任论三种看法。[①] 直至今天印度学者还认为前进政策有其合理性，古鲁斯瓦密等人认为，前进政策不是完全不合逻辑的，在拉达克东部存在一个长走廊状的真空地带，中印都努力向前以显示该地并非空地。[②] 狄伯杰认为："中国在西藏强硬的军事措施和印度国内巨大的压力迫使尼赫鲁不得不采取同样强硬的边界政策及单边行动，使1961年11月'前进政策'最后形成。"[③] 所谓中国在西藏的强硬军事措施指的是，1950年中国出兵解放西藏迫使达赖集团和印度不得不认识到西藏是中国的领土，1959年西藏叛乱后中国迅速平叛并很快控制了西藏局势。所谓印度国内压力指的是，1950年中国出兵解放西藏后，印度国内某些势力一直呼吁对华强硬，反对印度承认中国在西藏主权，要求印度加强军事防务力量，反对印度政府的不结盟政策和对华和平共处政策，主张印度加入西方集团。在1959年西藏叛乱失败以及中印边界争端公开化、扩大化后，这些反华势力利用公众舆论和议会平台，不断对尼赫鲁及其政府施加压力，要求改变对华政策和边界政策，指责政府对华投降和牺牲国家利益。的确，在国内强大压力下，尼赫鲁不得不公布中印关于边界问题的外交交涉文件，从而拱手交出对华外交决策主导权。他还以强硬政策显示对印度国家利益的坚守和维护，加快边界地区道路建设和增加武装力量，让军队接管边防，不顾一切地在争议地区建立军事存在。

然而，印度在中国停止巡逻之时推行前进政策，显然不是中国强硬政策及印度国内压力能够解释清楚的。尼赫鲁边界政策走向强硬并不是迫不得已的反应，而是印度边界目标决定的。1947年独立后，印度延续英国的

---

① 尚劝余：《尼赫鲁时代中国和印度的关系（1947—1964）》，中国社会科学出版社，2009，第162页。

② Mohan Guruswamy and Zorawar Daulet Singh, *India China Relations: the Border Issue and Beyond* (New Delhi: Viva Books, 2009), p.73.

③ 谭中主编：《中印大同：理想与实现》，宁夏出版社，2007，第353页。

边界推进政策，在1949年新中国建立并逐步解放邻近印度的新疆和西藏后，印度对强大的中国采取双重政策，表面上对华友好，暗地里利用中国立足未稳的有利机会，大举抢占中印之间有争议的领土。尼赫鲁的企图是造成既成事实，并迫使中国承认。中国学者刘学成的判断是，前进政策的逻辑是成功建立检查站的一方将获得所占领土的合法要求，因为占有就具有了绝大部分的合法性。① 印度学者V.P.杜特也认为，一旦边界争端公之于众，印度知道处理问题的时间有限，需要加强边界立场以有效控制印度要求和避免任何军事挑战。印度仍旧相信通过谈判桌处理问题。此间印度整个战略着眼于加强印度在最终谈判中的讨价还价地位。② 可见，印度的前进政策延续了英国的边界推进政策，具有明显的进攻性，并不是由于中国在西藏或边界的行动导致，中国的行动只起到了催化剂的作用。

印度实行前进政策的基本假设是中国不可能动武，这既来源于历史经验，也立足于印度对自身形势和力量的自信。长期以来，印度暗地里蚕食中国领土并没有遭遇中国激烈的军事反击，1961年印度成功以武力收复果阿和中国在中印冲突中让步，让印度更相信前进政策的胜利。印方还相信，自身拥有双重防护线，一是与两个超级大国特别是苏联的特殊关系以及在第三世界的特殊地位，二是印度快速发展的军事力量。③ 尼赫鲁十分自信，在议会和其他场合他宣扬印度不用担忧，因为军队在提升能力，道路延伸建设值得骄傲，近两年大国力量平衡对印度有利，空军的后勤能力发展令人满意，等等。④ 他还认为，国际形势限制中印战争，因为中印战争意味着世界战争、无限战争，大国在阻止中印战争上有共同利益，在中

---

① Xuecheng Liu, *The Sino-Indian Border Dispute and Sino-Indian Relations* (Lanham: University Press of America, 1994), p.31.

② D.V.L.N.Ramakrishna Rao and R.C. Sharma (eds.), *India's Borders, Ecology and Security Perception* (New Delhi: Scholars' Publication Forum, 1991), p.71.

③ Yaacov Vertzberger, "India's Conflict with China: A Perceptual Analysis," *Journal of Contemporary History*, 1982, Vol.17, No.4, p.619.

④ Subramanian Swamy, *India's China Perspective* (New Delhi: Konark Publishers PVT LTD, 2001), p.82.

印冲突中支持印度是美苏不言而喻的义务。[①] 而且，印度是联合国成员和不结盟运动领袖国，在中印争端中会得到国际社会和国际舆论更多的同情与支持。

在高估自身的同时，尼赫鲁还低估中国维护主权利益的意志与力量，认为中国陷入一系列内部经济和政治问题，国家和军队的士气很低，难以在印度北部边界开辟第二条战线。[②] 其实，1957年以来印度经济情况也比较糟糕，十分依赖外援，内部出现广泛动乱，但印度认为：中印社会经济模式竞争更为激烈，中国经济处于危机中表明其失败，印度经济不是很成功，看来正在修正过去的错误，可以获得巨大成就，尼赫鲁还称印度正接近"起飞"阶段。[③]

既然中国在国际形势和中印力量对比中处于劣势，为何在边界争端方面作出强硬反应呢？根据尼赫鲁的经验，他认为中国是继续行动以获得谈判优势地位。[④] 对于边界形势，尼赫鲁的基本判断是中国不会采取大规模军事行动，但会采取边界渗透政策。自然，印度也需要采取强硬行动阻止中国侵占印度领土并进一步获得谈判优势。

在中印关系紧张之时，印度的强硬政策使双边关系难以遏制地走向恶化，两国相互敌视和攻击，互相指责对方侵略和干涉内政。1962年7月到10月，印度政府多次拒绝中国的谈判建议，从而关上了中印和谈的大门。印度政府积极在边界进行军事准备，10月5日印度国防部公开宣布在东方军区之下成立一个专门对付中国的新军团，并且任命考尔中将为这个军团的司令。10月12日，尼赫鲁宣布他已下令把中国边防部队从"东北边境特区"清除。10月14日，印度国防部长V.K.梅农声明，政府最后决定是"赶

① Yaacov Y. I.Vertzberger, *Misperceptions in Foreign Policymaking: the Sino-Indian Conflict, 1959-1962* (Boulder. Colorado: Westview Press, 1984), pp.78-79.

② *Ibid.* pp.125-126.

③ *Ibid.* p.127.

④ Steben A. Hoffmann, *India and the China Crisis* (Berkeley: University of California Press, 1990), p.124.

走中国人”，印度军队下定决心要同中国战斗到最后一个人。[①] 印度上述言行使中国断定，印度准备利用中国的困难在中印边界全线发动大规模武装进攻，为此解放军总部成立了防止突然袭击小组协商对策。

在中印边界冲突爆发前，印度政府和媒体都为前进政策欢呼，今天还有印度学者为这一政策辩护，认为不是印度前进政策而是中国敌视尼赫鲁和在西藏的不安全感导致谈判破裂。[②] 1962年印度战败后，包括印度学者在内的中外学者主要观点是前进政策导致了两国冲突，印度官员的态度也由以前抢占功劳转变为推诿责任和隐瞒事实，直至今日都无法知道该政策出台的具体情况。概括而言，印方对前进政策的主要指责是：印度错估中印形势和中国的反应；政策实施困难；印度收获有限并最终导致中印边界战争。

从决策情况看，印度出台该政策的基本假设是中国不会采取军事反应、印度占据优势、印度采用武力方式阻止中国侵占印度领土是必须的和可能的。实际上，印度高层在决定前进政策之时存在内部分歧，穆立克和梅农态度积极，前者认为修建检查站是正义的维护主权的行为，后者认为如同象棋游戏一样继续前进不会失败。

然而，印度高层决策者没有对中国威胁进行任何官方的和广泛的评估，[③] 有关判断存在很多问题，首先是印度对国际形势分析错误，高估了美、苏以及不结盟国家对印度的支持以及印度在联合国和不结盟运动中的影响。其次，印度高层特别是尼赫鲁对自身军事力量缺乏全面的认识，印度实行的文官管理军队，中下层职业军官对于前进政策的意见没有得到重视，政党领导人按照自身政治需要进行决策，没有考虑印度的实际军事情况是整个50年代防务建设滞后，1959年到1960年度的防务经费增加少，

---

① S. Singh (eds.), *India and China: Mutual Relations* (New Delhi: Anmol Publications Pvt. Ltd., 2006), p.119；《中华人民共和国对外关系文件集（1963）第十集》，世界知识出版社，1965，第52页。

② Shruti Pandalai, “Enduring Legacy of 1962: Cementing the Conflict of Perceptions in Sino-Indian Ties,” *Journal of Defence Studies*, 2012, Vol.6, No.4, p.211.

③ Pramoda Kumar Panda, *Making of India’s Foreign Policy: Prime Minister and Wars* (Delhi: Raj Publications, 2003), p.96.

军队训练不足、装备较差，山地部队和摩托化建设没有批准，下层官员与国防部长关系紧张，尼赫鲁依仗的亲信考尔能力不足、任人唯亲，等等。第三，印度政治和知识精英圈的一些人意识到，1956年以来中国在国际事务中态度日益强硬化，但印度决策者不愿意让自己被这些微妙的矛盾或中国在国际事务中军事化抬头征兆扰乱，继续延续原来的对华政策。[①] 正是对中印情况特别是中国新变化认识不清，尽管中国多次发出强硬信号，印度对中国的强烈反应和威慑信号却是视而不见，拒绝谈判和妥协，最终导致中印危机升级。

从政策实施情况看，印度的前进政策主要是在西段争议区抢占地盘。长期以来，印度认为西段是难以进入的戈壁荒滩，除了在战略据点列城设立检查站外，并没有采取什么有效占领措施，有的印度学者还认为印度政府早已知晓中国在此通过和修路，但没有进行外交抗议和实施军事控制，而是默认中国的占领。在1958年印度媒体披露中国经过所谓印度领土修建公路后，印度政府才派士兵调查和向中国提出抗议，但尼赫鲁的态度比较灵活，多次提到这一地区没有划定边界。随着中印边界争端加剧，印度政府在西段也采取强硬的“不承认、不谈判”立场，甚至想以前进政策扭转在这一地区实际控制方面的劣势。在建立检查站时，印度是之字形前进，强硬地在中国检查站周边建站，有的印度检查站还建立在中国哨所后面，或者与中国哨所相隔仅仅几米。尽管印度检查站全线铺开，但实际上只是显示存在，因军队火力不足和没有足够的后勤供给，几乎没有军事意义。[②]

从政策实施结果看，印度前进政策实际上导致中印走向边界战争。最初，中国在中印边界争议中采取的是避免冲突、息事宁人的政策，为此还提出双方各自后退20公里建立隔离带的现实政策，但因印度提出东段特殊化要求使该建议无法实行。为了避免冲突，中国在1960年单方面下令在中

① P. C. Chakravarti, *India's China Policy* (Bloomington: Indiana University Press, 1961), p.60.

② Francine R. Frankel and Harry Harding (eds.), *The India-China Relationship: What the United States Needs to Know* (New York: Columbia University Press, 2004), p.114.

国实际控制线20公里以内实行不开枪、不巡逻、不平叛、不打靶、不演习等措施，对印度入侵士兵先提出警告，劝阻无效后才依照国际惯例解除其武装，经说服后，发还武器，让其离境。中国主要的考虑是从国际和国内形势看，中国需要和平稳定的国际环境和与印度和平相处。但是，印度并没有理解和重视中国争取与印度和平共处的意图，而是利用中国的困境加紧在中印边界争议区抢占地盘，多次向中国士兵开枪，拒绝中国和平协商提议，忽视中国步步升级的语言警告。

如何对付印度的边界挑衅，这成为摆到中共中央政治局常委会桌面上的难题。从政治角度看，中国不愿与印度为敌，希望中印和平共处，但印度变本加厉侵占中国领土并打死打伤中国边防士兵，已严重伤害中国的尊严和利益。中国军事决策部门成立了专门的防止突然袭击小组研究如何处理边界问题，政治局高层也召开会议进行讨论。根据雷英夫的回忆，毛泽东为如何处理中印边界问题十天十夜没有睡好觉，他问雷英夫为什么尼赫鲁一定要打，雷依据总参防止突然袭击小组的反复研究结果，列举了印度奉行英帝国主义的扩张政策、以充当反华先锋获得美苏援助、以反华称霸亚洲、转移国内的阶级矛盾和民族矛盾、中国不会出兵反击等五个原因，毛泽东认为前四个原因不能说明尼赫鲁为何非打不可，他很认同雷英夫所说的中国忍让政策导致尼赫鲁对中国执行前进政策和攻势战略，他还说："看来是这么一回子事，如此说来，这一仗是非打不可的。那也好，尼赫鲁既然说我们'只叫不咬'，硬要打，我们别无选择，只有奉陪了。"①10月18日，中央政治局常委会召开扩大会议，在深入分析讨论中印边界情况、国际反应以及国内情况后，一致决定进行警告惩罚性质的自卫反击。

从中国决策情况看，显然是印度毫不妥协的军事强硬政策最终使中国下定决心进行武力反击。首先，印度前进政策带有明显的侵略性。尼赫鲁自认为在争议区建站是防御性的，但S.辛格认为，在印度军队被命令在克

---

① 张敏秋主编:《跨越喜马拉雅障碍：中国寻求了解印度》，重庆出版社，2006，第321—322页。

什米尔东北部遥远地区、所谓的“阿鲁纳恰尔”甚至是中国已经建立检查站的地区建立新检查站后，前进政策具有侵略内容。1962年秋天，印度试图将中国从多拉—唐古拉地区驱逐，前进政策成为侵略政策。[①] 作为长期遭受外国侵略的国家，中国民族主义情绪强烈，对领土主权比较敏感，印度侵占中国边境领土必然招致中国的阻止和反击。其次，印度采取拒绝外交协商和实施单边主义军事行动，使中国对印度意图作出了最坏的分析。印度学者莫汉·古鲁斯瓦密等人也认为，在策略方面，印度的前进政策总体上缺乏军事逻辑并让中国怀疑印度的意图，还促使中国决定诉诸武力，很明显，中印没有理解彼此的边界心理和战略。[②] 1962年6月到10月，印度领导人多次公开声称要对中国使用武力，这使中国认定印度打算以武力方式解决领土争端，于是也暗中积极进行军事准备，最终决定进行军事反击。

总之，在西藏叛乱和中印边界争端扩大化后，中印之间的不信任和相互敌视日益增长，随着两国边界走向军事化，边界冲突出现，并最终走向战争。

三、1962年边界冲突的爆发与平息

对于中印争端，印度的基本判断是不会发生战争，因而没有进行预防中印大规模战争的准备。然而，印度不承认边界未定和拒绝谈判的僵硬态度堵塞了政治处理渠道，尼赫鲁政府实施的前进政策实质是企图以军事方式取得领土控制优势，这将中国逼到墙角，促使中共中央政治局下定决心进行武力反击，1962年中印边界战争爆发。

---

① S. Singh (eds.), *India and China: Mutual Relations* (New Delhi: Anmol Publications Pvt. Ltd., 2006), p.116.

② Mohan Guruswamy and Zorawar Daulet Singh, *India China Relations: the Border Issue and Beyond* (New Delhi: Viva Books, 2009), p.4.

（一）中印加强各自边防力量

1959年以来，随着中印关系恶化和边界冲突事件增加，中印两国都着手加强边界军事力量。在中印边界东段，印度设有东部军区司令部，下辖第三十三军。1959年年底，印度把陆军精锐部队第四师从旁遮普调到东北地区并划归第三十三军，具体负责麦克马洪线的防务，并建立新的步兵第十七师。因第三十三军军长乌姆拉欧·辛格（W. Singh）抵制在东段推进的命令，1962年9月底，国防部长和陆军总部决定派考尔另外组建一个负责东北边境防务的第四军特种部队。在边界西段，印度设有西部军区，下辖一个军，1960年底陆军总部决定在西部增加一个师的兵力。

印度还加强了后勤战备建设，在边境地区修建许多公路和机场。1961年10月，印度在西部修建了从内陆到列城的公路。1962年7月，印度东部地区基本修成了从提斯普尔经过邦迪拉和色拉到达达旺的长达200多英里的道路。

随着边界局势异常紧张，印度进一步加强军事部署，将印度其他地区的军队调到中印边界东段，将两个中队的战斗机调到阿萨姆，军工厂加快生产速度。印度军费开支逐年增长，1960年仅有24.8亿卢比，1961年增长到32.7亿卢比，1962年继续增长到47.3亿卢比。[①] 印度还增加国防采购计划，除了向英、法、美等国采购军事装备，还有意拉拢苏联向苏联订购军事装备和武器。1962年1月底，印度向苏联订购了一些高空直升飞机和涡轮螺桨运输机，同年5月又向苏联购买米格—21战斗机。

朗久事件后，中国也开始加强边防建设，最初主要是进行公路建设，以解决从拉萨到边界后勤运输困难问题。1961年底，因印度在边界全线推进，中国决定逐步恢复1959年停止的边界巡逻，并对印度哨所进行反包围，建立更多的哨所反制印度控制和排挤中国哨所的计划，但同时命令部队不退让也尽力避免流血冲突，没有上级命令绝对不能开枪，遇到情况立

---

① 蒋一国、杨会春、于秀清：《印度国防经济研究》，解放军出版社，2002，第54页。

即上报，不能擅自处理。随着边界形势日趋紧张和印度不断向边界集结力量，中国从武装共处转向准备作战，成立东段指挥部、西段指挥部以及负责协调与调度的拉萨基本指挥所，迅速往边界集结部队，同时组织大批民工协助后勤运输和修筑工事，从而保证前线部队装备精良、物资充足。与此同时，中国对印度发出更为严厉的警告声，1961年12月7日，外交部发表一份措辞强硬的关于中印边界问题的声明，《人民日报》发表《尼赫鲁策动的印度反华运动的真相》的社论。

（二）中印缓和机会及其消逝

在双方互不让步和加强军事力量的情况下，中印边界冲突演变为零和游戏，发生战争只是一个时间问题。其实，在中印边界战争爆发前，还是有很多机会缓和局势和避免冲突的。第一次机会是在1961年7月出现的。时任印度外交部秘书的尼赫鲁的侄子R.K.尼赫鲁去蒙古国参加蒙40年国庆典礼，他向中国驻印大使潘自力提出返印时在中国停留几天，并希望拜会毛泽东、周恩来、刘少奇等人。最后，他与周恩来、刘少奇、陈毅等中国领导人见了面，但双方只是友好地重申了各自立场。[①] R.K.尼赫鲁访问中国并与中国高层会谈，还是有利于保持两国边界争议的外交处理渠道和缓解两国紧张关系。

第二次机会是在1961年12月3日，中国提议谈判以续签即将到期的1954年《中印协定》，但印度的前提条件是中国“扭转它过去几年所执行的侵略政策以及恢复足以保证五项原则在文字和精神上都得到严格遵守的气氛”。[②] 1962年3月1日，中国外交部回照重申谈判缔结新的《中印协定》，同时指出该谈判与中印边界问题无关，指责印度侵占中国领土和违背和平共处五项原则。4月11日，印度外交部照会的答复是原则上不反对谈判新协议，但要求中国军队撤出印度领土并恢复1954年现状，以为谈判创造必

---

① Steben A. Hoffmann, *India and the China Crisis* (Berkeley: University of California Press, 1990), pp.90-91.

② 《中华人民共和国对外关系文件集（1962）第九集》，世界知识出版社，1964，第20页。

要的友好气氛。由于关于新协定的谈判无法进行，5月中国不得不召回驻印贸易代表，6月印度也召回驻华贸易代表，印度西藏贸易中断。

第三次机会是在1962年5月14日，尼赫鲁建议中印两国从东段和西段的各自主张线后撤，允许中国为民用目的临时使用阿克赛钦公路，两国通过谈判和平处理边界问题。尼赫鲁的想法是中印在西段坚持各自要求使谈判难以开启，通过临时让中国使用阿克赛钦段公路，可以制造谈判基础。但是，中国长期控制和管理经过阿克赛钦的新藏公路，不可能承认印度在阿克赛钦的主权，6月2日中国拒绝了尼赫鲁的建议并指责印度改变现状引起流血冲突。7月，利用在日内瓦开会的机会，印度国防部长克里希纳·梅农与中国外交部长陈毅进行了会谈，梅农提出："印度可以接受中国对它建有联结新疆和西藏的公路的阿克赛钦地区以及作为公路'缓冲区'的10英里带状区域的宗主权。作为交换，中国必须正式接受麦克马洪线和印度对拉达克其余地区的权利。"[①] 然而，迫于国内压力，印度政府很快撤回这一提议。

第四次机会出现于7月26日，印度在西段获得进展后表示，在紧张局势得到缓和及适当的气氛创造出来之后，愿意在官员报告的基础上进一步讨论印中边界问题。8月4日，中国外交部回照表示，同意在两国官员报告基础上进一步讨论中印边界问题，并建议立即通过外交途径商定有关举行这种讨论的级别、日期、地点以及其他程序问题，以尽快举行这种讨论。但是，印度政府的谈判提议在国内遭到反华势力的激烈反对，反华势力还要求尼赫鲁政府对华采取断交、联合东南亚、寻求军援、总理负责防务等强硬政策。在国内压力下，尼赫鲁政府再次后退，8月22日印度外交部照会中国政府，除非恢复1957年以来被武力改变了的边界现状和消除目前的紧张局势，否则讨论是不能够开始的。实际上，印度政府在提议谈判的同时，又利用中国的内困外忧形势和忍让政策大力推行前进政策，甚至

---

① 〔印〕卡·古普塔:《中印边界秘史》，王宏纬、王至亭译，中国藏学出版社，1990，第75页。

在东段也推行前进政策，有的地方还越过了所谓的麦克马洪线，并企图占领具有重要战略意义的塔格拉山脊。在这种情况下，中印谈判是不可能举行的。

印度继续推行前进政策使中印边界局势高度紧张，1962年7月7日、11日周恩来多次与有关方面负责人谈论印度军队在中印边界进行挑衅的情况，他还询问战备物资生产安排的情况。为了阻止印度军队继续前进，9月8日中国在边界东段开始进行一定的反击，边界局势一触即发。但是，1962年9月26日周恩来在中共八届十中全会上发言中指出，中国政府处理中印边界问题的办法是：军事共处，长期斗争；又斗争，又团结；又打仗，又谈判。团结是要团结印度的广大人民，表示中国还是愿意同印度友好的。我们这个工作是有成效的。我们的斗争是有理、有利、有节，后发制人。总是他先挑衅，我们不先开枪。除非到了必要的时候，我们也不出击。现在，中国军队的任务就是看住印度军队，反击他的进攻，切断他的退路，逼他后退。同时，我们还主张谈判。①

第五次缓和机会出现于9月13日，中国再次建议两国军队从实际控制线各自后撤20公里，同时正式建议两国政府代表轮流先在北京后在德里从10月15日起讨论边界问题。9月19日，印度外交部交给中国一份内容模糊的照会，一方面同意中国的边界会谈提议，另一方面又表示“印度将在中国政府表示接受前一段中所提出的建议后采取进一步行动，通过适当的外交途径来商谈和解决这种讨论的细节”。②

最后的缓和机会是在10月3日，中国再次照会印度，建议双方迅速在官员报告基础上举行边界讨论，在会谈过程中，任何一方都不能拒绝对方提出的任何有关边界的问题。然而，在9月20日、29日边界冲突事件后，10月6日，印度照会中国，谴责在换文交流开展会谈和讨论期间中国在东

① 中共中央文献研究室编：《周恩来年谱（1949—1976）》（中卷），中央文献出版社，1997，第498页。

② 《中华人民共和国对外关系文件集（1962）第九集》，世界知识出版社，1964，第88—89页。

段侵入印度领土和攻击印度军队，拒绝中国讨论东段的建议，宣布印度政府不在压力或不断的军事威胁下进行任何谈判和讨论，首先中国必须结束近来的入侵行动。[①] 在中国看来，印度10月6日的照会是最后断然地关闭了谈判的大门，这替中国简化了问题，使中国认定印度是假谈判真侵占。

（三）中印边界冲突的爆发与终结

1962年10月5日，中国人民解放军总参谋部报告分析，印军可能要发起攻势，周恩来立即批示：印军如在东段动手，我们除给予痛击外，西段也可以同时歼灭其若干据点，他还命令罗瑞卿总参谋长加速进行部署。[②] 此外，中国方面还得到10月10日印度将开始新的扩军计划，10月12日尼赫鲁在接受记者采访时公开表示已经下令军队清除中国军队，14日梅农叫嚣印度将与中国作战直至最后一人，这些信息使中国判断印度将对华动武。

中国在准备反击印度的同时，还致力于避免超级大国的干预。10月8日，中国政府通知苏联驻华大使，印度在中印边界集中大批军队准备发动战争，并希望苏联政府劝说尼赫鲁悬崖勒马。10月13日，因在古巴导弹危机事件中需要中国支持，赫鲁晓夫与中国驻苏联大使刘晓谈话，表示支持中国和平解决中印边界纠纷的立场以及对印度提出强硬的抗议。[③] 苏联的表态使中国的外交形势有所缓解。

10月18日，中共中央政治局扩大会议讨论对印军事方针问题，研究确定对印自卫反击的策略和中国军队兵力部署。10月20日，中国在中印边界全线发动自卫反击战，长期遭受印军打压的中国边防部队斗志旺盛，很快在中印边界东段的克节朗河地区挫败印度劲旅。然而，为了争取和平解决中印

---

① Nancy Jetly, *India China Relations, 1947-1977: A Study of Parliament's Role in the Making of Foreign Policy* (New Delhi: Radiant Publishers, 1979), p.171.

② 中共中央文献研究室编：《周恩来年谱（1949—1976）》（中卷），中央文献出版社，1997，第500页。

③ 吴冷西：《十年论战（1956—1965）中苏关系会议录（下册）》，中央文献出版社，1999，第497—498页。

边界争端，24日中国政府发表声明提出三点停火建议，提议双方武装部队从实际控制线各自后撤20公里，脱离接触。为了争取和平解决，中国政府还下令边防部队24日停止在东段的追击，28日在西段也停止对印军的反击。

然而，27日，尼赫鲁表示不在武力威胁下谈判，拒绝中国停火建议，要求中国退至1962年9月8日线才可以讨论，并指出不知道中国所说的实控线具体位置。周恩来澄清实控线指的是1959年11月7日线，印度政府予以拒绝，坚持要求恢复1962年9月8日线，并在全国实行紧急动员和向英美等国求援。尼赫鲁还让梅农辞职，自己亲自担任国防部长，企图与中国再次进行军事较量。

为了进一步挫败印度和争取谈判解决边界争端，中央军委下令在中印边界西段和东段再次打击印军，中国军队很快在西山口、瓦弄、班公洛等地取得反击战胜利，重挫印度精锐部队，基本上实现中国打击和阻止印度继续向前入侵的战争目标。

为了快速结束战争，11月21日中国单方面宣布停火，12月1日中国边防部队开始撤回到1959年11月7日实控线中国一侧20公里地区。12月10日，尼赫鲁提议接受停火线，但同时表示中国退出侵占后才进行谈判。因两国军队基本上脱离了接触，中印边界战争实际结束。

（四）印度国内关于中印边界冲突的反思及其问题

冷战期间，印度对中印边界争端的看法主要是指责中国实施侵略和欺骗。随着时间的消逝，中印边界战争阴影在印度逐渐减弱，印度内部也出现对尼赫鲁边界政策进行理性务实评价的反思派。

反思派指责尼赫鲁的边界处理方式。对于尼赫鲁的不谈判立场，印度学者表示，不理解1954年尼赫鲁为什么不进行边界谈判并失去通过谈判处理中印边界的唯一机会，“仍是一个谜”。[①] 对于尼赫鲁政府坚持的边界已定

---

① S. Singh (eds.), *Dynamics of Indian Foreign Policy* (New Delhi: Anmol Publications Pvt. Ltd., 2006), p.61.

立场，印度学者指出，中印乃至印度内部都存在地图各不相同的情况。对于印度坚持的麦克马洪线，印度学者也提出众多质疑，首先是认为尼赫鲁应该很清楚麦克马洪线的合法性不足，因为1950年2月8日尼赫鲁在印度议会涉及西姆拉会议及其协定时说："事实上，虽然印度和西藏一向履行该项协议，中国政府一直没有正式签署它。事情就停留在这个阶段。"[①] 1962年尼赫鲁在议会却说，1913年中国只是反对内外藏划分，没有反对麦克马洪线，S.辛格认为这是误导议会。[②] 其次，尼赫鲁也很清楚中国拒绝接受麦克马洪线，1952年巴杰帕伊提醒尼赫鲁注意中国反对麦克马洪线的问题，他说麦克马洪线可能是英国侵华过程中留下的伤疤之一，在边境调整基础上中国寻求治疗或清除这个伤疤，这可能不符合印度的兴趣或利益。[③] 但是，在一位印度议员提及外交部有一个备忘录提到中国不接受麦克马洪线时，尼赫鲁却说他的看法错误，并接着强调边界不是可以讨论的问题，如入侵印度的任何情况发生，印度将反抗，不用大喊大叫和害怕。[④]

反思派还指责尼赫鲁的对华政策以及边界政策都是单边主义政策，如历史边界论主张印度确定中印边界线只需要依据包括神话在内的印度各种记载，通过单方面研究就可以决定中印边境的合适分界线。但印度学者S.辛格认为，"尼赫鲁没有核实中国共产党新政权对边界的看法，他的单边主张只是天真的想法"。[⑤] S.斯瓦密（S.Swaamy）还指出，1914年、1936年以及1954年印度政府未经对方同意确定中印边界，这样"划定"边界线在

---

① 〔印〕卡・古普塔：《中印边界秘史》，王宏纬、王至亭译，中国藏学出版社，1990，第17—18页。

② S. Singh (eds.), *India and China: Mutual Relations* (New Delhi: Anmol Publications Pvt. Ltd., 2006), p.90.

③ Subramanian Swamy, *India's China Perspective* (New Delhi: Konark Publishers PVT LTD, 2001), p.67.

④ Ajay B. Agrawal, *India Tibet and China: the Role Nehru Played* (Mumbai: NA Books International, 2003), pp.93-94.

⑤ S. Singh (eds.), *Dynamics of Indian Foreign Policy* (New Delhi: Anmol Publications Pvt. Ltd., 2006), p.60.

近代国家史上是前所未有的事情。[①]

反思派还指责尼赫鲁按照自己的意愿来理解中国的立场与反应。如因麦克马洪线情况复杂而敏感，中国采取不承认也不越过的政策，1959年以前一直避免在边界问题上明确表态，尼赫鲁政府不是通过交涉或施加压力迫使中国表明边界立场，而是按照自己的意愿一厢情愿地作出有利于印度的解释。如1954年谈判时，中印对中部山口主权存在争议，在印度的抗议下中国修改条约草案对山口归属没有作出明确规定，印度将中国回避矛盾的处理办法解释为中国向印度作出让步，意味着中国事实上承认这些山口归印度所有。1954年，印度单方面修改印度地图，中国没有提出外交抗议或表明其政府立场，印度更加相信和宣传中国接受印度边界立场。1954—1957年周恩来多次谈到中国不越过麦克马洪线和愿意和平处理边界问题，尼赫鲁进一步断定中国准备接受麦克马洪线。

反思派试图客观、理性地分析中印边界问题，但印度国内关于中印边界战争的主流观点仍然是指责中国导致边界争端，甚至1962年冲突前中国的忍让政策也被说成是设下圈套，以在后来证明印度拒绝谈判和诉诸武力。[②] 有的秉持狭隘民族主义立场的学者还夸大这场冲突对印度的危害，"1962年战争给印度留下的伤痛比印度历史上经受的任何外来侵略、军事失败和殖民扩张都大，这一创伤至今没有愈合"。[③] 毫无疑问，印度应该对中印边界战争的爆发担负主要责任，因为是印度一直在中印边界争议地区推行蚕食政策。在边界摩擦出现后，印度政府拒绝中国提出的预防军事冲突的非军事区建议，印度军队还强硬插入中国军队已经控制的地区，有的地方还越过麦克马洪线，这无疑会让中印边界局势恶化。而且，印度还积极备战，制订军事计划和实施军事行动，甚至尼赫鲁等高官在众多公开场

---

① Subramanian Swamy, *India's China Perspective* (New Delhi: Konark Publishers PVT LTD, 2001), p.73.

② Mohan Guruswamy and Zorawar Daulet Singh, *India China Relations: the Border Issue and Beyond* (New Delhi: Viva Books, 2009), p.80.

③ 王宏纬：《从印度纪念中印边界战争50周年看中印关系》，《东南亚南亚研究》2013年第2期，第26页。

合多次向中国宣战，印度的言行促使中国政府最终决定进行自卫反击战。实际上，这场战争没有真正的赢家，中国在获胜后很快后撤，没有占领中印边界争议地区，更没有占领印度领土，只是阻止了印度的进一步领土侵占。印度不仅丧失了前进政策实施以来的主要战果，还因战败在国际社会颜面扫地，挫败的心理直到今天都没有完全平复。而且，中印边界冲突在两国关系中投下了长长的阴影，导致两国在此后30余年冷战敌对，至今还阻碍着中印关系的正常、顺利发展。

小结：边界争端逐渐主导印度对华政策

在占领印度后，英国以印度殖民地为基地向喜马拉雅山地区不断扩张，企图将印度东部和北部领土推进到喜马拉雅山脊，并按照欧洲主权国家做法划分明确的边界线。然而，中国乃至亚洲国家之间没有划分明确边界线的传统，中国清政府在中英鸦片战争后极力规避在实力弱小之时划分中印边界，囿于地理和气候等因素的限制英国也没有完成单方面的划界甚至是地形勘测。因而，印度独立之初中印边界问题依然存在。最初，利用西藏地方政府衰弱和中国中央政府没有完全控制西藏的有利形势，印度在中印边境地区的推进比较顺利。尽管1953年中国人民解放军接管西藏边防后中印边界局势发生了变化，但因印度占据先机，尼赫鲁政府对中印边界中段山口的抢占和所谓“麦克马洪线”以南地区的控制还是获得成功。印度在中印边界西段并没有明确的政策和具体的行动，在1958年印度媒体报道中国建设途经阿克赛钦的新藏公路后，印度政府才重视这一高寒地带。尼赫鲁一方面竭力安抚国内情绪和稳定中印关系，一方面写信给周恩来说明印度的边界立场，即中印边界已定和1954年条约已经解决中段问题，他还强调1956年周恩来向他承诺过准备承认“麦克马洪线”。让尼赫鲁十分恼火、尴尬和为难的是，1959年1月周恩来回信第一次明确中国的边界立场是：中印边界从来没有划分过；麦克马洪线不合法；拉达克属于中国。从此，中印边界的三段争议浮出水面。

正当中印高层致力于和平处理边界争端之时，又一场西藏危机出现。1959年西藏问题不仅导致中印关系恶化和边界争端扩大化，还对印度对华和平共处政策形成巨大挑战。对于1959年3月西藏发生的全面叛乱，印度国内反应激烈，媒体长篇累牍地进行报道，一些媒体还发表反华言论，否认中国对西藏的主权，指责中国侵入、占领西藏并使之变成殖民地，宣扬中国军队进入西藏是对印度安全的直接威胁，要求印度政府对中国政府镇压西藏叛乱的行动进行抗议，甚至是“重新估计”印度对华外交政策的基础。除了印共外，印度所有团体都发表声明指责中国在西藏的高压政策。在印度议会，反华势力激烈反对政府的对华政策和西藏政策，对中国加强对西藏的控制和印度政府的不干预政策十分愤怒。

最初，尼赫鲁政府坚持对华和平共处政策，对西藏问题的反应相对克制，在维护印度利益的同时努力保持中印友好关系，但印度竭力维持西藏高度自治与中国坚持的在西藏行使主权难以相容，在西藏分裂分子发动叛乱寻求独立后，印度政府的平衡政策难以为继。面对印度反华势力和公众的激烈反应，尼赫鲁的天平逐渐偏向国内，对西藏问题的界定从“意愿冲突”上升为“民族起义”，他还指责中国的军事压力、军事扩张以及冷战语言。在中国顺利平息西藏叛乱和加快西藏改革步伐后，印度国内对尼赫鲁西藏政策的不满和指责升级，随着与西藏问题相连的中印边界纷争走向公开化和扩大化，尼赫鲁政府面临的国内政治压力进一步增长。为了化解国内压力，1959年4月，印度政府接纳达赖及其追随者，尼赫鲁还亲自前往接见，同年9月尼赫鲁政府又将中印关于边界问题的交涉文件公之于众，这些行动导致尼赫鲁丧失了对华政策的决策主导权，并加剧了中国的不满和恶化了业已十分紧张的中印关系。在舆论战中，中国指责印度是新旧殖民势力的仆从和企图将西藏变成半殖民地，印度指责中国在西藏进行侵略和殖民，中印在反帝反殖方面成为对手而不是伙伴，中印之间的联合基础瓦解，两国友好走向终结。

在中印关系恶化的同时，印度与美国的关系快速改善，更加剧了中国对印度不满和不信任。20世纪50年代中期以来，美国不再排斥印度的不结盟政策，为了与苏联争夺印度，艾森豪威尔政府特别是肯尼迪政府加大了对印度的经济援助和外交支持，并适度调整了印度十分忌讳的美巴同盟关系，印美关系大为改善。与此同时，因为朝鲜战争和台湾问题，中美之间持续紧张，美国成为中国的头号敌人和主要威胁。在中国看来，尼赫鲁成为帝国主义、资本家以及封建主义的仆人，印度不再与中国结盟反美，印度开始依赖美国援助，其西藏立场损害了中国的合法利益。[①]

让中印关系更加紧张和微妙的是，在西藏叛乱期间，中国在西藏东南部加强防务力量，阻止叛乱分子出入边境和进行骚扰，印度也扩充在中印边界的军事力量，中印边界现状急剧改变。印度对华政策完全为强硬声音主导，尼赫鲁政府又被“历史边界”的民族主义神话绑架，拒绝进行边界谈判，中印边界争端日益激烈并最终走向边界冲突，印度对华政策从友好快速走向敌对。

从1958年到1962年，中印边界争端走向公开化和扩大化，并最终发展为军事冲突，印度对华和平共处政策则从艰难维系走向大逆转。在印度对华政策转变过程中，边界问题的影响显而易见，为何边界争端逐渐成为印度对华政策的主导因素呢？

1．中印边界争端纷繁复杂，达成妥协并非易事。主权纷争涉及国家尊严和民族感情，极为复杂难解，很容易擦枪走火，中印边界争端涉及的领土面积高达12.5万平方公里，达成妥协更加困难。而且，建国初中印两国民族主义情绪都十分高昂，中国追求的是收复国土以洗雪殖民侵略导致的百年耻辱，印度独立后的重要任务则是保卫“神圣”领土、反对分裂以维护国家统一，边界纷争在英国眼中只是帝国边界问题，但在印巴眼中却成为与祖国神圣完整相连的、高度感情化的问题。[②] 米什拉还认为，尼赫鲁将边界纷争上升为国家尊严问题，他认为中国蛮横地试图将其领土主张强加于军事力量弱小的印度，中国的行为反应了一种骄傲自大的、可以欺骗弱小印度的感觉，他决定不惜代价反击，尼赫鲁还提醒中国人注意目前

---

① Yaacov Y. I.Vertzberger, *Misperceptions in Foreign Policymaking: the Sino-Indian Conflict, 1959-1962* (Boulder. Colorado: Westview Press, 1984), p.154.

② Alastair Lamb, *Asian Frontiers: Studies in A Continuing Problem* (Melbourne: F.W. Cheshire, 1968), p.130.

的印度政府与中国一样也是自由革命斗争的产物，反对的还是世界上最强大的帝国的控制。[①] 在边界问题被情绪化、扩大化和复杂化后，中印边界纠纷逐渐失控，中国前驻印大使程瑞声就认为，当时中印两国建国不久，在各方面都缺少经验，外交政策不够成熟，因而在处理中印边界问题时在不同阶段都出现了情绪化的倾向，终于导致了边境冲突，使中印关系受到了严重的挫折。[②] 在印度，边界争端不仅为民族情绪影响，还从外交分歧上升为安全战略问题，这使印度对边界争端的处理十分僵化，阻挠了中印达成妥协。

尼赫鲁政府边界立场及政策使中印两国必然走向冲突。冷战时期，尼赫鲁一直刻意避免卷入冷战，致力于建立以印度为中心的第三种力量，为此积极与中国实现和平共处。虽然中国是社会主义国家并在外交上实行倒向社会主义阵营的政策，但也努力与亚洲、非洲的前殖民地半殖民地国家和平共处。在与美苏关系恶化后，中国面临两个超级大国包围的危险，十分注重联合印度，避免两线作战。而且，通过1954年条约，中印和平共处关系刚刚稳定下来，两国总理努力通过外交交涉处理边界纠纷，双方也保持了沟通渠道。可见，1962年冲突并不是必然事件，米赫塔认为，中印关系的整个悲剧显示的是对“主权他性”没有外交敏感的代价。[③] 从印度方面看，尼赫鲁忽视中国的边界心理，没有意识到拒绝麦克马洪线对中国领导人的民族感情和意识形态重要性，他顽固坚持法律要求的同时忽视中国的政治法律观念，损害了中国看作两国和平共处基本条件的两国间的最低意识形态共同点。[④] 在与缅甸和尼泊尔的边界谈判中，中国在法理上拒绝殖民侵略及其条约，在事实上是接受殖民侵略制造的现实，中国希望通过与

---

① A.N. Mishra, *The Diplomatic Triangle-China India America* (Chauhatta: Janaki Prakashan, 1980), p.286.

② 程瑞声：《中印边界谈判及其前景》，《国际问题研究》2004年第3期，第18页。

③ Jagat S. Mehta, *Negotiating for India: Resolving Problem through Diplomacy (Seven Case Studies 1958-1978)* (New Delhi: Manohar Publishers & Distributors, 2006), p.54.

④ Yaacov Vertzberger, “India’s Conflict with China: A Perceptual Analysis,” *Journal of Contemporary History*, 1982, Vol.17, No.4, pp.613-614.

缅甸和尼泊尔谈判结果让中印开启边界谈判并签署条约，但尼赫鲁是借机宣扬中国接受了“麦克马洪线”。尼赫鲁将其关于中印边界问题的观点当作最终真理，不给中国观点或行动任何合法性，中国不在主要问题上投降让步，他甚至不准备考虑小的让步。[①]

在中印关系恶化前，尼赫鲁对待中印边界分歧的态度是尽量实现和平处理和避免引起公众反应。但是，在中印边界冲突发生后，尼赫鲁的边界政策进一步强硬而僵化。为了拒绝谈判并规避舆论压力，尼赫鲁政府不断为边界谈判预设前提，先是要求中国先从印度要求占领的领土上撤军，在中国主动从边界后撤20公里后，又要中国从中国主张领土上撤走，后来是要中国撤到印度要求线以东，1962年边界冲突后是要求中国恢复1962年9月8日边界现状，1964年又要求中国单方面从实控线20公里非军事区后撤。印度学者S.斯瓦密认为，尼赫鲁对西藏本来可以有更为实际的态度，但被模糊、欺骗以及怀疑削弱，最后他将印度引入两难中的最坏结果。[②]莫汉·古鲁斯瓦密等人还说，对于1962年“背叛”结果，印度可能也有责任。[③]

2．当然，印度内部众多的限制也使印度政府的对华谈判空间有限。首先，1959年西藏叛乱后中国问题成为印度决策者和公众的中心问题，影响到印度的内政外交，并限制了尼赫鲁政府的决策空间。中印边界争端扩大化后，印度对华政策涉及战略防御、外交、政治、经济等领域，中国问题引起国防部长、财政部长、藏人等各种力量的干预和斗争，公众卷入还使中印问题感情化。各种力量和因素的作用使得关于中国的决策多元化、复杂化，对华政策难于执行，尼赫鲁政府作出边界妥协十分困难，对华政策日趋僵硬。其次，印度法律也限制了尼赫鲁政府的妥协空间，因为在涉

① Giri Deshingkar, “India-China Relations: The Nehru Years,” *China Report*, 1991, Vol.27, No.2, p.90.

② Subramanian Swamy, *India's China Perspective* (New Delhi: Konark Publishers PVT LTD, 2001), p.77.

③ Mohan Guruswamy and Zorawar Daulet Singh, *India China Relations: the Border Issue and Beyond* (New Delhi: Viva Books, 2009), p.72.

及印巴边界问题上，最高法院大法官否决了两国达成的领土交换协议，也就是，没有一个宪法修正案，印度不能放弃任何领土。[①]

3. 在中印边界纷争持续增长的同时，印度对华战略需要快速下降。1953年以来，中印边界纠纷一直存在，但在两国政府的控制下未能进入公众视线，也没有严重干扰印度对华政策。因为，独立初期印度最为紧急的国内外事务是建设政权、发展经济和对付巴基斯坦，巴基斯坦与西方结盟给印度造成巨大压力，尼赫鲁的考虑是：与中国友好最为重要，边界问题次之，西藏地位可以牺牲。[②] 从中国方面看，建国之初中国中央政府在西藏立足未稳，从统一战线角度又需要争取和团结印度，不得不搁置边界问题。此外，冷战初期还有众多的共同因素推动中印走向合作，"……冷战冲突以来，尼赫鲁的不结盟外交政策、反殖斗争以及强调亚洲团结使之寻求与中国（和苏联）的友好关系；毛泽东的'中间地带'理论和'统一战线'战略使之多年来给予印度特别而友好的关注"。[③]

然而，20世纪50年代中后期，中印两国的国内外形势发生了微妙的变化，中国内部因大跃进、缺粮、反右运动扩大化等出现政治经济困难，外交方面因与美国在台海地区对峙和与苏联发生争吵而陷入孤立。印度国内因尼赫鲁推行计划经济也招致了经济问题和政治纷争，但在外交方面印度的不结盟政策开始得到美国和苏联的认可，两个超级大国还争相拉拢印度以向中国施加压力，印度外交形势大为好转。中国在印度外交中的地位和重要性大为下降，从全球看印度不再需要通过中印友好来证明不结盟政策，从地区看印度不再对美国援助巴基斯坦过度敌视和担忧。在印度对中国战略需求降低的同时，两国因边界争端和西藏问题而导致的主权矛盾和战略对抗不断增长，印度对华政策最终为矛盾和斗争主导。

---

① Jagat S. Mehta, *Negotiating for India: Resolving Problem through Diplomacy (Seven Case Studies 1958-1978)* (New Delhi: Manohar Publishers & Distributors, 2006), p.85.

② Tsering Topgyal, "Charting the Tibet Issue in the Sino-Indian Border Dispute," *China Report*, May 2011, Vol.47, No. 2, p.121.

③ S. Singh (eds.), *India and China: Mutual Relations* (New Delhi: Anmol Publications Pvt. Ltd., 2006), p.349.

4．中印关于和平共处五项原则及其实践的分歧使两国和平共处难以为继。通过签订1954年《中印协定》，中印不仅解决了两国之间的印藏交通与贸易问题，还提出处理两国关系的基础——和平共处五项原则。在尼赫鲁看来，中国接受和平共处五项原则意味着解决了边界问题，这一原则还限制中国使用武力。中国则认为，和平共处只是五项原则之一，其余四个原则实施后和平共处原则才可以实施，而且中印和平共处只是两个邻国之间而不是两大社会体制之间的共处，中印之间问题应该根据五项原则进行处理，而不是已经处理，尼赫鲁的边界政策和西藏政策就违背了和平共处五项原则的和平共处、保持主权与领土完整，以及不干涉内政等原则。边界纠纷扩大后，中印关于和平共处的看法分歧浮出水面，尼赫鲁的判断是，与奉行帝国主义和扩张主义的中国和平共处不可能。[①] 与此同时，中国也认为中印和平共处存在问题，因为尼赫鲁暗示中国占领西藏是武力而不是法律的结果，印度关于西藏自治的看法与英国帝国主义政策相似，1961年他还说英国在西藏实际上从来没有帝国主义野心，这些使尼赫鲁失去了1954年签约放弃西藏特权所获得的中国信任。[②] 如何处理中印和平共处中的挑战和问题呢？按照毛泽东的斗争哲学，中国应该“以斗争求和平”，因而，中方在边界地区不再退让，并与印度展开舆论战，指责印度实行侵略扩张政策、对西藏怀有野心、挑起边界争端谋求外援、攻击进步力量、采用帝国主义手腕，等等。1962年，中国政府决定发动边界自卫反击战，目的也不是攻城略地，而是要打出30年的和平，也就是保障中印和平共处局面。然而，中国领导人没有预料到的是，中国以斗争求和平导致印度长期敌视中国和近30年的中印冷战对抗局面。

---

① Giri Deshingkar, “India-China Relations: The Nehru Years,” *China Report*, 1991, Vol.27, No.2, p.100.

② Yaacov Vertzberger, “India’s Conflict with China: A Perceptual Analysis,” *Journal of Contemporary History*, 1982, Vol.17, No.4, p.620.

第三章　中印边界对峙与印度对华敌视对抗政策（1962—1976年）

1962年边界冲突后，印度将中国看作是“最大威胁”，维护国家安全成为印度对外战略的首要目标。为了对付中国，印度奉行军事实力主义政策大力发展军事力量，对外调整不结盟外交立场积极寻求美苏等国援助，对华实行“不谈、不和、不战”的冷战对峙政策，中印边界问题成为印度对华政策的核心内容和阻碍中印关系发展的最大障碍。

一、1962年边界冲突后印度的外交政策调整与安全体制变革

（一）调整不结盟政策，积极寻求美苏等国军事援助

中印边界冲突后，印度将中国看作是“最大威胁”，为此调整不结盟外交政策，积极寻求美苏等国援助和联合反华势力。1958年中印争议公开化后，印度国内一直存在要求政府与西方结盟和寻求外部军事援助的声音，但坚持不结盟政策的尼赫鲁予以拒绝。利用中印冲突的机会，反华势力大肆攻击尼赫鲁政府的不结盟政策，指责印度政府没有战争准备，反对尼赫鲁提出中印边界现状是1962年9月8日线，要求采取断交、支持达赖集团等对华强硬措施，甚至提出向西方求援、发展核武器以及支持西藏独立。[①] 艾克伦（W. F.Van Eekelen）也认为，边界争端清晰显示道德遏制作

① Nancy Jetly, *India China Relations, 1947-1977: A Study of Parliament's Role in the Making of Foreign Policy* (New Delhi: Radiant Publishers, 1979), pp.175-183.

为外交政策实践工具的失败。[①] 但是，尼赫鲁及其政府坚持不结盟政策并极力进行辩护，如指出共产党国家也认为中国危险和有害、加入军事集团没有特别的好处并对印度有害。[②] 1963年，尼赫鲁还亲自撰文维护不结盟政策，指责中国通过攻击印度来显示不结盟政策不现实和苏联对不结盟国家的政策错误。[③]

在尼赫鲁的坚持下，印度政府没有放弃不结盟政策，但为了对付中国，事实上采取了比较实用主义的策略，不结盟政策有所调整。如在边界爆发冲突后的1962年10月26日到27日，尼赫鲁亲自给英美等国领导人写信寻求同情、支持以及军事援助，而此前他一直拒绝接受西方主动提出的军事援助。印度学者米拉·辛哈也指出，1962年战争显示尼赫鲁1958年政策的失败，他满怀希望和信心而建的框架也随之崩溃，在他死后印度外交政策很大程度上是由一种民族耻辱和对华长期恐惧支配。[④] 瓦帕蒂亚亚认为，中国成为印度国际关系中最重要的因素，对印度与美国、苏联、巴基斯坦、亚非会议、不结盟运动的关系均有影响，中国攻击“导致印度寻求调整外交政策及处理国家安全与对外关系问题的所有方式”。[⑤]

印度不结盟政策的调整主要表现在积极寻求美苏等大国的支持和援助。独立后，印度军事力量并不强大，在长期优先发展经济的战略下，印度国防力量发展缓慢。为了快速加强军事力量，印度在中印边界冲突前夕就已大力寻求美苏的军事援助，在冲突爆发后更是积极寻求外部军事援助。1963年12月，印度国防部长恰范（Chavan）在议会报告，印度得到

---

① W. F. Van Eekelen, *Indian Foreign Policy and the Border Dispute with China* (The Hague: Martinus Nijhoff, 1964), p.202.

② Nancy Jetly, *India China Relations, 1947-1977: A Study of Parliament's Role in the Making of Foreign Policy* (New Delhi: Radiant Publishers, 1979), p.197.

③ Jawaharlal Nehru, “Changing India,” *Foreign Affairs*, April 1963.

④ Mira Sinha, “China: Making and Unmaking of Nehru's Foreign Policy,” *China Report*, 1979, Vol.15, No.2, p.51.

⑤ Chandra Lekha Upadhyaya, *India's Foreign Policy: A Study in South Asian Perception* (Delhi:Independent Pub., 2003), p.63.

了澳大利亚、加拿大、法国、英国、美国、苏联以及南斯拉夫的军事装备和军事援助，并将同苏联、美国、英国等国合作生产军用飞机和坦克等武器。据不完全统计，从1962年至1970年，苏联给印度的军事援助总数达到十亿美元，供给陆军数百辆坦克、几百门大炮和上千枚导弹，供给空军数百架军用飞机并在印度修建三个米格飞机工厂，供给海军数十艘军舰，苏联还派出了大量“军事顾问”为印度训练大批军事技术人员。[①] 美国及其盟友也向印度提供了大量军事援助，中印边界冲突爆发后，美国在不到两个月的时间内向印度提供1500万美元的军火，美国空军运输机还把印度士兵和军用物资运往中印边界冲突前线，大批美国军官前往印度帮助印度制订作战计划、军备计划以及生产武器，美国高官亚当斯前往阿萨姆冲突前线视察，美国空军司令在尼赫鲁的陪同下乘坐飞机视察拉达克。

为了对付中国，印度还在世界各地特别是东南亚地区联合反华势力，企图拼凑反华联盟。如在苏哈托发动政变走向反华后，印度积极发展与印度尼西亚政府的关系，1967年1月，印度外长查格拉（Chagla）访问印尼时大力推销建立“亚洲共同市场”计划，企图在亚洲组建反华联盟。印度国大党和反对党的议员还要求政府研究是否有可能同中国的邻国签订一个“防御条约”，印度政府表示愿意考虑与缅甸、尼泊尔和锡兰举行会议研究所谓对付中国的问题。

（二）改造国防战略和安全体制

印度在1962年中印边界冲突中的失败首先是军事上的溃败，这对印度的国防战略和体制产生了巨大的冲击，促使印度政府对安全体制和国防建设进行了较大调整。首先，在国防建设方面，尼赫鲁政府改变经济优先于国防的发展战略，开始优先发展军事力量，大量建立防务设施，购买机器、新技术、新武器，加强自身国防生产建设，不断扩大三军规模。1961年印度国防开支是32.7亿卢比，1962年印度国防部长签署《防务法》后

① 《苏修对印度的军事“援助”》，《人民日报》1971年12月9日，第6版。

国防费用快速增长，1962年猛增到47.3亿卢比，占到国内生产总值的3%，1963年国防费用达到81.6亿卢比，高达国内生产总值的4.54%，1964年国防费用比上年略有下降，但也占到国内生产总值的3.82%。此后，印度国防费用逐年攀升，1971年高达152.5亿卢比，十年间印度国防费用增长了近5倍。[①] 国防费用增长后，印度军事装备力量大大加强，三军总兵力也由1962年的51万人发展到1970年的92.5万人，其中陆军兵力增长幅度最大，从45.8万人增长到84.8万人，海军从1.6万人小幅度增长到2万人，空军从3.6万人增加到5.7万人。[②]

其次，在国防决策体制方面，尽管印度文官治军的基本体制未变，但在作战指挥方面文官的干预大大减少，军事决策方面开始听取职业军官的意见。如1962年后，印度国防部采用晨会制度，即国防部长、国防部各部部长、三军参谋长、国防秘书、国防部财政顾问等高层领导人定期集会，并邀请内阁秘书参加，对国防方面的重大政策和问题进行协商和决策，这有利于国防决策科学化和协调国防部门文官和军官之间的关系。

再次，鉴于陆军在1962年战争中表现不佳，印度对陆军进行较大的调整和改组。在陆军司令部的参谋局设立作战研究处，负责研究新战术思想和武器研制等问题，将武器装备处从军械局划到参谋局以更有效地采用新式武器，在军械局下设立采购处专门负责从国外购买装备和物资，还将原东部军区划分为东部和中部两个军区，新的东部军区司令部设在加尔各答，下辖孟加拉、阿萨姆和东北边境特区，把全印四分之一的兵力部署在靠近中国的北部和东部边境。印度还对军官进行重组，增加军队人数特别是新建了10个新山地师，进行专门的战术训练和山地作战训练。

最后，印度政府还对情报系统进行了较大规模的改造。印度懵懵懂懂地卷入中印边界战争并遭遇惨败，很大程度上是由于对中国认识不清，基辛格也认为，“从某种意义上讲，这次冲突重演了美国在朝鲜战争中的经

---

① 蒋一国、杨会春、于秀清：《印度国防经济研究》，解放军出版社，2002，第71页。

② 同上书，第20—21页。

历：敌方低估了中国的力量，无人质疑情报是否准确，又大大地错误估计了中国对其安全环境的看法以及中国对军事威胁的反应。”[①] 为了加强情报协调与分析，印度政府将参谋长委员会之下的联合情报委员会划到内阁秘书处，主管由外交部联合秘书改为职位更高的助理秘书级别官员担任，成员除了原来的三军情报局局长和国防部、内政部代表外，还增加了外交部、内政部情报局以及边境保安部队代表。为了加强对外情报搜集工作，印度政府将印度情报局中的对外情报部门独立出来，于1968年扩大并建成直接向总理报告工作的调查分析局，专门负责搜集外国情报，特别是搜集和分析敌国军事、政治和经济等各方面的情报。

二、1962年边界冲突后印度的对华敌视对抗政策

在1962年的空前安全危机下，大多数印度人团结在以尼赫鲁为首的国大党周围，尼赫鲁和其他相关责任人不仅没有被追究战争失败责任，尼赫鲁的中国背叛说还得到了广泛认同。尼赫鲁借此机会将战争罪责完全推到中国身上，指责中国背叛印度友谊发动对印侵略战争，而热爱和平的印度是因为没有战争准备而一败涂地。英迪拉·甘地总理（Indra Gandhi）进一步敌视中国，寻求与中国的主要对手苏联建立密切关系，并促成印度国内普遍认为1962年战争是一个渴求权力的侵略性的邻国挑起的。[②] 印度政府关于战争原因和后果的说法在印度得到普遍认同，这导致了印度国民对中国深深的敌视与仇恨。

在敌视中国的同时，印度公众和反对派也激烈地抨击印度政府的对华和平共处政策乃至不结盟外交。为了向公众显示维护国家利益的强硬立场，1962年尼赫鲁政府提出“收复领土”决议案并在议会获得通过，该决议先对中国背叛印度的善意和友谊以及双方同意的和平共处五项原则实施

① 〔美〕亨利·基辛格：《论中国》，胡利平等译，中信出版社，2012，第184页。

② S. Singh (eds.), *India and China: Mutual Relations* (New Delhi: Anmol Publications Pvt. Ltd., 2006), p.193.

侵略和大规模侵略印度表示深深的遗憾，接着表示："立足于希望和信念，本议会宣布一个严格的决定：不管斗争将需要多长时间和如何艰苦，印度人民将把侵略者从印度的神圣领土上赶出去。"[①] 然而，反对派对尼赫鲁政府的对华政策调整并不满意，在中巴接近后反对派再次要求印度政府对中国采取更为强硬的政策，如改变不结盟政策、建立印日澳集体安全体系、支持西藏独立、与台湾当局建交以及不支持中国加入联合国等。1963年8月19日，反对派还在议会提出对政府的不信任案，指责尼赫鲁政府对华政策存在屈膝投降、失去领土、掩盖真相、忽视防务和利用紧急状态压制反对派等种种问题。尽管议会投票结果是以346票对61票否定了该提案，但这给尼赫鲁造成巨大的心理压力，他公开承认以前的对华政策脱离现实，采取了一些对华强硬措施。当然，从总体上看，尼赫鲁政府对华实行的是"不谈、不和、不战"的冷战敌视政策，虽然接受中国单边停火以及以和平方式处理边界，但没有开启谈判和接受中国的和谈主张；虽然大力加强军事建设，但没有重启前进政策和突破中国提出的实际控制线。

1964年尼赫鲁病逝后，印度政府依旧由国大党掌权，先是尼赫鲁的重要助手拉尔·巴哈杜尔·夏斯特里（Lal Bahadur Shastri）继任印度总理，在夏斯特里突然病逝后由尼赫鲁的独生女儿英迪拉·甘地执政。尼赫鲁的后任们都没有他的资历、威望以及世界眼光，主要是忙于巩固国内统治地位，对外只重视亚洲舞台，将中国作为最大的地缘政治威胁和战略威胁。而且，中印边界冲突后，中国常规武器能力增长，在战略地位重要的西藏新疆地区建成公路交通网络，1964年获得核能力，这些使印度的中国威胁感不断增长。[②] 印度十分担心中国利用西藏对印度发动快速攻击、中国的核武器威胁以及中国将喜马拉雅山小国拉入势力范围。鉴于没有挑战中国的实力，尼赫鲁的继承者延续了"不谈、不和、不战"的对华政策，对外联合中国的对手苏联，对内推行实力政策大力发展军事力量，并针锋相对

---

① *Lok Sabha Debate*, November 08, 1962, pp.105-186.

② P. S. Jayaramu, *India's National Security and Foreign Policy* (New Delhi: ABC Publication House, 1987), p.28.

地反击中国，支持中国分裂势力、迫害华侨、制造外交纠纷以及进行对华敌视宣传。印度对华敌视和防范政策导致两国在边界地区激烈对峙甚至是发生冲突，中印关系进入冷战对抗阶段。

（一）中印边界对峙与冲突

1962年11月21日，在中印边界战争爆发一个月后，中国单方面宣布停火和撤军，这大大超出了印度政府乃至世界舆论的预料，印度政府当时正忙碌于集中全国力量和寻求国际援助来抵抗中国军队，为此还在国内实行紧急状态。然而，中印对于实际控制线存在严重分歧，印度拒绝与中国直接进行和平谈判，中印之间没有签署关于停火和划分边界的协定，印度也没有公开宣布同意停火，只是声明不妨碍中方停火和后撤。1962年12月1日，中国陆续从中印边界全线撤退到1959年11月7日实际控制线中国一侧地区，并于1963年2月28日进一步撤退到实控线中国一边20公里以外地区，与印度军队脱离接触。但是，为了防止印度采取破坏活动和乘机侵占中国领土，中国在实控线中国一侧20公里地区内设立26个民政检查站，其中东段16个，中段3个，西段有7个。对于实控线中国一侧20公里地区内中印双方对停火安排存在争议的四个地区，即东段的扯冬和朗久、中段的乌热以及西段印度曾经设立43个军事据点和中国为抵制印度前进政策而设置的边防哨所，中国没有设立民政检查站。

在中国单方面撤军后，印度并没有采取相应的后撤措施。1963年2月底，中国边防部队撤退到1959年11月7日实际控制线中国一边20公里以外地区，但印度军队尾随而至，导致两国军队在边界争议地区特别是“麦克马洪线”附近重新形成对峙态势。1963年3月25日，尼赫鲁在人民院讲话时扬言要把军队派往中国撤出地区，并说在西段有些地区实际上已经往前开动。利用空军优势和有利地形，印度不断派遣军用飞机、军警人员侵入中国领土、领空，越过中国主张的1959年11月7日实际控制线，宣示主权和对中国边防部队进行骚扰挑衅。据中国外交部统计，在1962年末至1965年底的三年中，印方从地面和空中的入侵活动已达374次之多，有时竟深入中国境内400公里以上，主要是侵犯中国西藏、新疆和四川的领土和领空。

印度军队主要是越过中国——锡金边界侵犯中国的领土。锡金位于喜马拉雅山南麓，地形北高南低，北部是山区，与中国西藏接壤，南部是谷地，邻近印度的西孟加拉邦平原地区。1890年，清政府与英国签署《中英会议藏印条约》，按照梯斯塔和莫竹两条分水岭划分中锡边界。然而，中锡交界处山峰林立，分水岭众多，两条分水岭难以全面明确地确定两国边界。[①] 而且，中国西藏地区与锡金之间早已存在一条传统边界并立有界碑，英国要求边界与传统边界存在较大差异，西藏军民坚决反对英国的边界主张，西藏政府还派兵防守传统边界和抵制英国勘界，最终中锡边界也没有完成勘界和明确确定下来。独立后，通过1950年的印度锡金条约，印度接管锡金的国防、外交和交通，将锡金变成被保护国，中国与锡金之间的边界问题遂成中印争端问题。印度不断加强对锡金和中锡边界的控制，首先是因为这一地区对印度十分重要，锡金接近连接印度本土与东北部的狭窄地带，战略地位十分重要。其次，印度在锡金有着中国不可比拟的优势，通过1950年《印度和锡金和平条约》，印度控制了锡金的国防、外交、内政以及经济，在锡金占据主导地位。而且，印度与锡金之间的交通十分便利，印度在锡金还有地理优势。最后，印度判断中锡边界争端不会立即招致中国的军事反击，因为中国一直将锡金作为主权国家对待，积极争取和拉拢锡金，1960年还与锡金签署了贸易协定。早在中印边界冲突爆发前夕的1962年9月28日，印度就越过中锡边界上的乃堆拉山口深入中国境内300米修筑工事和封锁交通，企图获得军事优势。在中印边界冲突平息后，印度军队继续越过乃堆拉山口修筑工事，并派遣人员侦察和测绘乃堆山口一带中国境内的地理情况，飞机越过中锡边界侦察骚扰中国的情况也不时发生。1963年3月21日，美国驻印度大使还在印度高官的陪同下在乃堆拉山口进行活动。同年6月20日，印军大约50人越过乃堆拉山口，平毁印度

① 杨公素:《中国反对外国侵略干涉西藏地方斗争史》，中国藏学出版社，1992，第97页。

修筑的一部分工事，对其余工事进行了加固和伪装。在中印激烈对峙平缓后，印军继续在中锡边界活动，但中国政府和媒体对印度越界事件的关注和报道逐渐减少，只是在两国关系紧张时偶有报道，如1971年12月15日中国政府抗议印度武装人员8人越过中锡边界的则里拉山口北侧侵入中国境内进行侦察达半小时之久。

在中印边界中段、西段以及东段，印度军队也出现了越过中国主张的实控线的情况。如在中印边界中段，1963年6月印度军队和行政人员数十人携带电台侵驻乌热地区并非法拘留中国边民，以后每年都进驻这一地区。在中印边界西段，印度军队多次侵入中国控制的斯潘古尔湖地区和温泉地区进行侦察活动。在中印边界东段，印度军队多次越过实控线在中国的东姆拉山口、加林公台地以及肖等地进行侦察巡逻，甚至还在加林公台地修筑了工事。

在中国报道和指责印度侵犯领土和领空的同时，印度政府也反指责中国侵入印度的领土和领空。1963年，中国和巴基斯坦签署边界协议，划分了巴占克什米尔地区与中国之间的边界线，印度十分不满，1963年12月31日向中国发出抗议照会，拒绝承认中巴边界协议。1964年，印度外交部抗议中国士兵在甫克齐以北八英里处以及空喀山口、约拉山口和羌山口等地开展军事行动。1965年中印边界局势因印巴战争十分紧张，印度不断抗议中国侵入印度，如指责1965年9月19日中国骑兵在查斯库尔印度民政哨所附近侵入印度领土并向印度边防警察部队开枪射击，同天中国军队在斗拉特别奥里地附近侵入印度领土并建立阵地，中国军队还在印度的温泉检查站对面挖壕据守和在碟穆绰克东部的恰尔丁努拉威胁印度民政检查站。在中印边界中段，印度政府主要是抗议中国军队进入了乌热地区并由里普列克山口进入印度领土。在边界东段，1966年印度政府指责中国违背诺言，派军队进入中印边界实际控制线中国一侧20公里地区和中国主动空出、不设民政检查站的朗久、扯冬等地。1975年3月，印度议员还指责中国军队占领边界和在西藏南部安置核武器，10月印度政府还就中国士兵越界开火提出抗议。

中印两国边防部队在边界地区摩擦不断，两国媒体相互指责，外交部门还进行了一场历时长久的照会战。中国驻印使馆外交官郑瑞祥在回忆文章中写道："在边界冲突前照会战就开始了，冲突结束后，照会战仍延续了很长时间。中方照会的内容大都是关于抗议印方入侵中国领土或领空以及挑起武装冲突。其他还有关于印度利用达赖及西藏叛乱分子干涉中国内政，迫害华侨等。印方照会大都是辩解或反抗议之类。最激烈的时候，每天连续发照会，甚至一天发2个照会。后来慢慢减少。中方对印方入侵领空领土事件，先是一事一抗议，后来变成一季度，再后来变成半年算一笔账，提出抗议。对印方来照的答复，也由一照一答变成收到几个照会后一并答复。"[①]

可见，尽管中国主动撤军后剑拔弩张的中印关系逐渐缓和下来，但两国在边界争议地区的争吵和对峙一直存在。而且，边界争端还与中印外交关系密切相连，1958年以来的边界争端导致两国外交关系恶化，而外交关系恶化进而使边界争端从外交纠纷走向流血冲突。在1962年边界冲突后，边界成为中印两国向对方显示不满和施加外交压力的发泄口，围绕着越界事件，中印两国进行了旷日持久的外交照会战，小规模的边界冲突和流血事件不时出现。

以1965年印巴战争为例，中国先是对巴基斯坦进行外交支援，指责印度侵略巴基斯坦，接着是多次发出外交照会抗议印军在中印边界西段温泉、空喀山口附近、都木契列、碟穆绰克等地对中国进行骚扰和武装挑衅，在中锡边界的乃堆拉山口、则里拉山口、东巨拉山等地侵犯中国领土和进行绑架勒索。在巴基斯坦不敌印度并请求中国加大援助后，中国还决定在东巴基斯坦最近的中锡边界予以支持。当时，印度越过中锡边界在中国境内修建了大约56个工事，中国也有打击印度军队侵占的正当性和必要性。在向中锡边界集结军队的同时，1965年9月16日，中国发给印度政府一份最后通牒式照会，要求印度在三天内拆除它在中锡边界一侧和跨中

① 张敏秋主编：《跨越喜马拉雅障碍：中国寻求了解印度》，重庆出版社，2006，第312页。

锡边界线上的所有侵略工事，并立即停止在中印边界和中锡边界的一切入侵活动，保证今后不再越境骚扰，否则，由此而产生的一切严重后果，必须由印度政府承担全部责任。在照会中，中国政府还明确表示中国支持克什米尔人民要求自决和巴基斯坦反侵略斗争。对于中国的最后通牒式照会，印度的判断是中国不过是想恐吓印度，不会为了别国野心卷入军事冲突。[①] 但是，为了避免两线作战，印度一边向中锡边界集结军队，一边按照中国的要求拆除了印度在中锡边界上的一切工事，中印之间大规模战争得以避免。

此后，两国关系依旧紧张，双方外交部门不断抗议对方侵犯本国领土和领空，两国边防部队互相射击事件不时发生。据中国的说法，印度军队在中印边界西、东两段和中锡边界进行越界武装挑衅，打死、打伤中国边防人员各一人，印军还6次从中锡边界锡金一侧向中国境内的中国边防人员开枪。1965年9月19日，在中印边界西段都木契列地区，印军与中国民政人员互相开枪射击，3名印度士兵被打死，这是1962年边界冲突平息后中印士兵第一次交火。第二天，印度军队从乃堆拉山口附近两次向中国境内的中国边防部队开枪射击，并在则里拉山口附近向中国边防部队开枪射击。10月5日，印度军队在亚拉山口连续向中国边防人员进行猛烈射击，并打伤中国边防战士一名。11月13日，印度军队再次在东巨拉山口向中国境内的中国执勤人员发起猛烈攻击，还有印兵越过边界向中国边防执勤人员包围进攻。11月24日，两国边防部队再次交火，三名越界印军被中国民政检查站工作人员打死。12月12日，7名中国边防人员在中锡边界达吉山口中国一侧进行例行巡逻，遭到印军袭击，中方死亡1人，印方5人死亡，3人被俘。印度的说法则是，9月19日中国军队“侵入”印度境内的查斯库尔并绑架走3名印度边防警察。9月20日中国士兵越过东巨拉山口向印度军队开枪，并占领锡金一侧800码处的一个地方。9月21日，中国军队

① Jagat S. Mehta, *Negotiating for India: Resolving Problem through Diplomacy (Seven Case Studies 1958-1978)* (New Delhi: Manohar Publishers & Distributors, 2006), p.108.

隔着乃堆拉山口向边界以南的印度哨所开枪，并在“锡金境内”挖壕据守。12月，中国军队“入侵”锡金并向印度边防警察开火。

1966年中印边防部队交火事件减少，但1967年外交官间谍事件导致两国政治关系再次紧张化，并使边界摩擦增长和边界冲突再次出现。据中国的报导，1967年4月13日，印度军队在中锡边界开鲁山口的中国一侧修筑七个高逾一米的石堆，同时平毁了一个原在开鲁山口的被双方边民看作边界线传统标志的玛尼堆。中方指责印度军队从中锡边界山口入侵中国领土，不断进行侦察骚扰，同时还修复、兴建军事工事和打压中国边民。中印军队在中锡边界交火事件也时有发生，7月29日印度军队在中锡边界的卓拉山口向中国边防士兵开枪射击，9月1日印度军队越过中锡边界侵入中国并刺伤2名中国边防战士。9月11日到15日，印度军队越过或隔着中锡边界向中国边防部队开枪开炮，打死打伤中国边防战士多人。10月1日，印度军队再次在中锡边界的卓拉山口向中国边防部队开火。11月14日，双方士兵再次交火并各有损伤。

1971年印巴冲突再次出现，这也影响到中印关系和两国边境局势。中国政府坚决支持巴基斯坦和反对印度出兵支持东巴基斯坦独立，鉴于自身处境艰难，中国的主要措施是在联合国声援巴基斯坦，同时也在边界上向印度施加压力。1971年12月16日，中国外交部照会印度大使馆，抗议印度边防部队越过中锡边界的塞拉山口、则里拉山口北侧多次侵入中国领土，及印度飞机侵入中国西藏察隅地区上空进行侦察，要求印度政府立即停止对中国领土的入侵活动。

总之，1962年边界冲突后，中印两国在边界地区没有进行大规模的武力冲突，但边界摩擦与小规模流血冲突事件时有发生，两国在边界问题上继续敌视和坚持各自强硬立场，互相指责对方进行侵略和制造冲突事件。与此同时，两国也避免再在边界地区进行大规模战争。

（二）制造外交摩擦与冲突

1962年冲突前，中印外交关系已经十分冷淡。1961年7月20日印度驻华大使离任回国后，印度政府长期没有派出驻华大使，1962年7月18日中国驻印大使离任回国，中国政府也不再派出新大使。两国之间的经贸交往和民间文化交流基本中断，对于有限的来往，印度政府都有意阻拦，对中印间的公私电报和邮件进行严格的检查甚至是实行扣留。边界冲突爆发后，印度在外交上采取一系列报复措施，导致两国外交纠纷不断。

首先，印度破坏中印互设领事馆协议和干扰中国驻印大使馆工作。1962年边界冲突后，印度片面撕毁中印互设领事馆的协议，关闭在上海和拉萨的总领事馆，并要求中国也关闭在加尔各答和孟买的总领事馆，在中国结束馆务和撤离人员过程还一再刁难。中国外交官在印度的活动受到限制和监视，中国大使馆的外交活动以及与印度人士的来往都无法正常开展，印度政府还组织和纵容民众到中国大使馆门前举行反华示威活动，印度政府官员和国大党成员也参与其中并担任指挥。以1963年中国驻印大使馆举办国庆节招待会为例，国庆节前夕中印边境局势总体来说已经缓和，但印度的反华宣传一直持续进行，大使馆外的特务对出入中国使馆的印度人严加监视，并进行盘问和刁难，许多对华友好的印度人为避免麻烦都不进入中国使馆，敢于公开来到中国使馆的印度人寥寥无几。即便如此，印度反华势力还是积极采取各种措施阻挠中国举办的国庆节招待会。9月25日，人民社会党、人民同盟、自由党以及“反对中国侵略委员会”等反华组织就发表声明，号召各界人士抵制中国的招待会，并扬言要在10月1日当天到中国使馆门前监视参加招待会的印度人，以后要公布他们的名字以进行社会制裁，他们还派人威胁阻止印度饭店向中国使馆提供饮食和服务人员。招待会当天，印度出动200名警察在通往中国大使馆的三个路口警戒，所有汽车和行人都被询问，有的还被拦住询问两三次。有一些人在中国大使馆外用印地语喊口号，还有记者拍照。在印度的阻挠下，不少印度人不敢前来参加宴会，有的没拿请帖的也不许进入中国使馆。[①]

其次，印度破坏中国银行在印度的正常业务。1960年逮捕中国银行加

① 中华人民共和国外交部解密档案：117-01363-14（1）

尔各答分行经理蒋文桂，1961年初迫使他离开印度。1962年11月，印度封闭和强行接管中国银行加尔各答分行和孟买经理处，加尔各答高等法院还强行接管中国银行在印度的一切资产，甚至是中国使领馆的经费，在中国使领馆多次抗议和交涉后才予以归还。1963年2月，印度政府将中国银行加尔各答分行和孟买经理处的资产予以拍卖。印度还继续迫害中国银行的工作人员，1962年11月限制中国银行工作人员的行动自由，对有关离境申请也是一再刁难，甚至还逮捕了该行职员黄其安全家（包括一名几个月的婴儿）。

最后，印度大肆迫害中国旅印华侨。1959年8月，以中国华侨在印度从事反印活动和间谍活动为由，印度开始对华侨实施传讯、逮捕、判刑、罚款和限期离境，剥夺1943年前居住在印度的华侨自动获得永久居留权的权利。1961年，印度逮捕加尔各答兴华中学校长张敬和《中国新闻》总编辑侯兴福，并将他们押解出境，至1962年9月印度将200多名华侨以各种罪名驱逐出境。1962年边界冲突爆发后，在印华侨生活受到严重冲击，印度暴徒殴打华侨、捣毁抢劫华侨商店和阻挠华侨上班，印度政府对这些非法活动采取纵容态度。在印度的大部分华侨学校不得不停办，印度政府还纵容台湾当局霸占华侨学校校产。印度政府对华侨实行严格的管制，1962年10月颁行针对华侨的《外国人法（实施和补充）条例》，以国家安全利益为名将大批华侨关进集中营，并不许中国大使馆派人前去探视。中国政府为此成立“接待和安置印度受难归国华侨委员会”，三次派船接运在印华侨回国。印度对华侨的迫害也是一次大规模的明目张胆的财产掠夺，按照《被拘留者财产管理法令》，印度政府接管了被捕华侨财产，其他华侨财产印度政府很长时间内也是予以冻结不许变卖，马哈拉斯特邦还将华侨财产征用。尼赫鲁政府打压政策迫使大多数华侨不得不离开印度，但在华侨办理离境手续时印度工作人员也是多方刁难，甚至有些华侨申请离境后就被逮捕。印度排华政策实施后，在印华侨从1960年的3万人减少到1万人，印度西孟加拉邦还要求留在该邦的华侨集中居住在加尔各答及其附近地区，以便监视。留在印度的华人长期遭受压制，行动自由受到限制和监视，个人财产没有保障，求职与就业遭受歧视。

在中印相互敌视的氛围下，两国之间还出现严重的外交冲突事件。1967年6月，两名印度外交官在北京军事禁区偷拍照片被红卫兵抓住和殴打，中国政府随后将印度外交官驱逐出境。印度政府立即采取报复政策，纵容数百名暴徒到中国驻印度大使馆门前游行甚至是进入大使馆内进行打砸烧等破坏活动，导致中国大使馆图片展览橱窗被砸、汽车库内多辆车辆被烧毁、八名护旗的大使馆工作人员被殴打致伤。印度政府还将两名中国外交官驱逐出境，出动大批军警围守中国大使馆并限制使馆人员及家属的行动自由。针对印度报复行动，中国对印度驻华使馆也采取限制措施，中国民众也多次到印度驻华使馆门前举行集会抗议活动。中国外交部还向印度发出照会，要求印度政府承认错误，公开道歉，立即惩办凶手，赔偿一切损失，对受伤的中国人员提供充分的医疗条件，并保证今后不再发生类似事件。但是，印度政府拒绝理会，在中国受伤人员回国问题上也是一再刁难，两国关系几乎降到冰点。

（三）支持中国分裂势力

印度对华敌视政策还体现为印度政府支持中国分离主义势力，大力发展与台湾当局的关系和支持达赖集团。

独立后印度政府与国民党政府建立了友好关系，但在1949年国民党失败后，尼赫鲁政府承认中华人民共和国并按照共产党政府的要求与蒋介石政权断交，承认世界上只有一个中国。1959年中印关系恶化后，印度开始允许国民党特务在印活动并纵容台湾当局霸占华侨学校。1962年战争后，印度政府公开将噶伦堡中华学校校产交给蒋介石当局，印度驻华大使馆在其出版的新闻公报中刊登台湾当局的“旅印华侨协会”的反共决议。

印度官方机构、政府官员以及议会议员还鼓吹“两个中国”、“与台湾建交”等言论。1963年5月6日，印度政府给中国的照会中公然出现“大陆中国”的字样，5月27日印度经济与国防统筹部长克里希纳·马查里（Krishna Machari）在美国公开鼓吹“两个中国”，9月20日印度国防部长恰范在议会里宣传存在“两个中国”。1969年8月，印度教育国务部长巴格瓦特·杰哈·阿扎德（Bhagwat Jha Azad）在议会把中华人民共和国称为“共产党中国”，把台湾当局称为“中华民国”。在同年9月的华盛顿记者招待会上，印度政府副总理德赛（Desai）表示台湾是联合国会员国和独立国家，印度政府支持“两个中国”在联合国没有什么不行。印度总理英迪拉·甘地在事后还表示，德赛的说法正确地代表了政府的政策。

印度官方不仅提出“两个中国论”，还积极发展与台湾当局的外交联系。1961年10月，印度驻菲律宾大使应邀前往台湾参加蒋介石政权的“国庆”招待会。1963年7月，印度举行世界佛教徒联谊会，邀请台湾当局派员参加，尼赫鲁及其高官还接见了台湾“佛教代表团”。同年8月，印度军事委员会秘书长访问台湾。1964年11月底12月初，台湾再次派出佛教代表团到印度参加联谊会，印度总统及其他高官接见该团并接受了赠送礼物，还安排台湾代表与达赖会面。1965年，台湾“教育部国民教育司帮办”访问印度，并得到印度总统的接见。利用召开国际会议的机会，印度政府多次邀请台湾官方代表到印活动，主要有国际新闻会议（1962年）、太平洋区旅行协会会议（1966年）、联合国亚洲及远东经济委员会会议（1966年）、亚洲黄色工会会议（1969年）、联合国贸易和发展会议（1969年）、亚洲科学技术应用会议（1969年），等等。为了将“两个中国论”变成现实，印度还安排印度台湾在任政府高官互访，1968年，印度副总理莫拉吉·德赛访问台湾。1969年，台湾组成以“外交委员会主席”为首的一个六人“友好代表团”访问印度，他们得到印度总统、总理以及外交部长等高官的接见。印度媒体多次报道台湾当局代表在印活动消息，并发表他们的反共言论。

印度反华议员还频繁登陆台湾从事反华活动，积极鼓吹印蒋恢复外交关系和联合对付共同敌人中共政权。1963年10月，印度国会议员、自由党总书记访问台湾。1963年11月，印度国会议员帕特尔（Patel）到台湾参加所谓“亚洲人民反共联盟”会议，大力鼓吹印度同蒋介石当局恢复外交关系。1964年6月，印度议员组团访问台湾，宣称要与台湾建立外交关系。1966年9月，以特里维迪（Trivedi）为首的印度议会代表团到台湾活动，与蒋介石及其高官会谈，声称印度政府要与蒋介石集团重建“邦交”、一起维护“亚洲的和平与自由”以及在印度建立一个“中印经济文化协会”。1969年，印度反华议员还成立“反对中国进入联合国委员会”，邀请在印参加联合国会议的台湾代表出席其成立大会。总之，在中印冷战对抗期间，许多印度议员和记者窜访台湾，不少人还得到蒋介石的接见。

印度政府也不断提升印蒋双边关系，1966年6月，印度政府派国大党议会党团书记拉古纳特·辛格（Raghunatha Singh）、印度国大党议员勒肯尼·辛格（Lekeni Singh）等两次到台湾活动，联系发展印蒋之间的贸易和文化关系。1969年印度政府进一步提升印蒋关系，不仅邀请台湾代表参加印度的国庆庆祝会，还第一次允许五百名印度人到台湾参加蒋介石集团的“国庆”活动，并同意台湾代表在印度新德里举行所谓“国庆”庆祝会，印度国会议员和外交界人士还出席集会。中印边界冲突后，印度支持和利用达赖集团反华活动更为公开和积极。在军事方面，印度政府投入大量金钱、物资和武器，设立多个训练中心对西藏流亡分子进行特务训练，将他们派入中国境内进行骚扰破坏活动。印度政府还召集西藏流亡分子在靠近中印边境的地区修筑战略公路，甚至把一部分人编入印度“山地作战师”，一支主要由流亡藏人组成的印度特殊边境部队成立。[①] 为了在中印边界地区抗衡中国，1965年8月，印度政府还安排达赖访问印控克什米尔的重要军事基地列城，企图利用达赖煽动当地居民反华，“遏制”中国的影响。

在政治方面，印度政府收容了达赖及其流亡集团，让其在达兰萨拉建立流亡政府，公布所谓“西藏宪法”。印度政府允许达赖自由活动，并资助达赖集团出版刊物，进行反华宣传。不顾中国的不满和反对，印度总统、总理和其他高级官员多次公开接见达赖，以表示对达赖集团的支持。一些印度官员和政治团体还鼓吹支持西藏独立，如1965年9月印度教育部

---

① B. R Deepak, *India and China 1904-2004: A Century Peace and Conflict* (New Delhi: Manak Publications Pvt. Ltd, 2005), p.288.

长查格拉（Chagra）提出，印度政府考虑是否承认中国对西藏的“宗主权”的时候已经到来。1966年8月5日，印度反动社团“人民公仆社”在新德里宣布成立所谓“印藏文化协会”，该社秘书赛瓦克·拉姆（Sevac Ram）在会上把印度和西藏称为“两个国家”，公开支持达赖集团谋求西藏独立。印度政府经常纵容甚至是利用达赖集团在印度举行反华游行，以向中国施加压力。每年年初，达赖集团都要在新德里和印度其他城市组织西藏叛乱纪念活动，除了发表反华声明外，西藏流亡分子还会举行反华游行，在这些反华活动中经常可以看到印度议员甚至是政府官员的身影，有的人甚至还充当了反华游行的指挥者和组织者。在1967年和1968年中印关系紧张时期，印度暴徒和西藏流亡分子一起举行游行，袭击中国驻印度大使馆并打伤使馆工作人员。

在外交方面，印度政府也是积极支持和利用达赖反华集团。1965年8月24日，印度政府和美国合作促成联合国人权委员会讨论所谓‘西藏问题’，并通过了一项谴责中国侵犯西藏人权的决议，公然干涉中国内政。印度联合国代表在发言中攻击中国在西藏实行“无情的暴行”，“超过了殖民主义在过去所做的任何事情”，要求联合国对西藏叛乱集团“提供一切便利”。在1967年中印外交冲突事件发生后，印度政府宣布要让达赖走出印度国门从事政治活动，同年9月到11月间达赖访问日本和泰国，以宗教活动为名进行反华活动。

（四）宣传“中国威胁论”

中印边界冲突后，印度极其敌视中国，将中国看作是地缘政治和战略威胁，政府官员在多种场合宣传“中国威胁论”。1964年11月5日到12月1日期间，印度总理夏斯特里多次发表反华讲话，将中国称作印度的敌人。[①] 1964年中国核试验成功后，印度的中国威胁感进一步增长，印度政府一面攻击中国进行核试验，一面要求防止核扩散和寻求美苏核保护。在

---

① 王宏纬：《喜马拉雅山情结：中印关系研究》，中国藏学出版社，1997，第271页。

同年的不结盟运动会议上，夏斯特里总理率领的印度代表团提出“和平共处十项原则决议草案”，鼓吹无条件和平共处、核裁军以及不以武力解决边界争端，企图将斗争矛头引向中国。夏斯特里病逝后，新总理英迪拉·甘地继续敌视中国，一再指责拥有核武器的中国对印度构成了“威胁”和“危险”，并威胁和破坏世界和平。英迪拉·甘地还借访问之机在华盛顿和莫斯科发表反华演说，指责中国实施“侵略”、破坏南亚稳定并对和平特别是亚洲和平构成威胁。

在议会会议上，印度总统、总理、国防部长、外交部长等高官经常宣扬中国威胁论，指责“中国继续采取敌视态度”“中国非法占领着大量印度土地”“大量中国军队集结在我国北部边界上”“中国对我国北部边界的威胁仍然没有减少”“中国入侵不丹”“中国入侵锡金”，等等。印度政府在镇压国内左翼反抗运动的同时，指责中国支持、鼓励和训练那加和米佐的叛乱分子。[①] 在有关工作报告中，印度内政部长还抹黑印度共产党，称其为中国的“第五纵队”。印度政府还十分担心中国和巴基斯坦联合，为此与苏联缔结共同防御条约，并企图与中国邻国结成反华军事同盟。

印度媒体也不断炒作中国威胁论。1964年10月12日，《印度斯坦报》报道，中国开始在整个中印边界沿线进行异乎寻常的大规模的军队集结，还说这是1962年边境冲突以来中国第一次进行的针对印度的大规模军事调动，不能排除中国在秋天将进攻印度。1965年，印度外交部对外披露中国要求印军在规定时间撤离乃堆拉山口后，众多印度报纸都用大字标题刊登了这个所谓中国“最后通牒”事件，中印边界战争论甚嚣尘上，印度国内反华情绪高涨。

应该说整个20世纪60年代，印度都是极其敌视中国，对华执行的冷战对抗政策。但是，印度与两个较大的邻国同时对抗，既不明智，也难以长期进行下去。而且，60年代末70年代初，国际环境是东西方关系走向缓

---

① B. R Deepak, *India and China 1904-2004: A Century Peace and Conflict* (New Delhi: Manak Publications Pvt. Ltd, 2005), p.284.

和，对话与交流成为一股国际潮流。1969年初，印度政府也开始致力于缓和中印关系和进行边界谈判试探。

三、印度的边界谈判立场：从拒绝走向主动试探

长期以来，中国的主张是通过和平谈判解决中印边界问题，中国发动1962年边界自卫战争的目的之一就是迫使印度以和平方式处理边界争端。为了开启中印边界谈判，1962年冲突后中国作出了诸多缓和两国关系的努力。1962年10月24日，中国总理周恩来在中印交战三天后就提出停止边境冲突、重开和谈、解决中印边界问题的三项和平建议，试图控制两国冲突进一步升级。11月21日，尽管在边界冲突中获得优势，中国政府单方面宣布停火和主动后撤，并建议中印双方立即举行官员会晤。为了营造会谈氛围，中国释放600多名印军伤病人员并将在战斗中缴获的大量军用物资交还给印方。1963年2月28日，中国军队完全撤到1959年11月7日实控线中国一侧20公里以外地区，在实控线20公里以内中国领土上只是设立26个民政检查站，而且，在中印争议较大的扯冬、郎久、乌热以及西段印度曾经设立43个据点的地区，中国没有设立民政检查站。然而，印度政府和媒体十分敌视中国，对中国的示好并不领情，反而指责中国虐待印俘、中国归还的印度物资被故意毁坏以及中国的目的是进行宣传。中国外交部对印度的恶意诋毁十分不满，表示："……中国方面采取的每一个善意行动，至今都没有从印度方面得到积极的响应，相反却往往遭到印度政府的歪曲和污蔑。……我们希望印度政府改变这种蓄意敌视中国的态度。"①

总体而言，1962年后中国还是继续避免损害中印关系，主要政策和措施为：避免表现为胜利者；将印度给予达赖政治避难、边界问题以及印苏关系分开，将边界争端作为双边事务；边界战略没有突破1960年的周恩来六点框架；在1962年后的30年里实控线大致上没有变化；没有像印度一

① 《中华人民共和国对外关系文件集（1963）第十集》，世界知识出版社，1965，第16页。

样将对方作为敌人并在国内大肆宣传。中国还利用各种机会与印度缓和关系。1964年5月27日，尼赫鲁逝世，周恩来在发给印度总统萨瓦帕利·拉达克里希南的唁电中说："尽管在我们两国之间目前还存在着一定的分歧，但这种不幸的情况终究只是暂时的。我深信，中印两国人民的友好关系，必将在和平共处五项原则的基础上得到恢复和发展。"[①] 同日，他还致电英迪拉·甘地夫人，表示哀悼。次日，他和陈毅前往印度驻华使馆，吊唁尼赫鲁逝世，向尼赫鲁遗像献了花圈。1964年6月10日，夏斯特里继任印度总理，周恩来代表中国发去贺电，希望中印两国的友好关系在和平共处五项原则的基础上得到恢复和发展。印度学者S.辛格指出，1962年后中国采取的是限制损害中印关系的谨慎政策，这使70年代两国关系缓慢正常化成为可能。[②]

实际上，中印边界冲突后印度政府事实上接受了中国的单边停火和后撤，1962年12月24日，尼赫鲁还说印度不应该敌视中国，中印关系中没有永久仇恨。[③] 可见，尽管中印边界冲突与对峙事件不时发生，两国边界争端也存在和平处理的可能性。

（一）科伦坡建议与中印和谈曙光

1962年底、1963年初，科伦坡会议国家的调解使中印之间一度出现和谈曙光。为了调解中印关系，1962年12月9日，锡兰、缅甸、印度尼西亚、柬埔寨、阿联和加纳等六个亚非国家的政府首脑或代表在锡兰首都科伦坡举行会议。会议通过了一个公报，主要内容是：1. 关于西段，会议愿呼吁中国政府按照周恩来总理1962年11月21日和11月28日给尼赫鲁总理信中的建议，实施军事驻地的20公里的后撤；会议愿呼吁印度政府保持现有的

---

① 中共中央文献研究室编：《周恩来年谱（1949—1976）》（中卷），中央文献出版社，1997，第645页。

② S. Singh (eds.), *India and China: Mutual Relations* (New Delhi: Anmol Publications Pvt. Ltd., 2006), pp.193-194.

③ Steben A. Hoffmann, *India and the China Crisis* (Berkeley: University of California Press, 1990), p.221.

军事驻地；在边界争端最后解决以前，中国军事撤退所空出的地区将是一个非军事区，由有待商定的双方民政点进行管理，而不损及印中双方过去在这个地区的权利。2. 关于东段，会议认为在实际控制线为两国政府所承认的各地段，该线可以作为各自驻地的停火线。本段其余地段可在它们今后的讨论中予以解决。3. 关于中段的各个问题，会议建议用和平方式加以解决而不诉诸武力。[①]

1963年1月，锡兰总理西丽玛沃·班达拉奈克夫人（Sirimavo Bandaranaike）先行来到新德里，向尼赫鲁政府提出科伦坡建议。科伦坡建议呼吁中国在西段后撤，没有要求印度采取对应措施，只是呼吁印度政府保持现有的军事驻地。然而，印度政府并不满意，尼赫鲁认为有关建议存在模糊不清之处，需要进一步澄清。在印度坚持下，班达拉奈克夫人在会谈后发表了由印度外交部起草的对原建议的所谓澄清，关键内容是：西段在中国军事后撤形成的20公里的非军事区由中印双方民政点进行管理是科伦坡会议建议实质性的一部分；应由印中两国政府达成协议的是关于检查站的位置、数目及其人员组成等问题。通过澄清，尼赫鲁政府将科伦坡建议解释为有利于印度的立场，也就是要求恢复1962年9月8日前的边界状况。

同年1月3日和4日，班达拉奈克夫人与周恩来就中印边界问题和六国会议的建议举行会谈，周恩来肯定了科伦坡会议及其公报和建议的积极作用，但也指出，建议中只要求中国单方面后撤20公里而印度不动，这不符合会议的精神，他还重申：中国主动停火主动后撤以促使中印直接谈判的声明继续有效，只要印度不采取行动来阻挠和破坏我们的主动停火和后撤。[②]

1963年1月14日，班达拉奈克夫人将亚非六国的科伦坡建议寄给中国政府。中国欢迎并支持科伦坡会议为促进中印双方直接谈判所作的努力，

① 《中华人民共和国对外关系文件集（1963）第十集》，世界知识出版社，1965，第23页。

② 中共中央文献研究室编：《周恩来年谱（1949—1976）》（中卷），中央文献出版社，1997，第524页。

但也不满科伦坡建议没有体现中印对等原则和中印边界各段一致原则。1月19日，周恩来给班达拉奈克夫人复信表示，中国政府原则上接受以科伦坡会议建议为中印官员会晤时，讨论稳定停火和脱离接触，并促进中印边界谈判的初步基础，但中国政府也保留对科伦坡会议建议的两点解释，一是会议的建议关于印度军队保持现有军事驻地的规定，也应该适用于中印边界全线，而不仅适用于西段；二是在东段的扯冬地区和朗久、中段的乌热和西段印度曾经设立43个据点的地区，在印度军队和民政人员不再进入这些地方的情况下，中国方面愿意在和解道路上再迈进一步，不在这些地方设立民政检查站。[①] 通过两点保留意见，中国提出中印双方对等和中印边界各段一致的要求，拒绝承认印度通过前进政策曾经侵占的领土的合法性，和反对印度军队及民政人员再次进入这些地区。周恩来还指出："中国政府希望中印双方不同的解释不致阻碍中印官员迅速会谈，而能够在会谈中求得解决。"[②]

对于科伦坡建议以及中印会谈问题，印度议会出现激烈的争论。大多数反对党议员继续反对中印和谈，指责科伦坡建议没有指出中国是侵略者。有的议员还反对尼赫鲁政府的1962年9月8日线主张，要求对外结盟和采用武力打击中国。尼赫鲁一方面安抚反对党议员，表示科伦坡建议不改变印度的11月决议，印度坚持在1962年9月8日线的基础上谈判，另一方面又强硬表示原则上接受科伦坡建议，将科伦坡建议交给议会不是他的宪法义务。[③] 1963年1月26日，在中国提出两点解释后，印度政府马上表示接受经过印度澄清后的科伦坡建议，并以之为中印直接谈判的前提条件。印度还采取外交攻势，同年3月5日督促中国在无保留接受科伦坡建议基础上进行中印谈判。4月3日和9月6日，印度再次发出外交照会，向中国提出处理边界分歧的五个建设性步骤，即：第一步是中国必须无保留

① 《中华人民共和国对外关系文件集（1963）第十集》，世界知识出版社，1965，第21页。

② 同上书，第22页。

③ Nancy Jetly, *India China Relations, 1947-1977: A Study of Parliament's Role in the Making of Foreign Policy* (New Delhi: Radiant Publishers, 1979), pp.205-210.

地接受科伦坡建议，第二步是中印举行官员会晤讨论实施建议的细节，第三步是实地实施科伦坡建议，第四步是在中印关系气氛改善后处理两国边界分歧问题，第五步是如果双方不能就边界分歧达成协议，就提交给国际法院仲裁。印度关于中印直接谈判的立场实际上与1960年情况相似，口头上不反对会谈，但又为谈判设置前提条件。

通过中国副总理兼外长陈毅对外讲话、周恩来致尼赫鲁信件以及中国外交部的复照，中国政府多次坚决反对以塞进印度澄清的科伦坡建议作为谈判前提条件，理由是科伦坡建议不是仲裁和指令，中国政府没有义务全盘接受，印度对科伦坡建议的澄清也不是科伦坡建议不可分割的一部分。中国政府指责印度提出的五个步骤实质是设置重重障碍以使谈判成为不可能，因为印度提出在所谓中印关系气氛改善后进行谈判不过是故弄玄虚，印度没有改变边界立场并不断恶化中印关系，根本没有谈判和处理边界问题的诚意，所谓提交国际法院仲裁不过是回避直接谈判的伎俩。中国主张在中印双方原则上接受科伦坡建议的基础上立即开始直接谈判，并以之为印度有没有和平解决中印边界问题的诚意的一个考验。① 陈毅还表示：“……中国政府是一贯争取中印直接谈判的。但是，如果办不到这一点，中国政府也愿意耐心地等待。”②

尽管不愿接受印度的谈判前提，中国政府还是尽力缓和中印关系，没有消极等待中印直接谈判。1963年12月3日，周恩来总理特意接见印度驻华大使馆临时代办班纳吉，指出中印边境的局势已经缓和，除非有一方破坏边界现状，而中国是决不会破坏现状的。中印两国关系不应该再恶化下去，照会战虽比边境武装冲突好，但双方应该通过照会想办法寻求一些共同点来促进两国关系的改善。1964年2月29日，周恩来、宋庆龄、陈毅与班达拉奈克夫人举行第三次会谈，周恩来介绍了中印边境的现状和中国政府的立场、主张，表示中印边界问题只能和平解决，没有其他办法。他

① 《中华人民共和国对外关系文件集（1963）第十集》，世界知识出版社，1965，第122—126页。

② 同上书，第55页。

说：如印军前进，我们将采取措施让科伦坡会议国家出来调解，而不会直接和印度冲突，这也就是我们对六国提的三个办法：一、如少数印军侵入，我将提警告，每季度通知六国一次；二、如印度进一步进占我领土，我将要求印军撤走，同时请六国出来调解，劝说印军撤走。在六国劝解过程中，我将不采取任何行动；三、如六国宣告调解无效，我将采取自卫措施。在谈到中国对亚非国家的援助问题时说：我们不仅要看物质而且要看精神。我们都是亚非大家庭的成员，我们的援助数目同我们的人口来比是不相称的，希望再过五年到十年我们进一步发展了，我们可以更好地合作。合作是为了求得共同的发展，绝不允许发生过去殖民主义所干的事。[①]

印度政府的谈判立场也出现灵活化的迹象。1964年初，尼赫鲁在议会提出，如果中国军队从西段边界线中国一侧20公里地区内全部撤出，他愿意考虑会谈。伯特兰·罗素（Bertrand RusselI）的两位代表同尼赫鲁讨论后把这个意见告诉了中国政府，中国政府提出，如果这是个认真、严肃的建议应该由印度政府自己提出来。然而，面对国内压力，印度政府立即否认尼赫鲁曾委托罗素的代表转达任何口信。同年4月，尼赫鲁又表示印度愿意考虑调整科伦坡建议，在中国撤军后的西段空地都不建立民用检查站。5月17日，他又提出印度已经率先接受科伦坡建议和以清除检查站作为开始考虑谈判的基础，现在轮到中国采取进一步行动以与印度直接谈判。[②] 但是，中国认为印度边界立场没有改变和缺乏谈判诚意，没有作出回应。1964年6月8日，印度新总理夏斯特里表示希望结束与中国的边界争端，但他希望中国走出第一步，从20公里非军事区的停火线中国一侧撤走边防部队。[③] 1964年12月，周恩来给出的答复是，印度要求中国撤走民用检查站完全不合理，中国不放弃麦克马洪线以南9万平方公里的领土主

---

① 中共中央文献研究室编：《周恩来年谱（1949—1976)》(中卷)，中央文献出版社，1997，第624—625页。

② Nancy Jetly, *India China Relations, 1947-1977: A Study of Parliament's Role in the Making of Foreign Policy* (New Delhi: Radiant Publishers, 1979), p.223.

③ Chih H. Lu, *The Sino-Indain Border Dispute: A Legal Study* (New York: Greenwood Press, 1986), p.118.

权，印度官方发言人指责周恩来是完全关上了大门。[①]

关于科伦坡国家调解及其建议，中印两国都没有拒绝，但是两国都按照自己的主张作出有利于自己的解释，并不愿向对方让步，导致中印谈判最终没有出现。其实，在1962年边界冲突后，印度不断扩军备战和寻求外援，中印边界冲突和对峙事件不时出现，两国还围绕着中国侨民与中国银行资产等问题争吵不断，中印关系仍然十分紧张，两国之间缺乏和谈气氛。而且，两国刚刚经历过一场军事冲突，双方仍然坚持战前立场，拒绝向对方妥协，也不相信对方的和谈诚意，特别是印度在失败后复仇主义盛行，双方自然难以坐到谈判桌上。此外，在中国军队后撤后，印度军队重新进入东段1959年11月7日实际控制线以南地区，违背了中国的印度在中印边界各段保持现有军事驻地的要求，科伦坡六国的调解工作最终难以进行。总之，因印度仇视中国和不改变原有边界立场，中国很快实行等待谈判政策。在中国国内开始文化大革命后，外交正常工作也受到干扰，关于改善中印关系以及促成中印谈判的工作停滞不前。

（二）印度的谈判试探与缓和努力

尼赫鲁逝世后，印度一度陷入政治混乱，1967年英迪拉·甘地再次当选后印度政局才趋于稳定。虽然同年的外交官事件使中印关系几乎下降到谷底，但两国关系也出现缓解的迹象。1967年8月29日，印度放出要同中国举行“和平谈判”的试探气球，外交部长查格拉表示印度政府准备同中国对话，希望中国很快同印度一起到会议桌上去解决两国之间的一切争执和使两国关系正常化。10月1日，印度政府照会中国政府，提出双方指挥官会晤、减少紧张局势等建议。12月22日，英迪拉·甘地对华政策明显灵活化，在对中国反印政策表示遗憾的同时，她宣布印度对中国人民没有邪

① Keshav Mishra, *Rapprochement across the Himalayas: Emerging India-China Relations in Post Cold War Period (1947-2003)* (Delhi: Kalpaz Publications, 2004), p.36.

恶意图，两国将来必定会友好和注重解决贫困落后问题。[①] 印度继续释放出缓和中印关系的信号，1968年印度总统在讲话中指出中印应该和平共处和恢复关系，英迪拉·甘地总理还拒绝了125个议员的与中国断交的要求，她表示："我们与中国的分歧出现主要是因为中国不准备接受基本的国际行为规则。一旦他们接受，我们将走向中印关系正常化。"[②]

1969年1月1日，英迪拉·甘地在招待会上表示，要寻求解决中印边界争端的途径。这一讲话表明印度态度灵活化，不再坚持中国接受科伦坡建议为谈判前提。[③] 在印度国内，英迪拉·甘地的对话提议得到了大多数媒体与公众的支持，议员也普遍支持中印关系正常化，但有的议员仍然坚持前提条件是中国归还领土和接受印度边界与领土完整。4月7日，印度外长在议会中表示，印度对华政策的基本原则是不敌视中国人民、不干预中国内政，同时反对中国违背国际原则和危及印度安全。印度主张和平处理边界争端，对华不必陷入小争斗或言词纠纷，印度要保持自身团结和行动力量，行动的时间和地点源于印度的选择而不是中国的希望，同时不鼓励西藏独立。他还指出，在过去20年努力建立密切友好中印关系的过程中，印度经历了许多挫折，但印度考虑形势将着眼于今天和未来。为了国家荣誉和利益，印度愿意与中国讨论分歧并可以在适当时间思考怎样和中国建立密切关系。[④] 在这次讲话中，印度外长不仅没有再提以中国接受科伦坡建议为谈判前提，还提出以中印恢复大使级关系来推动两国关系发展。1970年，印度政府高层继续推动中印关系缓和化，印度总统在2月20日的讲话中表示要在和平共处原则上处理与华关系，印度外长还提出恢复中印关系的三个具体步骤，即先改善双边气氛，接着是外交关系正常化，最后

---

① Nancy Jetly, *India China Relations, 1947-1977: A Study of Parliament's Role in the Making of Foreign Policy* (New Delhi: Radiant Publishers, 1979), p.253.

② A. K. Damodran and U. S. Bajpai, *Indian Foreign Policy: the Indra Gandhi Years*, New Delhi: Radiant Publishers, 1990, pp.102-103.

③ *Hindustan Times*, January 2, 1969.

④ Nancy Jetly, *India China Relations, 1947-1977: A Study of Parliament's Role in the Making of Foreign Policy* (New Delhi: Radiant Publishers, 1979), pp.261-265.

是讨论现存问题。

印度改善中印关系的努力得到中国的回应。1970年5月1日，毛泽东在天安门城楼同印度驻华使馆临时代办米什拉（Mishra）握手，并微笑着说："印度是一个伟大的国家，你们是一个伟大的人民……我们总是要友好的，不能老是这么吵下去嘛。"[①] 10月1日，中国邀请印度外交官员参加国庆节庆祝宴会，这是两国关系破裂后中国第一次邀请印度官员出席宴会。同年，中印两国外交官开始在第三国埃及直接接触。1971年，中国邀请印度参加亚非乒乓球友好邀请赛。

印度对中国的友好表示很快作出回应，取消1967年外交冲突事件后在中国驻印大使馆设立的警察站，对中国重返联合国也表示欢迎，印度政府还主动提出恢复外贸和互派大使。1971年5月，中印外交官员开始谈判恢复大使级关系。同年7月，英迪拉·甘地致信周恩来，表示愿意进行各方面谈判，10月27日英迪拉·甘地再次致信周恩来表示愿意合作，11月13日她还写信对周恩来的支持表示感谢，并提出中印友好增长的希望。

1972年后，中印关系进一步缓和。如1972年8月31日，印度乒乓球协会主席拉马努詹（Ramanujam）率队前往中国参加亚洲乒乓球联盟第一次代表大会。同年，印度外交秘书T. N. 考尔（T. N.Kaul）参加中国驻印大使馆组织的中国国庆节宴会并发表讲话，他指出印度希望恢复中印互派大使级关系和实现两国关系正常化，他进一步希望中印化解误解、忘记过去和面向未来。[②] 印度外交部长斯瓦拉·辛格（Swara Singh）在议会指出，印度尽力避免中印关系紧张化，印苏条约不针对中国以及任何他国，不是中印关系正常化的阻碍因素，政府政策是通过双边谈判和和平方式收复失地，并不违背1962年决议。[③] 1973年，印度乒乓球代表团再次受邀前往北

---

① 郭书兰编：《中印关系大事记》，中国社会科学出版社，1987，第107页。

② B. R Deepak, *India and China 1904-2004: A Century Peace and Conflict* (New Delhi: Manak Publications Pvt. Ltd, 2005), p.297.

③ Nancy Jetly, *India China Relations, 1947-1977: A Study of Parliament's Role in the Making of Foreign Policy* (New Delhi: Radiant Publishers, 1979), p.275.

京参加亚非拉乒乓球友好邀请赛。1974年3月印度驻华新代办在空缺一年半后得以派出，10月1日印度总理英迪拉·甘地还特意发电祝贺中华人民共和国建国25周年。1975年2月，印度外长也说印度愿意与中国改善关系。同年，中国副总理在加尔各答停留时宣布中国准备与印度关系正常化，中国国防部副部长还率团访问印度，中国乒乓球代表团也对印度进行了友好访问。

在中印关系走向缓和之时，印度的边界立场也走向灵活化，从主张武力收复领土走向和平处理边界问题，从设置谈判前提条件阻碍中印边界谈判走向放弃前提条件和积极主动促成谈判。

印度寻求中印缓和及中印边界谈判的国际大环境是20世纪60年代东西方关系走向缓和。赫鲁晓夫上台后修改了斯大林的外交政策，提出“和平共处、和平竞争以及和平过渡”的三和路线，苏联想在西方承认其中东欧势力范围的基础上与其缓和关系。又由于苏联核武器的发展使东西方军事力量趋于平衡，美国等西方国家也开始寻求以对话来阻止苏联军事力量的上升，而美苏核战争危险也遭到了世界和平力量的反对。这些因素促使东西方关系由激烈的冷战对抗走向了寻求和平共存。

当然，印度在战败后能够积极主动地走向中国，最关键的因素还是其自身的发展与需要。长期以来，印度拒绝中印会谈的主要原因是担心谈判会产生负面作用，如显示印度处于弱势、鼓励中国侵略以及让中国侵占合法化，等等。① 随着时间的流逝，印度对华谈判的诸多顾虑逐渐改变，面对中国时更加自信。第一，经过多年的发展，印度军事力量大为提升。在实施1964年到1969年的第一个“国防五年计划”后，印度军队数量从58.5万增长到92.5万，军费开支也从1961—1962年的32.7亿卢比增加到1970—1971年度的115.2亿卢比，军队设施和装备也大大改善。② 第二，在取得1965年印巴战争胜利，特别是1971年成功肢解巴基斯坦后，印度在南亚获

① Oriana Skylar Mastro, “The Great Divide: Chinese and Indian Views on Negotiations, 1959-62,” *Journal of Defence Studies*, 2012, Vol.6, Issue 4, p.92.

② 蒋一国、杨会春、于秀清：《印度国防经济研究》，解放军出版社，2002，第41—42页。

得战略优势和逐渐恢复自信心。第三，印度与苏联建立联盟关系，这使印度在面对中国时增加了新的筹码和有着强大的外交支持。第四，印度边界观念和政策开始理性化，中印边界问题也不再与印度国家安全和统一密不可分，印度政府开始正视中国的领土主张和要求。1975年11月，印度东部军区司令J.E.R.贾冠伯（J.E.R.Jacob）向英迪拉·甘地指出，在某些方面中国的主张有一些价值，因而他们的观点可能不应该立刻拒绝。① 第五，随着时间的流逝，印度国内对中国的敌视逐渐减弱，印度领导人在中印边界问题方面的政治活动空间大为增长。

尽管20世纪70年代以来中印关系出现了缓和迹象和会谈契机，但两国会谈迟至1981年才再次开启。首先，20世纪70年代中印关系没有实质性改变，两国之间缺乏和谈氛围。应该说，1958年中印边界争端公开化后的20年内，两国关系一直不太和谐，在边界问题、达赖问题、孟加拉独立问题、克什米尔问题以及印度吞并锡金，等等方面，两国立场尖锐对立，外交斗争或纷争不断。在印度看来，尽管印度致力于缓和中印关系，中国却没有具体行动，中国媒体继续指责印度勾结苏联、寻求外援，在南亚地区称霸扩张、对内实行高压统治，在印巴纷争和克什米尔问题上，中国也是站在印度的敌人巴基斯坦一边，1965年对印度发出最后通牒式照会，1971年向巴基斯坦提供飞机、常规武器和政治外交支持。1975年，英迪拉·甘地指出："我们想与中国建立友好关系。让我们十分失望的是，最近20年未能实现我们最初的期待……我们最初相互信任和友好，但20世纪50年代的事件带来紧张与误解……将原因归结于边界争端过于简单化。还有当时或后来的一些事情，如中国制度化地支持巴基斯坦反对印度，中国挑拨性地批评印度先后依附于美国和苏联，中国一直无效地鼓动印度内部颠覆活动。这让我们只有断定边界争端是破坏印度稳定、阻止印度快速稳

---

① Gautam Das, *China-Tibet-India: the 1962 War and the Strategic Military Future* (New Delhi: Har-Anand Publications Pvt Ltd, 2009), p.131.

定发展的复杂政策的后果。”[①] 在中国看来，印度对华继续实行敌视政策，长期收留达赖集团并纵容、利用其反华活动，以对中国施加压力，印度还与中国的主要敌人苏联建立密切关系，企图形成对华合围之势。可见，尽管20世纪70年代中印关系出现缓和迹象，但两国关系并没有实质性变化，双方继续相互敌视，政治交往和经济交流比较少。两国正常外交关系尚未恢复，自然谈不上开启边界谈判。

其次，中印双方严重缺乏互信和谈判诚意也是谈判难以开启的重要原因。1962年边界冲突后，印度将战争责任完全推到中国身上，在政府和媒体的作用下，印度民众对1962年中印边界冲突的主流政治记忆是中国背叛印度。[②] 在这种情况下，印度自然对中国缺乏信任感，“作用于毛泽东的复杂的内外因素在印度可能没有得到理解。处理中国问题的主要因素是印度人心理所受的伤害和尼赫鲁被背叛的观念。”[③] 尽管1970年以来中国对印度伸出的橄榄枝作出了积极回应，但在印度学者J.D.瑟蒂（J.D.Sethi）看来，中国主要目标是阻止或遏制印度实施核选择权、影响印度的内部政治制度、削弱印苏合作以及阻止一个关于印度防务的美苏联合协定出现，恢复大使级关系带来的后果是加剧印度国内的政治分裂、扩大中国对印度国内的影响、提高中国在印度具有巨大影响力的不结盟世界的影响力，因此，他不反对中印谈判，但认为印度政府不应该急于与中国进行谈判。[④] 1966年7月，印度外交部长辛格在议会也表示，中国继续敌视印度，印度政府认为在谈判问题上没有进一步试探的余地。他还指出，中国对中印关系正常化没有诚意，主要是针对苏联，在印苏结盟后中国需要反击两国联合对中国边界施加压力，中国的反措施是将中印关系正常化置于外交日程。

---

① Indra Gandhi, *Selected Speeches and Writings of Indra Gandhi*,Vol.3, New Delhi: Publications Division, Ministry of Information and Broadcasting, Government of India, 1972-1977, p.633.

② Dibyesh Anand, “Remembering 1962 Sino-Indian Border War: Politics of Memory”, *Journal of Defence Studies*, 2012, Vol.6, Issue 4, p.231.

③ S. Singh (eds.), *India and China: Mutual Relations* (New Delhi: Anmol Publications Pvt. Ltd., 2006), p.266.

④ J .D.Sethi, “Negotiating With China”, *China Report*, 1970, Vol.6, No.6, pp.14-20.

在印度不信任中国边界谈判诚意的同时，中国同样也不相信印度的谈判提议，如对于1967年两国关系紧张化时印度外长的和平谈判提议，中国媒体的评价是："印度反动派偏偏在这个时候拣起'和平谈判'的幌子，显然是妄图欺骗印度和世界人民，为它的军事冒险行动放烟幕弹。"[①] 中国学者赵蔚文指出，印度改善中印关系的目的也不单纯，主要动因是：在国际上中国未被孤立而印度处境不妙；珍宝岛事件后印度希望改变亲苏形象；印度担心出现中美巴轴心；印度国内与中国和解的呼声日益高涨；印度希望争取时间发展核武器和在经济上赶上中国。[②]

再次，印度面对中国时还是存在自信心不足问题，担心中印谈判会加剧印度的内部困难。如在1964年中国核试验成功后，面对中国的绝对军事优势，印度不提与中国谈判话题，只强调追求不损害尊严的和平处理和保证不放弃一寸土地。[③] 1969年后，印度政府在中印谈判问题上更为灵活和主动，但激烈的政治斗争导致60年代和70年代印度国内政局一直不太稳定，印度政府也没有能力采取任何大胆的外交行动。

最后，印度国内还存在强大的反和谈力量。20世纪50年代末60年代初，边界争端上升为印度国内重要事务，身居高位的尼赫鲁也不得不小心行事，甚至是在反华势力的强大压力下不得不顺从公众舆论而不是予以引导，他的继承者自然需要更多时间获得某种行动自由。[④] 长期以来，除了亲华左翼外，印度政治势力都不支持中印谈判。20世纪70年代，印度反共势力继续反对中印关系正常化，提出众多与中国改善关系的政治条件，如中国放弃对印度的领土要求，停止反对印度领土完整的宣传，不再"干预"印度与锡金、不丹的关系，承认藏人权利和履行"非殖民化"要求，

---

① 《事实俱在，铁证如山，印度侵略者发动武装进攻蓄谋已久，印度侵略军对我边防部队的军事挑衅是在美帝苏修指使下进行的》，《人民日报》，1967年9月13日，第5版。

② 赵蔚文：《印中关系风云录（1949—1999）》，时事出版社，2000，第223—236页。

③ Nancy Jetly, *India China Relations, 1947-1977: A Study of Parliament's Role in the Making of Foreign Policy* (New Delhi: Radiant Publishers, 1979), pp.227-228.

④ W. F. Van Eekelen, *Indian Foreign Policy and the Border Dispute with China* (The Hague: Martinus Nijhoff, 1964), p.206.

表示如果以上条件兑现，可以相应地减少中印在喜马拉雅山地区的军事存在。[①] 在后尼赫鲁时代政局不稳定的情况下，印度各届政府主要精力是巩固政权，不愿推行对华快速和解政策而招致反华势力的指责和反对。

小结：边界冲突后印度对华冷战对抗政策的调整与维系

1962年战败后，印度朝野普遍敌视中国，印度政府采取了一系列外交报复措施，中印之间的交流基本停止，印度强硬封闭和接管中国银行、迫害华侨等还导致两国外交纠纷不断，双边关系十分紧张。尽管尼赫鲁认为中国进攻印度的可能性不大，但他将中国当作长期敌人或对手，主张加强力量来对付中国威胁。为此，印度大幅度调整外交政策甚至是国家发展战略，从优先发展经济走向集中力量加强国防建设特别是中印边界防务，并对国防决策和情报安全体制进行了调整和改革。为了对付中国威胁，印度积极争取美苏等大国的军事援助和经济支持。为了牵制中国，印度还支持中国分离主义势力，大力发展与台湾当局的关系和支持达赖集团。在后尼赫鲁时代，印度政府变本加厉地推行军事实力主义政策，印度官员和媒体不断炒作“中国威胁论”，中印两国在边境地区对峙与冲突事件不断。

然而，中印边界纷争并没有再次引发大规模的军事冲突，因为中印两国不想也不能因边界问题进行大规模武力冲突。从中国角度看，20世纪60年代中国内困外忧，不是迫不得已并不愿发动战争，1962年中国发动自卫反击战的目的是为了阻止印度进一步侵占领土和迫使印度采取和平方式处理边界问题。从印度角度看，尽管1962年战败后印度国内一度复仇主义思潮盛行，但印度并没有战胜中国的绝对军事优势，在1964年中国核试验成功后印度武力反击中国更加危险和困难。因而，尽管在边界冲突后十分敌视和仇恨中国，印度实际上默认1962年停火线是实际控制线，对华政策的基本立场是“不谈、不和、不战”。

在1967年严重冲突发生后，两国关系还出现转机，印度政府多次向

---

① Nancy Jetly, *India China Relations, 1947-1977: A Study of Parliament's Role in the Making of Foreign Policy* (New Delhi: Radiant Publishers, 1979), pp.263-264.

中国伸出橄榄枝，1969年英迪拉·甘地政府还不再坚持中印谈判前提是中国接受科伦坡建议。印度缓和努力和谈判试探也得到了中国的回应，两国关系出现了缓和迹象，中印外交官开始进行接触和礼节性交流，两国乒乓外交活动频繁，高层对话渠道再次畅通，外交部开始谈判恢复互派大使。1972年后中国媒体涉印报道逐渐客观化，印度媒体也不再大肆炒作中国威胁论，中印边境对峙和冲突事件不再是公众关注的中心问题。

然而，20世纪六七十年代，中印关系改善有限，基本上还是一种冷战对抗关系。首先，从国际情况看，美苏冷战是中印走向和维持冷战对抗的大环境。20世纪40年代末50年代初，中印两国都曾努力建立两国之间乃至亚非国家之间的和平共处关系，但在20世纪50年代中后期美苏加强在南亚的冷战争夺后，中印和平共处关系遭受严重考验，在西藏危机和边界问题的冲击下，中印两国很快走向了武力冲突。为了对付中国，印度积极争取美苏等国的经济乃至军事援助，尽管印度没有完全放弃不结盟政策，但其外交政策已经发生了巨大变化。资本主义国家印度还与社会主义国家苏联结成同盟，而社会主义国家中国则与资本主义国家美巴结合在一起，南亚地区出现了极为独特的冷战对峙局面。尽管20世纪60年代末70年代初，东西方关系走向缓和，但整个冷战期间美苏两大阵营冷战对峙没有实质性的改变，这自然也限制了中印冷战关系的终结。在印度依赖苏联军事外交支持和中国与巴基斯坦和美国形成事实战略同盟的情况下，中印两国外交活动空间有限。如印度人民党政府以及英迪拉·甘地再次上台后，都试图拉开与苏联的距离，推进中印关系正常化，但在中苏关系不断恶化的情况下，苏联限制印度改善中印关系，对苏联的政治军事依赖限制了印度的外交独立自主性，中印关系未能很快出现突破。

第二，从地区情况看，南亚安全局势动荡一再干扰到中印关系正常化进程。1962年失败后，印度政府转向寻求和巩固在南亚地区的霸权地位，这导致南亚局势长期动荡。1965年和1971年，印巴两国大打出手。1973年到1975年，印度致力于完成对锡金的吞并。在克什米尔地位、孟加拉独立以及印度吞并锡金等问题上，中印尖锐对立，中国还站在印度的敌人巴基斯坦一边，1965年对印度发出最后通牒式照会，1971年向巴基斯坦提供飞机、常规武器和政治外交支持。因而，尽管1967年后印度试图开启中印谈判和缓和两国关系，两国冷战对抗关系没有实质性的变化。

第三，从双边层面看，西藏问题、边界争端、中巴关系等因素阻碍了中印冷战的终结。边界争端对印度外交政策和对外关系影响十分巨大，英国南亚专家蓝姆认为，克什米尔以及中印边界问题主导了印度政策以及国家计划的每个方面。[①] 印度学者巴杰帕伊还认为，边界问题一度主导整个南亚地区政治，直到1971年后印度决定性地成为南亚地区霸主。[②] 巴哈瓦拉·珀克哈尔纳（Bhawna Pokharna）则认为，边界问题主导中印关系的时间更为长久，从1962年到1988年，作为影响中印关系的负面因素，边界问题一直是中印关系的核心问题。[③] 在冷战对抗期间，印度既担心中国的军事优势，又害怕中巴合作对付印度，这导致印度政府处理领土问题时更为僵化，边界问题成为塑造印度外交的重要因素。而且，边界冲突之下，印度安全部门重要性上升，出现保持边界问题的利益集团。[④] 此外，边界冲突后，在印度政府和媒体的共同作用下，"受害者心理"成为印度人的集体心理，这成为中印合理公正处理边界问题的巨大障碍。最终，边界问题悬而未决反过来又限制了中印关系的改善。此外，在中国看来，印度长期收留达赖集团并纵容其反华行动，甚至在中印关系恶化时利用达赖集团对中国施加压力，继续实行的是对华敌视政策。在印度看来，中国不仅支持印度的敌人巴基斯坦来牵制印度，还声援和资助印度国内的农民武装斗争和少数民族分离主义运动，一直是敌视和打压印度。

---

① Alastair Lamb, *Asian Frontiers: Studies in A Continuing Problem* (Melbourne: F.W. Cheshire, 1968), p.128.

② Kanti Bajpai and Siddharth Mallavarapu (eds.), *International Relations in India: Theorizing the Region and Nation* (New Delhi: Orient Longman, 2005), p.328.

③ Bhawna Pokharna, *India-China Relations: Dimensions and Perspectives* (New Delhi: New Century Publications, 2009), p.302.

④ Kanti Bajpai and Siddharth Mallavarapu (eds.), *International Relations in India: Theorizing the Region and Nation* (New Delhi: Orient Longman, 2005), pp.326-327.

第四，从国家情况看，中印各自的内部政局和外交政策走向也限制了两国的外交活动空间。文化大革命爆发后，国内动乱严重干扰了中国的外交工作，1967年中印外交官事件就是在这一背景下发生的。尼赫鲁逝世后，印度政局在很长时间内是混乱不堪，政党斗争甚至国大党内部斗争都十分激烈，东北部民族独立运动和贫困农民争取经济政治利益的武装斗争也严重损害了印度的安全与稳定。此外，印度在1965年和1971年还两次与巴基斯坦发生大规模军事冲突。后尼赫鲁时代的印度领导人主要精力是应对国内外安全挑战和巩固地位，在外交方面难以采取重大措施和行动。

总之，正如克沙伍·米什拉所言："内外因素和两国力量进一步阻止双边关系改善。……所有这些因素产生了一种中印冷战环境，使两国关系难以解冻。"[①] 因而，中印两国要走出边界冲突后的冷战敌视阶段，既需要外部环境压力减小，也需要两国国内走向安定。

---

① Keshav Mishra, *Rapprochement across the Himalayas: Emerging India-China Relations in Post Cold War Period (1947-2003)* (Delhi: Kalpaz Publications, 2004), p.47.

第四章　印度对华双重政策与中印边界谈判（1976年至今）

1976年中印恢复互派大使以来，两国关系逐渐走向正常化。然而，中印关系和印度对华政策仍旧与中印边界问题密切相连，由于边界争端悬而未决，中印关系不时遭受干扰甚至是冲击，印度对华政策在推进和解与合作的同时，也明显地存在对华防范和制衡的一面。最初，印度政府坚持将边界问题处理作为发展中印关系的前提，对华和解政策收效甚微。随着国内外环境的变化，在中印边界谈判历时长久而进展缓慢的情况下，拉吉夫·甘地政府逐渐选择更为务实理性的对华政策，在重视中印边界谈判的同时，同意不将边界处理作为发展两国关系的前提条件，边界争端不再是印度对华政策和中印关系的主导因素。尽管1988年以来，印度对华接触与和解政策取得了丰硕的成果，但未处理的边界问题仍旧是印度对华政策的重要影响因素，印度政府仍然十分重视中印边界问题。[①] 印度国家和政党领导人不断强调边界处理的重要性并敦促中印加快边界谈判，而不是搁置并留给下一代。21世纪以来，中印边界形势再度紧张，印度对华政策和中印关系遭受严重干扰。总之，处理中印边界争端仍旧是印度对华政策的重要任务，也是中印关系发展无法绕过的问题。

① Li Li, *Security Perception and China-India Relations*, New Delhi: KW Publishers Pvt Ltd, 2009, p.155.

一、1976年以来的印度对华政策

20世纪60年代末70年代初，印度开始调整对华敌视政策，1976年两国恢复互派大使，两国关系缓慢走向正常化。然而，在推动对华接触与和解政策的同时，印度一直大力增强包括核力量在内的军事实力，对华不信任和防范心理十分明显。学者指出，印度对中国的战略反应是微妙和多维度的，首先印度最大程度地避免与中国的语言、政治以及军事斗争，其次尽可能地在快速发展的领域增进与中国的关系，第三是印度也寻求在中印关系恶化时保护自身，第四是不得不对付强大的中国促使印度激活与亚洲周边国家的关系。[①] 很明显，印度对华实行的是双轨政策，一方面坚持推进中印接触与和解，建立和发展中印友好合作关系，另一方面继续坚持现实主义政策，大力发展印度国家实力以及对外关系，防范乃至寻求反制中国。

（一）恢复和平共处：印度对华和解与接触政策

中国是印度疆域最大、实力最强的邻国，印度政府长期奉行对华敌视政策既不理性也不现实，因为印度是一个人口众多、经济落后的国家，需要将更多的资源用于发展经济和改善民生。随着国内对华怒火的平息和政治局势的稳定，印度政府开始调整对华政策，寻求中印关系正常化。

1. 恢复互派大使：印度对华和解政策迈出第一步

20世纪60年代末70年代初，印度政府及外交部门开始推动中印关系正常化，但两国关系发展不时受到南亚动荡的安全局势的影响。1971年5月中印外交部即已开始谈判恢复互派大使，但由于第三次印巴战争、印度吞并锡金等事件的干扰，两国谈判迟迟没有结果。尽管中印和解迟迟不

---

① Francine R. Frankel and Harry Harding (eds.), *The India-China Relationship: What the United States Needs to Know* (New York: Columbia University Press, 2004), pp.141-142.

能启动，但印度改善两国关系的意愿还是十分明显的，印度外长Y.B.恰范（Y.B.Chavan）公开强调："我们将努力改善与中国的关系。我希望出现回应……地理让我们彼此相邻。我不认为我们可以选择邻居。"[①]

在1975年印度吞并锡金后，南亚局势趋于稳定，中印关系正常化进程正式启动。1976年1月，中国副总理访问印度，表示中国会欢迎印度重派驻华大使，他个人认为中国也会作出积极回应。同年4月，中印两国开始商谈派驻大使问题。因为20世纪60年代是印度首先召回大使，中国要求也应当由印度首先重派驻华大使，印度政府最终同意这一合情合理的外交要求。1976年7月7日，印度驻华大使前往中国赴任，7月12日中国也派出了驻印大使。

然而，印度外长在宣布重新派遣驻华大使消息的同时，强调印度不会在领土上作出让步，这预示着中印关系的改善并没有进入快车道，只是缓慢前行。

2. 继续和解：人民党政府延续对华正常化政策

在中印正常外交关系逐步恢复之时，中国国内政局出现重大变化，历经十年的"文化大革命"结束，中国政治秩序开始逐步步入正轨，对外政策也日益趋于务实理性，对印度奉行和平共处政策。与此同时，印度国内政局也出现巨大变化，1977年人民党在大选中战胜国大党，结束了国大党长期掌控印度政权的局面。上台之初，人民党总理莫拉尔吉·德赛（Morarji Desai）就对外宣布，印度将同所有愿意同印度友好的国家保持友好关系，而不同任何国家保持特殊关系，这意味着人民党政府有意与苏联拉开距离。印度新外长阿塔尔·比哈里·瓦杰帕伊（Atal Bihari Vajpayee）明确指出，印度政府将努力发展同邻国的合作关系，希望印度同中国的关系将进一步得到改善。在人民党政府延续国大党政府的对华和解政策后，对华友好日益成为印度的国家共识，这有利于中印关系正常化的顺利

---

① Keshav Mishra, *Rapprochement across the Himalayas: Emerging India-China Relations in Post Cold War Period (1947-2003)* (Delhi: Kalpaz Publications, 2004), p.52.

开展。

印度人民党政府对华友好表态很快得到中国政府的积极回应，两国关系进一步改善。1978年3月，时任中国国务院总理华国锋也表示要改善与印度关系，中国还采取主动行动，派以王炳南为首的中国对外友协代表团访问印度，王炳南与印度众多高层官员会晤并邀请印度外长瓦杰帕伊访华，印度政府也表示原则上接受。与政治对话相比，中印经济文化交流更为频繁。1977年4月，中印两国恢复了中断15年的直接贸易，同年，中国采矿全国委员会代表团和中国青年羽毛球队对印度进行友好访问，印度总统还接见中国采矿全国委员会代表团成员。1978年，中国进出口公司代表团和农业考察团访问印度，印度舞蹈团也应邀访问了中国，印度还举办了中国绘画展和中国电影节。此外，还有不少印度友好人士和记者访问中国。

人民党政府延续对华和解政策，却不急于采取行动改善中印关系，继续坚持将边界处理作为改善中印关系的前提。1978年3月，德赛在议会讲话中重申，政府坚持1962年议会决议，并已向中国表明边界不处理就没有完全的关系正常化。① 印度议会没有激烈反对对华和解政策，但要求进行关系正常化的同时坚持边界要求，少数议员继续坚持提出改善中印关系要以中国放弃侵占为前提。

1979年2月，经过多次延迟，瓦杰帕伊访华终于成行，这是1962年边界冲突后印度外长首次访问中国。瓦杰帕伊在中国受到热烈欢迎，包括邓小平在内的中国高层领导人纷纷与之会晤。在与邓小平会晤时，瓦杰帕伊继续强调边界是两国关系发展的关键障碍，印度认为边界处理重要。邓小平则提出求同存异及和平处理原则，并强调边界问题不应该阻碍两国关系，他还提出了“一揽子方案”，也就是通过中国在东段和印度在西段的相互让步，一次性解决中印边界问题。瓦杰帕伊拒绝接受邓小平的边界处

---

① Nancy Jetly, *India China Relations, 1947-1977: A Study of Parliament's Role in the Making of Foreign Policy* (New Delhi: Radiant Publishers, 1979), p.293.

理建议，只同意将和平共处原则作为两国处理边界争端的基础，建议先处理没有争议的边界地区。然而，在瓦杰帕伊访华期间，发生一件十分巧合的事件，中国宣布对越作战并指出要惩罚越南的边界挑衅行为，因1962年中国对印作战也是对外宣布要惩罚印度，瓦杰帕伊提前结束访程以示抗议。瓦杰帕伊访华是总体成功的访问，中印高层的外交对话渠道由此开始畅通，印方还认为，瓦杰帕伊的成功至少表现在中国在公开声明中没有提及克什米尔或锡金，中国也信守诺言没有给那加叛乱分子武器援助。[①]

瓦杰帕伊为何没有积极回应邓小平的边界处理建议，克沙伍·米什拉认为，“……中国指望人民党政府上台后印度外交政策出现根本性变化显然错误。中国低估了印度民族主义和印度没有政党准备在边界问题上作出大量让步的事实。”[②] 也有印度学者进行了比较现实的分析，认为主要原因一是印度事前不知道邓小平的提议而感到比较突然，二是这在印度的国内政治环境中十分敏感。[③] 的确，事后印度不少势力坚持对华敌视态度和边界立场，印度议会讨论也是拒绝邓小平的“一揽子计划”。但也有学者认为，印度的态度实际上还是发生了微妙变化，虽然坚持原有边界立场，但不再以中国撤出阿克赛钦为前提。此前的1978年6月，德赛总理在美国访问时甚至表示：“我们不想收回我们所说的他们以武力夺取的属于我们的领土。我们不想以战争的方式收回。他们说要恢复友好以使问题得到圆满解决，我们有足够的耐心去观察。”[④] 只因人民党政府统治一直不太稳定，对外政策决策力和执行力不足，这一灵活性表态并没有付诸实践。

瓦杰帕伊回国不久，人民党政府垮台。人民党政府执政时间短暂，主

① Jagat S. Mehta, *Negotiating for India: Resolving Problem through Diplomacy (Seven Case Studies 1958-1978)* (New Delhi: Manohar Publishers & Distributors, 2006), p.113.

② Keshav Mishra, *Rapprochement across the Himalayas: Emerging India-China Relations in Post Cold War Period (1947-2003)* (Delhi: Kalpaz Publications, 2004), p.54.

③ Zorawar Daulet Singh, “After the Hiatus: India-China Border Diplomacy since the 1970s,” *China Report*, Vol.47, No.2, 2011, p.85.

④ Xuecheng Liu, *The Sino-Indian Border Dispute and Sino-Indian Relations* (Lanham: University Press of America, 1994), p.126.

要精力是放在巩固国内统治地位，对华政策以及对外政策自然难有大的突破和建树。此外，人民党的边界立场、西藏政策以及苏联因素也阻碍着中印关系正常化。首先，人民党政府坚持原有边界立场并以边界问题处理作为中印关系发展的前提，严重阻碍中印关系正常化。其次，人民党政府在西藏问题上没有改变对华敌视态度，继续支持达赖集团及其反华活动。1977年3月，西藏流亡集团在新德里游行并要求西藏独立，印度人民党政府的一些部长以及议员公开保证支持他们的事业。同年7月，印度总理、代总统以及国防部长还分别接见达赖。印度政府继续庇护和支持西藏独立势力的情况下，中印关系自然难以进一步改善。最后，由于长期以来印度在军事、经济、政治等方面极其依赖苏联的援助，人民党政府难以在短时间内改变印苏特殊关系，而苏联是积极利用在印度的影响力阻止中印和解进程。

3. 开启边界谈判：英迪拉·甘地政府对华和解新进展

1980年，英迪拉·甘地再次执政，中国政府抓住机会积极主动地推动中印关系正常化，华国锋电贺英迪拉·甘地就任总理，外长黄华到印度大使馆参加国庆日纪念，在讲话中强调国际形势使中印有义务增进理解与合作。同年6月，邓小平在会见印度媒体人员时表示，中印彼此不是威胁，都渴望改善和发展两国关系。[①] 中国还调整在克什米尔问题上的立场，1980年6月邓小平表示克什米尔争端是印巴之间的双边问题，应该在实控线基础上通过和平谈判处理。[②]

中国和解攻势最初没有得到印度的呼应。在英迪拉·甘地总理就任之初，苏联发动侵略阿富汗的战争，以美国为首的西方国家以及巴基斯坦、中国等阿富汗邻国表示强烈反对，印度则是支持苏联并对中国、巴基斯坦推行强硬政策。然而，英迪拉·甘地很快发现亲苏反华政策不利于维护印度的长期安全，中美武器大量流入巴基斯坦，将加大对印度的潜在威胁；

---

① 赵蔚文：《印中关系风云录（1949—1999）》，时事出版社，2000，第254页。

② Xuecheng Liu, *The Sino-Indian Border Dispute and Sino-Indian Relations* (Lanham: University Press of America, 1994), p.131.

旁遮普和东北部不稳定对印度西北边界构成巨大的安全威胁；一个统一和顺从的巴基斯坦作为印苏之间的缓冲国有利于印度的长期利益；不断致力于中印关系正常化有利于保持大国在南亚的战略平衡和确保北部边界沿线的安宁和稳定。[①] 英迪拉·甘地政府转而积极回应中国的和解政策，向中国国家主席华国锋表示需要推进中印关系发展。在1980年6月21日邓小平再次谈到一揽子计划时，印度外长纳拉辛哈·拉奥（P.V.Narasimha Rao）表示欢迎将邓的提议作为两国关系正常化的起点，尽管他不同意打包处理，但愿意以之作为边界争端的公开谈判的提议。[②]

经过多次接触，中印关系大为缓解，中国决定让副总理兼外交部长黄华回访印度。1981年6月，在访印期间黄华分别与印度总理英迪拉·甘地和外长纳拉辛哈·拉奥会晤，双方同意举行两国官员谈判以寻求解决边界问题的办法和促进两国关系发展的具体措施。同年12月，中印在北京举行关于边界问题的第一轮副外长级会谈，此后每年轮流在对方国家举行边界会谈，在1988年，印度新任总理拉吉夫·甘地提议建立中印边界问题小组之前，两国副外长级谈判一共举行了8轮。

在谈判边界问题的同时，中印关系在其他领域也有不少进展，如1984年两国签署了贸易协定。

4. 破冰：拉吉夫·甘地政府对华政策的突破

1984年英迪拉·甘地被刺身亡，其子拉吉夫·甘地（Rajiv Gandhi）当选为印度总理。上任之初，拉吉夫·甘地的当务之急是稳定国内秩序和巩固统治地位，对华政策和中印关系不是其关注重点，短期内印度政府还难以突破不以边界问题解决为中印关系正常化前提的对华政策。因而，尽管中印边界谈判继续进行，但进展十分缓慢，在8轮谈判中两国代表主要是阐述各自原有立场，印度政府继续坚持将边界处理与中印关系发展挂钩极大地束缚了两国关系的发展。

---

① Xuecheng Liu, *The Sino-Indian Border Dispute and Sino-Indian Relations* (Lanham: University Press of America, 1994), pp.131-132.

② *Ibid*. p.139.

为了加强对中印边界东段领土占有的合法性，印度议会还于1986年12月通过决议，将所谓所谓的“阿鲁纳恰尔”从中央直辖区上升为邦，这导致中印关系骤然恶化。1987年3月，印度实行代号为“棋盘”的军事演习，大规模向中印边境地区集结军队，中国也警觉地将士兵快速调往边境地区，在某些地区两军还形成直接对峙态势，两国一度接近战争边缘。

中印边界危机再次出现引起国际社会关注，印度内部也出现了关于中印关系的大讨论，最后达成的共识主要是：1. 中印关系不应再是边界问题的人质；2. 发展中印关系要在边界问题上设防，避免事态发生；3. 中苏关系正常化不应损害印度的利益；4. 应该加速与中国的谈判过程，将政治方式与边界问题相连。①

对于这次边界危机，中印政府及时地进行了干预和管理，危机得以平息，两国军队最终没有交火。中印边界危机刚刚平息，拉吉夫·甘地总理就决定加大力度推行对华和解政策。

拉吉夫·甘地调整对华政策，主要是在新的国内外形势下印度的发展重点和对外政策都发生了转变。第一，20世纪七八十年代，印度周边国家日益注重发展国家的经济和科技实力，先是新加坡、韩国等“四小龙”实现了经济腾飞，后是中国在改革开放后经济稳步增长。很长时间内，印度将中国看作是最大威胁，中国国家实力的增强对印度构成巨大压力。第二，20世纪80年代中期，中苏关系开始改善，印度难以指望苏联坚定地支持印度对抗中国。第三，20世纪80年代美苏两国冷战对抗再次加强，印度不愿卷入美苏冷战。面对新形势，印度需要调整国家发展战略和外交方向，发展国家实力和增加外交活动空间。印度新总理拉吉夫·甘地注重印度经济和科技的发展，他的外交政策具有明显的为经济服务的特点。② 除了利用美苏冷战争夺从双方获取更多的经济和技术援助，他还想加强与中国的经济、技术以及文化方面的交流和合作。1987年6月，拉吉夫·甘地

---

① D.V.L.N.Ramakrishna Rao and R.C. Sharma (eds.), *India's Borders, Ecology and Security Perception* (New Delhi: Scholars' Publication Forum, 1991), p.66.

② 卫灵：《冷战后中印关系研究》，中国政法大学出版社，2008，第70页。

让顺道访华的印度外长蒂瓦里（Tiwari）带去口信，希望和中国重建友好关系。在中印危机高潮刚刚结束，他就顶住各方压力勇敢地访问中国。

对于拉吉夫·甘地访华，印度媒体反应不一。[①] 支持者称赞这是中印关系新的开始并获得国内外支持，因为国际社会进入对话时代，中国愿意与印度缓和并签订边界条约。同时，中印友好有利于中国接受印度国际角色、阻止中巴联合反印以及在处理与中国纠纷后可以让印度海军更为强大。因中印1987年战争危机刚刚平息，批评者怀疑中国的谈判意图，指出中国不承认麦克马洪线、"占领"西藏并不讨论与边界相连的西藏问题，是对边界处理不认真，只不过是想拖延时间。而且，1985年前中国倾向于与印度签约，但1986年后中国强硬化，提出对东段的要求。此外，批评者担心拉吉夫总理不能很好地应对中国的外交谈判伎俩并作出单边让步，他们还要求拉吉夫总理在会谈中应该谈到核问题。在拉吉夫总理访华前夕，印度国大党〔英〕通过一个决议，支持拉吉夫·甘地访华并希望"除了促进两国在各个领域的合作之外，开始一个两国关系恢复元气的富有活力的进程"，"通过和平谈判方式解决边界问题，因为防止边境地区出现紧张局势对两国都有好处"，这个决议为拉吉夫总理访华提供了及时的支持。

1988年12月，拉吉夫·甘地前往北京进行国事访问，这是1954年以来印度总理首次访华，意义十分重大，中国总理李鹏称之为"破冰之旅"。在访华期间，拉吉夫总理得到中国的热烈欢迎，邓小平、杨尚昆等高层领导人都与之会晤和进行广泛的交谈。中印领导人对近年来两国关系的发展都作出了积极的评价，强调应该在和平共处五项原则基础上恢复、改善和发展两国关系，这符合两国人民的根本利益。在边界问题上，中国强调"互谅互让"是解决这一问题的根本出路，拉吉夫总理指出中印应该向前看，把目光转向未来，大力发展中印友好和合作，他还提出建立有关小组，在解决边界问题的同时开展其他合作。拉吉夫总理访华获得了丰硕成

① J.K.Baral, "Pramod Panda and Nilanchal Muni, The Press and India-China Relations", *China Report,* 1989, Vol.25, No.4, pp.361-371.

果，两国决定成立边界问题联合工作小组和经贸、科技联合小组，此外，两国还签署了科技、民航以及文化合作协定的执行计划。在会后发表的《中印联合新闻公报》中，双方同意在边界问题解决之前，共同维护实控线地区的和平与安宁，同时努力改善和发展双边关系，以为公正合理和双方可接受地解决边界问题创造良好的环境。对于拉吉夫·甘地访华，中印学者都认为与中苏和解有关，是中苏和解促使印度改变对华敌视政策。在印度同意将解决边界争端与扩大中印合作并行开展后，印度对华和解政策开始真正获得突破。

5．扩大接触：后冷战时代印度对华政策走向成熟化

冷战结束后，两极格局瓦解迫使印度在一个不确定的全球环境中寻求更稳定的中印关系。[①] 而且，印度政府注重发展经济实力还使印度对华政策更加现实和为经济因素驱动。印度扩大与中国的接触和合作，中印官方对话与交流开展频繁并走向机制化，在高层交往的推动下，中印合作的范围扩大、速度加快。

首先，中印官方对话与交流不断展开并走向机制化。1991年12月，中国总理李鹏访问印度，这是1960年后中国总理首次访问印度，两国签署了领事条约、恢复设领协议、恢复边贸备忘录和和平利用外空科技合作谅解备忘录，推动了中印关系的全面改善和发展。1993年，印度总理纳拉辛格·拉奥访华，两国签署了保持边境实际控制线地区和平与安宁的协定、环境合作协定、广播电视合作协定以及增开边贸点议定书，为两国间的友好合作增添了新内容。为了帮助边界问题联合工作组开展工作，两国还决定成立一个中印专家小组。1994年9月，中国国防部长迟浩田访问印度，同年10月，K.R.纳拉亚南（K.R.Narayana）副总统访华。1996年，中国国家主席江泽民对印进行国事访问，这是中印建交以来中国国家元首首次访印，双方签署了众多合作协议，两国领导人共同确立在和平共处五项原则

① Keshav Mishra, *Rapprochement across the Himalayas: Emerging India-China Relations in Post Cold War Period (1947-2003)* (Delhi: Kalpaz Publications, 2004), p.156.

基础上建立面向21世纪的建设性合作伙伴关系，并就双方保持高层往来、推动两国经贸合作、加强在国际领域的相互支持等达成广泛的共识。

21世纪以来，中印官方对话十分频繁并走向机制化。2000年5月印度总统纳拉亚南访问中国，两国在正式文件中明确表示互不构成威胁。2001年1月，中国全国人大常委会委员长李鹏再次访问印度，中印交流与合作进一步扩大。2002年1月，中国总理朱镕基访问印度，两国签署了旅游、和平利用外层空间、水利、人才交流、科技和植物检疫合作6个方面的文件。2003年6月，印度总理瓦杰帕伊访华，双方签署了《中华人民共和国和印度共和国关系原则和全面合作的宣言》，确认发展长期建设性合作伙伴关系。印度明确承认西藏自治区是中华人民共和国领土的一部分，两国还签署了科技、海洋、司法、教育、文化、能源、签证、边贸等领域的10个合作文件。2005年4月，中国总理温家宝访问印度，双方签署了包括《解决中印边界问题政治指导原则的协定》在内的十一项协定。2006年11月，中国国家主席胡锦涛对印度进行国事访问。2008年1月，印度总理曼莫汉·辛格（Manmohan Singh）访问中国，两国总理联合发表《中华人民共和国和印度共和国关于二十一世纪的共同展望》，提出了对两国关系以及未来世界体系的共同观点和主张。在此期间，两国还签署了关于各领域合作的10个文件。2010年5月15日，中国总理温家宝回访印度，两国领导人就双边关系和共同关心的国际和地区问题达成广泛共识，双方决定建立两国国家元首、政府首脑定期互访机制和开通两国总理电话热线，就共同关心的重要议题进行定期磋商。2013年两国还实现了1954年以来的首次总理年内互访，5月20日中国总理李克强访印，10月22日印度总理辛格访华。互访期间，双方签订了交通、能源、文化、教育、地方交往等多项合作文件，其中包括备受关注的中印两国政府边防合作协议，发表了《中印战略合作伙伴关系未来发展愿景的联合声明》。中印两国不仅实现了高层互访制度化，中层官员对话也走向机制化，如2003年开启联席秘书级安全对话，2005年开始了副部长级战略对话。

其次，中印在经济、贸易、文化、科技、教育、民间来往等领域的合作深度和广度不断拓宽和加深。2005年中国成为印度第二大贸易伙伴，2009年中国跃升为印度第一大贸易伙伴。值得一提的是，中印边贸也逐步得到恢复与发展，1992年中印双方同意恢复边境贸易，2003年两国签署边贸协议并在2006年重新开放乃堆拉山口边贸。在2006年中印总理联合宣言中，两国表示要加强现有边境贸易，要“将两国边境从划分两国的界限变为联系合作的桥梁”。[①] 此外，中印军事交流与合作也有所发展，两国多次进行联合军事演习，通过上海合作组织、东盟论坛等多边平台，两国还积极进行地区安全协商与合作。

印度对华接触政策取得丰硕的成果，但从来不是一帆风顺的。1988年以来，中印关系发展最为快捷的是经贸交流，但两国经济结构相似，存在相互竞争的问题。近年来，由于中印经济实力不同，印度在中印贸易中处于贸易逆差地位，两国经济摩擦不断增长。

而且，中印经济来往不时遭受政治互信不足问题的干扰，这与1962年阴影有关，更源于两国之间的安全困境。由于边界问题悬而未决，两国在边境地区难以建立真正的互信，近年来还出现在军队人数、武器装备质量以及基础设施建设方面互相竞赛情况，甚至在边境地区出现军队对峙事件。此外，印度还对中国与南亚其他国家发展关系十分敏感，指责中国援助巴基斯坦以遏制印度崛起，担心并极力排斥中国进入印度洋地区。在安全关系不断恶化的情况下，中国威胁论在印度颇有市场。

尽管遭受各种干扰和冲击，印度政府始终坚持对华合作，这体现了印度对华政策的成熟与稳定。例如，21世纪以来中印边界问题多次成为印度媒体炒作的话题，这不仅干扰了中印关系的发展，也对印度政府确定和执行对华政策构成巨大压力，但印度总理曼莫汉·辛格多次表示：“我对未来感到乐观，同时对印度和中国注定要在亚洲和整个世界变革中发挥作用感到乐观。这种乐观根植于我们的一个信念，那就是世界足够大，可以

① 《中印联合宣言》,《国务院公报》，2007年1月10日第1号。

让印度和中国在加强合作的同时共同发展和繁荣。”[①] 2013年3月6日，印度总理曼莫汉·辛格再次强调：“中印关系成熟全面，我们将持续发展这一关系。同时我们将在许多地区及全球问题上认识到共同发展的机遇和利益。……我们应该代表印度人民，与中国新一届领导班子进行自信与建设性的接触。”[②] 因印度政府秉持对华接触和合作的基本立场，中印关系最终在曲折中不断向前发展。

（二）寻求制衡：印度对华实力主义政策

1. 印度坚持实力主义外交政策

在不断推进对华接触与和解政策之时，印度政府并没有改变对中国的不信任和防范心理，对华坚持实力主义政策，不断提升印度的军事力量甚至是发展核力量，同时重视与美国、日本等与中国存在战略矛盾的国家发展关系，寻求打破所谓中国对印包围圈乃至反制中国。

印度坚持军事实力主义首先是因为1962年战败后实力至上成为印度安全观的核心内容。1947年独立后，尼赫鲁政府国家战略重点是发展经济，印度国防建设没有得到重视。为了避免两线作战，印度对华实行友好政策，主要是希望通过中印和平共处来维护印度安全。在中印边界争端上升为冲突后，印度军队在中国军事优势之下很快溃败。印度政府认识到仅仅依靠不结盟政策和和平共处五项原则并不能维护国家和平与安全，1962年10月到11月的中国“侵略”将印度打入真实和传统的实力政治世界。[③] 此后，实力至上成为印度安全观的核心内容，1982年印度国防部长R·文卡塔拉曼说：“不管有无来自边境对面的威胁，印度的防务准备都不容松懈……国防计划中所设想的突发事件是针对潜在敌人的能力，而不是针对

① 《印度总理辛格在中国社会科学院发表演讲(全文)》，http://news.sohu.com/20080115/n254666680.shtml。

② 《印度总理：期待与中国新领导班子进行自信接触》，环球网，2013年3月7日，http://world.huanqiu.com/exclusive/2013-03/3710413.html。

③ M.S. Rajan, “Pragmatism in India’s Foreign Policy”, *South Asian Survey,* 1994, Vol.1, No.1, p.90.

其意图所不断作出的评估。”[①] 印度安全专家拉加·莫汉强调：“当今国际政治的格言是‘实力至上’，只有那些有实力的国家才能改革旧体系。”[②]

印度安全专家还相信核武器是最为有效的威慑力量，尽管尼赫鲁以及后尼赫鲁时代印度国家领导人多次声明反对拥有核武器，但印度还是在1974年进行了所谓的和平核试验，并最终于1998年进行核试验和公开宣布印度是拥有核武器的国家。印度政府试图通过发展军事力量特别是核武器来获得世界大国地位，在拉吉夫·甘地执政时期，印度的军事战略目标是“立足南亚、面向印度洋、面向未来、争取在21世纪成为世界军事强国”，印度人民党政府寻求核武器的目标之一就是获得世界大国地位。

其次，对外重视实力是1962年后印度政府的外交政策传统。在1962年战败后，印度认为外交政策必须与军事实力密切结合，印度政府开始调整外交政策，实行所谓“积极”的不结盟政策，接受甚至是主动请求美、苏、英等国给予军事援助，1971年英迪拉·甘地政府还与苏联签署友好互助条约，走向事实上的军事结盟。尽管历届印度政府都没有公开放弃不结盟政策，但不结盟仅仅是被当作外交手段而已。

至于和平共处五项原则，1962年冲突后印度政府仍旧以之为处理国与国之间关系的基本准则，但并没有认真执行，而是根据国家利益采取实用主义的外交手段，多次采用武力干涉他国内政。1971年印度政府出兵支持孟加拉国脱离巴基斯坦，后来还多次出兵干预斯里兰卡、马尔代夫等南亚小国的内部事务。

由上可见，尽管印度没有放弃不结盟政策，但这一政策名不副实，印度对外政策带有明显的实力主义和实用主义色彩。随着印度的快速崛起，印度专家对实力外交的重视是有增无减，“除非印度获得更快的经济发展速度、实现包括质量和数量上的军事现代化并学习在追求国家目标时使用军事手段，印度的外交政策才能致力于达到期望的目标。”[③]

---

① 陈平生主编：《印度军事思想研究》，军事科学出版社，1992，第32页。

② 同上书，第34页。

③ Harsh V. Pant, “Indian Foreign Policy and China”, *Strategic Analysis*, 2006, Vol.30, No.4, p.770.

最后，印度保持对华实力主义政策还与印度的中国威胁认知有关。1962年后印度将中国看作印度安全的最大威胁，中印关系走向正常化后，中国威胁论在印度还具有较大市场。印度主流观点认为，中国不再是印度的敌人，但仍旧是印度长期的潜在威胁，因为中印边界争端依然存在、中国支持印度邻国特别是巴基斯坦、中国包括军事力量的综合国力更为强大、中国在西藏部署了核弹和大量军队，等等。印度一直对中国保持警惕和进行认真的军事准备，“北防”中国一直是印度军事战略的重要组成部分。2010年9月，印度国防部长安东尼在军队指挥官联合会议上说：“我们希望与中国发展友好关系……不过，我们无法对中国不断改善军事实体基础设施的事实视而不见。事实上，中国方面变得越来越过分自信。”① 中国的战略文化以及在防务政策中国家主权与领土完整相连的重要性，提醒印度在与中国交往时需要作出仔细和充分的准备。② 莫汉·古鲁斯瓦密等人还指出，印度需要继续加强经济、军事、政治、技术方面的竞争能力，如果不成功，印度将要么是承认中国在地区的主导地位，要么是与外部大国建立安全联系以平衡中国。③

2. 军事威慑和外交出击：印度寻求制衡中国

印度主要是从军事和外交方面来寻求防范乃至制衡中国。在军事方面，1962年战败后印度军事思想和战略进行了大的调整，将中国看作印度的主要敌人，大力增强应对中国战争的力量，如组建山地师、升级军队武器装备、改善边境地区的交通通讯状况，等等。

最初，印度的作战目标有限，只设想同中国打一场1962年那样的战争，只求不再被打败而能把敌人赶出印度被占领的“领土”。④ 随着印度完

① 《印度防长：中国在克什米尔和查谟地区咄咄逼人》，http://news.qq.com/a/20100917/000666.htm

② Keshav Mishra, *Rapprochement across the Himalayas: Emerging India-China Relations in Post Cold War Period (1947-2003)* (Delhi: Kalpaz Publications, 2004), p.329.

③ Mohan Guruswamy and Zorawar Daulet Singh, *India China Relations: the Border Issue and Beyond* (New Delhi: Viva Books, 2009), p.126.

④ 陈平生主编：《印度军事思想研究》，军事科学出版社，1992，第50页。

成在中印边境地区的军事部署并占据实力优势，印度对华军事战略走向实力加威慑，对华实行攻防平衡，发展防御性力量的同时也发展攻击性力量，力求既能快速反击又能主动出击、先发制人。也就是，印度从消极防备中国“侵略”走向了以进攻实现战略防御。为了加强对华军事打击能力，印度实行常规能力和核能力并举，大力发展印度的远程运载能力，以通过提升战略威慑力量来弥补中印常规力量差距，实现军事平衡。在发展军事力量时，印度重视速战速决、先发制人的攻势作战、纵深立体作战、诸兵种联合作战、高科技电子战，重点是发展应对中小型武装冲突和战争的军事打击能力。

印度新军事战略在中印边界地区也得到了贯彻，“在印中边境全线重点地区以主力部队尽可能前推，并准备越过边境打一场短期高强度的进攻战，占领中国防守薄弱或未占领的地域，以期加强印方在边境谈判中的地位，迫使中方作出让步。”[①] 在1987年中印边界危机中，印度对华积极防御的态势尤为明显。通过长期的经营，印度军队在中印边境地区建立了纵深防御体系并占据兵力优势，印军开始推行新“前进政策”。1986年2月，印度军队在中印边境地区举行名为“棋盘”的军事演习，目的是演练如何将位于阿萨姆平原的印度军队快速部署到同中国接壤的实际控制线附近。在演习期间，印度将军队运到达旺附近的吉米塘，并进一步抵达中印争议区塔格拉山脊地区。在中国的抗议声中，印度继续向塔格拉山脊派遣大量士兵。在中国向边境地区紧急调兵后，印度继续向中印边境增兵，还将装甲部队派遣到了锡金东北以威慑中方。与此同时，印度还越过实际控制线侵入中国一侧蚕食领土，在桑多洛河谷等地建立据点，并加紧对中国的入侵侦察活动。印度将主力部队前推在中国没有驻守或防守薄弱地区实行先发制人战略，完全是一种进攻态势。

在外交方面，长期以来印度对中国与南亚国家发展关系十分警惕，指责中国是试图组建对印包围圈。1978年改革开放后，中国调整南亚政策，

---

① 陈平生主编：《印度军事思想研究》，军事科学出版社，1992，第96页。

承认印度在南亚的大国地位，支持维持南亚地区的和平与稳定，但印度还是不信任中国。“众所周知，长期以来中国利用某些南亚国家对印度的误解来推行包围印度的战略。……南亚地缘政治变化后这一战略不再明显，但中国未能让印度和印度人相信这一政策仅为历史。”[①] 印度对中巴友好合作最为敏感，不断指责中国在政治、经济、外交、军事乃至核武器方面不遗余力地支持巴基斯坦，扶植巴基斯坦以牵制印度和将印度限制在南亚地区，从而建立以中国为中心的亚洲单级体系。近年来，印度政府还指责中国在巴控克什米尔地区驻军和修建基建工程，甚至正式要求中国政府停止这些活动。此外，印度对中国与斯里兰卡、马尔代夫、尼泊尔、缅甸等国发展友好合作关系也十分不满，指责中国在这些国家的影响力不断扩大。印度还指责中国企图挺进印度洋，打造包围印度的海上“珍珠链”。

为了从南亚脱身和寻求世界大国地位，印度对外交政策进行了大幅度调整。在南亚地区，印度政府推行“古杰拉尔主义”睦邻外交政策，依据不干涉内政、互相尊重主权与领土完整、以和平方式处理争端等原则处理印度与南亚国家之间的关系。[②] 此后，印度与巴基斯坦、斯里兰卡、孟加拉国等国关系逐步改善，南亚地区局势走向稳定，印度还积极推动南亚区域合作联盟的发展。在东南亚地区，印度推行向东看政策，最初注重的是改善政治关系和获取经济利益，随着经济实力的增长印度还寻求扩大政治发言权和军事影响力。在全球，印度重视大国外交，改善并快速发展与美、日、俄等中国周边大国之间的关系。

为了打破所谓的中国包围圈反制中国，印度尤为重视发展美印关系。新世纪以来，美印关系快速发展，除了两国各自的经济利益推动外，制衡中国的共同战略需求也发挥了巨大作用。冷战后，中国共产党政府不仅没有垮台还创造经济快速发展的不凡业绩，美国日益将中国作为潜在的敌

① Bhaskar Roy, *A few questions to china on hand of friendship*, C3S Paper No.1095, January 23, 2013, http://www.c3sindia.org/china-internal/3421

② IK Gujral, *Continuity and Change: Indian's Foreign Policy,* New Delhi: Macmillan Indian Ltd, 2003, pp.53-54.

人。为了牵制中国，2000年美国总统克林顿在时隔22年后再次访问印度，开始改变对印度的轻视和冷淡，两国关系进入新阶段。克林顿访印期间，两国发表了《美印关系：21世纪展望》的联合声明，一致同意建立“持久的、政治上有建设性、经济上有成果的新型伙伴关系”，双方签署了一系列有关经贸、科技、能源、环境合作的文件。同年9月，印度总理瓦杰帕伊正式访问美国，双方重申有关加强双边关系的承诺，继续落实双方在各个层次的对话安排，推动在各个领域的合作。2001年，上台伊始的小布什从全球战略和地区安全利益考虑，积极推动美印关系“转型”。政治关系快速升温推进了两国经济关系的发展，同年9月，在印度表示全面支持反恐战争后，美国取消了对印度因核试验进行的经济制裁。2003年，美印将两国关系提升为战略伙伴关系，其中，战略和军事合作是中心，经济也是一个重要组成部分。2004年1月，印度总理瓦杰帕伊和美国总统布什签署了名为《战略伙伴关系后续行动》的文件，双方同意扩大民用核技术、民用空间项目和高技术贸易等三个领域的合作，并在核管制和导弹防御方面扩大合作。此后，两国进一步落实和推进双边的战略伙伴关系。

2004年5月，印度成立了以曼莫汉·辛格为总理的国大党联盟政府，新政府拒绝派兵伊拉克使美印在反恐和军事方面的合作受挫，但两国在经济领域的合作继续发展。同年9月21日，借在纽约参加联合国大会之机，美印首脑会晤，双方签署了《美国—印度伙伴关系：合作与信任》的联合声明，表示加强在国际经济和高科技等领域的合作，两国还商定了建立战略伙伴关系的第一阶段的行动计划。2005年7月18—22日，印度总理曼莫汗·辛格对美国进行国事访问，在发表的联合声明中，两国一致同意加强在防务、民用核能、太空和高科技等领域的合作。2006年3月，美国总统小布什对印度进行了正式访问。小布什与辛格就核能合作、联合反恐、经贸合作等问题进行了广泛深入的讨论，同意成立一个印美贸易政策论坛和双边科技委员会，以推动两国的贸易关系和科技合作。[①] 这次访问中，最为引人瞩目的是美印签署了民用核能合作协议，这使困扰美印关系30多年的一大难题终于扫除，美印关系快速升温，2007年双边贸易额突破了400亿美元。[②] 2009年奥巴马当选为美国总统，推行重返亚太战略，加大力度遏制中国的快速崛起，美国对印度的战略需求进一步增长，两国的经济联系与军事合作也不断升温，经济对话、能源对话、CEO论坛以及贸易政策论坛等各种形式的双边交流频繁举行，军事交流、武器贸易以及军事对话也不断开展。

利用美国重返亚太的机会，印度也积极挺进南海，反制中国的意图十分明显。早在20世纪90年代，印度就开始推动与东南亚国家的军事交流与合作。2000年10—11月，印度海军与新加坡、越南、日本和韩国海军举行联合军事演习，以展示其维护南海稳定的实力。联合演习结束后，印度海军还在南海单独进行海上演练。因越南也与中国存在边界冲突和领土争端，印度在东南亚是重点发展同越南的战略伙伴关系。印越军事合作主要是印度向越南提供援助，如帮助越南进行潜艇和水下军事力量训练、提供军舰，以及组织联合军事训练。2006年5月，不顾中国的强烈抗议，印度石油天然气公司与越南油气总公司签署了关于第“127号”“128号”油气区块的合同，两个区块都有部分区域进入了中国管辖的海域内，构成了对中国主权的侵犯，这是印度第一次卷入南海问题。

印度对华实力主义政策导致中印关系正常化不断遭受干扰。1998年5月，印度人民党获得大选胜利，新政府在上台三天后进行核武器试验，为了逃避国际社会的指责和制裁，印度总理瓦杰帕伊致信美国总统克林顿，以“中国威胁论”作为印度寻求核武器的理由。在美国公开这封信件后，中国对印度的行径十分不满，开始公开指责印度核试验和以中国威胁论为借口，中印关系严重受挫。印度人民党并不打算颠覆对华和解政策和中印

---

① *U.S.-India Joint Statement on Trade*, White House Press Release, March 2, 2006, http://merln.ndu.edu/archivepdf/india/WH/20060302-6.pdf

② 印度商工部商业局进出口数据库，http://commerce.nic.in/eidb/default.asp

和平共处关系，为了修补中印关系，印度政府通过各种渠道与中方接触。1999年2月，印外长贾斯万特·辛格（Jaswant Singh）访华，双方确认中印关系发展的前提是互不视对方为威胁，中印关系由此步入改善和发展的进程。然而，2007年中国青藏铁路建成通车，中国内地到西藏的交通水平大幅度提升，中国威胁论在印度再度抬头。印度媒体掀起反华浪潮，大力渲染“中国威胁论”，印度政府的应对措施是一方面出台发展边境基础设施和经济开发的计划，另一方面升级边境地区军事装备和增加人员部署，中印关系再次遭受严重干扰。

（三）对华认知分歧与印度政府的对华政策选择

1976年中印恢复互派大使以来，在各种因素的综合作用下，中印走向和解与合作，印度对华政策也日趋稳定化、成熟化。与冷战对抗时期相比，中国在印度的形象更加多样化，印度学者阿肯·韦耐克指出：“在处理对华关系方面存在一个深层次问题，这个问题主要是印度自身的问题。在印度确立对外政策时，难以确定的问题主要是如何看待中国。”①

印度学者一般是从友好、敌对以及中间立场三个方面来分析印度的中国观。悲观派过于强调地缘政治冲突，乐观派认为中印关系会向前发展，主流派秉持中间立场，认为中印两国注定是竞争者，但不是长期的军事敌人。② 谈玉妲则将印度的中国观归结四大派别，第一派认为中国是对印度安全的主要威胁；第二派主张走中间路线，认为印度在维持军事和经济力量的同时可以和中国建立稳定的关系；第三派是“文明派”，“他们认为两国关系可以恢复到历史时期那种和平共处、相辅相成的程度，在那一基础上建立起中印之间的永恒友谊”；第四派是左翼思想意识集团以及其他社

---

① Achin Vanaik, “Dealing with China,” *Hindu*, January 27, 2001.

② Jagat S. Mehta, *Negotiating for India: Resolving Problem through Diplomacy (Seven Case Studies 1958-1978)* (New Delhi: Manohar Publishers & Distributors, 2006), p.118.

会主义组织，他们主要因为中国是社会主义国家而对中国亲善。[①] 实际上，谈玉妲所说第三派和第四派都属对华友好派，只是友好的原因各不相同。美国学者也认为，印度中国观主要可以分为三大派别，主流的“温和现实主义”观、理想主义的“中国不敌视印度”观以及反理想主义的“中国是敌人”观。主流中国观认为，中国近期不是印度的明确的、直接的军事威胁，长期则是不稳定的、长远的潜在威胁，而且中国不愿意接受印度崛起为世界大国，印度需要发展经济实力，并对中国保持警惕。理想主义中国观认为中国是和平的、理性的，不是印度的敌人，中印应该加强合作以反对西方扩张，但军事方面不相信中国和主张对华强硬。反理想主义中国观认为，中国是主要的眼前威胁，因中国对印进行战略包围特别是利用巴基斯坦威胁印度，中印竞争有冷战意味，印度应该追求与中国的核平衡并与其他国家联合反华。[②] 由上可见，印度的中国观并不统一，有的还十分对立。

由于缺乏清晰和统一的中国观，印度国内在对华政策方面也存在巨大差异。潘特总结认为，在如何对付中国方面，印度存在相互争论的三大派别：实用主义、绥靖主义以及超现实主义。实用主义派将中国看作是长期威胁和竞争者，但认为通过对华经济交往和印度崛起为世界体系中的主要大国来制衡中国，中印竞争可以得到管理。超现实主义派认为中国是明确的当前威胁，希望印度在中国周边组建联盟和加强自身军事力量。绥靖派将中国看作是友好和仁慈的邻国，其观点是中国无论如何不是印度的威胁，希望印度全心全意地与中国来往。[③]

从目前情况看，印度政府对华政策选择的是一条中间路线。[④] 也就是，

---

① （印度）杰伦·兰密施：《理解——关于中国与印度的思考》，蔡枫、董方峰译，宁夏人民出版社，2006，第41—45页。

② Francine R. Frankel and Harry Harding (eds.), *The India-China Relationship: What the United States Needs to Know* (New York: Columbia University Press, 2004), pp.40-55.

③ Harsh V. Pant, “Indian Foreign Policy and China”, *Strategic Analysis*, 2006, Vol.30, No.4, p.768.

④ Waheguru Pal Singh Sidhu and Jing-dong Yuan, *China and India: Cooperation or Conflict?* (New Delhi: India Research Press, 2003), p.150.

坚持发展经济军事实力，也不断发展与中国的友好合作关系。阿肯·韦耐克总结认为，除了极为短暂的中印蜜月时期和边界战争时期外，中印关系一般是处于战略伙伴和战略敌对竞争之间，其未来发展前景往往也是不确定的。①

实际上，中国在印度对外政策中具有重要地位但并非主导因素，印度外交政策主要关注的是自身安全、发展以及大国地位等目标，印度对华政策选择与在处理三大任务过程中印度政府的对华认知有关。

印度一直重视寻求大国地位，独立前尼赫鲁就声称印度要做有声有色的大国。独立之初，由于实力不足，尼赫鲁政府希望通过中印合作来寻求在亚洲乃至全球的大国地位，中印友好以及不结盟政策确实使印度获得了与其实力并不相称的国际政治地位。20世纪50年代中后期，由于冷战进入南亚以及中印两国地缘政治竞争等因素，中印关系恶化并爆发边界战争，战败后印度国际地位下降，后尼赫鲁时代印度政府的主要精力是寻求并巩固印度的地区大国地位。1971年成功肢解巴基斯坦后，印度在南亚获得绝对地缘优势地位，但因南亚形成印苏和中巴美冷战对峙局势，印度仍旧陷入南亚泥沼，被国际社会视为与巴基斯坦相提并论的地区大国。世纪之交，苏东剧变和苏联解体后社会主义阵营分离，印度在国际社会失去强大的力量后盾，国内也出现了严重金融危机，印度政府不得不进行较大规模的内政外交调整，对内推行经济自由化，对外改善与欧美国家关系和推行睦邻外交。印度在困境中走出了一条新道路，经济实力快速增长，周边环境大为改善，距离孜孜以求的大国地位是越来越近。

从历史情况看，中印友好合作有利于印度提升大国地位，但中印对峙冲突则会损害印度的国际地位。然而，面对中印两国同时快速崛起的新情况，如何看待中国对印度大国地位的影响，印度国内存在意见分歧。理想主义者认为，中印两国都是人口众多的发展中国家，进行经济现代化建设是两国的主要任务，在国际舞台两国世界观相似并都主张建立一个多级世

① Achin Vanaik, “Dealing with China,” *Hindu*, January 27, 2001.

界体系和民主公正的国际政治经济新秩序，中印在国际平台有很好的合作空间，也需要进一步合作以改变国际政治经济秩序，中印应该在多级世界观与和平环境目的下保持友好。金砖国家峰会文件集中体现了中印在重大国际问题上的共识，如在《三亚宣言》和《德里宣言》中，两国都反对单边主义、反对干涉别国内政和反对强权政治，同意努力推进国际合作。但是，现实主义者认为，中印竞争不可避免，而且，中国寻求建立在亚洲的主导地位，利用巴基斯坦等国遏制印度的崛起。为了寻求世界大国地位，印度应该积极与中国竞争，在发展自身实力的同时，充分利用外部力量特别是美国力量。

为了获得大国地位，印度还十分重视国家实力建设。中国学者李莉认为，尼赫鲁和拉吉夫·甘地时期的印度政府将军事威胁和政治威胁并重，英迪拉·甘地时期将军事威胁置于政治威胁之上，20世纪90年代中期以来印度政府是将经济威胁与军事、政治威胁并列。[①] 在不同的安全观念下，印度国家实力的追求也有所不同，独立初期注重的是发展经济实力，1962年战败后开始大力增强军事实力，冷战后则十分关注发展国家综合实力特别经济实力。1988年以来，中印关系发展最为快捷的当属经贸联系，2009年中国一跃成为印度的最大贸易伙伴。然而，如何看待中国在印度经济发展中的作用，印度国内也存在意见分歧。贾斯吉特·辛格认为，因为人民发展的迫切需要确定了中印战略利益趋向的关键内容和优先点……未来几十年里两国需要一个持久的和平与繁荣时期，以使人民发展进步和建设综合国力。[②] 也就是，印度需要与中国和平相处、友好合作，这可以使印度获得经济发展所需的和平环境、扩大在华出口市场以及寻求更高的谈判地位等。在许多公开场合，印度总理曼莫汉·辛格都强调，世界是广阔的，

① Li Li, *Security Perception and China-India Relations*, New Delhi: KW Publishers Pvt Ltd, 2009, pp.124-125.

② C. V. Ranganathan (ed.), *Panchsheel and the future: Perspective on India-China Relations*, New Delhi: Samskriti, 2005, p.198.

能容得下印度和中国共同发展。[①] 但是，也有印度人认为，作为人口众多的发展中国家，中印经济结构相似，经济互补性不强。而且，由于中印经济实力不平等，在经济交流中印度面临着中国经济的竞争与压力，在中印贸易中印度处于贸易逆差地位并主要是向中国出口原料。

中印关系正常化后，两国在国际舞台和经济领域的合作加深，但两国的安全关系一直没有实质性的改善，双方实际上一直深陷安全两难困境。在没有确定的边界，两国都派出重兵把守，都希望获得绝对优势，为此近年来还在军队人数、武器装备质量以及基础设施建设方面互相竞赛。近年来，印度增加军费开支和加快武器采购力度，却不断指责中国军事现代化建设威胁印度乃至世界安全。印度还对中国与南亚其他国家发展关系十分敏感，指责中国援助巴基斯坦以遏制印度崛起，担心并极力排斥中国进入印度洋地区。在安全关系不断恶化的情况下，中国威胁论在印度颇有市场，潘特还认为，印度国内在对华政策方面的共识是中印是竞争性关系。[②]

在国内关于对华政策存在众多分歧的情况下，印度政府选择了一条中间路线，继续发展抗衡中国的军事外交等实力的同时，积极推动中印和解和接触。应该说，印度政府推行中印关系发展是顶住了各种压力和排除了众多障碍的。

印度政府转向中印和解首先是因为对华政策要服从和服务于印度政府的对外政策目标。冷战后，印度国家战略重点是国内经济改革，外交政策的目标是为改革创造一个和平稳定的外部环境。印度总理曼莫汉·辛格曾指出："我们外交政策的首要任务是为快速发展创造一个有利的外部环境，我们的政策是要努力扩大发展的选择余地，在世界上实现战略资助。外交政策上的独立自主，使我们能够同世界上的所有主流国家进行互利合作，

① 《印媒称中印领导人重新会晤 两国关系将解冻》，http://world.huanqiu.com/roll/2010-11/1228578.html

② Harsh V. Pant, "Indian Foreign Policy and China", *Strategic Analysis*, 2006, Vol.30, No.4, p.763.

同邻国建立和平合作关系是我们外交政策的重要组成部分。”[①] 在此情况下，尽管印度对中国一直心存警惕和不信任感，但也致力于维持中印和平共处和促进两国经济合作。而且，中印两国国情相似，在许多方面存在相似的政策主张和利益诉求，存在合作的空间，印度在大国地位诉求、经济发展以及维护国家安全等方面十分需要中国的支持与合作。曼莫汉·辛格总理强调：“我们认识到，地理位置和历史渊源将我们的命运联系在一起，印度和中国都寻求周边及地区的安定与稳定。世界多极化正在发展，主要大国经济上相互依赖，寻求互利合作是很自然的事，印度和中国必须参与这一合作框架。”[②]

其次，印度对外政策一直带有浓厚的实用主义色彩，能够根据形势变化和利益需要不断调整。如在稳定了国内形势特别是获得了在南亚的主导权后，20世纪60年代末70年代初，印度政府开始调整对华政策，愿意就困难重重的边界问题与中国接触和谈判，还发展对华经济贸易关系，不让边界问题成为关系发展的障碍。[③] 在安全问题上，印度政府也采取了现实的理性的政策，两国不再通过与超级大国结盟来处理安全困境，而是进行直接的相互接触，而两国接近可以避免代价沉重的安全竞争。[④]

应该说，印度政府的中间路线是最为稳妥的也是招致各方指责相对较小的选择，但是，这一政策也存在不少问题，尼赫鲁时期的国内共识不足、合作基础薄弱、核心利益冲突存在以及互信缺失等问题依然没有得到很好的解决。

1．印度在对华政策方面依然缺乏广泛的国内共识。尽管印度政府对

---

① 《印度总理辛格在中国社会科学院发表演讲（全文）》，http://news.sohu.com/20080115/n254666680.shtml

② 《印度总理辛格在中国社会科学院发表演讲（全文）》，http://news.sohu.com/20080115/n254666680.shtml

③ B. R Deepak, *India and China 1904-2004: A Century Peace and Conflict* (New Delhi: Manak Publications Pvt. Ltd, 2005), p.398.

④ Mohan Guruswamy and Zorawar Daulet Singh, *India China Relations: the Border Issue and Beyond* (New Delhi: Viva Books, 2009), p.96.

华政策基本上遵循的是实用主义派的政策和主张，但印度学者所说的绥靖主义派、超现实主义派也通过各种途径和渠道对印度对华政策施加影响，这导致印度国内对于对华政策一直难以达成广泛共识，也没有清晰的最终目标。在各种竞争性的中国观和政策主张的作用下，印度对华政策和中印关系发展曲折不断，并不稳定。印度学者斯瓦密指出，有效的印度对华政策的第一个要求是，在1962年以来急剧变化的世界中就怎样界定印度复杂的在华利益达成国家共识。①

2．印度对华政策依然存在合作基础不牢问题。中印两国有着悠久的历史来往和文化交流，但两千年的友好历史缺乏实质性内容和效用，甚至不能弥合一次40天战争所造成的伤害。1988年后中印和解与合作的主要动力是经济利益，但经济合作没有外溢到政治或战略领域，两国边界问题至今没有解决，2006年后还出现再次恶化的情况。在国际层面，尽管中印在许多国际问题上有着共同利益，但两国在国际体系改革、亚洲秩序建构等重要问题上矛盾与竞争十分明显。而且，在中国与美日等国结构性矛盾和竞争日益激烈之时，印度与西方国家之间的战略合作和经济来往空间进一步加大，这进一步阻碍两国的国际合作。此外，中印关系发展很大程度上是高层推动的结果，两国之间的民间交流与合作十分有限，这导致两国关系发展缺乏坚实的国内基础，边界争端、贸易摩擦等方面的极小事件都会导致两国媒体与公众相互敌视和攻击。

3．中印之间的矛盾与分歧更加深广和复杂。在双边层面，尽管中印在经济领域的交流与合作发展快捷、成就巨大，但传统的领土与安全问题依然是两国关系发展的巨大制约。“从印度的战略观念来看，其核心安全利益在次大陆——领土完整、经济发展以及周边安全——这些不能因与中国在全球和体制层面的更广泛合作而牺牲或者放弃。”② 近年来，两国之间还

① Subramanian Swamy, *India's China Perspective* (New Delhi: Konark Publishers PVT LTD, 2001), p.143.

② Zorawar Daulet Singh, “After the Hiatus: India-China Border Diplomacy since the 1970s,” *China Report*, Vol.47, No.2, 2011, p.95.

出现新的经济摩擦问题，贸易不平衡问题还招致印方的不满和抗议。在南亚地区，印度极力抵制中国在南亚扩大影响力，克沙伍·米什拉强调，地区因素在中印关系中十分重要，印度对中国在南亚作用与影响十分警惕，南亚因素阻碍中印和解，“中国与巴基斯坦持续的防务合作是印度战略考虑的中心……地区情况在一个层面上表明中印总体关系中存在竞争内容”。[①]目前，印度是试图通过发展中印经济关系以及南亚经济一体化来影响中国的南亚政策，[②]这使两国在南亚地区的关系更加复杂化。在国际层面，美国因素使中印之间的矛盾和分歧有加剧之势。21世纪以来，美国调整偏重支持巴基斯坦的南亚政策，大力扶植和拉拢印度，企图通过打印度牌遏制中国，维护自身霸主地位。印度现实主义者主张通过美印军事合作对付中国威胁，印度实用主义者也倾向于迎合美国部分制华需求以换得战略、经济乃至军事等方面的好处。

4．印度对华政策依然深受信任不足问题困扰。长期以来，印度国内对中国一直存在信任赤字，中国威胁论在印度长期存在。随着中国经济实力的增长和军事现代化的推行，印度的中国威胁感再次上升。[③]1962年阴影至今影响着印度对华认知，印度领导人与公众还缺乏尼赫鲁时期的乐观和自信，1998年出现的事件显示中印间的不信任和不理解根深蒂固。[④]印度继续收留甚至是或明或暗地支持达赖分裂集团、有意迎合美国遏制中国企图，以及企图插手南海问题等，也加剧了中国对印度的不满和不信任感。

① Keshav Mishra, *Rapprochement across the Himalayas: Emerging India-China Relations in Post Cold War Period (1947-2003)* (Delhi: Kalpaz Publications, 2004), p.330.

② Mohan Guruswamy and Zorawar Daulet Singh, *India China Relations: the Border Issue and Beyond* (New Delhi: Viva Books, 2009), p.130.

③ Waheguru Pal Singh Sidhu and Jing-dong Yuan, *China and India: Cooperation or Conflict?* (New Delhi: India Research Press, 2003), p.49.

④ B. R Deepak, *India and China 1904-2004: A Century Peace and Conflict* (New Delhi: Manak Publications Pvt. Ltd, 2005), p.355.

二、中印关系正常化以来的印度对华边界政策

随着印度对华政策和中印关系的转变，印度对华边界政策也进行了相应的调整。印度官员认为，冷战后印度的边界政策任务：一是边境地区经济和基础设施的发展，这对边境地区与印度联邦的一体化十分重要。二是让边境地区人民满意，他们需要给予自治和参与政府网络和发展。三是保证足够的安全，这意味着不仅安置安全部队，还需要公路、铁路系统以及通讯等的发展。四是填补边境人民和国家主流文化及交通之间的鸿沟，同时不削弱边境人民的文化身份和特征。五是与邻国建立友好关系，最好的安全是友谊和友好交往，如果各国一起合作，他们将走向相互依存和形成共同利益。[①] 也就是说，印度在边界问题上也是服从和服务于经济发展、国家安全以及大国地位等战略任务。在中印边界方面，印度的基本判断是中印战争不太可能，但印度要对中国保持警惕，为此采取了两手政策，一方面主张以和平谈判处理边界问题，在达成边界协议之前要维护边境地区的和平与稳定，另一方面是采取各种手段加强边境地区的军事力量和政治控制能力，巩固对中国领土的非法占领，争取在中印边界谈判中取得优势地位。

（一）通过和平谈判处理中印边界

尼赫鲁时期，印度政府主张和平处理中印边界争端，但在反华势力的压力下长期不愿举行中印边界谈判，1960年两国总理和官员关于边界问题的交涉也被矮化为“会晤”，以此避免被反华势力指责为在边界问题上向中国投降和让步。印度学者研究认为，印度不愿意进行边界谈判的根本原

① D.V.L.N.Ramakrishna Rao and R.C. Sharma (eds.), *India's Borders, Ecology and Security Perception* (New Delhi: Scholars' Publication Forum, 1991), pp.55-56.

因是自身处于力量劣势，不愿向中国示弱和担心谈判结果不利于印度。[①]通过长期的军事建设和战争胜利，特别是在1971年成功肢解巴基斯坦，印度获得南亚主导地位和力量自信，印度政府改变不谈判立场，开始主动缓和与华关系和试探开启边界谈判，反对党也不再激烈反对和抵制边界谈判。

1981年中印边界谈判正式开始，但双方坚持各自立场，多轮边界谈判一直没有取得什么实质性成果。1986年5月、6月期间，因中巴开放红其拉浦口岸以及所谓中国入侵印度领土的“桑多洛河谷事件”，中印边界形势再次趋于紧张，8月11日印度总理拉吉夫·甘地对记者说，在一张比例不大的地图上，麦克马洪线划得“相当粗”，“这条线在它所处的地区是可以讨价还价的”。[②]这意味着印度放弃在边界问题上的不妥协立场，同意对边界进行适当调整。

尽管1987年中印两国再次在边境地区形成军事对峙，2007年至今两国在边境地区的军备竞赛尚未停歇，但印度政府始终坚持通过和平方式解决边界问题。从1981年边界谈判开启至今，中印会谈不断进行，建立了副部长级会谈、中印边界问题联合工作小组、中印边界问题外交和军事专家小组、中印边界问题特别代表等协商机制。中印两国国家领导人会晤时也不断重申和平解决边界问题并将之载入文件或者协议，如在1988年12月访华期间，拉吉夫·甘地总理指出，印中两国间最困难的是边界问题，双方应当以和平友好协商的方式解决这个问题。中印两国在通过和平谈判解决边界问题上达成了高度共识，在拉吉夫·甘地访华后发表的中印联合公报中强调：“两国领导人就中印边界问题进行了认真、深入的讨论，同意通过和平友好方式协商解决这一问题。”[③]1993年，在长期谈判后，中印两国达成了《中华人民共和国政府和印度共和国政府关于在中印边境实际控制线

① Oriana Skylar Mastro, “The Great Divide: Chinese and Indian Views on Negotiations, 1959-62,” *Journal of Defence Studies*, 2012, Vol.6, Issue 4, p.92.

② 赵蔚文：《印中关系风云录（1949—1999）》，时事出版社，2000，第293—294页。

③ 《中印联合新闻公报》,《中华人民共和国国务院公报》，1988年第26期，第849页。

地区军事领域建立信任措施的协定》，双方保证："确信维护中印边境实际控制线地区的和平与安宁符合两国人民的根本利益，并将有助于最终解决边界问题；重申任何一方不以任何方式对另一方使用武力或以武力相威胁，不谋求单方面的军事优势。"[①]

2003年，印度人民党取代国大党的长期执政地位，尽管此前瓦杰帕伊总理一直宣扬中国威胁论和主张对华强硬，但新政府最终也采取现实主义的对华政策。2003年，瓦杰帕伊对华进行国事访问，中印在会后发表了联合声明，关于边界问题的立场是："双方同意，从根本上加强两国在各层次、各领域的双边关系，同时通过公平、合理及双方都可接受的方式和平解决分歧。有关分歧不应影响双边关系的整体发展。……双方重申愿通过平等协商，寻求公正合理以及双方都能接受的解决方案。"[②] 这表明，印度人民党及其政府也同意以和平协商方式处理中印边界问题。2004年印度国大党再次组阁，中国总理温家宝于2005年访印，两国在会后宣言中再次重申："访问期间，双方就中印边界问题交换了意见，重申愿从两国关系的总体利益出发，通过平等友好协商，寻求公平合理以及双方都能接受的解决方案。"[③] 正是在这次访问期间，中印签署了《解决中印边界问题政治指导原则的协定》，第一条就规定："边界问题的分歧不应影响双边关系的整体发展。双方将通过和平友好方式协商解决边界问题，互不使用武力或以武力相威胁。"[④]

2007年以来，中印边境形势再度紧张，但两国高层继续坚持通过和平方式处理两国边界争端。在2008年辛格总理访华后的联合声明中，两国强调指出："双方将继续坚定地致力于通过和平谈判解决包括边界问题在内的

---

① 《中华人民共和国政府和印度共和国政府关于在中印边境实际控制线地区军事领域建立信任措施的协定》，http://www.npc.gov.cn/wxzl/gongbao/2000-12/07/content_5003756.htm

② 《中华人民共和国和印度共和国关系原则和全面合作的宣言》，《中华人民共和国国务院公报》，2003年第21期。

③ 《中华人民共和国与印度共和国联合声明》，《人民日报》，2005年4月13日。

④ 《中华人民共和国政府和印度共和国政府关于解决中印边界问题政治指导原则的协定》，http://www.pkulaw.cn/fulltext_form.aspx?Db=alftwotitle&Gid=100667379&EncodingName=

遗留分歧，同时确保这些分歧不会影响双边关系的积极发展。双方重申，决心以2005年共同达成的关于解决边界问题政治指导原则的协定为基础，寻求公平合理和双方都能接受的方式解决问题，构建和平与友好的边界。双方特别代表应在该协定基础上尽早达成解决框架。"[①] 2009年以来，中印边境形势日趋紧张，但印度总理坚持以和平方式处理中印边界问题，在与中国领导人会晤时多次重申和平处理边界问题的立场。如2010年3月，在与中国国家主席胡锦涛的会晤中，印度总理曼莫汉·辛格表示，印方希望同中方一道努力，维护两国边境地区和平安宁，通过友好谈判妥善解决边界问题。[②] 2012年3月，在与胡锦涛会晤时，印度总理辛格再次表示，印方希望同中方一道努力，维护两国边境地区和平安宁，通过友好谈判妥善解决边界问题。印度学者还总结指出：如今不允许进行战争，今天的博弈是和平的。[③]

（二）维持边界和平与安宁

在通过和平谈判寻求中印边界争端解决办法的同时，印度政府还致力于维持两国边境地区的和平与安宁。如2003年瓦杰帕伊访华时期，两国领导人声明："双方同意，在最终解决之前，双方应共同努力保持边境地区的和平与安宁，并重申致力于继续执行为此目的签署的有关协定，包括澄清实际控制线。"[④] 在曼莫汉·辛格总理执政期间，他一再强调中印双方需要维持边境地区的和平与安宁。

为了实现边境地区的和平与安宁，1989年成立的中印联合工作小组达成了一系列增进边境实控线地区军事透明的信任措施，主要有双方军事人员在边境定期会晤、在两国边防军重要哨所和指挥部之间建立"热线"，

---

① 《中印在北京签署二十一世纪的共同展望文件》，《人民日报》，2008年1月15日。

② 《胡锦涛会见印度总理》，《人民日报》，2010年3月30日。

③ D.V.L.N.Ramakrishna Rao and R.C. Sharma (eds.), *India's Borders, Ecology and Security Perception* (New Delhi: Scholars' Publication Forum, 1991), p.50.

④ 中华人民共和国和印度共和国关系原则和全面合作的宣言》，《中华人民共和国国务院公报》，2003年第21期。

等等。

中印两国还将建立信任措施纳入法律化、制度化的轨道。1993年，中印两国签订《关于在中印边境实际控制线地区保持和平与安宁的协定》，双方保证任何一方都不将其军事能力用来针对另一方，在边界问题最终解决之前将严格尊重和遵守中印边境地区的实际控制线，任何一方的活动都不得超过实际控制线，并就实际控制线地区裁减或限制各自的军事力量达成了一些措施。更为重要的是，双方还达成了许多军事信任措施，如：控制实控线附近地区军事演习规模和提前通知对方军事演习有关情况；采取充分措施确保不发生飞跃实际控制线的侵犯事件，或为军用飞行器空中过境和着陆提供便利；防止实控线地区发生危险军事活动的措施，主要是双方保持克制，采取一切必要步骤避免事态恶化，同时立即通过外交途径或其他已有渠道进行磋商，防止紧张升级；加强在实控线地区双方军事人员和机构之间的交往与合作的措施，包括保持和扩大双方边防代表之间的定期会晤和旗会制度、双方边防会晤站之间的通信联系以及逐步建立双方边防当局之间的中、高层接触；遇到自然灾害等无法避免的情况，对方出现越境时要提供一切可能的帮助并尽快通知对方，尽早向对方提供灾害、传染病等有关信息；双方有权通过外交途径寻求澄清和给予答复。此外，因双方在实控线方面存在争议，中印在协定中表示双方同意加速澄清和确认实际控制线的进程，还同意尽快交换标明各自对整个实际控制线走向认识的地图。[①] 1996年，中国国家主席江泽民访问印度，中印两国签署《关于在边境实际控制线地区军事领域建立信任措施的协定》，在1993年边境信任措施的基础上做出了更具体规定和安排，主要包括：裁减和限制各自军事力量和武器装备种类；限制军事演习规模并要求预先通报；对军用飞行器飞越边境实控线的侵犯事件的预防和事后处理措施；预防实控线地区鸣枪、实弹演习等危险军事行动的具体措施；实控线区军事人员和机构之间的交

① 《中华人民共和国政府和印度共和国政府关于在中印边境实际控制线地区军事领域建立信任措施的协定》，中国人大网，http://www.npc.gov.cn/wxzl/gongbao/2000-12/07/content_5003756.htm，访问日期：2017年6月20日。

往与合作，等等。2005年，在温家宝访印期间，中印签署《关于在中印边境实控线地区军事领域建立信任措施的实施办法的议定书》和《关于解决中印边界问题政治指导原则的协定》两个文件。两国重申双方致力于遵守和执行1993年和1996年的两个协定，并为此还达成了在边境实际控制线地区军事领域建立信任措施的补充议定书，以加快全面落实上述协定。

然而，由于领土主张以及实控线看法不一致，2007年以来中印边境局势再度紧张化。为了避免流血冲突事件出现，2012年中印两国签署《关于建立中印边境事务磋商和协调工作机制的协定》，该机制是一个加强信息沟通和协调配合的平台，由两国外交部门司局级官员牵头并由双方外交和军事官员组成，主要任务是处理涉及保持边境地区和平与安宁的相关边境事务，但不从事具体的边界谈判和边界事务处理。该机制研究和探讨开展和加强中印边境地区军事人员和机构间的交流与合作，处理可能出现的影响中印边境地区和平与安宁的问题和情势，有利于及时有效地处理相关边境事务，增进彼此互信，确保两国边境地区和平与稳定。

鉴于新时期中印边界紧张主要源于双方实控线主张不一致，一方在自己主张地区巡逻边界被对方指责为“侵犯行为”，为了避免有关巡逻导致的两国军队对峙甚至是开火，中印外交和国防部门探讨新的维持边界和平与安宁的协定。2013年10月22日，在印度总理辛格访华期间，中印两国签署《中印边界防务合作协议》，主要内容是：将以前所有的单独边境协议都将纳入总的边防合作协议；两国边境军队增加一个较高级别的军官会谈，将边防人员会谈区域从久舒尔、乃堆拉山口、棒拉一带扩大到所有的三个边界争议区；提高边境动向的透明度，预先分享巡逻信息。新协定的签署主要是针对“侵边”纠纷建立信任措施，这有利于进一步稳定两国边界形势，维护边界地区的和平与稳定。

总之，通过推动建立热线电话、双方军事官员的会晤、边境官员的会晤以及新建立的中印边境事务磋商和协调工作机制等众多机制，中印两国力求维护边境地区的和平与安宁。

（三）加强在边境地区的军事力量部署

目前，印度对其边界形势的看法是边界安全面临着新的挑战，也就是经济发展要求开放、流动的边界以及和平与稳定的环境，但极端团体、非法移民、毒品、疾病、经济犯罪等使边界问题比较多。具体而言，中印边界安全问题是：各段军队及其指挥系统不统一；实控线没有确定，印度要求士兵巡逻但不能开枪；道路连接状况差；机构协调有限；技术设施安置缓慢；中央与地方之间复杂的相互作用；与邻国关系不佳。[①] 为了对付新的安全挑战，印度不断加强边境地区军事力量，特别是沿中印边境军事实力。在印度看来，军事力量不仅是边界和平与安宁的真正保障，还可以使印度在中印边界谈判中获得有利地位。也就是，在寻求和平解决中印边界争端的同时，印度在边境地区加强军事建设，企图获得实际和心理方面的优势，以增加印度在边界谈判中的筹码。

冷战后，印度对华实行积极防御战略，中国学者陈平生认为，依据进攻性战略防御思想，印度在中印边境地区的战略方针可以归结为：1. 在中印边境全线实行“东防西进”；2. 在中印边境东段实行“东守西攻”；3. 全线重点前推，也就是“在印中边境全线重点地区以主力部队尽可能前推，并准备越过边境打一场短期高强度的进攻战，占领中国防守薄弱或未占领的地区，以期加强印方在边境谈判中的地位，迫使中方作出让步”。[②] 2004年，印军又提出“冷启动”作战理论，也就是要求印军像电脑冷启动一样，出人意料地迅速完成部队集结和部署，并在第一时间发起先发制人的打击。由于印度在中印边境地区并不占据地理优势，印军就需要尽可能地将军队布置到前沿阵地和加强军队的机动性。

长期以来，印度在边境地区十分注重建立大纵深立体化的防御体系和

---

① Rick Nelson, *Border Security in A Time of Transformation:Two International Case Studies—Poland and India*, July 2010, accessed May 25, 2017, http://csis.org/files/publication/100715_Nelson_Border Security_web.pdf.

② 陈平生主编：《印度军事思想研究》，军事科学出版社，1992，第93—97页。

保持局部地区的优势兵力。20世纪80年代以来，印度就开始大力推行在实控线印度一方部署军队的计划。目前，印度在中印边境地区的军队部署情况是：1. 印度第四军负责防守所谓的“阿鲁纳恰尔邦”，总部位于提斯普尔，该军包括三个山地师、一个炮兵旅以及一个装甲兵团，总兵力超过5万人。三个山地师形成一个三角，将所谓的“阿鲁纳恰尔邦”围在中心。2. 印度第三十三军驻守在锡金境内，总部在西里古里，兵力包括三个山地师，其中一个山地师驻扎地离中锡边境的乃堆拉山口仅仅40公里。3. 印度第十五军负责防守中印边界西段，包括两个山地师和一个炮兵旅。此外，印度内政部下辖的准军事部队包括阿萨姆步枪队、印藏边境警察部队也负责中印边界防卫工作。

然而，近年来中国快速推动西藏地区的现代化建设，随着中国战略基础设施的完善以及战略投送力量的增强，印方在中印边境的军事优势动摇。中印在后勤运输和机动性方面的差距进一步拉大，印度在空中打击能力和战略运载能力方面也逊于中国。为了获得在边境地区的军事优势，印度大力升级武器装备、增加军队数量以及加强军事防御设施建设。

在增兵方面，在2005年中印边界谈判取得巨大进展后，为了获得谈判优势，印度开始重视加强在中印边界地区的兵力部署。2009年中印边界形势日趋紧张后，印度扩军步伐进一步加大。据报道，2008年印度计划向东北边境地区增派两个新建山地师，每个师人员为1.5万人，都将配备中型和重型直升机。2009年，印度陆军又决定向中印边境调派一支新组建的炮兵师，同年印度空军在提斯普尔空军基地部署两个苏—30MKI战斗机中队。2010年11月11日，印度宣布组建一支人数高达5000人的所谓的“阿鲁纳恰尔侦察兵部队”。同年印度还提出了一个更大规模的扩军计划，准备建立一个山地军，人员大约为8.9万名士兵和400名军官，这一计划于2013年2月通过。2011年8月，印度陆军要求在巴纳格尔组建两个人数为6万人的作战师、在锡金乃堆拉和拉达克富克杰分别部署两个装甲团，并向北阿肯德邦增派一个步兵旅。此外，印度媒体还披露，“印藏边境警察部队”也将在目前142个哨所基础上增设35个边境哨所，并扩充13个营的兵力。

在增兵的同时，印度还大力升级武器装备力量，如将苏联时期设计的T—72主战坦克部署到边境地区。2009年，印度空军在提斯浦尔空军基地部署了苏–30MKI战斗机，可携带核弹并经空中加油后深入中国腹地。2010年，印度在东部部署了射程为290公里、可携带核弹头的“布拉莫斯”超音速巡航导弹，这也是印度首次部署针对中国的进攻性战略导弹。2012年，印度空军计划装备本土建造的“网络中心全天候防空武器系统”(阿喀什)，可以拦截30公里范围内的战斗机、巡航导弹和无人机系统。同年，印度国防部还批准陆军航空兵部队配备武装直升机。此外，印军还计划将“烈火”中程导弹和“大地”短程导弹部署在中印边界地区，“大地”导弹可对边境地区的中国机场、通讯设施等形成威胁，“烈火—2”型导弹打击范围可以覆盖中国南部地区。印军还加紧构筑包括导弹隧洞的地下军事设施，以帮助印度对中国实施“二次核打击”。

在扩军并推动军事现代化的同时，印度还大力发展边境地区的重要战略设施的新建、扩建和改建工作，以加大对中国的威慑力度。

近年来，印度在中印边境地区大规模修筑公路、铁路以及改造和修建机场。据中国媒体报道，2006年9月，印政府宣布4年内沿中印边境地区修建27条公路，总长度862公里。2009年2月，印度政府再次扩大修路计划，批准在中印边境地区修建73条公路的计划，多达27条公路位于中印边界东段争议地区。2010年4月，在所谓的“阿鲁纳恰尔邦”修建35条公路计划的环境评估历时5年终于完成。同年5月，印度又开始修建61条公路，一共3429公里。此外，印度还计划修建285条公路，其中一条是抵达拉达克的全天候公路。今后印度的计划是：在拉达克再建4条战略公路；升级马纳里到列城的公路；修建从鲁塘到列城的8.8公里隧道。①

在建立公路网的同时，印度还大力修建铁路。印度计划修建从克什米

① Rajeswari Pillai Rajagopalan & Kailash Prasad, *Sino-Indian Border Infrastructure: Issues and Challenges*, August 23, 2010, accessed July 20.2017, http://www.observerindia.com/.../issuebrief/.../Ib_23_1283150074942.pdf.

尔、拉达克到全国的铁路网，2009年印度铁路公司开始启动长达497公里的“比拉斯布尔—马纳里—列城”铁路的修建工作，该铁路将从喜马偕尔邦延伸至印控克什米尔地区，工期长达10年，“这条铁路将成为东部边界战斗、提供武器装备的另一条运输线”。据说，军方还通过了一个专门修建通往印度东部边境的“全天候铁路”计划。

在修路的同时，印度还调拨大量资金，兴建军用和民用机场，计划在靠近中印边境地区新建、扩建以及改建51个机场，以使之具有全天候能力，可以起降多种战机。此外，印度将在东北部边境地区升级飞机跑道和提升着陆站，计划将跑道从9000英尺增加到11000英尺。印度空军还制订了一套庞大计划，涉及中印边界西段拉达克、中段的喜马偕尔邦和乌塔兰恰尔邦、东段的锡金以及所谓的“阿鲁纳恰尔”等地，在这些地段印度除了打算建立一些能够与中国抗衡的新设施之外，更多的是更新并重新启用一些过去废弃不用的旧设施。所谓的“阿鲁纳恰尔邦”的边界地区将有32个直升机停机场得到更新，几乎每个县区都会有几个停机场，其中位于达旺的有8个。

尽管近年来印度在边界的军事部署发展快捷，但印度并没有取得对华绝对优势的信心，而是认为随着中国经济和军事能力的增强，中印实力差距将会扩大。在《不结盟2.0：印度21世纪外交和战略政策》报告中，印度安全专家提出中国在边境地区进攻的可能方式包括小规模武力占地和大规模进攻，印度的战略目标是“恢复现状”，对于前者，印度的应对方式是在印度拥有战术优势的地区越过实控线进行反击，对于后者，印度的策略不是加强并部署山地军，而是以“非对称能力”迫使中国撤军。为此，印度发展三大非对称能力：1.在被占领区打游击战和深入切断中方在西藏的交通补给线；2.加快和改进边境地区及其居民与印度内地的交通设施的一体化；3.大力发展海军以能够控制印度洋。[①]

---

① Sunil Khilnani and Pratap Bhanu Mehta (etc.), *Nonallignment 2.0: A Foreign and Strategic Policy for India in The Twenty First Century*, http://www.ris.org.in/images/RIS_images/pdf/NonAlignment.pdf.

（四）加强边境地区的政治控制和经济开发

新时期以来，印度政府边界政策的重大变化是开始注重对边境地区的政治控制和经济开发，这是冷战后印度政府注重经济发展的政策决定的，同时也服从于印度政府制造对所占中国领土的统治合法性的一贯目标。因中印边界西段人烟稀少而中段争议面积较小，印度主要是注重在中印边界东段争议地区（印度称所谓的“阿鲁纳恰尔邦”，中国称藏南，下文简称为印占东段争议区）的政治经济控制。印占东段争议区位于中国、缅甸、印度以及不丹之间，地形十分复杂，海拔从几十米上升到几千米，山峦起伏，丛林密布，气候温暖潮湿，降雨量充沛，散居着一些人数不多的部落。长期以来，印占东段争议区交通落后并与印度本土相距较远，再加上印度实行军事封锁政策，导致这些地区对外闭塞、经济发展缓慢和基础设施匮乏，远远落后于印度本土地区。当地居民对印度政府统治存在离心倾向，争取自治或独立的反政府武装组织活动频繁，社会长期动荡不安。处于四国领土交汇之处和喜马拉雅山南麓，这一地区的战略地位十分重要，对印度而言，可以东接不丹、缅甸，充当进入东南亚的陆地门户。而且，这一地区还拥有丰富的矿产资源和水利电力资源。[①] 因而，在事实占领东段争议区后，印度想方设法巩固统治，长期以来是依赖安置大量军队来保证占领，为了平息当地居民的不满和应对中国在西藏推行经济现代化的压力，印度政府开始加强经济开发以夯实统治基础。

在政治管理方面，印度首先是采取各种手段逐步将东段争议区纳入印度的行政管辖范围。印占东段争议区的部落民最早来自于中国西藏地区，后来泰缅人也来到该地，但这一地区并没有出现统一的政府或王朝，当地门巴人、西藏人、不丹人、阿萨姆人以及后来的英国人先后建立过范围不

① Jagannath P. Panda, *China's Designs on Arunachal Pradesh*, http://www.idsa.in/idsastrategiccomments/ChinasDesignsonArunachalPradesh_JPPanda_120308.

同的统治。[①] 在1913年西姆拉会议上，英国人和西藏地方政府代表签署了划分边界的协议，但这条所谓的"麦克马洪线"一直没有得到中国政府的同意。1947年英国撤出印度后，西藏政府也要求与印度重新谈判边界，因尼赫鲁政府拒绝未能如愿。1950年中国中央政府力量进入西藏后，印度政府于同年11月宣布麦克马洪线是其边界线。1947—1951年，利用中国内部混乱的机会，印度政府将西藏地方官员赶出达旺等地，完成对所谓"麦克马洪线"以南地区的控制，并将所占地区并入阿萨姆邦。

其次，印度不断提升对印控"麦克马洪线"以南地区的实际管辖水平。1954年，印度将该地上升为"东北部边境特区"(NEFA)，直接隶属于外交部。1962年中印战争期间，中国曾攻占这一地区，但很快退出，印度趁机逐步接管并在1965年将其划到内政部。为了将争议地区的事实占领合法化，1972年印度将所谓"东北边境特区"升级为"中央直辖区"，并改名为所谓的"阿鲁纳恰尔邦"，但直到1987年2月20日才正式建邦。经过多年的经营，如今印度在印控"麦克马洪线"以南地区设立了议会、警察局、法庭等管理机构，还开设了近百所学校，教育内容也以印度传统教育为主，并在这一地区多次举行选举。

然而，在印度占领前，东段争议区的部落民众大多数时候处于高度自治状态，只有一些地区受到过西藏、不丹、阿萨姆以及后来的英国控制，在语言、文化、种族、宗教等方面与印度本土差别较大，历史上的交往也较少。对于印度的占领和控制，当地民众一直反抗不断，如今在包括藏南地区在内的东北部还活跃着阿萨姆联合解放阵线（ULFA)、那加兰—伊萨克—穆瓦（Nagaland-Isak-Muivah)、民族社会主义委员会（NSCN-IM)，及其卡普朗派系（NSCN-K）等反政府武装力量。为了维持印度对该地的控制，印度政府多次出动军队和警察实施打击活动。2010年初，为了加大对东北部反政府武装的打击力度，印度政府决定在阿萨姆步枪队增设26个

① *History of Arunachal Pradesh*, accessed October15, 2017, http://www.iloveindia.com/states/arunachal-pradesh/history.html.

营，其中部署在东段争议区和印缅边境地区的部队由15个营增加到41个营。为了打击反政府武装力量，印度还宣布第来普和昌朗两县为动荡地区，适用《武装部队特殊权力法案》，也就是实行军管。2010年年底，印度还专门组建一支所谓的“阿鲁纳恰尔小分队”，专门打击分离主义力量和恐怖主义势力。

为了牢固地控制住中印边界东段争议领土，印度政府在实行军控的同时，还大量向该地移民。2001年印度的人口普查数据表明，所谓的“阿鲁纳恰尔邦”人口已达110万，在短短的10年间增长了26.2%，远远高于印度平均人口增长率。据估计，印度在该地的移民总人口接近60万人，而传统居民珞巴族、门巴族等，总人口只有35万人左右。[①]

印度政府逐渐认识到，经济发展落后是边境地区动荡不安的根本原因，开始加大边境地区的经济开发力度，大力发展基础设施，不断推动农业现代化，并出台了不少鼓励发展的优惠政策。如按照2007年出台的工业和投资促进政策的规定，包括所谓的“阿鲁纳恰尔邦”在内的东北地区给予许多优惠政策，主要包括：生产的产品免征100%的消费税；工业企业免征100%的收入税；厂房及机器的资本投资补助按照条件从15%增加至30%；对营运资金给予3%的利息补贴；报销100%的保险费。[②] 针对所谓的“阿鲁纳恰尔邦”独特的地理资源条件，印度在该地重点发展农业现代化、水电开发以及旅游业。在政府部门的推动下，该地经济快速发展，2013年所谓的“阿鲁纳恰尔邦”前邦长说：“2007年，我们的人均收入比全国人均收入低10%。今天高出近10%。我们的年度增长率在‘十一五’计划一直是9.4%，比国家增长率大约高1.5%。”[③] 为了发展经济，同时也是为了在中印边境竞争中获得优势，印度近年来在“阿邦”地区大力发

① 《印度向藏南大量移民》，网易新闻，http://news.163.com/09/0811/19/5GF710K8000120GR.html，访问日期：2017年2月16日。

② *Arunachal Pradesh*, November 2010, pp.39-40, Indian Broad Equity Foundation, accessed September 3, 2017, http://www.ibef.org/download/Arunachal_pradesh_190111.pdf.

③ *Adress of General J.J. Singh Pvsm*, March 15, 2013, http://arunachalgovernor.gov.in/speech/sp150313.pdf.

展基础设施建设，2006年5月，印度经济事务委员会同意在该地修建一条战略性公路，改变了印度长期以来的边界政策。[①] 2008年，印度总理曼莫汉·辛格访问所谓的“阿鲁纳恰尔邦”时承诺投资40亿美元建造一条长达1700公里连接到新德里的公路。同年，印度退役陆军参谋长J.J.辛格被任命为该州州长，他在上任后大力发展基础设施、电力和电信项目。

总之，通过政治控制和经济开发，印度政府企图将对东段争议区的占领合法化。印度学者莫汉·古鲁斯瓦密等人就反对中国对东段争议区特别是达旺的领土要求，宣扬通过经济一体化政策和修建道路、机场以及发展旅游等，印度在达旺的存在已经制度化。[②]

三、中印边界谈判的成就与问题

在中印关系走向缓和与和解之时，印度的边界立场也趋于灵活化，从主张武力收复领土走向和平处理边界问题，从设置前提条件阻碍中印边界谈判走向没有前提条件和主动促成谈判。从1981年边界谈判开启以来，中印边界谈判历经30余年，虽然通过谈判平台两国在边界处理以及双边关系方面取得了不少成就，但达成最终协议依旧遥遥无期。

（一）中印边界谈判的开启、突破以及停顿

1. 中印边界谈判的开启（1981—1988年）

按照1981年6月中国副总理兼外交部长黄华访印时达成的共识，从1981年到1987年中印边界问题副部长级官员会谈轮流在两国首都举行，直到1989年被中印边界问题联合工作小组代替。

---

① Namrata Goswami, *Building Strategic Roadways in Arunachal Pradesh*, June 13, 2006, accessed October 20, 2017, http://www.idsa.in/idsastrategiccomments/BuildingStrategicRoadwaysinArunachalPradesh_NGoswami_130606.

② Mohan Guruswamy and Zorawar Daulet Singh, *India China Relations: the Border Issue and Beyond* (New Delhi: Viva Books, 2009), pp.32-33.

1981年12月，中印边界问题副部级官员会谈在北京举行，这是时隔20年后中印再次开启边界谈判，意义十分重大。但这次谈判成果有限，中印代表主要是重申各自立场，中国坚持一揽子方案，印度则要求采取逐段谈判方式，甚至提出以科伦坡建议作为两国的谈判起点，中国则以科伦坡建议过时为由予以拒绝。对于中国发展贸易、文化以及科技等领域双边关系的建议，印度委婉拒绝，强调边界问题是中印关系改善的核心。

在1982年5月的第二轮中印边界问题副部级官员会谈中，中印两国在边界处理方式方面的矛盾依然尖锐，中国主张全面解决，印度则坚持分段解决。关于边界处理基础，中国提出了平等相待、友好协商、互谅互让、公平合理、全面解决的五项原则，印度则提出自己的工作提议，即尽快找到边界处理办法、边界处理办法应该公正、边界处理办法要考虑到双方合法利益、应该采取一致同意的谈判方式和基础、任何一方提出的解决问题的方法另一方应该给予考虑。[①] 在会谈期间，中国再次提出发展两国在其他领域的关系，印度反应冷淡，指出边界谈判没有进步将阻碍两国关系发展。然而，随着中印关系走向正常化，两国政治、经济、文化等方面的关系还是恢复和发展，如中印贸易额从1977年的250万美元上升到1982年的13918万美元。[②]

1983年1月底2月初，中印边界问题副部级官员会谈在北京举行第三轮会谈。会谈主要进展是双方讨论了边界谈判的指导性原则并拟出了一个共同草案，即坚持和平共处五项原则；希望通过友好平等的协商尽早达成协议；需要考虑各自的历史、现状以及民族感情；在达成协议前保持边境地区的和平。[③] 这个原则草案是两国妥协的结果，实质是将中国的五点原则和印度的六点建议杂糅其中。

---

① Keshav Mishra, *Rapprochement across the Himalayas: Emerging India-China Relations in Post Cold War Period (1947-2003)* (Delhi: Kalpaz Publications, 2004), p.58.

② Gurnam Singh, "China's Normalization Diplomacy towards China," *China Report*, 1983, Vol.19, No.3, p.17.

③ Keshav Mishra, *Rapprochement across the Himalayas: Emerging India-China Relations in Post Cold War Period (1947-2003)* (Delhi: Kalpaz Publications, 2004), pp.59-60.

1983年10月，第四轮中印边界问题副部级官员会谈在新德里举行，两国在边界处理方式以及划界原则方面的分歧依然存在，但中国显示出灵活化迹象，表示赞成全面处理，如果会走向全面处理则不反对边界东段、西段以及中段的单独谈判。

1984年9月，第五轮中印边界问题副部级官员会谈在北京举行，双方继续讨论边界谈判指导性原则但没有完全达成一致，会议主要成果是双方同意在下一轮谈判中讨论中印边界东段的问题。

1985年11月4日到11日，第六轮中印边界问题副部级官员会谈在新德里举行，双方主要是解释了各自在中印边界东段的立场并决定在下轮会谈中详细讨论中印边界中段和西段事务。在会谈中，中国坚持全面处理的同时，也比较灵活务实地接受印度的逐段处理方式，中国在东段坚决反对麦克马洪线并明确提出对该线以南领土的要求。刘学成认为中国立场仅仅是要挫败印度利用逐段协议的意图，苏联媒体也指出，中国让步实际上意味着与印度在心理上准备作出让步相连。[①] 但是，长期以来，印度坚持“麦克马洪线合法”并认为中国的一揽子方案意味着中国准备接受麦克马洪线，因而对中国提出对麦克马洪线以南的领土要求大失所望，印度媒体反华声调提升，不断报道中国“入侵”事件，印度政府也开始想方设法地强调和宣示印度对麦克马洪线以南领土的占领，中印边界谈判气氛急剧恶化，这也影响了此后的中印边界谈判。

1986年7月，第七轮中印边界问题副部级官员会谈在紧张的气氛下举行，双方继续阐述各自在中印边界东段的立场，印度强调东段边界线是传统习惯线，并得到条约和行政管理的支持和证明，中国拒绝接受麦克马洪线，强调东段是最大的争议区。

为了强化对麦克马洪线以南地区的占领，1986年12月印度议会通过一项决议将所谓的“阿鲁纳恰尔”从中央特区上升为邦。中国对此表示强烈

---

① Xuecheng Liu, *The Sino-Indian Border Dispute and Sino-Indian Relations* (Lanham: University Press of America, 1994), p.142.

抗议，指责印度有意制造谈判障碍和将麦克马洪线强加于中国，印度则反指责中国干涉内政。1987年春，印度军队还在接近边界地区举行代号为“棋盘”的军事演习，向中印边界沿线调集军队，中国也加强边界地区的兵力布置，中印在边界东段的外交纷争上升为军事对峙，在两国政府的干预下这场危机才逐渐平息下来。

1987年11月，第八轮中印边界问题副部级官员会谈在新德里举行，双方主要是强调避免边界冲突和加速贸易及经济合作。

对于早期的八轮边界谈判，各方评价差异很大，多数人认为没有取得大的突破和成就，如中国前驻印大使程瑞声的评价是：“中方提出了解决边界问题的五点原则，即平等相待、友好协商、互谅互让、公平合理、全面解决。在印方要求中方对一揽子方案的具体内容做出澄清时，中方强调，只有印方在东段边界地区做出调整，中方才会在西段做出相应让步，互谅互让是解决两国边界问题的惟一出路。由于印方没有接受中方的建议，双方在边界问题上未能取得突破。”① 印度学者南茜也认为，八轮谈判在大量的边界事务上没有取得任何突破，谈判一般是重复已知的观点，印度试图在西段寻求妥协只招致中国更起劲地反对麦克马洪线的合法性……双方对抗性要求间的基本差距仍然存在。②

然而，也有学者认为八轮谈判取得了不少成就，如中国学者刘学成指出，在八轮边界谈判中，印度放弃“解决边界争端作为开展一切合作前提”的立场，中国则接受在整体处理框架下的逐段谈论方法，中印还在推进边界处理、发展友好关系、在其他领域加强合作、保持边界和平与安宁、准备拉吉夫访华等方面达成一致，并提出期望以政治办法解决边界争端。③

实际上，中印边界问题比较复杂，指望在短期内达成边界协议是不现

---

① 程瑞声：《中印边界谈判及其前景》，《国际问题研究》2004年第3期，第18页。

② Nancy Jetly, “Sino-Indian Relations: Old Legacies and New Vistas,” *China Report*, 1994, Vol.30, No.2, p.217.

③ Liu Xuecheng, “Look beyond the Sino-India Border Dispute,” *China Report*, 2011, Vol.47, No.2, p.155.

实的。两国从兵戎相见到走向谈判桌，本身就是一大进步。从八轮谈判来看，虽然中印在边界上的基本立场差异依然存在，但通过对话和交流，两国共同点日益增多，在某些方面也达成了妥协。在边界处理和发展关系的先后顺序上，印度也逐渐接受中国的观点，同意在谈判边界问题的同时发展两国在其他领域的关系。而且，中印边界问题副部级官员会谈不仅仅是边界对话机制，两国还利用这个平台交流国际社会和两国之间的各种热点问题，这有利于两国加强沟通和增进了解与合作。当然，早期边界谈判也显示，中印两国在边界问题上达成妥协比较困难，一旦涉及具体的边界划分特别是麦克马洪线问题，双方之间的矛盾和分歧很快显现，并影响到两国关系。印度坚决反对中国的一揽子计划，认为如果接受打包处理，中国控制的西段领土包括通过1962年使用武力获得的领土将获得法律承认，而除了对于所谓的“阿鲁纳恰尔邦”的非正义要求中国不会失去什么。在印度看来，通过1914年协定东段已经划界，只是没有进行正式的中印联合勘界，西段没有得到中印条约的确定，从技术上看更有争议性。[①] 也就是，印度的如意算盘是，中国在东段承认麦克马洪线，在西段撤出1959年到1960年的控制区，但中国强调东段让印度的希望破灭。[②] 总之，中国希望在互谅互让基础上通过以东换西实现中印边界争端的全面处理，印度则指望中国承认麦克马洪线并在西段单方面作出让步，在边界核心利益方面两国的矛盾与分歧与尼赫鲁时期没有什么实质性的差别，边界谈判实质上是再次陷入僵局。

但是，与尼赫鲁时期不同的是，中印政府都希望通过和平谈判的方式处理边界问题并限制边界争端冲击两国关系。中印高层多次交流边界问题，1986—1987年边界危机也是在高层干预下逐渐平息的，而且，这次危机后中印领导人意识到需要采取措施避免边界冲突再次出现。1988年4月，

---

① Zorawar Daulet Singh, “After the Hiatus: India-China Border Diplomacy since the 1970s,” *China Report*, Vol.47, No.2, 2011, p.88.

② Xuecheng Liu, *The Sino-Indian Border Dispute and Sino-Indian Relations* (Lanham: University Press of America, 1994), p.142.

拉吉夫·甘地在印度议会表示，“……边界问题需要和平谈判。一个双方接受的结果十分必要，并且，我们需要考虑两国的民族感情。在我们谈判长期协议和加强与中国在众多领域合作之时，保持边界的和平与安宁十分重要。”[①] 在边界谈判陷入僵局后，印度政府逐步转向改进关系和维持边界和平与安宁，中印边界问题的解决走向了新的道路。

2．中印边界谈判的转向与突破（1988—2005年）

通过谈判和交流，印度政府逐渐接受在进行谈判的同时发展中印关系，但印度政策真正调整要等到1988年12月拉吉夫·甘地总理访华后。在这次访问期间，中印两国在边界谈判与发展关系并行以及保持边界和平与安宁方面达成了共识。在拉吉夫·甘地的提议下，中印设置了与副部长磋商机制并行的中印边界问题联合小组对话机制，以更好地推进中印边界谈判。此后，边界问题处理不再是中印关系发展的前提条件，两国在政治、经贸、文化等领域的双边关系快速升温。而且，中印谈判情况也发生了较大变化，中印边界对话机制实际上充当了两国交流双边和国际各种热点问题的沟通平台，促进了双边关系的发展。在1988年和1991年两次峰会后，中印交流从边界争端转向确认双方接受的实控线。[②] 吸取两国边界谈判在东段陷入僵局甚至是导致危机的教训，两国工作重点是建立边界信任措施以维护实控线地区的和平与安宁。1989年6月30日到7月4日，中印边界问题联合工作小组召开第一次会议，双方代表继续交流观点，同意寻找解决边界问题的方法、发展关系以及保持边境地区的和平与安宁。此后，两国一方面推动其他领域关系的发展，另一方面开始建立边界信任措施。

建立信任措施（CBMS）一般指一种试图查明潜在对手军事意图、减少敌对意图的不确定性以及限制意外攻击机会的（正式或非正式的）双边

---

① Keshav Mishra, *Rapprochement across the Himalayas: Emerging India-China Relations in Post Cold War Period (1947-2003)* (Delhi: Kalpaz Publications, 2004), p.65.

② Liu Xuecheng, “Look beyond the Sino-India Border Dispute,” *China Report*, 2011, Vol.47, No.2, p.155.

或多边措施。[1] 冷战时期东西方两大阵营国家就开始了增进信任、减少冲突的努力，并取得成功，成为CBMS的“欧洲模式”。两极格局终结后，国际社会中的冲突和不确定因素增长，更多国家致力于建立信任措施，还从强调军事安全转向加强合作。[2] 从20世纪80年代开始，中国与印度建立了众多的安全与信任措施。

在印度总理拉吉夫·甘地访华后，中印两国在建立边界信任措施以维持边界和平与安宁方面达成共识。冷战后，在国际环境以及中印政治关系均走向缓和的情况下，中印合作关系进一步发展，两国逐步建立了众多的信任措施。

首先，两国在边境实控线地区建立了预防冲突的信任措施。1989年中印边界问题联合工作小组成立并开始举行边界磋商，通过多次会谈达成了一系列增进边境实控线地区军事透明的信任措施，主要有双方军事人员在边境定期会晤、在两国边防军重要哨所和指挥部之间建立“热线”，等等。1993年，在印度总理拉奥访华期间，中印签订《关于在中印边境实际控制线地区保持和平与安宁的协定》，双方同意通过和平友好协商来处理边界问题、不使用武力和以武力相威胁、在两国边界最终解决前严格尊重和遵守双方之间的实际控制线，中印还同意对沿实控线的军队规模和军事演习进行一定的限制。为落实两国达成的协定，双方于1994年成立了中印边界问题外交和军事专家小组。在专家小组的帮助下，中印边界问题联合小组开始确认实控线和重新安置沿线军队的工作，1995年8月确立了实控线地区的28个争议点和同意从四个据点撤军。1996年，在中国国家主席江泽民访印期间，中印签署《关于在边境实际控制线地区军事领域建立信任措施的协定》，对边境信任措施做出更具体规定和安排，主要包括：裁减和限制各自军事力量和武器装备种类；限制军事演习规模并要求预先通报；对

---

① R.B.Byers, F. Stephen Larrabee and Allen Lynch (eds.), *Confidence-building Measures and International Security*, Institute for East-West Security Studies, 1987, p.11.

② Marie-France Desjardins, *Rethinking Confidence-building Measures* (Routedge: Taylor &Francis Group, 2004), p.19.

军用飞行器飞越边境实控线的侵犯事件的预防和事后处理措施；预防实控线地区鸣枪、实弹演习等危险军事行动的具体措施；实控线区军事人员和机构之间的交往与合作，等等。此后，中印边界谈判主要工作是确认实控线，2000年4月中印边界问题联合小组会议同意交换地图以确认实控线，第一步是交换争议较小的边界中段地图。在同年11月的专家会议中，两国第一次交换了中段地图，2001年6月和2002年12月两国专家还就中段地图交流了看法。通过交流，两国对中段大部分地区的实控线达成了共识。

其次，中印信任措施的建立还从边境地区扩大到军事领域，中印军方交流、对话以及合作不断开展。1992年7月，印度国防部长夏拉德·帕瓦尔（Sharad Pavel）访华，开启了中印军方高层互访的序幕。两国军方高层互访不断，进行了广泛的交流并达成了一定的共识，最为突出的成就是在2006年印度国防部长普拉纳布·穆克吉（Pranab Mukherjee）访华期间，两国签署了《中华人民共和国和印度共和国防务领域加强交流与合作的谅解备忘录》，中印军队在训练、演习方面的接触开始机制化，印度还罕见地购买中国30架L15教练机。中印高级军官的安全对话也走向机制化，2007年起举行了多次防务安全磋商，取得了一定共识。

中印中级军官、安全专家和军事院校之间也建立了交流和合作关系，如2004年中国军事科学院和国防大学的两个代表团访问印度，2006年 印度战争学院代表团访华，2008年中国中级军官考察团对印度进行了为期6天的访问。

在中印三大军种中，以海军的交流与合作最为频繁。1994年，中国海军“郑和”号训练舰访问印度孟买，1995年两艘印度军舰回访中国。2000年，印度军舰“德里”号和“阿蒂塔亚”号访问上海,2001年中国“哈尔滨”号驱逐舰和“太仓”号补给舰回访孟买。2005年中国海军舰艇编队抵达印度访问，2007年印度海军舰艇编队抵达青岛回访。2009年4月，印度海军舰队应中国邀请参加青岛“国际观舰节”，同年8月中国海军“深圳”号导弹驱逐舰在完成亚丁湾、索马里海域护航任务后访印。

除了人员交流和军舰互访外，中印军队还多次联合开展并互相观摩军事演习。2003年11月，中印海军在上海附近海域举行了联合搜救演习，这是两国军队的首次联合演习，2005年和2007年两国海军又举行了两次联合搜救演习。中国还四次邀请印度观摩军事演习，2005年11月印度也邀请中方观摩其在拉贾斯坦举行的军事演习。2007年12月，曾经是战场对手的中印陆军在昆明举行代号为“手拉手”的联合反恐军事演习。2008年12月，中印陆军再次在印度贝尔高姆进行联合反恐训练。2009年，由于中印边界局势紧张，两国军事交流与合作大大减少，值得一提的是中国邀请印度负责中印边界地区防务的几位将军访问北京、成都和拉萨，请他们参观相对敏感的军事设施，以释放善意和解除疑虑。2010年印度因克什米尔军队负责人特殊签证问题冻结两国军事交流，但2011年中印政府决定重启中断两年的陆军联合军演。此外，通过上海合作组织、东盟论坛等多边平台，中印还积极进行地区安全协商与合作。

最后，中印还建立了众多的非军事信任措施。1981年，中国允许印度香客前往西藏圣地朝拜。1988年，在拉吉夫·甘地访华时，中印同意建立联合工作小组以发展经济、科技等方面的合作，中印合作进入新的阶段。此后，中印高层互访不断，在互不视对方为威胁、以和平共处五项原则的基础上发展两国关系、加强在国际和国内事务方面的交流与合作等方面达成广泛共识，并签署了经贸、教育、文化、科技、农业、外交、旅游、水利、人才交流等众多领域的合作协议,2003年中印还将两国关系确立为“长期建设性合作伙伴关系”。1998年，印度进行核试验并以中国威胁为借口，重挫中国对印度的信任。为了消除疑虑，在1999年印度外长贾斯万特·辛格访华期间，双方确认中印关系发展的前提是互不视对方为威胁，两国发展关系的基础是和平共处五项原则。2000年，在印度总统访华时，两国在正式文件中明确表示互不构成威胁。中印还建立了外交对话机制，如2003年开启联席秘书级安全对话，2005年开始了副部长级战略对话。2009年，为了扩大沟通渠道，中印决定设立两国总理热线。

中印边贸也逐步恢复，1991年两国签署恢复边贸备忘录，两国开始在边境地区开设贸易点，2003年还签署了边贸协议。值得一提的是，2006年乃堆拉山口在中印边贸中断44年后重新开放。在2006年两国总理联合宣言中，中印表示要加强现有边境贸易，要“将两国边境从划分两国的界线变为联系合作的桥梁”。[①]

中印还在跨境河流问题上进行合作，2003年两国总理表示，双方将继续在交换双方同意的跨界河流的汛期水文数据方面保持合作，两国签署了提供朗钦藏布江—萨特莱杰河水文资料的协议并同意继续举行磋商以早日就帕隆藏布江和察隅曲—洛希特河达成类似安排。

通过在各领域建立的信任措施，中印互信逐渐增长，两国友好关系基础也得到夯实，这反过来推动了两国边界谈判。2003年6月，印度总理瓦杰帕伊实现了印度总理10年来的首次访华，双方签署了《中华人民共和国和印度共和国关系原则和全面合作的宣言》，双方重申愿意通过平等协商寻求公正合理以及双方都能接受的解决边界问题的方案。双方还同意各自任命特别代表，从两国关系大局的政治角度出发探讨解决边界问题的框架，这意味着在确认实控线工作难以推进后，瓦杰帕伊总理访华使中印边界谈判开始了政治进程。[②]

特别代表会晤机制很快启动并推动了两国边界谈判，在2005年4月中国总理温家宝访印期间，中印签署了《关于在中印边境实控线地区军事领域建立信任措施的实施办法的议定书》和《关于解决中印边界问题政治指导原则的协定》两个文件。双方重申“从各自总体和长远利益出发寻求边界问题的政治解决”，“确信边界问题的早日解决符合两国的基本利益，因此应将其视为战略目标”，在边界问题解决之前两国致力于遵守和执行1993年和1996年的关于中印边境实际控制线地区的两个协定，共同保持边境地区的和平与安宁。双方还同意，在特别代表会晤机制开展的同时，联合工作小组继续完成关于实控线走向的地图的交换工作，以早日澄清和确认实际控制线。

① 《中印联合宣言》,《国务院公报》2007年1月10日第1号。

② Alka Acharya, “Prelude to the Sino-Indian War: Aspects of the Decision-making Processes during 1959-1962,” *China Report*, November 1996, Vol.32, No.4, p.166.

中印就解决边界问题的政治指导原则达成一致，这是30多年中印边界谈判的一次实质性突破。在1982年的中印边界问题副部级官员会谈中，中印两国代表就提出了各自处理边界问题的原则，但直到2005年两国才签署共同文件，主要内容是：(1) 边界问题的分歧不应影响双边关系的整体发展。双方将通过和平友好方式协商解决边界问题，互不使用武力或以武力相威胁。边界问题的最终解决将大大推动中印睦邻友好关系。(2) 双方应本着和平共处五项原则，从两国关系大局的政治角度出发，通过平等协商，寻求公平合理以及双方都能接受的解决边界问题的方案。(3) 双方应本着互相尊重、互相谅解的精神，对各自在边界问题上的主张做出富有意义的和双方均能接受的调整，一揽子解决边界问题。边界问题的解决应该是最终的，包括中印边界各段。(4) 双方将适当考虑彼此的战略的和合理的利益以及相互同等安全的原则。(5) 双方将考虑双方的历史证据、民族感情、实际困难、合理关切与敏感因素，以及边境地区的实际情况等。(6) 边界应沿着双方同意的标识清晰和易于辨认的天然地理特征划定。(7) 维护边境地区双方定居人口应有的利益；(8) 边界问题最终解决之前，双方应严格尊重和遵守实际控制线，共同努力保持边境地区的和平与安宁。2005年文件显示，印度在边界问题上的立场发生了历史性转变，一是对中印边界问题的处理从历史、法律以及地图方法转向政治方法，同意本着互相尊重、互相谅解的精神达成双方都能接受的调整方案；二是印度第一次接受了中国的一揽子方案，同意边界问题的解决应该是包括各段的最终处理。然而，印度学者指出，印度强调任何包容要考虑当地现实，这意味着印度不愿意考虑任何领土改变或交换。[①] 也就是，印度还是坚持原有立场，在东段希望中国接受麦克马洪线，在西段要求中国撤出1962年“占领区”，中国自然难以接受印度的边界立场，这导致双方在随后的第二步谈判中进展缓慢，两国关系还遭受了严重的挑战和冲击。

---

① Alka Acharya, “Prelude to the Sino-Indian War: Aspects of the Decision-making Processes during 1959-1962,” *China Report*, November 1996, Vol.32, No.4, p.168.

3. 中印边界谈判的停顿（2005年至今）

按照中印达成的边界谈判三步走共识，在2005年达成边界问题政治指导原则后，中印边界谈判进入第二阶段，也就是形成处理边界问题的一揽子框架。2005年9月以来，中印边界问题特别代表举行了多次会晤，但并无大的进展。

2006年以来，中印边界谈判争议还导致两国边界局势乃至双边关系恶化，而外部环境的恶化反过来破坏了中印谈判气氛，中印特别代表不得不转而致力于维持边界和平与安宁，寻求共同解决方案的工作遭受严重干扰。在2009年和2010年的两次特别代表会晤中，中印代表在交流解决框架的同时，还利用边界谈判平台维持和推进两国关系，如2009年第十三次会晤后发布的新闻声称，“双方还就发展中印战略合作伙伴关系和共同关心的国际地区问题交换了意见”。2010年中印特别代表会晤后发布的新闻更多地涉及边界谈判以外内容，“双方满意地回顾了新世纪以来两国关系取得的全面快速发展，一致同意将共同努力，推动中印战略合作伙伴关系在未来取得更大、更好发展，造福两国人民，并为地区乃至世界的和平、稳定与繁荣作出新的应有的贡献。双方还就共同关心的国际和地区问题交换了看法”。2006年以来边界谈判的主要成果是2009年开通了两国总理热线、2012年签署了《关于建立中印边境事务磋商和协调工作机制的协定》以及就双方边界士兵不再尾随对方在争议区域的巡逻达成一项协议，这些是建立信任措施，如中印边界问题工作机制主要是研究开展和加强中印边境地区双方军事人员和机构间交流与合作的方式方法，双方还约定“工作机制将承办双方共同商定的其他事宜，但不承担探讨边界问题解决方案的任务，不影响中印边界问题特别代表会晤机制”。[①] 中印边界谈判再度停滞显示，中印两国的边界立场分歧较大，在短时间内达成解决方案比较困难。

在中印新阶段边界谈判停滞不前之时，中印边境局势再度紧张，双边

① 《中华人民共和国政府和印度共和国政府关于建立中印边境事务磋商和协调工作机制的协定》，http://www.fmprc.gov.cn/mfa_chn/ziliao_611306/tytj_611312/tyfg_611314/t947958.shtml

矛盾主要表现为实控线确认问题和中印边界东段的调整问题。中印在实控线主张方面存在分歧由来已久，据刘学成考察，在历史上中印之间有4种实控线主张，一是1947年英国离开时的边界线，二是1959年11月中国提出的并得到科伦坡会议认可的边界线，三是印度政府提倡的1962年9月边界线，四是当前的实控线。[①] 由于实控线主张不同，中印在争议地区的巡逻在对方看来就成为侵犯本国领土。在2005年达成政治指导性原则以前，中印在实控线方面的摩擦一直存在，如2003年6月一支由十人组成的印度小队在中印边界附近被中国边防部队逮捕和缴械，中印相互指责是对方违背1996协议和越过实控线。2009年，印度媒体开始大肆炒作中国侵犯领土事件，例如两架中国直升机进入印度“克什米尔北部拉达克地区上空”空投一些罐头食品，中国士兵进入拉达克地区“印度领土”，在巨石和岩石上用红色喷漆写上“中国”两字。印度媒体还声称，2010年以来中国对其领土侵犯达500次以上。[②] 印度内政部政务次长穆拉帕利·拉马钱德兰（Mullappally Ramachandra）还说，中国人民解放军在2010年和2011年分别越界228次和213次。[③] 由于印度在西段争议地区加强道路建设和军事活动，中印边界对峙局面一再出现，2012年7月中印士兵在西段的久马尔地区面对面对峙，2013年4月两国军队在久马尔扎起帐篷再次对峙。

中印两国都派兵巡逻到各自主张的实控线，除了宣示主权外，还是一种谈判战略。[④] 为了加强谈判地位，2003年印度内阁安全委员会讨论了制订一个广泛的边界管理计划，包括加强训练、熟悉武器设备和提升中印边

---

① Xuecheng Liu, *The Sino-Indian Border Dispute and Sino-Indian Relations* (Lanham: University Press of America, 1994), pp.176-177.

② 《印度称2010年以来中国“侵犯其领土”500次以上》, http://news.qq.com/a/20120531/000600.htm

③ 《印媒称中印士兵7月曾在中印边境发生“对峙”》, http://world.huanqiu.com/exclusive/2012-09/3129457.html

④ Zorawar Daulet Singh, “After the Hiatus: India-China Border Diplomacy since the 1970s,” *China Report*, Vol.47, No.2, 2011, p.92.

界沿线的雷达覆盖范围和通讯设施。[①] 中国拒绝向印度示弱，在边境地区也积极进行基础设施建设。因2005年政治指导原则的第五条规定“双方将考虑双方的历史证据、民族感情、实际困难、合理关切与敏感因素，以及边境地区的实际情况等”，中国担心印度企图制造既成事实以将印度主张的实控线强加于中国，也开始加强在实控线地区的巡逻。

为了避免因实控线主张不同而导致边界冲突，1981年边界谈判以来中印两国努力构建了一些预防冲突及善后处理的信任措施，并通过1993年协议、1996年协议以及2005年补充协定将其制度化。然而，印度国内一直存在反对意见，反对者们认为：“中国人欢迎1993年的协定是因为它反映了印度愿意放弃以前的主权要求，同意在历史、互利和妥协的基础上寻找解决方案。因此，对他们来说，1993年的协定不表示结束，而是与印度真正谈判的开始。”[②] 他们还认为，实控线实质上是1962年战争的产物，至少西段是一条强加于印度的线，关于实控线的1993年协议和1996年协议是重返边界没有确定的方法，给中国时间保持和平交往和通过四个现代化建设国力，但一旦中印关系紧张化，实控线的和平与安宁将受到干扰。中印边界东段领土争端也是中印边界谈判难以逾越的难题，近年来还再次发酵，导致两国外交纠纷不断，几乎酿成外交战。长期以来，中国关于中印边界东段的立场是“西姆拉条约”和麦克马洪线都不合法，此段传统边界线是位于喜马拉雅山脚而不是山脊，印度则坚持传统、习俗已经确立了中印东段边界，这条边界线还得到“西姆拉条约”的确认。而且，对于周恩来和邓小平提出的以西换东计划，印度的理解是中国实际准备放弃对麦克马洪线以南领土的要求。印度还认为，印度长期控制麦克马洪线以南地区，已经在所谓所谓的“阿鲁纳恰尔邦”建立了制度性存在和统治合法性，不需要向中国作出让步。

---

① Keshav Mishra, *Rapprochement across the Himalayas: Emerging India-China Relations in Post Cold War Period (1947-2003)* (Delhi: Kalpaz Publications, 2004), p.224.

② Pravin Sawhney, *The Defence Makeover: 10 Myths That Shape India's Image* (New Delhi: Sage Publications, 2002), pp.35-36.

印度政府还想方设法加强对所谓的“阿鲁纳恰尔邦”的统治，除了加强军事力量外，还在边境地区加强基础设施建设和推行现代化，为此任命退役陆军参谋长J.J.辛格担任该邦邦长。印度政府高级领导人多次访问所谓的“阿鲁纳恰尔邦”，2009年印度总理辛格在竞选过程中访问该邦首府，2012年印度国防部长安东尼访问达旺并宣布将加强有关安全设施。在达赖公开宣布达旺属于印度后，印度政府还安排他于2009年访问达旺。中国外交部强烈抗议印度官员和达赖窜访所谓的“阿鲁纳恰尔邦”，敦促印度不要采取可能使局势复杂化的任何行动。中国还反对亚洲开发银行批准印度申请的所谓的“阿鲁纳恰尔邦”贷款计划，并多次拒绝批准来自该邦的印度官员的访华签证。中国关于藏南地区主权的态度明确而强硬，这使印度开始正视中国关于中印边界东段领土的看法，尽管不少人仍然认为这只是中国用来试探印度关于棘手的边界问题的想法和估计印度外交防备的战略，但也有一部分人意识到中国的边界立场强化，还分析是人民解放军在对中印边界谈判发生作用。①

中印边界局势恶化是边界谈判陷入困顿的原因，也是结果。中印在两大难题上长期相持不下，阻碍着两国特别代表达成解决方案，而为了强调谈判立场和增加谈判筹码，两国加强对各自实控线主张地区的控制和强调对中印边界东段领土的主权诉求，这导致两国边境局势趋于紧张。尽管中印达成边界争端不干扰关系正常化的共识，但实际上仍有影响。② 为了反击中国的签证政策，印度在2010年停止中印军事交流，中印边界争议直接干扰到两国正常关系。2011年以来，中印两国商谈重启军事交流，双边关系开始好转，但仍旧是波折不断。2011年11月，第15次中印特别代表边界谈判延期，原因是不顾中国的反对印度安排达赖喇嘛在大约同一时间于

---

① Abanti Bhattacharya, “China’s Claims over Arunachal: Reflections on Chinese Foreign Policy and What India Needs to Do,” November 21, 2006, accessed Mach 6, 2017, http://www.idsa.in/idsastrategiccomments/ChinasClaimsoverArunachal_ABhattacharya_211106.

② Mohan Guruswamy and Zorawar Daulet Singh, *India China Relations: the Border Issue and Beyond* (New Delhi: Viva Books, 2009), p.vii.

新德里举行国际佛教会议。2012年，因中国新发行的护照显示中印边界争议区属于中国，印度向中国公民发放附有印度版地图的特别签证。2013年4月，因不满印度在中印边界西段实控线附近修建碉堡，中国边防部队在天南河谷地区搭起帐篷，印度边防警察随之在相隔300米的地方驻扎，两国军队“帐篷对峙”持续了20多天，最后双方同时后撤才使事件平息。

总之，2006年以来中印边界局势和双边关系都不太平稳，在外部氛围紧张微妙的情况下，两国边界谈判自然难以取得突破性成果，印度安全专家普拉山斯·帕拉姆斯朗（Prashanth Parameswaran）认为，极其紧张的局势和两国边界沿线快速进行的军事和基础设施建设，将会威胁着也已减速缓慢的中印边界谈判。①

（二）中印边界谈判的问题及其影响因素

1．权力因素与中印边界处理困境。

历史情况显示，中印边界争端的产生最初是英国殖民侵略的结果，但在印度独立后该问题一直存在并不时激化与印度精英试图建立喜马拉雅山地区霸权和寻求大国地位有关。因而，中印边界争端从一开始就不是一个单纯的领土问题，印度学者克沙伍·米什拉就认为，中印斗争不仅是边界争端还是权力斗争，双方误解只是加剧危机。② 而且，1962年中印边界冲突并没有终结两国之间的地缘政治冲突和权力斗争。“双方处理争端失败的重要副产品是，这些问题不再主要是地方事务，而是表现为在亚洲更大的权力和安全斗争的一部分。”③ 目前，印度学者主要是指责中国在亚洲特别是南亚的霸权目标阻碍边界问题处理，“如果中印边界问题没有处理，不是因为印度政府没有在理性基础上处理问题的兴趣，而是在于中国战略立

① Prashanth Parameswaran, “Sino-Indian Border Negotiations: Problems and Prospects,” *China Brief*, Vol.12, No.6, March 15, 2012.

② Keshav Mishra, *Rapprochement across the Himalayas: Emerging India-China Relations in Post Cold War Period (1947-2003)* (Delhi: Kalpaz Publications, 2004), p.19.

③ Francine R. Frankel and Harry Harding (eds.), *The India-China Relationship: What the United States Needs to Know* (New York: Columbia University Press, 2004), p.144.

场之下的长期的、野心勃勃的目标”。[①] 莫汉·古鲁斯瓦密等人还认为：“中国是不受公共舆论限制的国家，但在边界问题上不愿作出戏剧性让步，原因是对在亚洲唯一能挑战中国寻求领导地位的印度的根深蒂固的敌视和怀疑。”[②]

实际上，印度企图维持并扩大在中国领土西藏的影响力，是中印边界谈判的巨大障碍。与印度强调中印权力斗争不同的是，中国并不过于关注印度的安全威胁和国际地位竞争，但对印度支持和利用藏独集团十分敏感。在中国的努力下，2003年印度瓦杰帕伊政府再次公开承认西藏是中国领土的一部分，但这在印度招致激烈的争论和批评。事实上，历届印度政府都避免明确承认中国在西藏的主权地位，达赖集团及其流亡政府一直在印度从事反华活动。印度保持并试图扩大在西藏的影响力必然导致中国的不信任，印度学者也指出：“许多藏人不接受西藏在中国的地位，以及西藏流亡政府和达赖居住在印度，威胁着中国。这也加剧了双方的不信任感和使已经比较复杂的边界谈判更加复杂化。”[③]

首先，达赖集团损害中印政治互信，从而不利于促进边界谈判的外部环境。虽然印度政府屡屡声称反对达赖集团利用印度领土从事反华活动，但众所周知的事实是达赖集团及其流亡政府的活动基地一直位于印度，以西藏流亡政府为首的各种藏独政治组织在印度成立并运行至今，藏独集团不仅在印度举行反华活动，还出版各种报刊鼓吹西藏独立，并以印度为大本营策划在中国藏区实施包括鼓动流亡、制造骚乱以及自焚抗议等反华活动。因而，印度政府的政策宣示并不能让中国政府及其民众相信，更何况印度国内还有不少公开支持西藏独立的组织、声音乃至行动。

其次，达赖集团关于中印边界的立场使中印边界谈判更加复杂化。

① Gautam Sharma and K. S. Nagared., *India's Northern Security: including China, Nepal &Bhutan* (New Delhi: Reliance Publishing House, 1986), pp.93-94.

② Mohan Guruswamy and Zorawar Daulet Singh, *India China Relations: The Border Issue and beyond* (New Delhi: Viva Books, 2009), p.4.

③ Namrata Goswami and Jenee Sharon, “China-India Border Talks Pivot on Tibet,” *Asian Times*, April 22, 2013.

1947年达赖集团主政西藏时曾要求印度归还从喜马拉雅山脊到南麓的领土，流亡印度后达赖在中印边界问题上的立场并不一致，有时承认麦克马洪线，有时又宣称达旺等地是西藏领土，这体现达赖在依赖印度和维护自身利益方面的矛盾与尴尬。然而，近年来达赖却积极配合印度反对中国对达旺的主权要求，2009年达赖还访问达旺并公开承认达旺是印度领土，达赖集团的边界立场及其政治影响力使中印边界谈判更加复杂化。

尽管中印两国在边界谈判中都避免提及西藏问题，但毫无疑问西藏问题与中印边界处理有着密切的联系，印度学者南茜指出："……一般认为，在某种程度上中国边界处理的愿望涉及中国在西藏的义务，以及中国对其与藏人最终和解中印度的重要作用的看法。"① 从目前的情况看，印度利用西藏牌迫使中国作出边界让步的目标并没有实现，戈斯瓦米等撰文指出："从纯粹讨价还价的观点看，印度保留更多的潜在筹码可以迫使中国在边界谈判中作出让步。但最后的事实是展示筹码进一步损害了信任并使谈判进程更加困难。……只要西藏问题没有处理和中国在西藏的统治合法性问题存在，中国会继续担心印度在西藏的意图，而且，只要印度没有更清晰地说明其意图，处理边界争端将会更加困难。"② 有的学者还悲观地认为，西藏问题导致中印边界问题难以解决，"尽管印度限制藏人在其领土上的政治活动，但只要达赖待在印度，任何解决问题的方法都是难以想象的，因为中国对达赖在印度的存在极其怀疑。"③

2. 国内因素与中印边界处理困境。

中印边界谈判取得成功也存在众多的内部阻力，印度学者认为："双方的国内政治和决策过程能影响这些问题的处理方式。印度的安全分析家、外交机构以及军队；中国的中央领导人、军队以及日益发展的安全团

① Nancy Jetly, "Sino-Indian Relations: Old Legacies and New Vistas," *China Report*, 1994, Vol.30, No.2, pp.221-222.

② Namrata Goswami and Jenee Sharon, "China-India Border Talks Pivot on Tibet," *Asian Times*, April 22, 2013.

③ Bhawna Pokharna, *India-China Relations: Dimensions and Perspectives* (New Delhi: New Century Publications, 2009), p.146.

体——都寻求影响对方的政策……国内政治有可能促使双边关系走向冲突加剧。”①

就印度而言，国内障碍主要来自于议会、政府、军队以及媒体。议会对中印边界谈判的限制首先来自于1962年11月7日印度议会通过的一项“收复失地决议”，如要处理边界争端印度还需要修改这项决议。② 但也有学者认为，这一决议实际上已经失效，因为1967年印度议会通过一项《非法律行动（防止）法》，该法取代了所有已通过的决议并允许条约规定的领土让步，议会可以批评或支持政府的外交政策，但不能确定政策或限制属于政府工作范围的判断。③ 然而，按照印度宪法的规定，印度所有的领土变更必须获得议会批准，印度政府并没有和其他国家签订条约解决领土争端的权利。

在中印谈判中，印度政府的问题不仅仅是没有最终决定权，还有大多数时候印度缺乏强有力的政府，而处理边界争端要求两国都有强大政府。冷战以来，印度主要是实行党派联盟统治，很少出现一个政党在议会占据决定性地位的情况，处于弱势地位的印度政府无力与中国达成妥协，也无法让议会和公众走向最终妥协。“尽管全国日益意识到印度几乎没有机会收复失地——无法诉诸代价难以接受的大规模战争——在印度没有政府能够作出涉及大片领土的让步，这些领土是1962年中国侵略之下印度不得不放弃的。”④ 塞杜等还指出，在最近40多年中国比较积极时，没有一个总理能够或者敢于通过教育公众观点形成国内共识，抓住机会与中国进行认真的谈判。⑤ 中方也认识到印度政府无力让公众接受以现状为边界线，如刘学

---

① Waheguru Pal Singh Sidhu and Jing-dong Yuan, *China and India: Cooperation or Conflict?* (New Delhi: India Research Press, 2003), p.174.

② *Ibid.* p.172.

③ Mohan Guruswamy and Zorawar Daulet Singh, *India China Relations: the Border Issue and Beyond* (New Delhi: Viva Books, 2009), pp.123-124.

④ Nancy Jetly, “Sino-Indian Relations: Old Legacies and New Vistas,” *China Report*, 1994, Vol.30, No.2, p.218.

⑤ A. G. Noorani, “On Sino-Indian Relations,” *Frontline*, January 2002, pp.5-18.

成指出没有一个印度政府强大到足以应对可能的公众愤怒。[①] 在这种情况下，指望中国认真对待两国谈判和亮出底线比较困难。

中印边界争端扩大化以及难以处理，印度媒体具有不可推卸的责任，正是在印度政府和媒体的共同作用下"受害者心理"成为印度人的集体心理。一位印度记者撰文指出："边界战争失败的羞辱在印度报界产生了长期的反华传统，就这点看甚至现在也没有变化。近年来，一旦印度主要报刊被诊断为'中国综合征'，大部分媒体的论调就变得强硬化。当对华报道给人某些印度媒体认为战争从未结束的印象，一个人有这种感觉就会感染其他人，事实上是渴望又一轮传染。今年是战争50周年，准备着更糟糕的情况吧。……在印度媒体上，许多攻击中国的新闻是自发性恐惧、嫉妒、焦虑以及大博弈咆哮的混合物。"[②] 在媒体的反华心理以及市场意识的作用下，中印边界问题和"中国威胁论"长期是印度报刊的热门话题。针对这种现象，印度华裔学者谭中呼吁，中印应该加强公众交流，印度人应该学习和了解中国文化。

在印度国内，安全防务部门人员也是阻碍中印达成边界协议的一大障碍。印度情报和防务部门工作人员的主要任务是对付中国和保护印度安全，他们是对华强硬派。尽管印度实行文官执政，军队在外交决策中没有多大声音，但因涉及对华安全防务问题，这些部门实际上在中印边界谈判中也发挥了重要作用，如涉及中印谈判的专家和顾问不少是来自于军情部门。印度军方关于领土争端的主要看法使这一问题十分重要，不能以外交手段处理；由印度学者认为，解放军在中国决策中的影响日益增长，解放军现代化的目的是取得较强的谈判地位或以武力处理，印军只有阻止之；中国的不首先使用核武器原则不适用于所谓的"阿鲁纳恰尔邦"，在印度看来，中国还利用中巴结盟两线战争对印度实施战略包围。对于中印边界

---

① Xuecheng Liu, *The Sino-Indian Border Dispute and Sino-Indian Relations* (Lanham: University Press of America, 1994), p.175.

② Debasish Roy Chowdhury, "Indian Press Buries Truth at the Border," *Asian Times*, February 18, 2012.

谈判，印度军方不反对谈判处理，但常常提及1962年议会决议，主张加强军事建设对付中国，提倡通过与美国结盟及与日本、中国台湾、越南等反华力量建立密切军事联系从战略上包围中国。

对中国政府而言，在进行中印边界谈判之时也一样面临着巨大的国内压力。苏达·拉玛昌德拉（Sudha Ramachandran）认为，中国国内发展特别是民族主义抬头将限制中国减少领土要求和走向边界妥协。[①] 巴斯卡尔·罗易（Bhaskar Roy）则考察了中国军队在中印边界问题上的作用，他认为："在边界事务特别是领土和战略调整方面，中国人民解放军有很大的发言权"，"解放军负责保护中国领土完整和不允许放弃一寸领土。他们没有说是否争议领土可以按照相互让步来谈判处理，……看来解放军决定采取强硬立场，政府不能公开指责解放军。此前中国给予印度克什米尔军官B.S.贾斯瓦尔中将另纸签证就是解放军的决定。" [②] 此外，如果中国自边界东段作出让步，将减少9万平方公里的领土，国内公众恐怕难以接受，《南方人物周刊》的一篇文章指出，人们担心为了营造中印友好的气氛，中国会在边界谈判中做出重大让步，[③] 也印证了中国做出边界让步在国内公众支持方面也存在困难。在中印学者座谈会上，中国学者普遍认为中印边界谈判最大的困难是东段，症结是印度想将麦克马洪线或现在所说的东段实际控制线强加于中国。[④] 但是，也有印度学者突出印度政府的压力和无视中国的内部制约，强调印度是民主国家难以达成共识，而中国政府更容易作出妥协。[⑤] 边界和领土问题涉及国民感情和国家利益，印度这种无视中

---

① Sudha Ramachandran, "China Plays Long Game on Border Disputes," *Asian Times*, January 27, 2011.

② Bhaskar Roy, "India: Latest Chinese Intrusion Needs Deeper Examination," Paper No. 5477, April 30, 2013, accessed November 12, 2017, http://www.southasiaanalysis.org/node/1257.

③ 赵灵敏：《G2时代的中印边界谈判》，《南方人物周刊》，2009年第34期。

④ 刘朝华：《中印边界问题座谈会纪实》（上、下），《南亚研究》2007年第1—2期。

⑤ Mohan Guruswamy and Zorawar Daulet Singh, *India China Relations: the Border Issue and Beyond* (New Delhi: Viva Books, 2009), p.4；刘朝华：《中印边界问题座谈会纪实》（上、下），《南亚研究》2007年第1—2期。

国人民心理或意愿的看法显然无助于中印达成边界妥协。

3. 文化心理因素与中印边界处理困境。

近代以来，中印两国都成为西方国家欺凌的对象，殖民压迫没有使中印两国丧失民族自豪感，但毫无疑问严重挫伤了两国的民族心理。一方面，中印两国在独立后民族主义情绪都十分强烈，都自视为文明古国和大国，不愿意屈服；另一方面，两国国民集体心理中都有挥之不去的“受害感”，殖民地经历使两国十分珍惜主权，边界政策是寸土必争。中国学者普遍认为，中国不可能接受麦克马洪线，这不仅涉及领土问题，还牵扯到中国的民族尊严和民族感情，也会影响到中国的民族关系和民族政策。[①]赵干城认为，中印边境问题解决的前提条件，就是印度要首先松动，因为在这个问题上，中国一直有理有据。他表示，如果印度政府不作任何妥协，边界问题解决就没有明天。同时，他也不否认，印度政府有可能在适当时机对此问题的态度进行适当调整。[②]

中印文化心理都严重阻碍两国达成边界妥协，帕拉麦斯瓦就指出，双方强烈的民族主义感情使达成处理争端的最后决议在可见的未来不可能，在印度人脑中1962年羞辱依旧清晰，西藏事务也还是涉及中国内心情感的问题。[③]

从目前情况看，印度的1962年阴影是中印达成边界协议的巨大障碍。尽管最近印度学者撰文指出1962年的“受害者心理”是印度政府制造的，[④]但这种理性态度在印度不是主流，印度政府和政党一直没有公布战争真相和教育公众，“受害者心理”在印度已经根深蒂固，《印度快报》总编辑谢赫·古普塔认为印度社会一直为1962年阴影困扰，“在我们的头脑中中国从来就是我们最严重的安全威胁”，“由于避免对1962年战争进行公正的评

---

① 刘朝华:《中印边界问题座谈会纪实》(上、下),《南亚研究》2007年第1—2期。

② 周晶璐:《中印边界问题要早日达成框架方案》,《东方早报》2008年1月15日，第12版。

③ Prashanth Parameswaran, “Sino-Indian Border Negotiations: Problems and Prospects,” *China Brief*, Vol.12, No. 6, March 15, 2012.

④ “China Was the Aggrieved; India, Aggressor in ‘62 ,” *Outlook*, October 22, 2012.

价和理解，印度的两代半人是在对中国的担忧下长大”。[①] 印度反华心理严重阻碍中印达成边界妥协，内维尔·马克斯维尔认为：“未来印度政府承认棘手的边界争端是人为的并是印度的错误和责任，同时接受北京公开邀请进入谈判，出现这样的‘戈尔巴乔夫现象’看来没有现实可能性。印度政治精英错误的受害感和反华心理看来十分深广和根深蒂固，不允许任何民主的负责任的政府执行极其不同的政策，更不用说是支持政府通过多年的谈判后走向达成协议。因而，预计未来情况是中印边界僵局像现在一样不时转向边界紧张和武力冲突，这将一直存在——唯一可能的是新德里出现一个大胆的政府推行新政策予以突破。”[②] 印度学者还认为，印度有的精英不信任中国，意味着印度仍然是谈论中国而不是与中国谈判。[③]

4．第三方因素与中印边界处理困境。中印边界谈判的障碍除了两国内部阻力以及双边矛盾外，还与一些外部因素有关，目前主要是美国因素和巴基斯坦因素阻碍中印达成边界妥协。

对于中印边界谈判，美国并没有直接干预，但美国拉拢印度制衡中国的政策严重削弱了印度与中国达成边界妥协的意愿，如印度前情报官员威尔玛说：“2006年7月18日《美印核协议》以及2006年3月布什总统访问印度使南亚形势发生转变。两线防御的压力不再是决定性因素。印度向美国倾斜十分明显。印度应该等待地缘战略转变的出现并不急于与中国签署协定。在阿克赛钦以实控线为基础的任何协定都是目光短浅的。”[④] 也有学者关注到美国因素对中印边界问题的影响，但却指责是中国在边界采取强硬措施以平衡日益密切的美印关系，“总之，中国提高对阿鲁纳恰尔邦的

---

① Shekhar Gupta, “The Chinese Wall,” *Indian Express*, September 12, 2009.

② Neville Maxwell, “Why the Sino-Indian Border Dispute Is Still Unsolved after 50 Year: A Recapitulation,” *China Report*, 2001, Vol.47, No.2, p.81.

③ Alka Acharga and G. P. Deshpande, “Talking of and with China,” *Economic and Political Weekly*, 2003,Vol.38, No.28, p.2942.

④ Virendra Sahai Verma, “Sino-Indian Border Problem at Aksai Chin and Tawang: A Suggested Peaceful Resolution,” Accessed February 12, 2017, http://virendrasahai.com/sino-indian-border-problem-at-aksai-chin-and-tawang-a-suggested-peaceful-resolution.

领土要求的两个可能原因是中国的西藏政策和平衡印度。现在‘资源’论退居其次。鉴于印美联系将继续加强，这将很快成为中印关系的主要刺激因素，西藏问题降到第二位。最后，为了平衡印度，中国在阿鲁纳恰尔邦的侵略立场将强化。”[①] 新德里政策研究中心的布拉马·切拉尼（Brahma Chellaney）还将近年来中印边界局势紧张归结为中国对美印关系的不满，“从2005年美印达成核协议后，中印关系经历了一段动荡时光……中国官方媒体的立场日益强硬。”[②]

印度学者还关注巴基斯坦因素对中印关系乃至两国边界谈判的影响。印度坚持对整个克什米尔的主权要求，拒绝接受1963年中巴边界条约关于巴控克什米尔与中国新疆之间的边界规定。毫无疑问，印巴克什米尔纷争与中印边界争议相连，使中印边界谈判复杂化。中国学者刘学成还指出，1984年以来，印度占领锡亚琴冰川（Siachen Glacier）使中巴边界也成问题，并使中印边界谈判更加复杂化。[③]

（三）信任措施：中印边界谈判的主要成就及其问题

1．中印边界信任措施的成就与问题

60多年来，中印为建立互信作出了诸多努力，并取得了一定的成就。首先，中印共同提倡的和平共处原则至今是两国外交政策的基本原则，并成为国际关系的基本准则。1954年中印提出以和平共处原则处理两国关系，并相继被1955年的万隆会议和其他发展中国家的多边国际会议以及不结盟运动所接受。尽管和平共处原则没有有效解决中印分歧，也未能防止边境战争的爆发，但这一原则一直得到中印两国的坚持，至今是两国外交政

---

① Namrata Goswami, “China’s Territorial Claim on Arunachal Pradesh: Crafting An Indian Response,” *IDSA Issue Brief*, October 25, 2005.

② Simon Denyer, “*New Tensions in India-China Border Dispute Raise Concerns*,” accessed October 22, 2017, http://articles.washingtonpost.com/2012-02-29/world/35445493_1_dai-bingguo-india-china-southern-tibet.

③ Xuecheng Liu, *The Sino-Indian Border Dispute and Sino-Indian Relations* (Lanham: University Press of America, 1994), p.175.

策的基本原则，也涵盖于联合国通过的一些宣言之中，被许多国际多边条约和国际文献所确认，成为国与国之间建立和发展友好合作关系的公认准则。其次，信任措施保证了中印两国边境地区和平与安宁。尽管中印边界谈判多年来进展有限，但1962年以来两国边界地区没有发生大规模的军事对抗。2009年，印度在中印边界东段快速发展基础设施、派遣苏—30MKI战斗机以及增派驻兵，边境形势一度十分紧张，两国媒体相互攻击并极力渲染紧张局势，但两国通过高层会晤阻止了事态的进一步恶化，边界局势总体上保持稳定。最后，信任措施有利于中印增进信任、扩大合作以及防止对立。在冷战以及1962年边界冲突的影响下，中印彼此将对方看作是威胁和对手，印度还将中国作为最大威胁。在中印领导人的共同努力下，边境地区保持了和平与安宁，两国互信有所增长，双边合作不断深入。在2006年的中印联合宣言中，两国一致认为两国不是对手或竞争者，而是互利合作的伙伴，两国有足够空间实现更大规模的共同发展。[①] 通过信任措施，中印之间可以减少怀疑和紧张，保持双边关系以及地区稳定，这为两国边界谈判提供了良好的外部环境，有利于两国达成边界条约。

尽管中印互信与合作不断增长，但近年来两国政治和外交纷争不断，边界实控线区局势再度紧张，彼此间的威胁感增长，中印信任措施还存在很多的不足与问题。

（1）中印信任措施存在涉及领域有限和实施不力的问题

冷战后期以来，中印建立了一系列信任措施并签署了协议。然而，中印信任措施存在很多问题，大多为政策或原则宣告，在具体的裁军、实施以及保证等关键领域没有达成一致，双方都保留了增强自身力量的自由，两国近年来重新安置军队削弱了达成协议的必要性和重要性。在达成谈判成果的压力下，就是已经签署的协议也存在许多信任措施模糊和不详细的问题，这导致中印信任措施难以实施。J.莫汉·马利克还悲观地认为，信任措施很可能保持在有限范围内，不能发展到武器控制和采取裁军措施阶

---

① 《中印联合宣言》,《国务院公报》2007年1月10日第1号。

段，更糟的是不能帮助避免将来的冲突。[①]

即使中印信任措施逐渐完善，在实施方面也会存在严重问题，“因中国在完善的道路和机场方面占据优势，而印度崎岖的高山阻碍快速移动。考虑到地理环境，新德里倾向于平衡而不是平等地撤军。”[②] 而且，中印关于信任措施的协议没有法律强制性，某些条款还存在内容模糊和双方理解不一致的情况，协议难以得到很好的实施，难以解决中印边界谈判中的实控线难题和所谓的“阿鲁纳恰尔邦”地位争议。如对于边界实控线的确切地理位置，中印之间分歧较大，至今仅就边界中段的实控线交换了各自的地图，因而，中印边防部队在边界西段和东段的巡逻部队活动经常被对方视为“侵犯边界的行为”。信任措施实施不力有时导致的不是互信，而是分歧和怀疑的扩大化。印度学者甚至认为，1993年规定保持边界沿线和平与安宁的协议没有意义。[③] 对于所谓的“阿鲁纳恰尔邦”，中国的一贯立场是拒绝接受，但印度的看法是争端事实上已经解决，因为《关于解决中印边界问题政治指导原则的协定》的第七条规定“维护边境地区双方定居人口应有的利益”，这意味着有着大量移居人口的该地是印度领土，这一有利于印度的解释自然难以被中国接受。

此外，中印边界信任措施并没有外溢到中印安全领域，印度学者认为，中印竞争的根本原因存在，尽管游戏规则建立并为双方接受，双方不愿接受合作安全限制各自军力发展。“就中印情况而言，建立信任措施是为了阻止意外事件的制度化的最低措施，不是要转变基本威胁观和安全

---

① J. Moham Malik, Sino-Indian Relations and India's Eastern Strategy, Sandy Gordon and Stephen Henninghamed., *India Look East: An Emerging Power and its Asia-Pacific Neighbors*, Canberra Paper on Strategic and Defence, No.111, Canberra: Strategic and Defence Studies Center, 1995, pp.119-163.

② Waheguru Pal Singh Sidhu and Jing-dong Yuan, *China and India: Cooperation or Conflict?* (New Delhi: India Research Press, 2003), p.132.

③ Chandra Lekha Upadhyaya, *India's Foreign Policy: A Study in South Asian Perception* (Delhi: Independent Pub., 2003), p.189.

观。”[①] 从目前情况看，中印都是军事大国，但两国的军事交流的范围和程度有限，主要是人员来往和军舰互访，并没有建立广泛的安全机制。近年来中印之间出现军备竞赛的苗头，两国亟须在导弹试验与安置、印度洋安全等方面建立互信措施。

（2）中印互信深受众多矛盾与冲突特别是两国间敏感问题的困扰

尽管中印建立了预防边界冲突的信任措施，但众多的矛盾与冲突阻碍两国间互信的建立。除了已有的边界争端、西藏问题以及地缘政治冲突之外，在共同崛起过程中，中印在贸易、市场、资本、资源等方面利益争夺日益加剧。旧问题没有解决，新问题又不断涌现，信任措施本身作用有限，面对纷繁复杂的中印关系，中印信任措施难以预防、更不可能解决两国之间的矛盾与冲突。在中印纷争中，边界争端、西藏问题等敏感问题一直是两国信任措施发挥作用和继续发展的最大障碍。拉吉夫·甘地总理访华后，两国在边界问题不再是中印关系发展的障碍方面达成共识，但事实上印度还是将边界问题作为中印关系的核心内容。[②] 目前，印度对中国身份的定位经常在“敌人”和“非敌人”之间摇摆不定，涉及敏感问题的一些小矛盾往往导致两国关系很快逆转，并使两国之间来之不易的互信与合作遭受重挫。如中国一直坚持对藏南的主权要求，但2006年印度却做出强硬而激烈的反应，媒体掀起轩然大波，指责中国违背了2005年关于解决边界问题的政治指导性原则，印度国会通过一项声明所谓的“阿鲁纳恰尔”是印度领土组成部分的决议案，印度总理辛格罕见地访问该地，并重申该地属于印度。因对中国坚持对藏南主权要求不满并企图改变西藏现状，印度还大打西藏牌，包括辛格总理在内的印度高官多次会见达赖，这进一步损害中印互信。在相互怀疑和敌视的氛围下，中国加快西藏地区的现代化建设，印度也在边境地区增加兵力和军备并加快发展基础设施，1999年以

① Waheguru Pal Singh Sidhu and Jing-dong Yuan, *China and India: Cooperation or Conflict?* (New Delhi: India Research Press, 2003), p.127.

② Alka Acharya, “Prelude to the Sino-Indian War: Aspects of the Decision-making Processes during 1959-1962,” *China Report*, November 1996, Vol.32, No.4, p.2941.

来得到修补并快速发展的中印互信与合作关系再次遭受重大挫折，中印边界局势再次趋于紧张。

（3）中印媒体和公众之间的敌对情绪严重

尽管中印是邻国，但两国的人员来往和交流相对较少，每年的人员来往总数仅仅60万人次，而两国人口总数超过了25亿。民间交往较少导致两国公众之间缺乏了解，对对方的认知主要来源于历史影响和媒体报道。《印度快报》总编辑谢赫·古普塔（Sheikh Gupta）将印度人分为政治领导人、服务部门人员、商业部门人员、公民社会以及战略分析家，他认为，公民社会的大部分人和非官方战略分析家对中国极不信任，“在我们的头脑中，中国从来就是我们最严重的安全威胁”。[①] 对公众更具影响力的言论多来自印度非官方的战略分析家、退休将军以及退休文官，这导致印度媒体对中国的报道总体上是“中偏负面”为多。[②] 2006年以来，印度媒体掀起反华浪潮，大量报道所谓的“阿鲁纳恰尔”主权纷争、中国军人“越界”、中国边防军向印军开枪、中国加强在西藏的空军力量和设施、中国实施包围印度的“珍珠链”战略等负面新闻，这自然在印度公民社会大部分民众中产生了中国对印度继续存在一定敌意的怀疑。[③] 美国皮尤研究中心的民意调查结果显示，2005年56%的印度人表示喜欢中国，只有20%的人说不喜欢，但2006年以来喜欢中国的印度人比例不断下降，2010年仅有34%，不喜欢中国的印度人比例则快速增长，2010年上升到52%。[④] 1962年中印战争早已淡出中国公众的记忆，但备受列强侵凌的中国人对领土主权一直带有强烈的民族主义情绪，中国许多媒体特别是网络媒体的对印报道也深受民族受害心理的影响，有关报道是“中间偏敌对”，关注较多的是印

---

① Shekhar Gupta, “The Chinese Wall,” *Indian Express*, September 12, 2009.

② 唐璐：《印度主流英文媒体对华报道与公众舆论对华认知》，《南亚研究》2010年第1期，第6页。

③ B.Raman, “India-China:The Frozen Vision of 1962,” C3S Paper No.358, September 13, 2009, accessed October 20, 2017, http://www.c3sindia.org/india/879.

④ 皮尤调查网，http://pewglobal.org/database/?indicator=24&country=100&response=Unfavorable，访问日期：2017年10月26日。

度的军力发展、印度反华言论、中印比较以及印度的负面社会新闻，等等。[①] 毫无疑问，中国媒体极力渲染的印度复仇心理、印度对中国的嫉妒与攀比、印度同情与支持藏独势力、印度企图包围和遏制中国，也必然导致中国公众对印度的敌视与不满。据2012年10月对中国民众的调查显示，受调查者中只有23%对印度持积极看法，持消极看法的则高达62%，39%的人认为中印关系是合作的，24%的认为是敌对的，21%的认为两国关系既不是合作也不是敌对。[②] 拉姆拉塔·戈斯瓦米（Namrata Goswami）认为，为了缓解媒体和公众之间的矛盾和误解，公众应该分享信息以免媒体陷入谣言，建立信任机制应该超越两国的"特别代表"平台，应该包含学术界和智库的二轨对话，以建立相互信任和以透明方式阐明边界差异。[③]

（4）印度更加重视获得军事实力优势

在1962年被中国打败后，印度将中国当作最大威胁并注重发展军事实力。在新时期，印度的"中国军事威胁论"有了新的发展。近年来，中国大力推进在军事领域以及西藏地区的现代化进程，印度军方认为中国解放军在装备水平上已取得对印度的优势，西藏地区基础设施的发展使中国向边境实际控制线快速部署兵力的能力也超过了印度。中国与巴基斯坦、缅甸、孟加拉、斯里兰卡等国的友好合作，也被印度视为包围印度的"珍珠链"战略。为了改善安全环境与和平处理与邻国的所有争端和分歧，印度的政策是建立互信、开展对话与加强军备相结合，但事实上印度更注重的是获得军事实力优势。以"中国威胁论"为借口，印度公开发展核武器、大力采购武器和不断增长军费。在中印边境地区，印度更重视取得对华军

① 唐璐：《中国媒体对印报道的偏好及其对公众的影响》，《南亚研究季刊》2004年第1期，第72页。

② 吴兆礼：《试析目前中印边界谈判面临的机遇与挑战》，《国际关系研究》2013年第6期，第95页。

③ Namrata Goswami, "Success of China-India Dialogue Depends on Resolving Border Dispute," May 23, 2013, accessed November 12, 2017, http://www.checkarmaments.com/success-china-india-dialogue-depends-resolving-border-dispute-g649865282?language=en.

事优势，近年来将战略从“劝阻遏制”调整为“主动遏制”，[1] 一方面增加在边境地区的军事部署，如印度计划在提斯浦尔和贾布瓦各建立一支苏—30战斗机中队，在第三军和第四军中各建一支山地师，在所谓的“阿鲁纳恰尔”建立新的侦察团并增加155毫米火炮、直升机、无人驾驶飞机、俄制T72主力坦克以及新型装甲运兵车等先进武器。印度还在边境地区部署了针对中国的导弹基地和防御网，计划部署射程达2000公里的“烈火二型”弹道导弹以及射程350公里的“大地”地对地导弹。另一方面印度积极加快边境地区的基础设施建设，2009年印度启动大规模基础设施扩建计划，把国内的铁路网延伸至锡金。印度还在边境地区大量修建公路，2012年的计划是建成60多条公路。印度当局还推行“机场基础设施现代化”计划，计划在东北边境地区修建100多个飞机跑道，在拉达克东部也将修建一个中型飞机场。印度还认为，由于在中印边界地区特别是东段，中国在地理地形以及后勤运输方面具有优势，印度不能考虑将军队安置到离实控线更远的地方，否则印度将难以抗击中国军队和保卫山地边界。[2] 为了获得军事平衡乃至是优势，印度的战略是将军队尽量布置在中印边界前沿，甚至与美国、日本、越南等国建立军事和战略关系以组建对华包围圈，这必然会加剧中印边界紧张局势和损害双边信任与合作。

2. 对中印边界信任措施的反思

信任措施的主要功能是加强沟通以预防危机、增强共识与合作以增加互信，但信任措施的特点在于只要求最低政治意愿、互惠、早期没有限制以及不涉及法律义务，[3] 这导致信任措施没有强制力，不能避免冲突与战争，甚至如果相互保证不能落实还会加深双方的不信任感。对于信任措施的作用，我们要理性认识，不能寄予过高期望，但也要充分发挥其作用。

---

① Chietigj Bajpaee, “China-India Relations: Regional Rivalry Takes the World Stage,” *China Security*, 2010, Vol.6, No.2, p.44.

② S. Singh (eds.), *India and China: Mutual Relations* (New Delhi: Anmol Publications Pvt. Ltd., 2006), p.355.

③ Marie-France Desjardins, *Rethinking Confidence-building Measures* (Routedge: Taylor &Francis Group, 2004), p.24.

建立信任措施十分不易，实施信任措施更加艰难，从中印建立信任措施的成就和问题来看，今后实施和发展两国信任措施需要处理好敏感问题、公众信任问题并要做好长期规划。

（1）处理敏感问题，维护良好的政治关系

中印两国人民都热爱和平，和平共处五项原则是两国外交政策的基本原则，在新时期维护国际和平和发展国内经济是各自的主要国家任务，因而，避免冲突和实现和平共处是两国建立信任措施的坚实基础。中印建立信任措施的历史显示，信任措施建立和实施都需要良好的政治关系，若没有政治层面上的缓和局面，信任措施就无从建立，如果政治关系恶化，信任措施也难以发挥预防冲突的主要作用。中印增进互信和改善政治关系首先需要妥善处理两国之间的敏感问题，这既需要时间，还需要谨慎和耐心，更需要中印两国领导人的政治决断与承诺。1960年中印政治关系恶化，印度领导人拒绝和平谈判，中印边界危机走向暴力冲突。2009年中印关系再度紧张，但两国政府保持克制，两国总理在会晤时重申和平处理边界争端及发展两国合作，两国关系保持稳定局面，中印边界危机没有进一步恶化。

（2）加强民间交流，发挥媒体在促进沟通与加深理解方面的积极作用

1988年以来，中印关系的改善很大程度上是高层推动的，但仅仅高层交往并不能为中印互信打下牢固的基础，两国建立互信需要有更广泛的社会基础。中印需要采取措施鼓励民间来往与交流，如印度可以放宽对中国公民的签证，两国可以增加学生交换与交流，鼓励两国公民前往对方国家旅游，等等。中印媒体及工作人员需要加强交流与合作，扩大报道的覆盖面并力争客观、减少偏见。对于领土争端等敏感问题，媒体的过度炒作只会加深双方的怀疑与不信任，只会给边界谈判增加不必要的障碍。此外，印度政府和领导人还需要对公民进行再教育，公正、合理地评价1962年战争，最终摆脱1962年阴影的困扰，以“向前看”来处理复杂而脆弱的中印关系，与中国真正建立战略互信。

(3) 着眼长远，充分发挥信任措施的功能

对于徘徊在“对手”和“伙伴”之间的中印两国，充分发挥信任措施的功能十分重要。由于边界争端的最终安排将需要一个漫长的过程，在达成最后协议前，中印关系将会波折不断，中印建立信任措施需要着眼长远，有所规划。从近期看，中印两国要努力消除彼此间的敌对情绪，主要是完善并落实好边界安全与信任措施。目前，两国边界纷争主要是边防部队巡逻边界引发的，如果代之以商业卫星和侦察飞机进行观测，这将比地面观察成本更低和更能为双方接受。而且，采用这一方法能够增加透明度和信任。[①] 此外，两国政府要努力避免媒体再次激起公众的民族主义情绪。

从中期看，建立信任措施要从预防边境冲突走向建立互信，主要措施是在军事、经济、政治、文化等广泛领域建立互信与交流措施。如中印可以就印度洋安全展开对话与合作，也可以在通报导弹试验、禁止安置战略性导弹、反恐训练等方面建立信任措施。在经济、科技、文化等领域，中印之间的合作空间更大，印度专家纳拉帕特（Nalapat）还认为，中印既是合作伙伴，也是竞争对手，商业上的竞争关系应该与文化、人文领域的亲密关系协调发展和取得平衡，否则中印就可能被其他国家利用，面临成为对手的风险。[②]

从远期看，通过近期和中期两个阶段的发展，要为中印关系营造良好的和平发展环境，促进中印边界谈判进一步发展，最终签署边界协议。

小结：边界争端继续干扰印度对华政策及中印关系

20世纪60年代末70年代初，印度开始调整对华敌视政策，中印关系逐渐走向正常化。从1976年两国恢复互派大使到2013年中印总理互访，印度对华政策和中印关系经历了众多的风波和挑战，其中就包括边界问题的干扰。但是，自从1988年拉吉夫·甘地总理同意同时发展中印友好合作

① Waheguru Pal Singh Sidhu and Jing-dong Yuan, *China and India: Cooperation or Conflict?* (New Delhi: India Research Press, 2003), p.132.

② 《印学者：“中印既是伙伴又是竞争对手”》，新华网，2007年8月30日，http://news.xinhuanet.com/world/2007-08/30/content_6631251.htm，访问日期，2017年10月18日。

关系和谈判处理两国边界后，边界争端在印度对华政策和中印关系中的主导地位淡化。2007年以来中印边界形势再次紧张，有的印度学者认为，核心问题不是中印边界争端方面的矛盾，而是中印未来战略（体制）竞争。[①]长期以来，边界争端在印度被定位为外交争端，处理方式是经济优先模式，也就是边界争端不应该影响印度现代化战略，而要服从于它。印度政府优先的是保证国际和地区和平，以为国家发展营造一个和平环境。

然而，边界问题仍然是中印关系的中心事务，只是不再是进一步发展的障碍。[②]因为边界没有划定，中印关系存在一个不稳定的活火山，在特定的条件下不时引发危机乃至冲突。正是由于边界问题没有处理并不时发酵，中国威胁论在印度一直颇有市场，这对印度对华和解政策以及中印边界谈判都构成极大的掣肘。边界问题悬而未决也使中印两国难以建立真正的相互信任，这也成为两国经济、文化等领域关系发展的障碍。

中印边界谈判要走出困境，需要解决权力争夺、国内限制、文化心理以及外部影响等障碍，这并非易事。从目前情况看，印度政治生活的一些新情况更增添了中印达成边界协议的难度。

首先，印度政府决策力和执行力下降损害印度处理边界问题的能力与意愿。21世纪以来，印度政治生活发生巨大变化，多次出现政党轮替，政府的变更是印度对华政策的不确定因素。[③]新的印度政府多由政党联盟联合执政，印度政治权力结构出现分散化、地方化的新特点，这更加重了印度对华政策的不确定性。而且，与冷战时期相比，印度对华政策的决策环境更为复杂，一方面中印共同崛起后两国的共同利益日益增长，合作领域和空间扩大，另一方面两国之间的矛盾、摩擦乃至冲突也更为广泛，印度联合政府决策力和执行力都出现问题，更难以做到或者不愿处理复杂难解

---

① Ashok Kapur, *India: from Regional to World Power* (London and New York: Routledge, 2006), p.105.

② Alka Acharga and G. P. Deshpande, “Talking of and with China,” *Economic and Political Weekly*, 2003,Vol.38, No.28, p.2941.

③ Waheguru Pal Singh Sidhu and Jing-dong Yuan, *China and India: Cooperation or Conflict?* (New Delhi: India Research Press, 2003), p.151.

的中印边界问题。此外，印度政治势力长期以来不能或不愿尊重中国的边界心理和利益诉求，印度国内就中国边界问题不能达成共识，这影响了印度政府达成边界协议的诚意与能力。

其次，印度对华认知偏差进一步发展，干扰了中印边界问题处理。新形势下，印度国内的一些政治力量一直不能恰当地认识自身以及中国，对华认知是过度自信与极度自卑交织。在自卑心理和受害者心理的影响下，印度人往往夸大中国力量和中国威胁，对华秉持排斥和抗拒心理，指责中印和解总体结构损害印度安全和更有利于中国，甚至认为中印关系不是平等国家之间的关系。① 在缺乏对华自信的同时，印度人也有盲目乐观甚至是高估自身的情况，如自认为印度在印度洋占据绝对优势、中国不得不承认和尊重印度在南亚权力政治中的主导地位以及在亚洲政治竞争中中国处于不利局势，有人还提出建立“亚洲北约”和挺进南中国海，以对中国实施反包围。印度对华认知偏差问题严重干扰甚至阻碍了两国的边界谈判，印度或担心处于不利形势不愿与中国达成妥协，或认为形势有利要求中国按照印度的意图作出让步。

再次，印度对华政策问题众多制约着中印边界问题处理。多年来，印度政府对华政策选择的是一条比较稳妥的中间路线，但缺乏广泛的国内共识、合作基础不牢、互信不足等旧问题依旧没有得到很好的解决，而且，在中印共同崛起的新形势下，中印之间的矛盾与分歧更加深广和复杂。如中印在经济领域的交流与合作发展快捷、成就巨大，但传统的领土与安全问题依然是两国关系发展的巨大制约，近年来两国之间还出现新的经济摩擦问题。而且，美国积极打印度牌制衡中国并得到印度某种程度上的迎合，这使中印之间的矛盾和分歧更加复杂化。印度对华政策问题多，中印边界争端既是其原因，也反过来受到这些问题的影响。印度没有稳定成熟的对华政策，就不会有良好的中印关系，没有友好的双边关系氛围，中印

---

① Keshav Mishra, *Rapprochement across the Himalayas: Emerging India-China Relations in Post Cold War Period (1947-2003)* (Delhi: Kalpaz Publications, 2004), p.327.

边界谈判取得突破性成就也是难以想象的。

总之，近期内中印达成最终划界协议希望渺茫，中印边界局势、印对华政策乃至两国关系将会波折不断，我们要有心理准备，也要积极应对，以防患于未然。

结 语

独立之初，印度继承了一份丰厚而问题众多的殖民边界遗产。为了更好地让殖民遗产合法化，印度还不顾历史事实制造了“历史边界论”，将英国殖民遗产称作是印度文明的历史遗产。然而，印度的边界政策与中印友好合作难以相容，印度对华政策从独立伊始就处于两难境地。1947—1949年，在印度继承英国的西藏殖民特权、中国在西藏的主权地位以及印度侵占麦克马洪线以南中国领土等方面，国民党政府与印度政府产生了矛盾，并进行了外交交涉。

新中国建立后，尼赫鲁力排众议确立了对华和平共处政策，这有着众多的历史和现实原因，尼赫鲁个人也发挥了巨大作用。尼赫鲁对新中国国家身份的认知复杂而多面，最终他的对华认知走向积极正面，中国积极争取一个友好印度的政策发挥了巨大作用。然而，印度对华政策一直具有两面性，在对华友好的同时，也暗中加以防范，表现在边界问题上是印度政府加紧抢占地盘。尼赫鲁政府首先控制喜马拉雅山小国，接着是加快对中印边境东段和中段的渗透和控制步伐，与此同时，他还多次公开宣示印度坚持的“边界已定、拒绝谈判”的边界立场，并企图迫使中国接受印度单边主义的边界主张。利用西藏地方政府衰弱和新中国尚未解放西藏的特殊形势，印度在中印边界东段和中段实现了天然疆界的目标，但未能迫使中国接受和承认印度的边界主张，以致中印边界纷争不断出现。尼赫鲁立足于和平共处五项原则的对华政策，保障和促进了中印两国的友好与合作，避免了两国间的边界矛盾与纠纷的扩大化，还成为国际社会处理国与国之间关系的新规范。然而，印度对华友好在国内没有形成共识，根基不牢、，印之间存在涉及主权与领土的核心利益冲突，两国互信缺失等问题。总体而言，在1958年印度公开边界争议前，中印边界基本上保持了和平与安宁，主要原因是中印边界问题在1949年到1958年间并不是中印优先事务、和平共处五项原则保障了中印边界稳定、中印两国采取灵活的边界处理方式避免在边界问题上公开冲突和最后摊牌。

1958年，在中国的新藏公路竣工后，印度国内一片哗然，印度政府开始向中国发难，在中印边界西段提出新的领土要求。1959年西藏叛乱发生后，印度政府卷入中国内部事务，中印关系快速恶化，两国边界摩擦更为频繁。尼赫鲁最初试图通过总理通信和会谈的方式处理中印边界争端，但因双方在谈判目的、边界观念、边界立场以及处理方式等方面存在难以弥合的分歧，中印边界谈判失败。在中印边防部队直面相对的危险局势下，两国边界流血冲突事件最终出现，印度公共舆论开始主导对华决策，印度的对华政策和边界政策同时走向强硬化，对边界问题处理从历史法律方式走向军事方式。印度对华强硬化源于印度不愿放弃在西藏的利益与影响、尼赫鲁政府面临着巨大的内外压力，同时也与尼赫鲁对华认知发生根本性改变有关。尼赫鲁一方面认为中国对印度的威胁不断增长，另一方面断定中国极其敌视和仇恨印度，于是认定印度政府有必要采取强硬措施来应对中国的挑战和回应国内的压力。对于中印边界冲突，印度各界最初主要是指责中国导致战争。后来，印度人也日益激烈地批评尼赫鲁及其政府，一是批评在主观上尼赫鲁对中国认识不清，其次是批评在实践上尼赫鲁对华政策和边界政策未能预防或者是导致了中印冲突。随着关于中印边界问题的研究走向深入化，学者们开始从权力政治、地缘政治、国内政治、外交决策、民族主义以及社会认知等角度分析中印边界战争的原因与责任。然而，印度的主流观点一直是指责中国导致边界争端。毫无疑问，印度僵硬的谈判立场和军事处理方式是中印边界问题从争端走向战争的主要原因。此后30余年，中印关系处于冷战对峙状态，边界争端成为两国关系发展的最大障碍。边界争端干扰乃至主导印度对华政策，这源于中印边界争端纷繁复杂，达成妥协并非易事，而尼赫鲁政府单边主义的边界政策及立场使中印两国走向冲突势为必然。在中印边界纷争持续增长的同时，印度对中国的战略需要快速下降，两国在和平共处五项原则及其实践方面出现分歧，这进一步使两国和平共处难以为继。

1962年战败后，印度政府调整不结盟政策，积极寻求美苏等国的军事援助，并在1971年与苏联缔结军事同盟协定。与此同时，印度在国内推行军事实力主义政策，大力发展国防建设，还改造了国防决策体制、情报系统和陆军部队。印度将中国作为最大威胁，不断宣传“中国威胁论”，对华实行“不谈、不和、不战”政策，在边境地区继续与中国对峙和冲突，在外交领域不断制造摩擦和冲突，甚至还支持中国的分离主义势力，大力发展与台湾当局的关系和支持达赖集团。然而，中印边界纷争并没有再次引发大规模的军事冲突，1963年科伦坡会议调解还使中印之间一度出现和谈曙光。随着国际局势趋于缓和，两国关系还出现转机，20世纪60年代末70年代初，印度政府多次向中国伸出橄榄枝并不再坚持中印谈判前提是中国接受科伦坡建议。印度寻求中印缓和及边界谈判，与国际大环境走向缓和有关，更是其自身发展与需要决定的结果。经过多年的发展，印度军事力量大为提升。在取得1965年印巴战争胜利，特别是1971年成功肢解巴基斯坦后，印度在南亚获得战略优势和逐渐恢复自信心。与苏联建立盟友关系后，印度进一步获得强大的外交后盾。随着时间的流逝，印度国内对中国的敌视逐渐减弱，印度的边界观念和政策开始理性化，印度领导人处理中印边界问题的政治活动空间大为增长。然而，20世纪六七十年代，中印关系改善有限，基本上还是一种冷战对抗关系。从国际情况看，美苏冷战是中印维持冷战对抗的大环境。从地区情况看，南亚安全局势动荡一再干扰到中印关系正常化进程。从双边层面看，西藏问题、边界争端、中巴关系等因素阻碍了中印冷战的终结。从国别情况看，中印各自的内部政局和外交政策走向也限制了两国的外交活动空间。

1976年恢复互派大使后，中印关系才真正走向正常化，印度对华和解与接触的同时，也坚持军事实力主义，企图通过军事威慑和外交出击制衡中国。在边界处理上，印度的政策也具有明显的两重性，既有坚持谈判与保持和局的一面，也有寻求优势加强争夺的一面。从1981年开始，30多年的中印边界谈判的主要成就是将信任措施从边境地区扩展到军事乃至非军事领域，但信任措施存在实施不力、范围有限，深受众多矛盾冲突特别是敏感问题的困扰，存在着媒体与公众之间敌对情绪严重，以及印度更加重视获得军事实力优势等问题。目前，因权力斗争、国内制约、文化心理以及第三方作用等因素的影响，中印边界谈判停滞不前。印度政治权力分散化、地方化，印度对华认知偏差进一步发展，以及印度对华政策存在众多问题，进一步削弱了印度政府处理中印边界争端的能力，中印边界问题将会继续影响乃至是干扰印度对华政策和中印关系。为了稳定中印边界局势和印度对华政策，中印需要进一步完善并落实好边界安全与信任措施，将信任措施从预防边境冲突走向建立政治互信，力争将中印边界从军事禁区变成经济发展的带动者和创新区，最终在公平合理的基础上完成中印边界划分和签署边界协议。

从中印边界问题的发展历程可以看出，中印边界争端对印度对华政策一直存在影响，这源于边界问题在国际关系中的特殊影响力。边界问题是相邻国家间关系的重要组成部分，国家关系的好坏直接决定着边界问题的解决进程，边界问题反过来也可以左右国家关系的发展。在国际关系史上，边界问题及其引起的众多争端或冲突往往影响甚至是主导了国家间关系的发展变化。1899—1905年担任印度总督的乔治·寇松就认为，边界政策在实际重要性方面居于首位，与政治、经济等其他因素相比，边界对国家的战争与和平有着更深远的影响，因涉及事关政治、社会、经济以及意识形态等运行的主权国家的身份与安全，边界接近外交政策的中心。[①] 边界问题对国际关系影响重大，究其原因是边界在国家建立、巩固与发展过程中具有重要的作用。英国的南亚问题专家阿拉斯泰尔·蓝姆认为，边界主要具有两种功能，一、边界是国家身份“基本单位的细胞壁”，是一种

① Alastair Lamb, *Asian Frontiers: Studies in A Continuing Problem* (Melbourne: F.W. Cheshire, 1968), p.4.

感情、心理分界线以及地理线；二、边界具有防御功能。[①] 中国青年学者邱美荣对中印边界功能进行了更为全面和具体的论述，她认为中印边界具有四大功能，即：国家身份的建构与维护、军事—防御功能、国内政治功能、种族—民族的凝聚与团结功能。[②] 中印边界作用如此重要，两国之间的边界问题势必对双边关系产生巨大影响，中国学者刘学成指出："在20世纪40年代末印度独立和中华人民共和国建立后，边界问题成为中印关系发展的主要障碍。今天没有处理的边界争端依旧位于两国关系的核心。"[③] 在印度对外政策乃至国家发展计划方面，边界问题也发挥了巨大影响力。因边界和领土问题，独立后印度很快与两大邻国巴基斯坦和中国兵戎相见，此后很长时间内，应对中巴军事"威胁"成为印度军队乃至政府的首要战略任务，印度政府为此调整了不结盟政策并一度推行优先发展国防的军事实力主义政策。在资源有限的情况下，印度经济发展计划与速度自然受到干扰和影响。

从边界问题与印度对华政策的互动关系看，中印边界争端对印度对华政策的影响出现了多次变化，从最初的非优先事项一度发展为主导因素，后来又从主要障碍下降为干扰因素。然而，不管边界问题的影响如何变化，起决定性作用的还是印度的国家战略及其决定的外交政策。独立之初，印度政府首要的任务是维护国家独立、安全以及发展经济，美国支持西方旧殖民势力、结盟巴基斯坦以及试图插手克什米尔问题，对印度的独立与安全构成挑战和威胁。为了反对殖民统治、应对美巴结盟以及获得和平的中印边界，尼赫鲁政府排除干扰顶住压力确立了对华和平共处政策。因边界问题在印度国家战略以及对华政策中都不是优先事务，尼赫鲁政府处理手段也比较灵活，中印边界得以保持和平与安宁局面。

---

① Alastair Lamb, *Asian Frontiers: Studies in A Continuing Problem* (Melbourne: F.W. Cheshire, 1968), pp.7-8.

② 邱美荣：《边界功能视角的中印边界争端研究》，《世界经济与政治》2009年第12期，第25—28页。

③ Xuecheng Liu, *The Sino-Indian Border Dispute and Sino-Indian Relations* (Lanham: University Press of America, 1994), p.1.

20世纪50年代中期，印度的不结盟政策得到美苏两个超级大国的认可，两国还竞相争取和拉拢印度，印度对中国的战略需要大大降低。与此同时，中印在边界划分、西藏问题以及和平共处五项原则方面都出现了严重的分歧和矛盾，随着两国在喜马拉雅山战略重叠区的矛盾和斗争白热化，尼赫鲁政府的边界政策和对华政策都走向强硬化，边界争端日益主导印度对华政策，1962年还导致两国之间发生流血冲突事件。

1962年战败后，印度十分关注自身安全，中国的军事优势和中巴联合使印度面临着空前的安全压力，印度政府一度优先发展军事力量。通过发展军事实力和发动战争，印度在南亚获得战略主导地位，对国家安全的担忧大为缓解，再次注重国内经济发展，两极格局瓦解后这一转变更加明显。在这一背景下，印度政府开始推行对华政治和解政策，在中印边界问题上的政策也逐渐灵活化，最终同意将之与中印关系发展并行进行，甚至走向限制边界问题对两国关系的干扰和阻碍。印度注重经济发展是中印关系发展的良好机会，但随着经济实力的增强，印度更加积极地寻求大国地位，将中国作为印度成为世界大国的竞逐对象。然而，随着中国以更为快捷的速度崛起，印度在维护安全、发展经济以及寻求大国地位方面的对华担忧与不满都有所增长，担心受制于中国的印度政府和公众都不愿接受中国搁置边界争端的主张，中印边界问题仍然是中印关系中的重要议题，并不时干扰两国关系的正常和顺利发展。

如何正确认识并有效减少边界问题对印度对华政策和中印关系的干扰呢?

首先，我们要认识到边界问题与印度对华政策及中印关系难以完全分开。对于难以解决的边界争端，中国政府的处理办法是搁置争议、推动合作，印度政府最初强烈排斥这一办法，但因中印边界问题复杂难解和印度战略重心转向发展经济，拉吉夫·甘地政府同意将解决边界问题和发展中印其他领域的关系同时进行。然而，在对华恐惧、担忧以及猜疑等心理作用下，印度政府和民众担心未来形势对中国更为有利，普遍反对搁置争议，中印边界问题依旧是印度对华政策和中印关系的重要影响因素。

其次，我们要适度关注并谨慎处理中印边界问题，防止印度对华政策走向右倾极端化。从目前情况看，因权力竞争意识、“受害者心理”以及众多国内外因素的制约，印度政府与中国政府达成让双方公众满意的、公正合理的边界协议的意愿和能力明显不足。在各种因素的影响和作用下，中国政府同样也难以作出大的让步。而且，中印边界问题还与印度的西藏地位认知相连，印度精英中普遍存在西藏情结，这使中印边界问题的处理更加困难。中印边界问题达成最终协议的前景渺茫，因边界问题走向冲突却十分容易。在中印同时崛起的新形势下，两国关系脆弱而微妙，印度对华政策存在着国内缺乏广泛共识、合作基础不牢固、矛盾分歧不断发展以及互信不足等问题。在印度政治权力日益分散化、地方化的情况下，我们要警惕印度政治斗争过程中民粹主义抬头和利用边界问题获得选票，因为边界争端是最为敏感并极易操纵的议题，而印度政党势力和媒体一贯喜欢炒作边界问题和中国威胁论。

最后，积极探求中印边界处理的新出路。如何缓解或解决中印边界问题呢？从现实主义理论角度看，权力和国家利益是每一个国家竞逐的对象，而各国追求的目标和利益往往是相互冲突的，因其根源是人性恶或无政府状态，这还导致这些权力斗争难以改变，也没有出路。现实主义的处理办法主要是通过权力制约来解决分歧和利益冲突，但权力争夺和斗争的结果是军备竞赛升级，更大的冲突接踵而至，由此陷入恶性循环。制度主义理论也认为，国际社会的无政府状态使国家难以把握对方意图，但制度主义者秉持乐观主义态度，相信国际制度和国家间交往有利于增进理解，从而有利于减少国家间对对方意图理解的不确定性，因而，国家之间的矛盾和冲突是可以缓解的。制度主义的处理方法是要通过各方认同的制度来解决问题，有关国家通过平等友好的协商实现一种制度性安排，大小国家都遵守制度的约束，以制度作为沟通平台，减少相互猜忌。在建构主义理论看来，国际无政府状态是由行动者构建，是各个国家领导人心中的一个“魔障”，人的主观意识决定矛盾和冲突的有无，你认为它存在它就存在，其出路在于建立合作共同体，也就是从以冲突为主的霍布斯文化和以竞争为主的洛克文化走向以合作为主的康德文化。在合作关系下，各国互为合作伙伴，各方是以伙伴身份出现在对方眼中。

从目前情况看，中印两国处理边界争端主要采用的是现实主义的权力制衡办法，同时也努力建立各方认同的制度或机制来增进互信，并为边界和平提供制度性保证。然而，保持权力平衡或均势并不容易，近年来中印边界局势再次紧张化就是原有军事平衡发生变动引起的，两国军备竞赛再次抬头还危及到中印边界的和平与安宁局面。与此同时，制度方案的许多问题在实践中也不断暴露，如2005年中印签署的政治指导性原则是双方妥协的产物，在内容上存在很多漏洞，执行起来也比较困难，不仅边界谈判再次止步不前，为了增加谈判筹码和显示主权，两国增加了边界争议地区的巡逻并不断指责对方侵犯本国边界，中印边境局势再次紧张化。

走出边界处理困境，中印两国需要改变观念，走向构建中印合作共同体。

1．两国都要努力理解对方的边界心理和利益诉求，不应该一味强调自身的绝对利益和相对收益。中印边界争端的历史显示，过于强调本国的绝对利益不仅不能解决边界争端，反而导致边界冲突，最终双方均受其害。两国需要理解对方的边界心理和利益诉求，否则边界谈判难有实质性进展。如印度要重视西藏问题在中国维护国家统一和领土完整任务中的重要性和敏感性，中国要意识到印度1962年心理阴影是民族自豪感、失败挫败感以及强烈的不安全感的复杂交织，要正视并安抚印度失衡的对华心理。

2．继续通过国家领导人会晤、政治精英对话特别是民间交流来构建互信。中印关系的发展演变说明，传统的军事威慑方法和对抗手段都不能解决中印边界问题，中印需要通过沟通与合作推进边界问题的和平解决。然而，1976年以来，中印和解主要是高层推动的产物，中印关系深入发展在两国特别是印度至今缺乏深厚的公众基础，这导致两国关系以及中印边界局势并不稳定。在中印共同崛起的新形势下，两国之间的矛盾和分歧范围更广，情况更为复杂，这更需要两国通过政府和民间的交流与对话来构建互信，通过消除疑虑和加深理解，为边界谈判营造良好的环境与氛围。

3．巩固和发展中印合作关系，最终促成边界协议的签署。国家间关系的基本形态是合作、竞争以及冲突，在中印关系中三种关系形态都以不同的方式存在。现实主义权力政治将边界争端解读为结构性矛盾，甚至上升为战略优势争夺，这将使中印边界问题注定成为一场零和博弈。尽管中印在边界划分上达成共识比较困难，但边界对抗只会让两国两败俱伤。在中印都成为有核国家后，两国冲突还将给中印人民乃至世界带来毁灭性的后果。因而，中印需要利用人类以及两大文明的智慧寻找解决中印边界问题的出路。在全球化时代，国家之间相互依存日益加深，在经济、政治以及军事等方面的利益联系更加密切，避免冲突也有其必要性和可能性。目前，中印需要进一步完善并落实好边界安全与信任措施，要妥善解决主要由边防部队巡逻边界引发的边界纷争问题，要发展远程观察技术和简化边界检查，要努力避免媒体通过炒作边界问题激起两国公众舆论的不满与敌视情绪，等等。中印信任措施还要从预防边境冲突走向建立互信，通过在军事、经济、政治、文化等广泛领域开展合作来扩大共同利益和增进互信，以夯实两国合作基础来避免边界问题的破坏性。在相互信任和共同利益增长到一定程度后，力争使中印边界从军事禁区变成经济发展的带动者和创新区，通过大力发展跨境合作将中印边界变成让两国特别是边境地区人民受益的和平区，最终在公平合理的基础上完成中印边界划分和签署边界协议。

参考文献

一、档案、文献集及回忆录

1. 中华人民共和国外交部解密档案

2.《中华人民共和国对外关系文件集（1949—1950）第一集》，世界知识出版社，1957。

3.《中华人民共和国对外关系文件集（1951—1953）第二集》，世界知识出版社，1958。

4.《中华人民共和国对外关系文件集（1954—1955）第三集》，世界知识出版社，1958。

5.《中华人民共和国对外关系文件集（1956—1957）第四集》，世界知识出版社，1958。

6.《中华人民共和国对外关系文件集（1958）第五集》，世界知识出版社，1959。

7.《中华人民共和国对外关系文件集（1959）第六集》，世界知识出版社，1961。

8.《中华人民共和国对外关系文件集（1960）第七集》，世界知识出版社，1962。

9.《中华人民共和国对外关系文件集（1961）第八集》，世界知识出版社，1962。

10.《中华人民共和国对外关系文件集（1962）第九集》，世界知识出版社，1964。

11.《中华人民共和国对外关系文件集（1963）第十集》，世界知识出版社，1965。

12. 西藏自治区党史资料征集委员会等编:《和平解放西藏》，西藏人民出版社，1995。

13. 中国新闻社编:《反对印度政府迫害华侨的资料汇编》，中国新闻社，1963。

14. 中华人民共和国外交部、中共中央文献研究室编:《毛泽东外交文选》，中央文献出版社、世界知识出版社，1994。

15. 中华人民共和国外交部、中共中央文献研究室编:《周恩来外交文选》，中央文献出版社，1990。

16. 中共中央文献研究室编:《周恩来年谱（1949—1976)》，中央文献出版社，1997。

17.《关于中印边界问题》(学习文件和参考资料)，时事手册社，1960。

18. 齐思和等整理:《筹办夷务始末（道光朝）三》，中华书局，1964。

19.〔美〕迪安·艾奇逊:《艾奇逊回忆录》，上海译文出版社，1978。

20. 罗家伦:《罗家伦先生文存》，国史馆、中国国民党中央委员会党史委员会，1989。

21. 李连庆:《我在印度当大使》，上海辞书出版社，2007。

22.〔印〕普拉沙德:《一个印度侵华将军的自白》，汇苓译，世界知识出版社，1984。

23. 吴冷西:《十年论战（1956——1965）中苏关系会议录》，中央文献出版社，1999。

24. 杨公素:《沧桑九十年——一位外交特使的回忆》，海南出版社，1999。

25.〔印〕伊曼纽尔·波奇帕达斯笔录:《甘地夫人自述》，亚南译，时事出版社，1985。

26. Appadorai, A., *Select Documents on India's Foreign Policy and Relations, 1947-1972*, Delhi ; New York : Oxford University Press, 1982.

27. Gopal,Sarvepalli ed., *The Selected Works of Jawaharlal Nehru*, Orient Longman,1982.

28. Gandhi, Indra, *Selected Speeches and Writings of Indra Gandhi*, New Delhi: Publications Division, Ministry of Information and Broadcasting, Government of India.

29. Patel,Sardar, *Sardar Patel's Correspondence, 1945-1950*, Ahmedabad: Navajivan Press, 1974.

30. Panikkar, K. M., *In Two China: Memoirs of A Diplomat*, Allen &Unwin, 1955.

31. Minister of External Affairs, Government of India,*Concluding Chapter of the Report of the Indian Officials on the Boundary Question.*

32. Mulik, B. N., *The Year with Nehru: The Chinese Betrayal*, Bombay: Allied Publishers Pvt Ltd, 1971.

33. Nehru, Jawaharlal, *Jawaharlal Nehru's Speeches*, Delhi:Publications Division,

1957-63.

34. Nehru, J., *India's Foreign Policy-selected Speeches: 1946-1961*, New Delhi: The Publication Division, 1961.

35. *The Sino-Indian Boundary: Texts of Treaties, Agreements and Certain Exchange of Notes Relating to the Sino-Indian Boundary*, New Delhi: Indian Society of International Law, 1962.

二、中文书籍

1. 陈平生主编《印度军事思想研究》，军事科学出版社，1992。

2. 陈宗海：《冷战后中印外交关系研究（1991—2007）》，世界知识出版社，2008。

3. 邓红英：《困境与出路——中东地区安全问题研究》，湖北人民出版社，2011。

4. 冯建勇：《辛亥革命与近代中国边疆政治变迁研究》，黑龙江教育出版社，2012。

5. 冯明珠：《中英西藏交涉与川藏边情：1774—1925》，中国藏学出版社，2007。

6. 郭书兰编：《中印关系大事记》，中国社会科学出版社，1987。

7.〔印〕高士：《中印关系中的西藏（1899—1914）》，张永超译，西藏人民出版社，1987。

8. 管严主编《印度军事研究文选：2006—2010》，解放军出版社，2011。

9.〔美〕亨利・基辛格：《论中国》，中信出版社，2012。

10. 洪共福：《印度独立后的政治变迁》，黄山书社，2011。

11.〔印〕杰伦・兰密施：《理解—关于中国与印度的思考》，蔡枫、董方峰译，宁夏人民出版社，2006。

12. 蒋一国、杨会春、于秀清：《印度国防经济研究》，解放军出版社，2002。

13.《解放西藏史》编委会编《解放西藏史》，中共党史出版社，2008。

14.〔印〕卡・古普塔：《中印边界秘史》，王宏纬、王至亭译，中国藏学出版社，1990。

15.〔英〕克里斯托弗・希尔：《变化中的对外政策政治》，唐小松、陈寒溪译，上海人民出版社，2007。

16. 林太：《印度通史》，上海社会科学出版社，2012。

17. 李文业：《印度史：从莫卧儿帝国到印度独立》，辽宁大学出版社，1998。

18. 吕昭义：《英属印度与中国西南边境（1774—1911年）》，中国社会科学出版社，1996。

19. 林承节：《中印人民友好关系史（1851—1949）》，北京大学出版社，1993。

20. 慕永鹏：《中美印三边关系：形成中的动态平衡体系》，世界知识出版社，2011。

21. 李放、卜凡鹏主编《印度飞舞的“大象之国”》，民主与建设出版社，2013。

22. 马加力：《关注印度：崛起中的大国》，天津人民出版社，2002版。

23. 马大正主编《中国边疆经略史》，武汉大学出版社，2013。

24. 马嫚：《当代印度外交》，上海人民出版社，2007。

25.〔美〕梅·戈尔斯坦：《喇嘛王国的覆亡》，杜永彬译，中国藏学出版社，2005。

26. 内维尔·马克斯维尔：《印度对华战争》，生活·读书·新知三联书店，1971。

27. 培伦主编《印度通史》，黑龙江人民出版社，1990。

28. 师傅：《1962：中印大战纪实》，大地出版社，1993。

29. 尚劝余：《尼赫鲁时代中国和印度的关系（1947—1964）》，中国社会科学出版社，2009。

30.〔美〕斯蒂芬·科亨：《大象与孔雀——解读印度大战略》，刘满贵等译，新华出版社，2002。

31. 随新民：《印度对中国的认知与对华政策》，河南人民出版社，2009。

32. 随新民：《中印关系研究：社会认知视角》，世界知识出版社，2007。

33. 斯坦利·沃尔波特：《印度史》，李建欣、张锦冬译，东方出版中心，2013。

34. 宋天佑：《印度政治与经济研究》，云南民族出版社，2009。

35. 施正锋、谢若兰主编《当代印度民主政治》，台湾国际研究学会，2007。

36. 宋海啸：《印度对外政策决策：过程与模式》，世界知识出版社，2011。

37. 谭中主编《中印大同：理想与实现》，宁夏出版社，2007。

38. 翁明等：《大使的风采》，江苏人民出版社，1996。

39. 王宏纬：《喜马拉雅山情结：中印关系研究》，中国藏学出版社，1997。

40. 王红生、〔印〕B. 辛格：《尼赫鲁家族与印度政治》，北京大学出版社，2011。

41. 卫灵：《冷战后中印关系研究》，中国政法大学出版社，2008。

42. 吴永年、赵干城、马嫚：《21世纪印度外交新论》，上海译文出版社，2004。

43. 薛克翘：《中国印度文化交流史》，昆仑出版社，2008。

44. 杨翠柏等：《印度政治与法律》，巴蜀书社，2004。

45. 杨公素：《中国反对外国侵略干涉西藏地方斗争史》，中国藏学出版社，1992。

46. 尹锡南：《印度的中国形象》，人民出版社，2010。

47. 郑瑞祥主编《印度的崛起与中印关系》，当代世界出版社，2006。

48. 张贵洪等：《中美印三边关系研究》，时事出版社，2013。

49. 周卫平：《百年中印关系》，世界知识出版社，2006。

50. 张敏秋主编《中印关系研究（1947—2003)》，北京大学出版社，2004。

51. 张敏秋主编《跨越喜马拉雅障碍：中国寻求了解印度》，重庆出版社，2006。

52. 赵蔚文：《印中关系风云录1949—1999》，时事出版社，2000。

53. 张力：《印度总理尼赫鲁》，四川人民出版社，1997。

54. 赵干城：《印度：大国地位与大国外交》，上海人民出版社，2009。

三、英文书籍

1. Agrawal, Ajay B., *India Tibet and China: the Role Nehru Played*, Mumbai: NA Books International, 2003.

2. Banerjee, D. K., *Sino-Indian Border Dispute*, New Delhi: Intellectual Pub. House, 1985.

3. Bajpai, Kanti and Mallavarapu, Siddharth ed., *International Relations in India: Theorizing the Region and Nation,* New Delhi: Orient Longman, 2005.

4. Bajpai, Kanti and Mattoo, Amitabh, *Peacock and Dragon: India-China Relations in the 21st Century*, New Delhi: Har-Anand Publications Pvt Ltd, 2000.

5. Bhutani, Sudarshan, *A Clash of Political Culture*: *Sino-India Relations, 1957-1962*, New Delhi: Lotus Collection/Roli Books, 2004.

6.Byers, R.B,F.Stephen Larrabee and Allen Lynch (eds.), *Confidence-building Measures and International Security*, Institute for East-West Security Studies, 1987.

7. Benner, Jeffrey, *The Indian Foreign Policy Bureaucracy*, Boulder, Colo.: Westview Press, 1985.

8. Biju, M. R., *New horizons of Indian Foreign Policy*, Delhi: Authors Press, 2007.

9. Brewster, David, *India as An Asia Pacific Power*, New York, NY : Routledge, 2012.

10. Chakravarti, P. C., *India's China Policy*, Bloomington: Indiana University Press, 1961.

11. Chacko, Priya, *Indian Foreign Policy: the Politics of Postcolonial Identity from 1947-2004*, New York: Routledge, 2012.

12. Das, Gautam, *Securing India's Borders: Challenges and Policy Options*, New Delhi: Centre for Land Warfare Studies: Pentagon Press, 2011.

13. Das, Gautam, *China-Tibet -India: the 1962 War and the Strategic Military Future*, New Dehli: Har-Anand Publications Pvt Ltd, 2009.

14. Deepak, B. R., *India and China 1904-2004: A Century Peace and Conflict*, New Delhi: Manak publications Pvt. Ltd, 2005.

15. Destradi, Sandra, *Indian Foreign and Security Policy in South Asia: Regional Power Strategies*, Delhi: Independent Pub., 2003.

16. Dixit, J. N., *Indian Foreign Policy and Its Neighbours*, New Delhi:Gyan Pub. House, 2001.

17. Dhar, Pannalal, *India, Her Neighbours and Foreign Policy,* New Delhi: Deep& Deep Publications, 1991.

18. Damodran, A. K. and U. S. Bajpai, *Indian Foreign Policy: the Indra Gandhi Years*, New Delhi: Radiant Publishers, 1990.

19. Desjardins, Marie-France, *Rethinking Confidence-building Measures,* Routedge: Taylor & Francis Group, 2004.

20. Eekelen, W. F. Van, *Indian Foreign Policy and the Border Dispute with China,* The Hague: Martinus Nijhoff, 1964.

21. Krishna, B., *Sardar Vallabhbhai Patel: India's Iron Man*, New Delhi: Indus, 1995.

22. Kapur, Ashok, *India: from Regional to World Power*, London and New York: Routledge, 2006.

23. Gupta, Karunakar, *Sino-Indian Relations 1948-1952: Role of K. M. Panikkar*, Calcutta: Minerva Associates Pvt.Ltd, 1987.

24. Gujral, IK, *Continuity and Change: Indian's Foreign Policy,* New Delhi: Macmillan Indian Ltd, 2003.

25. Hindi-Cheeni in collaboration with D. Amba Bai, *Hindi-Cheeni: Indian Views of China before the Communist Revolution*, Cambridge, Mass.: Massachusetts Institute of Technology, 1955.

26. Hussain, T. Karki, *Sino-Indian Conflict and International Politics in the Indian Sub-continent, 1962-66,* Faridabad: Thomson Pr., Ltd., 1977.

27. Hoffmann, Steben A., *India and the China Crisis*, Berkeley: University of California Press, 1990.

28. Hingorani, R.C., *Nehru's Foreign Policy*, New Delhi: Oxford & IBH Publishing Cooperation Pvt Ltd, 1989.

29. Jetly, Nancy, *India China Relations, 1947-1977: a study of Parliament's role in*

the making of foreign policy, New Delhi: Radiant Publishers, 1979.

30. Jayaramu, P. S., *India's National Security and Foreign Policy*, New Delhi: ABC Publication House, 1987.

31. Jha, Raj Kumar, *The Himalayan Kingdoms in Indian Foreign Policy*, Ranchi: Maitryee Publications; New Delhi: Distributors, Classical Pub. Co., 1986.

32. Gupta, M. G., *Indian Foreign Policy: Theory and Practice*, Agra:Y.K. Pub.,1985.

33. Gupta, Karunakar, *Indian Foreign Policy in Defence of National Interest*, Calcutta: The World Press, 1956.

34. Gangal, S. C. ed., *Indian Foreign Policy: A Documentary Study of India's Foreign Policy since the Installation of the Janata Government on 24 March 1977*, New Delhi: Young Asia, 1980.

35.Guruswamy, Mohan and Singh,Zorawar Daulet, *India China Relations: The Border Issue and beyond*, New Delhi:Viva Books, 2009.

36. Kapur, Ashok, *India: from Regional to World Power*, London and New York: Routledge, 2006.

37. Kumar, S., *India's International Relations*, New Delhi: Maxford Books, 2006.

38. Khanna, V. N. *Foreign Policy of India*, New Delhi: Vikas Pub. House,2007.

39. Kumar, Brij Kishore, *China through Indian Eyes: A Select Bibliography, 1911-1977*, Delhi: Concept Pub., 1978.

40. Lamb, Alastair, *Asian Frontiers: Studies in A Continuing Problem*, Melbourne: F.W. Cheshire, 1968.

41. Lamb, Alastair, *The Sino-Indian Border in Ladakh*, Canberra: Australian National University Press, 1973.

42. Lalit Mansingh eds., *Indian Foreign Policy: Agenda for the 21st Century*, New Delhi: Foreign Service Institute in association with Konark Publishers, 1997-1998.

43. Lall, J. S., *Aksaichin and Sino-Indian Conflict*, Ahmedabad: Allied Pub. Pvt. Ltd., 1989.

44. Xuecheng Liu, *The Sino-Indian Border Dispute and Sino-Indian Relations*, Lanham: University Press of America, 1994.

45. Li Li, *Security Perception and China-India Relations*, New Delhi: KW Publishers, 2009.

46. Lu, Chih H., *The Sino-Indian Border Dispute: A Legal Study*, New York: Greenwood Press, 1986.

47. Mehra, Parshotan, *Essays in Frontier History: India, China and the Disputed Border,* New Delhi: Oxford University Press, 2007.

48. Majumdar, Asis Kumar, *South-east Asia in Indian Foreign Policy: A Study of India's Relations with South-East Asian Countries from 1962-82*, Calcutta: Naya Prokash, 1982.

49. Manav, S., *Indian Foreign Policy: An Empirical Analysis*, Kunal Books Publishers & Distributors, 2012.

50. Mishra, A.N., *The Diplomatic Triangle-China India America*, Chauhatta: Janaki Prakashan, 1980.

51. Mehta, Jagat S., *Negotiating for India: Resolving Problem through Diplomacy (Seven Case Studies 1958-1978)*, New Delhi: Manohar Publishers & Distributors, 2006.

52. Mishra, Keshav, *Rapprochement across the Himalayas: Emerging India-China Relations in Post Cold War Period (1947-2003)*, Delhi: Kalpaz Publications, 2004.

53. Murty, T. S., *India -China Boundary: India's Options*, New Delhi: ABC Publishing House, 1987.

54. Nanda, B. R. eds., *Indian Foreign Policy: the Nehru Years,* New Delhi: Sangam Books, 1990.

55. Pant, Harsh V., *Indian Foreign Policy: An Overview*, [S.I.]: Continuum Intl Publishing Grp, 2013.

56. Pant, Harsh V., *Contemporary Debates in Indian Foreign and Security Policy*, New York: Palgrave Macmillan, 2012.

57. Paranjpe, Shrikant, *Parliament and the Making of Indian Foreign Policy: A Study of Nuclear Policy,* New Delhi: Radiant Pub., 1997.

58. Pillai, K. Raman ed., *Indian Foreign Policy in the 1990s*, New Delhi: Radiant Publishers, 1997.

59. Panda, Pramoda Kumar, *Making of India's Foreign Policy: Prime Minister and Wars*, Delhi: Raj publications, 2003.

60. Pokharna, Bhawna, *India-China Relations: Dimensions and Perspectives*, New Delhi: New Century Publications, 2009.

61. Pandher, Rachhpal Singh, *An Analysis of the Indian Foreign Policy in the Post-*

Nehru Period: A Case Study of the Bangladesh Crisis Management, Ann Arbor, Mich.: UMI, 1977.

62. Prasad, Bimal, *The Origins of Indian Foreign Policy: the Indian National Congress and World Affairs, 1885-1947*, Ann Arbor, Mich.: UMI, 1958.

63. Rao, D. V. L. N. Ramakrishna and Sharma, R.C.ed., *India's Borders, Ecology and Security Perception*, New Delhi:Scholars' Publication Forum, 1991.

64. Ram, Mohan, *Politics of Sino-Indian Confrontation*, Delhi: Vikas Pub. House, 1973.

65. Rowland, John, *A History of Sino-Indian Relations: Hostile Co-Existence*, Princeton, N.J.:D. Van Nostrand Co., 1967.

66. Ross,Robert S. and Alastair Iain Johnston (eds.), *New Directions in the Study of China's Foreign Policy*, Stanford California: Stanford University Press, 2006.

67. Ranganathan, C. V. ed., *Panchsheel and the Future: Perspective on Indian-China Relations*, New Delhi: Samskriti, 2005.

68. Singh, S. P., *China-Indian Relations: A Documentary Study*, New Delhi: Sumit Enterprises, 2011.

69. Singh, Sudhir Kumar eds., *Sino-Indian Relations: Challenges and Opportunities for 21st Century*, New Delhi: Published by Pentagon Press in association with Society for Social Empowerment, 2011.

70. Singh, S. ed., *India and China: Mutual Relations*, New Delhi: Anmol Publications Pvt. Ltd., 2006.

71. Singh, Sudhir Kumar ed., *Post 9/11 Indian Foreign Policy: Challenges And Opportunities,* New Delhi: Pentagon Press, 2009.

72. Singh, Jaswani, *Defending India*, New Delhi: Macmillian, 1999.

73. Sidhu, Waheguru Pal Singh and Jing-dong Yuan, *China and India: Cooperation or Conflict*, Boulder, Co.: Lynne Rienner Publishers, 2003.

74. Sharma, S. R., *Foundations of Indian Foreign Policy*, New Delhi: Omsons Publications, 2002.

75. Sisodia, N.S. and C Vday Bhaskared., *Emerging India: Security and Foreign Policy Perspectives*, New Delhi: Institute for Fenfence Studies and Analysis, 2005.

76. Sen, S. P. eds., *The Sino-Indian Border Question: A Historical Review*, Calcutta: Institute of Historical Studies, 971.

77. Sharma, Shri Ram, *India-China Relations 1947-1971: Friendship Goes with Power,* New Delhi: Discovery Publication House, 1999.

78. Sharma, Gautam and Nagar, K. S. ed., *India's Northern Security*: *including China, Nepal & Bhutan*, New Delhi; Reliance Pub. House, 1986.

79. Swammy, Subramaninan, *India's China Perspectives*, New Delhi: Konark Publishers Pvt Ltd, 2001.

80. Upadhyaya, Chandra Lekha, *India's Foreign Policy: A Study in South Asian Perception*, Delhi:Independent Pub., 2003.

81. Vertzberger, Yaacov Y. I., *Misperceptions in Foreign Policy Making: the Sino-Indian Conflict, 1959-1962,* Boulder. Colorado: Westview, 1984.

82. Varkey, K.T. V.K., *Krishna Menon and India's Foreign Policy*, New Delhi: Indian Publishers Distributors, 2002.

83. Woodman, Dorothy, *Himalayan Frontiers: A Political Review of British, Chinese, Indian and Russian Rivalries,* London: The Cresset Press, 1969.

84. Yadav, Jainendra, *Nehru and Indian Foreign Policy*, Jaipur: ABD Publishers, 2010.

四、报纸期刊

《参考消息》《当代中国史研究》《历史研究》《南亚研究》《南亚研究季刊》《人民日报》《世界经济与政治》《中国藏学》；Asia Times; China Report; Economic and Political Weekly; Hindu; Hindustan Times; Indian Express; International studies; Journal of Defence Studies; Journal of Contemporary History; South Asian Survey; Strategic Analysis; The Economic Times